한국환경공단

NCS + 최종점검 모의고사 6회

SD에듀
㈜시대고시기획

2024 최신판 SD에듀 All-New 한국환경공단
NCS + 최종점검 모의고사 6회 + 무료NCS특강

Always **with you**

사람의 인연은 길에서 우연하게 만나거나 함께 살아가는 것만을 의미하지는 않습니다.
책을 펴내는 출판사와 그 책을 읽는 독자의 만남도 소중한 인연입니다.
SD에듀는 항상 독자의 마음을 헤아리기 위해 노력하고 있습니다. 늘 독자와 함께하겠습니다.

머리말

기후변화대응을 위한 온실가스 관련 사업을 효율적으로 추진함으로써 환경 친화적 국가발전에 이바지하는 한국환경공단은 2024년에 신입직원을 채용할 예정이다. 채용절차는 「서류전형 ➡ 필기전형 ➡ 면접전형 ➡ 최종합격자 발표 ➡ 신체검사 및 결격사유 조회」 순서로 진행된다. 서류전형 점수를 평가하여 고득점자 순으로 채용인원의 10배수를 선발하여 필기전형 응시기회를 부여한다. 필기전형은 인성검사, 직업기초능력평가, 직무수행능력평가를 진행한다. 직업기초능력평가는 모든 직렬에서 의사소통능력, 수리능력, 문제해결능력, 조직이해능력 중 3영역을 평가하고, 직무수행능력평가는 일반직 6급에 한해 직무별 전공과목을 평가한다. 필기전형의 경우 각 과목 만점의 40% 이상 득점자 중 총점 고득점자 순으로 직렬별 채용인원의 2~3배수 이내만 통과되므로 필기전형 합격을 위해서는 모든 영역에서 고득점을 하는 것이 중요하다.

한국환경공단 합격을 위해 SD에듀에서는 한국환경공단 판매량 1위의 출간경험을 토대로 다음과 같은 특징을 가진 도서를 출간하였다.

도서의 특징

❶ **기출복원문제를 통한 출제 유형 확인!**
  • 2023년 주요 공기업 NCS 기출문제를 복원하여 공기업별 NCS 필기 유형을 파악할 수 있도록 하였다.

❷ **한국환경공단 필기전형 출제 영역 맞춤 문제를 통한 실력 상승!**
  • 직업기초능력평가 출제유형분석&실전예제를 수록하여 유형별로 대비할 수 있도록 하였다.

❸ **최종점검 모의고사를 통한 완벽한 실전 대비!**
  • 철저한 분석을 통해 실제 유형과 유사한 최종점검 모의고사를 수록하여 자신의 실력을 최종 점검할 수 있도록 하였다.

❹ **다양한 콘텐츠로 최종 합격까지!**
  • 채용 가이드와 한국환경공단 면접 기출질문을 수록하여 채용 전반을 준비할 수 있도록 하였다.
  • 온라인 모의고사를 무료로 제공하여 필기전형을 준비하는 데 부족함이 없도록 하였다.

끝으로 본 도서를 통해 한국환경공단 채용을 준비하는 모든 수험생 여러분이 합격의 기쁨을 누리기를 진심으로 기원한다.

SDC(Sidae Data Center) 씀

○ 미션

지속가능한 **미래**, 함께 누리는 환경

○ 비전

탄소중립시대를 선도하는 글로벌 환경전문기관

○ 핵심가치

신뢰	전문성 기반의 체감형 환경성과 창출로 국민 신뢰 확보
실용	실용과 효율 중심의 경영으로 지속가능한 사회 실현에 이바지
안전	기후위기, 환경위해 및 재해 · 재난으로부터 국민과 스스로의 안전을 지킴
공정	업무를 수행함에 있어 높은 공정성 · 첨렴성 함양

전략목표 & 전략과제

| 전략목표 | 전략과제 |

탄소중립 · 청정대기 실현

국가 탄소중립 정책과 공단 설립 목적에 반영된 온실가스 감축 반영
- 국가 탄소중립 추진기반 구축 선도
- 첨단 대기 모니터링 체계

유역 중심의 스마트 물관리

유역 중심의 통합 물관리 실현 및 관련사업 육성
- 글로벌 선도 수질관리 체계
- 똑똑한 물관리, 견실한 물산업

자원순환체계 구축으로 순환경제 선도

정부의 순환경제 활성화 및 폐기물 제로 자원순환 정책 반영
- 자원순환제도 운영 선진화
- 폐기물 적정 처리체계 강화

안전하고 지속가능한 생활환경 조성

국민생활 안전망 구축 및 탄소저감형 인프라 · 문화 조성
- 저탄소 생태계 및 에너지 전환 실현
- 유해환경 개선 및 삶의 질 향상

경영효율화 및 ESG확산

지속가능한 성장을 위한 경영효율 제고 및 ESG 경영체계 구축 · 확산
- 기능혁신 및 경영효율화
- ESG 기반 경영확립 및 민간확산

인재상

참여와 열정, 창의와 융합, 책임과 존중의 K-eco人

건강한 조직문화 구축을 위한 열정으로 참여를 이끌며, 미래 환경 선도를 위한 창의성과 융합능력을 갖추고, 사회적 가치의 실현과 이해 관계자를 존중하는 인재

지원자격(공통)

❶ 학력 · 성별 · 연령 : 제한 없음[단, 공단 정년 만 60세 미만인 자(임용 예정일자 기준)]
❷ 임용예정일부터 즉시 업무 가능자
❸ 공단 인사규정 제16조에 따른 결격 사유가 없는 자
❹ 병역 : 남성의 경우 병역필 또는 병역 면제자(임용 예정일자 기준)

필기전형

구분	시험과목	문항 수	반영비율	배점
일반직 6급	인성검사	256문항	적/부	–
	직업기초능력평가	50문항	50%	50점
	직무수행능력평가	40문항	50%	50점
일반직 8급	인성검사	256문항	적/부	–
	직업기초능력평가	50문항	100%	100점

※ 직업기초능력평가 : 의사소통능력, 수리능력, 문제해결능력, 조직이해능력 중 3개 영역

면접전형

전형내용 : 직무수행능력(PT, 50%) 및 직업기초능력(인성, 50%)

구분	내용
면접방식	PT + 질의응답
평가항목	문제해결능력, 의사소통능력, 대인관계능력, 조직이해능력 등

❖ 위 채용안내는 2023년 채용공고 및 2024년 채용계획을 기준으로 작성하였으므로 세부사항은 확정된 채용공고를 확인하기 바랍니다.

2023 기출분석 ANALYSIS

한국환경공단 필기전형의 경우, 난이도는 중상 정도로 출제되었으나 시간이 부족하였다는 후기가 많았다. NCS의 경우 의사소통능력, 수리능력, 문제해결능력은 피듈형으로 출제되었으며, 조직이해능력은 모듈형으로 출제되었다. 특히 의사소통능력은 긴 지문이 다수 출제되어 문제 풀이에 시간이 오래 걸렸다는 의견이 많으므로 평소 긴 지문으로 연습하는 것이 좋다.

의사소통능력

출제 특징	• 지문의 길이가 긴 문제가 출제됨 • 일치 · 불일치 문제가 출제됨
출제 키워드	• 항체 항원, 실험쥐 ASO 유전병, 외래어 표기법 등

수리능력

출제 특징	• 자료 해석 유형의 문제가 출제됨 • 응용 수리 유형의 문제가 출제됨
출제 키워드	• 수열, 면적 구하기, 표준편차 등

문제해결능력

출제 특징	• 순서를 고르는 유형의 문제가 출제됨 • 유추하는 유형의 문제가 출제됨
출제 키워드	• 소프트어프로치, 퍼실리테이션 등

NCS 문제 유형 소개 NCS TYPES

PSAT형

※ 다음은 K공단의 국내 출장비 지급 기준에 대한 자료이다. 이어지는 질문에 답하시오. **[15~16]**

<국내 출장비 지급 기준>

① 근무지로부터 편도 100km 미만의 출장은 공단 차량 이용을 원칙으로 하며, 다음 각호에 따라 "별표 1"에 해당하는 여비를 지급한다.
   ㉠ 일비
      ⓐ 근무시간 4시간 이상 : 전액
      ⓑ 근무시간 4시간 미만 : 1일분의 2분의 1
   ㉡ 식비 : 명령권자가 근무시간이 모두 소요되는 1일 출장으로 인정한 경우에는 1일분의 3분의 1 범위 내에서 지급
   ㉢ 숙박비 : 편도 50km 이상의 출장 중 출장일수가 2일 이상으로 숙박이 필요할 경우, 증빙자료 제출 시 숙박비 지급
② 제1항에도 불구하고 공단 차량을 이용할 수 없어 개인 소유 차량으로 업무를 수행한 경우에는 일비를 지급하지 않고 이사장이 따로 정하는 바에 따라 교통비를 지급한다.
③ 근무지로부터 100km 이상의 출장은 "별표 1"에 따라 교통비 및 일비는 전액을, 식비는 1일분의 3분의 2 해당액을 지급한다. 다만, 업무 형편상 숙박이 필요하다고 인정할 경우에는 출장기간에 대하여 숙박비, 일비, 식비 전액을 지급할 수 있다.

<별표 1>

구분	교통비				일비 (1일)	숙박비 (1박)	식비 (1일)
	철도임	선임	항공임	자동차임			
임원 및 본부장	1등급	1등급	실비	실비	30,000원	실비	45,000원
1, 2급 부서장	1등급	2등급	실비	실비	25,000원	실비	35,000원
2, 3, 4급 부장	1등급	2등급	실비	실비	20,000원	실비	30,000원
4급 이하 팀원	2등급	2등급	실비	실비	20,000원	실비	30,000원

1. 교통비는 실비를 기준으로 하되, 실비 정산은 국토해양부장관 또는 특별시장·광역시장·도지사·특별자치도지사 등이 인허한 요금을 기준으로 한다.
2. 선임 구분표 중 1등급 해당자는 특등, 2등급 해당자는 1등을 적용한다.
3. 철도임 구분표 중 1등급은 고속철도 특실, 2등급은 고속철도 일반실을 적용한다.
4. 임원 및 본부장의 식비가 위 정액을 초과하였을 경우 실비를 지급할 수 있다.
5. 운임 및 숙박비의 할인이 가능한 경우에는 할인 요금으로 지급한다.
6. 자동차임 실비 지급은 연료비와 실제 통행료를 지급한다.
   (연료비)=[여행거리(km)]×(유가)÷(연비)
7. 임원 및 본부장을 제외한 직원의 숙박비는 70,000원을 한도로 실비를 정산할 수 있다.

특징
▶ 대부분 의사소통능력, 수리능력, 문제해결능력을 중심으로 출제(일부 기업의 경우 자원관리능력, 조직이해능력을 출제)
▶ 자료에 대한 추론 및 해석 능력을 요구

대행사
▶ 엑스퍼트컨설팅, 커리어넷, 태드솔루션, 한국행동과학연구소(행과연), 휴노 등

모듈형

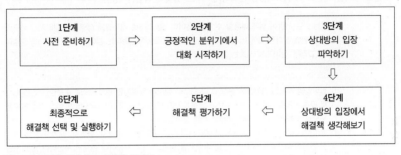

| 대인관계능력

60 다음 자료는 갈등해결을 위한 6단계 프로세스이다. 3단계에 해당하는 대화의 예로 가장 적절한 것은?

1단계		2단계		3단계
사전 준비하기	⇨	긍정적인 분위기에서 대화 시작하기	⇨	상대방의 입장 파악하기

6단계		5단계		4단계
최종적으로 해결책 선택 및 실행하기	⇦	해결책 평가하기	⇦	상대방의 입장에서 해결책 생각해보기

① 그럼 A씨의 생각대로 진행해 보시죠.

특징
▶ 이론 및 개념을 활용하여 푸는 유형
▶ 채용 기업 및 직무에 따라 NCS 직업기초능력평가 10개 영역 중 선발하여 출제
▶ 기업의 특성을 고려한 직무 관련 문제를 출제
▶ 주어진 상황에 대한 판단 및 이론 적용을 요구

대행사
▶ 인트로맨, 휴스테이션, ORP연구소 등

피듈형(PSAT형 + 모듈형)

| 문제해결능력

60 P회사는 직원 20명에게 나눠 줄 추석 선물 품목을 조사하였다. 다음은 유통업체별 품목 가격과 직원들의 품목 선호도를 나타낸 자료이다. 이를 참고하여 P회사에서 구매하는 물품과 업체를 바르게 연결한 것은?

〈업체별 품목 금액〉

구분		1세트당 가격	혜택
A업체	돼지고기	37,000원	10세트 이상 주문 시 배송 무료
	건어물	25,000원	
B업체	소고기	62,000원	20세트 주문 시 10% 할인
	참치	31,000원	
C업체	스팸	47,000원	50만 원 이상 주문 시 배송 무료
	김	15,000원	

〈구성원 품목 선호도〉

특징
▶ 기초 및 응용 모듈을 구분하여 푸는 유형
▶ 기초인지모듈과 응용업무모듈로 구분하여 출제
▶ PSAT형보다 난도가 낮은 편
▶ 유형이 정형화되어 있고, 유사한 유형의 문제를 세트로 출제

대행사
▶ 사람인, 스카우트, 인크루트, 커리어케어, 트리피, 한국사회능력개발원 등

한국환경공단

24 다음 문단에 이어질 내용을 논리적 순서대로 알맞게 나열한 것은?

> 청바지는 모든 사람이 쉽게 애용할 수 있는 옷이다. 말 그대로 캐주얼의 대명사인 청바지는 내구력과 범용성 면에서 다른 옷에 비해 뛰어나고, 패션적으로도 무난하다는 점에서 옷의 혁명이라 일컬을 만하다. 그러나 청바지의 시초는 그렇지 않았다.

> (가) 청바지의 시초는 광부들의 옷으로 알려졌다. 정확히 말하자면 텐트용으로 주문받은 천을 실수로 푸른색으로 염색한 바람에 텐트 납품계약이 무산되자, 재고가 되어 버린 질긴 천을 광부용 옷으로 변용해보자는 아이디어에 의한 것이었다.
> (나) 청바지의 패션 아이템화는 한국에서도 크게 다르지 않다. 나팔바지, 부츠컷, 배기 팬츠 등 다양한 변용이 있으나, 세대차라는 말이 무색할 만큼 과거의 사진이나 현재의 사진이나 많은 사람이 청바지를 캐주얼한 패션 아이템으로 활용하는 것을 볼 수 있다.
> (다) 비록 시작은 그리하였지만, 청바지는 이후 패션 아이템으로 선풍적인 인기를 끌었다. 과거 유명한 서구 남성 배우들의 아이템에는 꼭 청바지가 있었다고 해도 과언이 아닌데, 그 예로는 제임스 딘이 있다.
> (라) 청바지는 주재료인 데님의 성질 때문에 활동성을 보장하기 어려웠던 부분을 단점으로 들 수 있겠으나, 2000년대 들어 스판덱스가 첨가된 청바지가 제작되기 시작하면서 그러한 문제도 해결되어, 전천후 의류로 기능하고 있다.

① (라) – (다) – (가) – (나) 　　② (다) – (가) – (라) – (나)
③ (가) – (다) – (라) – (나) 　　④ (가) – (다) – (나) – (라)

01 한국환경공단에서 다음 면접방식으로 면접을 진행할 때, 심층면접을 할 수 있는 최대 인원수와 마지막 심층면접자의 기본면접 종료 시각을 옳게 짝지은 것은?

> 〈면접방식〉
> • 면접은 기본면접과 심층면접으로 구분된다. 기본면접실과 심층면접실은 각 1개이고, 면접대상자는 1명씩 입실한다.
> • 기본면접과 심층면접은 모두 개별면접의 방식을 취한다. 기본면접은 심층면접의 진행 상황에 관계없이 10분 단위로 계속되고, 심층면접은 기본면접의 진행 상황에 관계없이 15분 단위로 계속된다.
> • 기본면접을 마친 면접대상자는 순서대로 심층면접에 들어간다.
> • 첫 번째 기본면접은 오전 9시 정각에 실시되고, 첫 번째 심층면접은 첫 번째 기본면접이 종료된 시각에 시작된다.
> • 기본면접과 심층면접 모두 낮 12시부터 오후 1시까지 점심 및 휴식 시간을 가진다.
> • 각각의 면접 도중에 점심 및 휴식 시간을 가질 수 없고, 1인을 위한 기본면접 시간이나 심층면접 시간이 확보되지 않으면 새로운 면접을 시작하지 않는다.
> • 기본면접과 심층면접 모두 오후 1시에 오후 면접 일정을 시작하고, 기본면접의 일정과 관련 없이 심층면접은 오후 5시 정각에는 종료되어야 한다.
> ※ 면접대상자의 이동 및 교체 시간 등 다른 조건은 고려하지 않는다.

　　최대 인원수　　　종료 시각
①　　27명　　　　오후 2시 30분
②　　27명　　　　오후 2시 40분

한국마사회

도박 ▶ 키워드

11 다음 A ~ C의 비윤리적 행위에 대한 원인을 순서대로 바르게 나열한 것은?

- A는 영화관 내 촬영이 금지된 것을 모르고 영화 관람 중 스크린을 동영상으로 촬영하였고, 이를 인터넷에 올렸다가 저작권 위반으로 벌금이 부과되었다.
- B는 얼마 전 친구에게 인터넷 도박 사이트를 함께 운영하자는 제안을 받았고, 그러한 행위가 불법인 줄 알았음에도 불구하고 많은 돈을 벌 수 있다는 친구의 말에 제안을 바로 수락했다.
- 평소에 화를 잘 내지 않는 C는 만취한 상태로 편의점에 들어가 물건을 구매하는 과정에서 직원과 말다툼을 하다가 화를 주체하지 못하고 주먹을 휘둘렀다.

	A	B	C
①	무절제	무지	무관심
②	무관심	무지	무절제
③	무관심	무절제	무지
④	무지	무관심	무절제

스포츠 ▶ 키워드

13 다음 글을 통해 알 수 있는 내용으로 적절하지 않은 것은?

한국 고유의 전통 무술인 택견은 유연하고 율동적인 춤과 같은 동작으로 다리를 걸어 넘어뜨리거나 상대를 공격한다. 택견 전수자는 우아한 몸놀림으로 움직이며 부드러운 곡선을 만들어 내지만, 이를 통해 유연성뿐 아니라 힘도 보여준다. 택견에서는 발동작이 손만큼이나 중요한 역할을 한다. 택견은 부드러워 보이지만, 가능한 모든 전투 방법을 이용하며 다양한 공격과 방어 기술을 강조하는 효과적인 무술이다.

택견은 또한 배려의 무술이다. 숙련된 택견 전수자는 짧은 시간 내에 상대를 제압할 수 있지만, 진정한 고수는 상대를 다치게 하지 않으면서도 물러나게 하는 법을 안다. 우리 민족의 역사 속에서 택견은 계절에 따른 농업과 관련된 전통의 한 부분으로서 공동체의 통합을 이루어 왔고, 대중적인 스포츠로서 공중 보건을 증진하는 역할까지 맡아왔다. 택견의 동작은 유연하고 율동적인 춤과 같으며, 이러한 동작으로 상대를 공격하거나 다리를 걸어 넘어뜨린다. 천천히 꿈틀거리고 비트는 유연하고도 곡선적인 동작이 때로 웃음을 자아내기도 하지만, 전수자에게 내재된 에너지는 엄청난 유연성과 힘으로 나타난다. 수천 년의 역사를 지닌 이 한국의 토착 무술은 보기에는 정적이고 품위 있으나 근본적으로는 활력이 있으며 심지어 치명적이다.

택견은 주도권을 장악하는 바로 그 순간까지도 상대를 배려해야 한다고 가르친다. 또한 공격보다는 수비 기술을 더 많이 가르치는데 바로 이러한 점에서 여타의 무술과는 다르다고 볼 수 있다. 이는 전투 스포츠에서는 상상도 할 수 없는 개념이나 택견에서는 이 모든 것이 가능하다.

택견은 자신보다 상대를, 개인보다 집단을 배려하도록 가르친다. 택견의 동작은 유연하고 부드럽지만 전수자를 강력하게 유도하는 힘이 있다. 한 마리의 학과 같이 우아하기만 한 숙련된 택견 전수자의 몸놀림도 공격할 때만큼은 매와 같이 빠르고 강력하다.

택견에는 몇 가지 독특한 특징이 있다. 첫째, 곡선을 그리는 듯한 움직임 때문에 외적으로는 부드러우나 내적으로는 강한 무술이다. 둘째, 우아함과 품위를 강조하는 자연스럽고 자발적인 무술이다. 셋째, 걸고 차는 다양한 기술을 통해 공격과 방어가 조화를 이루는 실질적이고 통합된 무술이다. 부드러운 인상을 풍기지만, 택견은 가능한 모든 전투 방법을 이용하며 다양한 공격과 방어 기술을 강조하는 효과적인 무술이다. 한국의 전통 무술의 뿌리라 할 수 있는 택견은 한국 문화의 특징인 한일과 온전함을 대표한다.

주요 공기업 적중 문제 TEST CHECK

조직도 ▶ 유형

24 다음은 H공사 조직도의 변경 전 모습이다. 업무 효율을 높이기 위해 〈조건〉을 참고하여 조직도를 변경하였을 때, 잘못 배치한 것은?

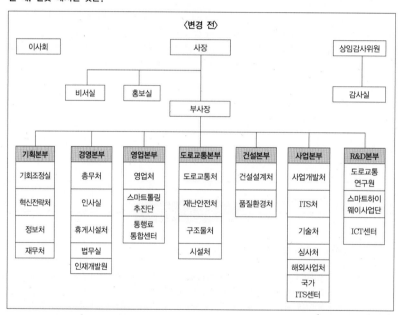

〈변경 전〉

- 이사회
- 사장
- 상임감사위원
- 비서실
- 홍보실
- 감사실
- 부사장

기획본부	경영본부	영업본부	도로교통본부	건설본부	사업본부	R&D본부
기회조정실	총무처	영업처	도로교통처	건설설계처	사업개발처	도로교통연구원
혁신전략처	인사실	스마트톨링추진단	재난안전처	품질환경처	ITS처	스마트하이웨이사업단
정보처	휴게시설처	통행료통합센터	구조물처		기술처	ICT센터
재무처	법무실		시설처		심사처	
	인재개발원				해외사업처	
					국가ITS센터	

〈조건〉

지금 우리 공사의 조직구성이 업무와 잘 맞지 않는다는 의견이 있어 여러 고심 끝에 조직체계를 새롭게 구성하였음을 알려드립니다. 먼저, 인사를 담당하고 있는 부서의 인력 충원에 따른 규모 확장과 직원들의 복지 증진을 위해 권한을 확대하였기에 이에 따라 이름을 인력처로 변경하였습니다. 또한, 부서별 특성과 업무의 전문화를 고려하여 도로처와 교통처로 각각 분리하였으며, 이와 같은 이유로 건설설계처도 업무의 전문화와 세분화를 위하여 두 개의 처로 분리하였습니다. 반면, 기술처와 심사처는 업무의 연관성을 고려하여 기술심사처로 통합하였습니다. 필요성이 꾸준히 제기되어 온 교통센터를 신설하여 도로교통본부에서 관리하게 될 것이며, 초장대교량 기술의 발달과 건설 증대로 인한 관리가 중요해짐에 따라 초장대교량사업단을 임시로 설치하여 연구개발본부 소속으로 활동하게 될 것입니다. 마지막으로 새로운 조직도를 첨부하오니, 미리 숙지하시어 업무에 혼동이 없도록 하시기 바랍니다.

국민건강보험공단

그래프 계산 ▶ 유형

2023년 적중

※ 다음은 한 사람이 하루에 받는 스팸 수신량을 그래프로 나타낸 것이다. 이어지는 질문에 답하시오.
[35~37]

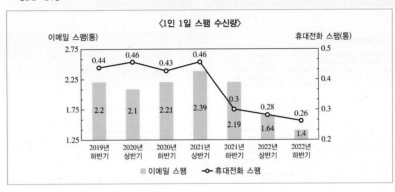

〈1인 1일 스팸 수신량〉

35 전체 스팸 수신량이 가장 많은 때와 가장 적은 때의 차이는 얼마인가?

① 1.18   ② 1.28

③ 1.29   ④ 1.19

의료기관 ▶ 키워드

2023년 적중

17 다음 기사의 제목으로 가장 적절한 것은?

지난 달 17일 첫 홍역의심환자(남자 / 41세, 중국유입사례로 확인, 질병관리본부) 신고 이후 병원 내 접촉자로 추정되는 2명(여자 / 23세, 여자 / 51세)이 추가 확인되어 현재 격리 치료 중이다.

이에 따라 감염병 관리 정보시스템을 활용해 관련 기관과 민간전문가 간 긴급 영상회의를 갖고 환자·의심환자 및 접촉자 관리 강화, 해당 의료기관 의료진 중 홍역 예방 접종력(2회)이 확인되지 않은 사람을 대상으로 임시 예방접종을 시행하기로 했다.

홍역 유행 차단을 위해 현재 의료기관 내 접촉자와 일반 접촉자 352명을 대상으로 모니터링을 실시하는 한편, 병원과 신속대응 체계를 구축했다. 추가 환자·접촉자가 있는지 추가 확인을 실시하고, 의심증상자 발생 시 출근 및 등교 중지 등의 조치를 시행하고 있다. 이밖에도 모든 의료기관에 발열, 발진이 동반된 환자 진료 시 홍역 여부를 주의 깊게 관찰하고, 홍역이 의심되는 경우 격리치료 및 관할 보건소에 즉시 신고해 줄 것을 요청하였다.

관계자는 "최근 서울에서도 3명의 홍역환자가 발생했고, 유럽·일본 등에서도 홍역 유행이 지속되고 있어 국내유입 가능성이 커지고 있다."라면서 "홍역은 호흡기나 비말(침방울 등), 공기를 통해 전파되므로 감염예방을 위해 손씻기, 기침예절 지키기 등 개인위생을 철저히 준수하고, 발열 등 의심 증상이 있는 경우 출근·등교를 중지해야 한다."라고 당부했다.

홍역은 예방접종으로 예방이 가능하므로 표준 예방접종 일정에 따라 접종을 완료하고, 특히 유럽 등 해외여행을 계획하고 있는 경우에는 사전 예방접종을 반드시 확인해야 한다.

유럽 등 여행 후 홍역 의심 증상(발열, 발진, 기침, 콧물, 결막염 등)이 발생한 경우 다른 사람과의 접촉을 최소화하고 관할 보건소 또는 질병관리본부 콜센터에 문의하여 안내에 따라 병원에 방문해 줄 것을 거듭 당부하였다.

도서 200% 활용하기 STRUCTURES

1 기출복원문제로 출제 경향 파악

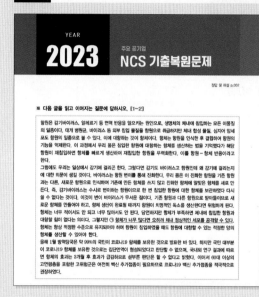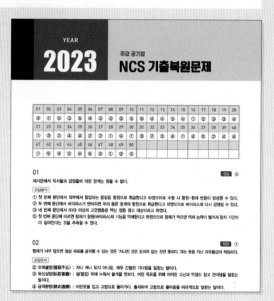

▶ 2023년 주요 공기업 NCS 기출문제를 복원하여 공기업별 최신 출제 경향을 파악할 수 있도록 하였다.

2 출제유형분석 + 유형별 실전예제로 필기전형 완벽 대비

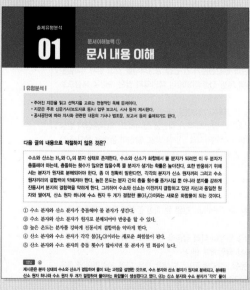

▶ NCS 출제 영역에 대한 출제유형분석과 유형별 실전예제를 수록하여 NCS 문제에 대한 접근 전략을 익히고 점검할 수 있도록 하였다.

3 최종점검 모의고사 + OMR을 활용한 실전 연습

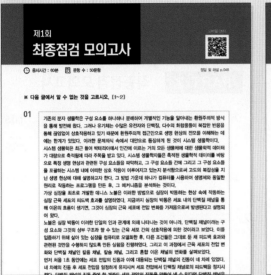

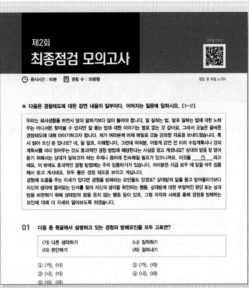

▶ 최종점검 모의고사와 OMR 답안카드를 수록하여 실제로 시험을 보는 것처럼 최종 마무리 연습을 할 수 있도록 하였다.

▶ 모바일 OMR 답안채점/성적분석 서비스를 통해 필기전형에 대비할 수 있도록 하였다.

4 인성검사부터 면접까지 한 권으로 최종 마무리

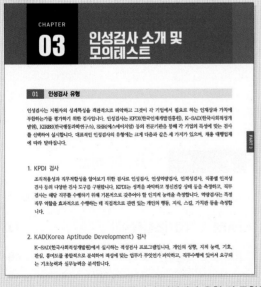

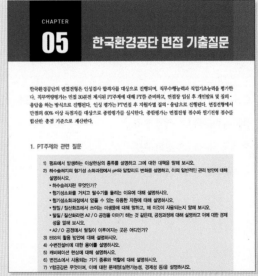

▶ 인성검사 모의테스트를 수록하여 인성검사 유형 및 문항을 확인할 수 있도록 하였다.

▶ 한국환경공단 면접 기출질문을 수록하여 면접에서 나오는 질문을 미리 파악하고 면접에 대비할 수 있도록 하였다.

이 책의 차례 CONTENTS

Add+

2023년 주요 공기업 NCS 기출복원문제

※ 다음 글을 읽고 이어지는 질문에 답하시오. [1~2]

항원은 감기바이러스, 알레르기 등 면역 반응을 일으키는 원인으로, 생명체의 체내에 침입하는 모든 이물질의 일종이다. 대개 병원균, 바이러스 등 외부 침입 물질을 항원으로 취급하지만 체내 합성 물질, 심지어 암세포도 항원의 일종으로 볼 수 있다. 이에 대항하는 것이 항체이다. 항체는 항원을 인식한 후 결합하여 항원의 기능을 억제한다. 이 과정에서 우리 몸은 침입한 항원에 대항하는 항체를 생산하는 법을 기억했다가 해당 항원이 재침입하면 항체를 빠르게 생산하여 재침입한 항원을 무력화한다. 이를 항원 – 항체 반응이라고 한다.

그럼에도 우리는 일상에서 감기에 걸리곤 한다. 그렇다면 감기도 바이러스고 항원인데 왜 감기에 걸리는지에 대한 의문이 생길 것이다. 바이러스는 항원 변이를 통해 진화한다. 우리 몸은 이 진화한 항원을 기존 항원과는 다른, 새로운 항원으로 인식하여 기존에 만든 항체를 쓰지 않고 진화한 항체에 알맞은 항체를 새로 만든다. 즉, 감기바이러스는 수시로 변이하는 항원이므로 한 번 침입한 항원에 대한 항체를 보관하였다 다시 쓸 수 없다는 것이다. 이것이 변이 바이러스가 무서운 점이다. 기존 항원과 다른 항원으로 받아들이므로 새로운 항체를 만들어야 하고, 항체 생산이 완료될 때까지 항원이 치명적인 독소를 생산한다면 위험하게 된다. 항체는 너무 적어서도 안 되고 너무 많아서도 안 된다. 당연하지만 항체가 부족하면 체내에 침입한 항원과 대항할 힘이 없다는 의미다. 그렇지만 ㉠ 항체가 너무 많다면 오히려 체내 정상적인 세포를 공격할 수 있다. 항체는 항상 적정한 수준으로 유지되어야 하며 항원이 침입하였을 때도 항원에 대항할 수 있는 적정한 양의 항체를 생산할 수 있어야 한다.

올해 1월 방역당국은 약 99%의 국민이 코로나19 항체를 보유한 것으로 발표한 바 있다. 하지만 국민 대부분이 코로나19 항체를 보유한 것으로는 집단면역이 형성되었다고 판단할 수 없으며, 국내외 연구 결과에 따르면 항체의 효과는 3개월 후 효과가 급감하므로 섣부른 판단은 할 수 없다고 밝혔다. 이어서 60대 이상의 고연령층을 포함한 고위험군은 여전히 백신 추가접종이 필요하므로 코로나19 백신 추가접종을 적극적으로 권장하였다.

01 다음 중 윗글을 읽고 이해한 내용으로 적절하지 않은 것은?

① 수혈받을 때 항원 – 항체 반응이 일어나지 않도록 조심해야겠네.

② 변이가 빠른 바이러스는 항체를 보유했더라도 그 바이러스에 다시 감염될 수 있겠네.

③ 외할아버지 연세가 78세이시니 백신 접종을 받아 보시게 하는 것이 좋겠어.

④ 에볼라 바이러스와 같은 치사율이 매우 높은 바이러스는 의외로 감염률이 낮을 수 있겠네.

⑤ 같은 바이러스에 감염돼도 항체 생성 능력이 떨어지면 완치 기간이 더 길겠네.

02 다음 중 밑줄 친 ㉠의 상황에 적절한 사자성어는?

① 과유불급(過猶不及) 　　② 오매불망(寤寐不忘)

③ 와신상담(臥薪嘗膽) 　　④ 금의환향(錦衣還鄕)

⑤ 막역지우(莫逆之友)

※ 다음 글을 읽고 이어지는 질문에 답하시오. [3~4]

실험실에서 모르모트(Marmotte)는 신약 등의 생체실험 시 사람 대신 동물실험에 쓰이는 쥐와 같은 설치류의 통칭으로 부르고 있다. 흔히 '모르모트'라는 말을 들으면 실험체 이미지가 떠오르는 이유가 이 때문이며, 각 계층에서 실험적으로 쓰이는 모습을 비유적으로 표현할 때 '실험쥐', '모르모트' 등으로 쓰인다.

모르모트는 '마멋(Marmot)'에서 유래된 말이다. 더 정확하게 말하면 네덜란드에서 기니피그를 마멋이란 동물로 착각하여 마멋이라 불렀고 일본으로 전파되어 국내로 들어오며 모르모트는 기니피그를 칭하는 말이 되었다. 즉, 모르모트는 기니피그를 칭하는 말이지만 모르모트의 어원인 마멋과는 다른 동물인 다소 혼동의 여지가 있는 상황이 된 것이다.

기니피그와 같은 쥐가 동물실험에 쓰이는 비율은 원숭이, 돼지 등을 제치고 압도적으로 높은 비율을 차지하고 있다. 그렇다면 동물실험에서 인간과 유사하다고 알려진 원숭이나 침팬지 등의 영장류를 쓰지 않고 외형부터 인간과 동떨어져 있으며 더러움의 상징 중 하나인 쥐를 동물실험으로 쓰는 이유는 무엇일까? 의외로 쥐는 인간 유전자와 매우 흡사하다고 한다. 쥐와 인간은 약 99% 정도 유사한 유전자를 가졌으며 약 300개의 유전자만이 다르다는 연구 결과도 있다. 심지어 인간과 쥐의 유전자 지도를 대조하여 새로 발견한 사람의 유전자가 1,000개 이상이라는 자료도 있다.

뛰어난 번식력 또한 실험용으로 쓰이는 이유 중 하나이다. 쥐는 한 번 새끼를 낳을 때 적게는 5마리에서 많게는 15마리도 넘게 새끼를 낳을 수 있으며, 임신 기간 또한 30일 미만으로 짧고 새끼를 낳은 후에도 바로 임신이 가능한 생물로 알려져 있다. 또한 한 세대가 2~3년으로 짧아 어떤 약물이 세대 간에 미치는 영향을 빠르게 조사할 수 있다는 점 또한 실험 대상으로 적합한 조건이다.

그렇다면 사람들은 왜 약물의 위험성을 실험할 때 동물실험을 할까? 이는 질병의 예방법을 발견할 수 있기 때문이다. 실제로 홍역은 5세 미만 영아 사망의 원인 중 하나였으나, 동물실험을 거쳐 백신을 개발하였고, 이 백신으로 예방접종을 실시하여 홍역 발병률 및 사망률을 80% 이상 낮출 수 있었다. 또한 사람을 대상으로 실험할 경우 약물이 인체에 어떤 영향을 끼칠지 모르기 때문이다. 임상실험에 참여한 사람이 약물 부작용으로 몸이 상하기도 하고 심한 경우 사망에 이르는 사례가 꾸준히 발생하고 있다. 이와 같이 사람의 몸이 상하거나 사망에 이르는 사례를 줄이기 위해 신약 개발 시 동물실험을 거치곤 한다.

_____㉠_____ 동물윤리적인 관점에서 동물실험은 반갑지 않은 면이다. 신약 개발을 위한 동물실험은 꽤 오랫동안 동물보호단체들이 끊임없이 던져온 문제이며, 시민의식도 성장하면서 동물실험의 필요성에 대한 시민들의 생각 또한 달라졌다. 2021년 농림축산검역본부의 동물실험윤리위원회 운영 및 동물실험 실태조사에 따르면 동물실험에 쓰인 동물의 수는 쥐만 하더라도 연간 약 347만 마리이다. 이는 전체 동물실험의 약 71%이며, 실험에 쓰였던 다른 동물의 수까지 합치면 그 수는 결코 무시할 수 없다. 이에 농림축산검역본부는 동물실험에 대한 지침을 발표하였다. 동물실험 진행 시 규정에 따른 동물실험계획서를 먼저 제출하여 승인 후에 비로소 동물실험을 진행할 수 있도록 한 것이다. 게다가 최근 2022년 12월 미국 FDA는 신약 개발 시 동물실험 의무조항을 폐지하기까지 하였다.

단순 동물을 향한 연민만으로 동물실험을 반대하는 사람이 있는 것은 아니다. 아무리 인간과 유사한 동물로 안정성을 검증했다 하더라도 인간과 동물은 엄연히 다른 종이므로 예상치 못한 위험요인이 도사릴 수 있다는 것이다. 실제로 1950년대 독일에서는 '탈리도마이드'라는 약품이 쥐를 통한 동물실험으로 안정성이 입증되어 대중들에게 시판되었다. 하지만 판매 후 유통된 5년간 전 세계에서 약 12,000명의 기형아를 출산하게 된 원인으로 지목되었고 임산부 복용이 금지되는 등 매우 제한적으로 사용되고 있다. 이는 인류 역사상 손에 꼽을만한 약물 부작용 사건으로 남게 되었다.

03 다음 중 윗글의 빈칸 ㉠에 들어갈 접속부사로 가장 적절한 것은?

① 예를 들면

② 그랬더니

③ 또한

④ 왜냐하면

⑤ 하지만

04 다음 중 윗글을 읽고 이해한 내용으로 적절하지 않은 것은?

① 실험실에서 동물실험에 쓰이는 설치류의 통칭을 '모르모트'라고 부른다.

② 기니피그와 마멋은 다른 동물이다.

③ 쥐와 인류의 유전자는 300여 개의 유전자가 같을 정도로 매우 유사하다.

④ 2022년 이전까지는 미국 FDA에서는 신약 개발 시 의무적으로 동물실험을 통해 안정성을 검증하도록 했다.

⑤ 동물실험을 거쳐 안정성을 입증한 약물도 사람에게 치명적일 수 있다.

05 다음 글의 내용으로 적절하지 않은 것은?

> 환경부 산하 한국환경공단은 2030 국가 온실가스 감축 목표 달성을 위해 지자체가 주도하는 탄소중립을 지원하고자 지자체 탄소중립 ACT센터를 신설하였다. ACT센터는 Assist(지원), Consult(컨설팅), Together(협력), 총 3개의 단어를 합쳐서 명명하였으며, 전국 243개 광역 및 기초지자체에 대해 탄소중립 기본계획의 수립 및 이행관리 등을 지원하는 전담 기관으로써 역할을 수행하게 된다. 기존 탄소중립지원센터는 각 소속 지자체가 탄소중립 계획을 작성하고 이행할 수 있도록 탄소중립 사업수행 및 발굴을 지원하는 역할을 하지만 ACT센터는 환경부와 지자체 사이에서 탄소중립 정책 및 기술지원을 수행하며, 전국 지자체 및 탄소중립지원센터와 협력체계를 구축하여 탄소중립 기본계획 수립 및 이행관리를 지원한다.
>
> 우리나라는 지난 2021년 개최된 P4G 서울 녹색미래 정상회의에서 모든 지방정부가 2050 탄소중립을 선언하여 탄소중립을 공동의 목표로 설정한 바 있으며, 지방이 중심이 되는 탄소중립을 주요 과제로써 제시하고 있다. 이는 뉴욕, 코펜하겐, 멜버른, 요코하마 등 21개의 글로벌 도시가 탄소중립 도시동맹을 결성하는 등 지역중심 탄소중립 실천을 위한 전 세계의 흐름에 동참한다는 의미가 있다. 정부는 2022년 3월 탄소중립법 시행, 2023년 4월 국가탄소중립 및 녹색성장 기본계획을 수립하였으며, 이에 따라 전국 243개의 광역 및 기초지자체는 2025년까지 지역의 탄소중립 계획을 수립하고 매년 이행상황을 관리 및 점검하여야 한다. 환경부는 지자체의 탄소중립 기본계획 및 이행실적을 종합하여 '2050 탄소중립녹색성장위원회'로 보고하여야 한다.
>
> ACT센터에서 지원하는 지자체 탄소중립 지원사업 내용은 탄소중립 법적 이행 지원, 탄소중립지원센터 상생협력, 중앙 – 지방정부 협력거버넌스 실현, 탄소중립 통합정보 플랫폼 구축 등이 있다.

① ACT센터는 탄소중립지원센터와 협력을 통해 탄소중립 지원을 수행한다.
② ACT센터는 탄소중립 통합정보 플랫폼 구축 사업을 지원할 계획이다.
③ 2021년 서울에서 녹색미래 정상회의가 열렸다.
④ 뉴욕, 코펜하겐, 멜버른은 탄소중립을 위한 노력을 실천하고 있다.
⑤ 탄소중립을 실천하기 위해 모든 버스를 전기버스로 교체할 것이다.

06 다음 〈보기〉를 경우의 수가 큰 순서대로 바르게 나열한 것은?

> **보기**
> ㄱ. A ~ G 7명이 일렬로 설 때, A가 양 끝에 서는 경우의 수
> ㄴ. R, E, C, Y, C, L, E를 일렬로 나열하는 경우의 수
> ㄷ. 중복을 허락하여 0 ~ 4의 5개 자연수로 짝수인 다섯 자릿수를 만드는 경우의 수

① ㄱ – ㄷ – ㄴ
② ㄴ – ㄱ – ㄷ
③ ㄴ – ㄷ – ㄱ
④ ㄷ – ㄱ – ㄴ
⑤ ㄷ – ㄴ – ㄱ

07 다음 제시된 변량의 분산과 표준편차는?

| 3 7 6 8 3 9 1 6 4 3 |

	분산	표준편차
①	8	$2\sqrt{2}$
②	6	$\sqrt{6}$
③	4	2
④	2	$\sqrt{2}$
⑤	1	1

08 다음과 같이 한 변의 길이가 12cm인 정사각형 ABCD에서 변 BC의 중점이 P, 변 CD의 중점이 Q일 경우, 선분 AP, AQ, PQ를 따라 잘랐을 때, 삼각형 APQ의 넓이는?

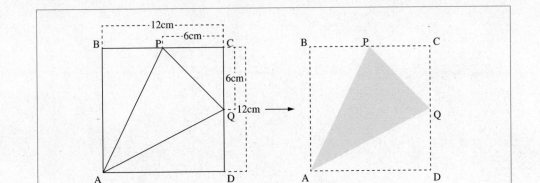

① 36cm^2 ② 54cm^2

③ 72cm^2 ④ 90cm^2

⑤ 108cm^2

09 다음은 K중학교 재학생의 주말 평균 공부시간에 대한 자료이다. 이에 대한 설명으로 옳지 않은 것은?

① 주말 평균 공부시간이 8시간 이상인 학생의 비율이 가장 작다.
② 주말 평균 공부시간이 1시간 미만인 학생의 비율과 6시간 이상 8시간 미만인 학생의 비율은 같다.
③ 주말 평균 공부시간이 3시간 이상인 학생은 전체의 절반을 넘는다.
④ 주말 평균 공부시간이 2시간 미만인 학생은 전체의 절반 미만이다.
⑤ 주말 평균 공부시간이 2시간 이상 3시간 미만인 학생의 비율은 8시간 이상인 학생의 비율의 5배이다.

10 다음 글의 내용으로 가장 적절한 것은?

> 한국철도공사는 철도시설물 점검 자동화에 '스마트 글라스'를 활용하겠다고 밝혔다. 스마트 글라스란 안경처럼 착용하는 스마트 기기로, 검사와 판독, 데이터 송수신과 보고서 작성까지 모든 동작이 음성인식을 바탕으로 작동한다. 이를 활용하여 작업자는 스마트 글라스 액정에 표시된 내용에 따라 철도 시설물을 점검하고, 음성 명령을 통해 시설물의 사진을 촬영한 후 해당 정보와 검사 결과를 전송해 보고서로 작성한다.
>
> 작업자들은 스마트 글라스의 사용을 통해 직접 자료를 조사하고 측정한 내용을 바탕으로 시스템 속에서 여러 단계를 거쳐 수기 입력하던 기존 방식으로부터 벗어날 수 있게 되었고, 이 일련의 과정들을 중앙 서버를 통해 한 번에 처리할 수 있게 되었다.
>
> 이와 같은 스마트 기기의 도입은 중앙 서버의 효율적 종합 관리를 가능하게 할 뿐만 아니라 작업자의 안전성 향상에도 크게 기여하였다. 이는 작업자들이 음성인식이 가능한 스마트 글라스를 사용함으로써 두 손이 자유로워져 추락 사고를 방지할 수 있게 되었기 때문이며, 스마트 글라스 내부 센서가 충격과 기울기를 감지할 수 있어 작업자에게 위험한 상황이 발생하면 지정된 컴퓨터에 위험 상황을 바로 통보하는 시스템을 갖추었기 때문이다.
>
> 한국철도공사는 주요 거점 현장을 시작으로 스마트 글라스를 보급하여 성과 분석을 거치고 내년부터는 보급 현장을 확대하겠다고 밝혔으며, 국내 철도 환경에 맞춰 스마트 글라스 시스템을 개선하기 위해 현장 검증을 진행하고 스마트 글라스를 통해 측정된 데이터를 총괄 제어할 수 있도록 안전점검 플랫폼망도 마련할 예정이다.
>
> 이와 더불어 스마트 글라스를 통해 기존의 인력 중심 시설점검을 간소화하여 효율성과 안전성을 향상시키고, 나아가 철도 맞춤형 스마트 기술을 도입하여 시설물 점검뿐만 아니라 유지보수 작업도 가능하도록 철도기술 고도화에 힘쓰겠다고 전했다.

① 작업자의 음성인식을 통해 철도시설물의 점검 및 보수 작업이 가능해졌다.
② 스마트 글라스의 도입으로 철도시설물 점검의 무인작업이 가능해졌다.
③ 스마트 글라스의 도입으로 철도시설물 점검 작업 시 안전사고 발생 횟수가 감소하였다.
④ 스마트 글라스의 도입으로 철도시설물 작업 시간 및 인력이 감소하고 있다.
⑤ 스마트 글라스의 도입으로 작업자의 안전사고 발생을 바로 파악할 수 있게 되었다.

11 다음 글에 대한 설명으로 적절하지 않은 것은?

2016년 4월 27일 오전 7시 20분경 임실역에서 익산으로 향하던 열차가 전기 공급 중단으로 멈추는 사고가 발생해 약 50여 분간 열차 운행이 중단되었다. 바로 전차선에 지어진 까치집 때문이었는데, 까치가 집을 지을 때 사용하는 젖은 나뭇가지나 철사 등이 전선과 닿거나 차로에 떨어져 합선과 단전을 일으킨 것이다.

비록 이번 사고는 단전에서 끝났지만, 고압 전류가 흐르는 전차선인 만큼 철사와 젖은 나뭇가지만으로도 자칫하면 폭발사고로 이어질 우려가 있다. 지난 5년간 까치집으로 인한 단전사고는 한 해 평균 3 ~ 4건 발생해 왔으며, 한국철도공사는 사고방지를 위해 까치집 방지 설비를 설치하고 설비가 없는 구간은 작업자가 육안으로 까치집 생성 여부를 확인해 제거하고 있는데, 이렇게 제거해 온 까치집 수가 연평균 8,000개에 달한다. 하지만 까치집은 빠르면 불과 4시간 만에 완성되어 작업자들에게 큰 곤욕을 주고 있다.

이에 한국철도공사는 전차선로 주변 까치집 제거의 효율성과 신속성을 높이기 위해 인공지능(AI)과 사물인터넷(IoT) 등 첨단 기술을 활용하기에 이르렀다. 열차 운전실에 영상 장비를 설치해 달리는 열차에서 전차선을 촬영한 화상 정보를 인공지능으로 분석함으로써 까치집 등의 위험 요인을 찾아 해당 위치와 현장 이미지를 작업자에게 실시간으로 전송하는 '실시간 까치집 자동 검출 시스템'을 개발한 것이다. 하지만 시속 150km로 빠르게 달리는 열차에서 까치집 등의 위험 요인을 실시간으로 판단해 전송하는 것이다 보니 그 정확도는 65%에 불과했다.

이에 한국철도공사는 전차선과 까치집을 정확하게 식별하기 위해 인공지능이 스스로 학습하는 '딥러닝' 방식을 도입했고, 전차선을 구성하는 복잡한 구조 및 까치집과 유사한 형태를 빅데이터로 분석해 이미지를 구분하는 학습을 실시한 결과 까치집 검출 정확도는 95%까지 상승했다. 또한 해당 이미지를 실시간 문자메시지로 작업자에게 전송해 위험 요소와 위치를 인지시켜 현장에 적용할 수 있다는 사실도 확인했다. 현재는 이와 더불어 정기열차가 운행하지 않거나 작업자가 접근하기 쉽지 않은 차량 정비 시설 등에 드론을 띄워 전차선의 까치집을 발견 및 제거하는 기술도 시범 운영하고 있다.

① 인공지능도 학습을 통해 그 정확도를 향상시킬 수 있다.
② 빠른 속도에서 인공지능의 사물 식별 정확도는 낮아진다.
③ 사람의 접근이 불가능한 곳에 위치한 까치집의 제거도 가능해졌다.
④ 까치집 자동 검출 시스템을 통해 실시간으로 까치집 제거가 가능해졌다.
⑤ 인공지능 등의 스마트 기술 도입으로 까치집 생성의 감소를 기대할 수 있다.

12 다음 글을 이해한 내용으로 적절하지 않은 것은?

> 열차 내에서의 범죄가 급격하게 증가함에 따라 한국철도공사는 열차 내 범죄 예방과 안전 확보를 위해 2023년까지 현재 운행하고 있는 열차의 모든 객실에 CCTV를 설치하고, 모든 열차 승무원에게 바디캠을 지급하겠다고 밝혔다.
> CCTV는 열차 종류에 따라 운전실에서 비상시 실시간으로 상황을 파악할 수 있는 '네트워크 방식'과 각 객실에서의 영상을 저장하는 '개별 독립 방식'이라는 2가지 방식으로 사용 및 설치가 진행될 예정이며, 객실에는 사각지대를 없애기 위해 4대 가량의 CCTV가 설치된다. 이 중 2대는 휴대 물품 도난 방지 등을 위해 휴대 물품 보관대 주변에 위치하게 된다.
> 이에 따라 한국철도공사는 CCTV 제품 품평회를 가져 제품의 형태와 색상, 재질 등에 대한 의견을 나누고 각 제품이 실제로 열차 운행 시 진동과 충격 등에 적합한지 시험을 거친 후 도입할 예정이다.

① 현재는 모든 열차의 객실 전부에 CCTV가 설치되어 있진 않을 것이다.
② 과거에 비해 승무원에 대한 승객의 범죄행위 증거 취득이 유리해질 것이다.
③ CCTV 설치를 통해 인적 피해와 물적 피해 모두 예방할 수 있을 것이다.
④ CCTV 설치를 통해 실시간으로 모든 객실을 모니터링할 수 있을 것이다.
⑤ CCTV의 내구성뿐만 아니라 외적인 디자인도 제품 선택에 영향을 줄 수 있을 것이다.

13 작년 K대학교에 재학 중인 학생 수는 6,800명이고 남학생과 여학생의 비는 8 : 9이었다. 올해 남학생 수와 여학생 수의 비가 12 : 13만큼 줄어들어 7 : 8이 되었다고 할 때, 올해 K대학교의 전체 재학생 수는?

① 4,440명
② 4,560명
③ 4,680명
④ 4,800명
⑤ 4,920명

〈2023년 한국의 국립공원 기념주화 예약 접수〉

- 우리나라 자연환경의 아름다움과 생태 보전의 중요성을 널리 알리기 위해 K공사는 한국의 국립공원 기념주화 3종(설악산, 치악산, 월출산)을 발행할 예정임
- 예약 접수일 : 3월 2일(목) ~ 3월 17일(금)
- 배부 시기 : 2023년 4월 28일(금)부터 예약자가 신청한 방법으로 배부
- 기념주화 상세

화종	앞면	뒷면
은화Ⅰ - 설악산		
은화Ⅱ - 치악산		
은화Ⅲ - 월출산		

- 발행량 : 화종별 10,000장씩 총 30,000장
- 신청 수량 : 단품 및 3종 세트로 구분되며 단품과 세트에 중복신청 가능
  - 단품 : 1인당 화종별 최대 3장
  - 3종 세트 : 1인당 최대 3세트
- 판매 가격 : 액면금액에 판매 부대비용(케이스, 포장비, 위탁판매수수료 등)을 부가한 가격
  - 단품 : 각 63,000원(액면가 50,000원+케이스 등 부대비용 13,000원)
  - 3종 세트 : 186,000원(액면가 150,000원+케이스 등 부대비용 36,000원)
- 접수 기관 : 우리은행, 농협은행, K공사
- 예약 방법 : 창구 및 인터넷 접수
  - 창구 접수
    신분증[주민등록증, 운전면허증, 여권(내국인), 외국인등록증(외국인)]을 지참하고 우리 · 농협은행 영업점을 방문하여 신청
  - 인터넷 접수
    ① 우리 · 농협은행의 계좌를 보유한 고객은 개시일 9시부터 마감일 23시까지 홈페이지에서 신청
    ② K공사 온라인 쇼핑몰에서는 가상계좌 방식으로 개시일 9시부터 마감일 23시까지 신청
- 구입 시 유의사항
  - 수령자 및 수령지 등 접수 정보가 중복될 경우 단품별 10장, 3종 세트 10세트만 추첨 명단에 등록
  - 비정상적인 경로나 방법으로 접수할 경우 당첨을 취소하거나 배송을 제한

14 다음 중 한국의 국립공원 기념주화 발행 사업의 내용으로 옳은 것은?

① 국민들을 대상으로 예약 판매를 실시하며, 외국인에게는 판매하지 않는다.

② 1인당 구매 가능한 최대 주화 수는 10장이다.

③ 기념주화를 구입하기 위해서는 우리 · 농협은행 계좌를 사전에 개설해 두어야 한다.

④ 사전예약을 받은 뒤, 예약 주문량에 맞추어 제한된 수량만 생산한다.

⑤ K공사를 통한 예약 접수는 온라인에서만 가능하다.

15 외국인 A씨는 이번에 발행되는 기념주화를 예약 주문하려고 한다. 다음 상황을 참고했을 때 A씨가 기념주화 구매 예약을 할 수 있는 방법으로 옳은 것은?

〈외국인 A씨의 상황〉

• A씨는 국내 거주 외국인으로 등록된 사람이다.
• A씨의 명의로 국내은행에 개설된 계좌는 총 2개로, 신한은행, 한국씨티은행에 1개씩이다.
• A씨는 우리은행이나 농협은행과는 거래이력이 없다.

① 여권을 지참하고 우리은행이나 농협은행 지점을 방문한다.

② K공사 온라인 쇼핑몰에서 신용카드를 사용한다.

③ 계좌를 보유한 신한은행이나 한국씨티은행의 홈페이지를 통해 신청한다.

④ 외국인등록증을 지참하고 우리은행이나 농협은행 지점을 방문한다.

⑤ 우리은행이나 농협은행의 홈페이지에서 신청한다.

16 다음은 기념주화를 예약한 5명의 신청내역이다. 이 중 가장 많은 금액을 지불한 사람의 구매 금액은?

(단위 : 세트, 장)

구매자	3종 세트	단품		
		은화Ⅰ - 설악산	은화Ⅱ - 치악산	은화Ⅲ - 월출산
A	2	1	–	–
B	–	2	3	3
C	2	1	1	–
D	3	–	–	–
E	1	–	2	2

① 558,000원

② 561,000원

③ 563,000원

④ 564,000원

⑤ 567,000원

17 다음 자료에 대한 설명으로 가장 적절한 것은?

- **KTX 마일리지 적립**
  - KTX 이용 시 결제금액의 5%가 기본 마일리지로 적립됩니다.
  - 더블적립(×2) 열차로 지정된 열차는 추가로 5%가 적립됩니다(결제금액의 총 10%).
    ※ 더블적립 열차는 홈페이지 및 코레일톡 애플리케이션에서만 승차권 구매 가능
  - 선불형 교통카드 Rail+(레일플러스)로 승차권을 결제하는 경우 1% 보너스 적립도 제공되어 최대 11% 적립이 가능합니다.
  - 마일리지를 적립받고자 하는 회원은 승차권을 발급받기 전에 코레일 멤버십카드 제시 또는 회원번호 및 비밀번호 등을 입력해야 합니다.
  - 해당 열차 출발 후에는 마일리지를 적립받을 수 없습니다.
- **회원 등급 구분**

구분	등급 조건	제공 혜택
VVIP	• 반기별 승차권 구입 시 적립하는 마일리지가 8만 점 이상인 고객 또는 기준일부터 1년간 16만 점 이상 고객 중 매년 반기 익월 선정	• 비즈니스 회원 혜택 기본 제공 • KTX 특실 무료 업그레이드 쿠폰 6매 제공 • 승차권 나중에 결제하기 서비스 (열차 출발 3시간 전까지)
VIP	• 반기별 승차권 구입 시 적립하는 마일리지가 4만 점 이상인 고객 또는 기준일부터 1년간 8만 점 이상 고객 중 매년 반기 익월 선정	• 비즈니스 회원 혜택 기본 제공 • KTX 특실 무료 업그레이드 쿠폰 2매 제공
비즈니스	• 철도 회원으로 가입한 고객 중 최근 1년간 온라인에서 로그인한 기록이 있거나, 회원으로 구매실적이 있는 고객	• 마일리지 적립 및 사용 가능 • 회원 전용 프로모션 참가 가능 • 열차 할인상품 이용 등 기본서비스와 멤버십 제휴서비스 등 부가서비스 이용
패밀리	• 철도 회원으로 가입한 고객 중 최근 1년간 온라인에서 로그인한 기록이 없거나, 회원으로 구매실적이 없는 고객	• 멤버십 제휴서비스 및 코레일 멤버십 라운지 이용 등의 부가서비스 이용 제한 • 휴면 회원으로 분류 시 별도 관리하며, 본인인증 절차로 비즈니스 회원으로 전환 가능

  - 마일리지는 열차 승차 다음날 적립되며, 지연료를 마일리지로 적립하신 실적은 등급 산정에 포함되지 않습니다.
  - KTX 특실 무료 업그레이드 쿠폰 유효기간은 6개월이며, 반기별 익월 10일 이내에 지급됩니다.
  - 실적의 연간 적립 기준일은 7월 지급의 경우 전년도 7월 1일부터 당해 연도 6월 30일까지 실적이며, 1월 지급은 전년도 1월 1일부터 전년도 12월 31일까지의 실적입니다.
  - 코레일에서 지정한 추석 및 설 명절 특별수송기간의 승차권은 실적 적립 대상에서 제외됩니다.
  - 회원 등급 조건 및 제공 혜택은 사전 공지 없이 변경될 수 있습니다.
  - 승차권 나중에 결제하기 서비스는 총 편도 2건 이내에서 제공되며, 3회 자동 취소 발생(열차 출발 전 3시간 내 미결제)시 서비스가 중지됩니다. 리무진+승차권 결합 발권은 2건으로 간주되며, 정기권, 특가상품 등은 나중에 결제하기 서비스 대상에서 제외됩니다.

① 코레일에서 운행하는 모든 열차는 이용 때마다 결제금액의 최소 5%가 KTX 마일리지로 적립된다.
② 회원 등급이 높아져도 열차 탑승 시 적립되는 마일리지는 동일하다.
③ 비즈니스 등급은 기업회원을 구분하는 명칭이다.
④ 6개월간 마일리지 4만 점을 적립하더라도 VIP 등급을 부여받지 못할 수 있다.
⑤ 회원 등급이 높아도 승차권을 정가보다 저렴하게 구매할 수 있는 방법은 없다.

18 다음은 건강생활실천지원금제에 대한 자료이다. 〈보기〉의 신청자 중 예방형과 관리형에 해당하는 사람을 바르게 분류한 것은?

〈건강생활실천지원금제〉

• 사업설명 : 참여자 스스로 실천한 건강생활 노력 및 건강개선 결과에 따라 지원금을 지급하는 제도
• 시범지역

지역	예방형	관리형
서울	노원구	중랑구
경기·인천	안산시, 부천시	인천 부평구, 남양주시, 고양일산(동구, 서구)
충청권	대전 대덕구, 충주시, 충남 청양군(부여군)	대전 동구
전라권	광주 광산구, 전남 완도군, 전주시(완주군)	광주 서구, 순천시
경상권	부산 중구, 대구 남구, 김해시, 대구 달성군	대구 동구, 부산 북구
강원·제주권	원주시, 제주시	원주시

• 참여대상 : 주민등록상 주소지가 시범지역에 해당되는 사람 중 아래에 해당하는 사람

구분	조건
예방형	만 20 ~ 64세인 건강보험 가입자(피부양자 포함) 중 국민건강보험공단에서 주관하는 일반건강검진 결과 건강관리가 필요한 사람*
관리형	고혈압·당뇨병 환자

*건강관리가 필요한 사람 : 다음에 모두 해당하거나 ①, ② 또는 ①, ③에 해당하는 사람
① 체질량지수(BMI) 25kg/m^2 이상
② 수축기 혈압 120mmHg 이상 또는 이완기 혈압 80mmHg 이상
③ 공복혈당 100mg/dL 이상

보기

〈건강생활실천지원금제 신청자 목록〉

신청자	주민등록상 주소지	체질량지수	수축기 혈압 / 이완기 혈압	공복혈당	기저질환
A	서울 강북구	22kg/m^2	117mmHg / 78mmHg	128mg/dL	–
B	서울 중랑구	28kg/m^2	125mmHg / 85mmHg	95mg/dL	–
C	경기 안산시	26kg/m^2	142mmHg / 92mmHg	99mg/dL	고혈압
D	인천 부평구	23kg/m^2	145mmHg / 95mmHg	107mg/dL	고혈압
E	광주 광산구	28kg/m^2	119mmHg / 78mmHg	135mg/dL	당뇨병
F	광주 북구	26kg/m^2	116mmHg / 89mmHg	144mg/dL	당뇨병
G	부산 북구	27kg/m^2	118mmHg / 75mmHg	132mg/dL	당뇨병
H	강원 철원군	28kg/m^2	143mmHg / 96mmHg	115mg/dL	고혈압
I	제주 제주시	24kg/m^2	129mmHg / 83mmHg	108mg/dL	–

※ 단, 모든 신청자는 만 20 ~ 64세이며 건강보험에 가입하였다.

	예방형	관리형		예방형	관리형
①	A, E	C, D	②	B, E	F, I
③	C, E	D, G	④	F, I	C, H

19 K동에서는 임신한 주민에게 출산장려금을 지원하고자 한다. 출산장려금 지급 기준 및 K동에 거주하는 임산부에 대한 정보가 다음과 같을 때, 출산장려금을 가장 먼저 받을 수 있는 사람은?

〈K동 출산장려금 지급 기준〉

- 출산장려금 지급액은 모두 같으나, 지급 시기는 모두 다르다.
- 지급 순서 기준은 임신일, 자녀 수, 소득 수준 순서이다.
- 임신일이 길수록, 자녀가 많을수록, 소득 수준이 낮을수록 먼저 받는다(단, 자녀는 만 19세 미만의 아동 및 청소년으로 제한한다).
- 임신일, 자녀 수, 소득 수준이 모두 같으면 같은 날에 지급한다.

〈K동 거주 임산부 정보〉

임산부	임신일	자녀	소득 수준
A	150일	만 1세	하
B	200일	만 3세	상
C	100일	만 10세, 만 6세, 만 5세, 만 4세	상
D	200일	만 7세, 만 5세, 만 3세	중
E	200일	만 20세, 만 16세, 만 14세, 만 10세	상

① A임산부
② B임산부
③ D임산부
④ E임산부

20 다음은 K병원의 하루 평균 이뇨제, 지사제, 진통제 사용량에 대한 자료이다. 이에 대한 설명으로 옳지 않은 것은?

〈K병원 하루 평균 이뇨제, 지사제, 진통제 사용량〉

구분	2018년	2019년	2020년	2021년	2022년	1인 1일 투여량
이뇨제	3,000mL	3,480mL	3,360mL	4,200mL	3,720mL	60mL/일
지사제	30정	42정	48정	40정	44정	2정/일
진통제	6,720mg	6,960mg	6,840mg	7,200mg	7,080mg	60mg/일

※ 모든 의약품은 1인 1일 투여량을 준수하여 투여했다.

① 전년 대비 2022년 사용량 감소율이 가장 큰 의약품은 이뇨제이다.
② 5년 동안 지사제를 투여한 환자 수의 평균은 18명 이상이다.
③ 이뇨제 사용량은 증가와 감소를 반복하였다.
④ 매년 진통제를 투여한 환자 수는 이뇨제를 투여한 환자 수의 2배 이하이다.

21 다음은 K지역의 연도별 건강보험금 부과액 및 징수액에 대한 자료이다. 직장가입자 건강보험금 징수율이 가장 높은 해와 지역가입자의 건강보험금 징수율이 가장 높은 해를 바르게 짝지은 것은?

〈K지역 건강보험금 부과액 및 징수액〉

(단위 : 백만 원)

구분		2019년	2020년	2021년	2022년
직장가입자	부과액	6,706,712	5,087,163	7,763,135	8,376,138
	징수액	6,698,187	4,898,775	7,536,187	8,368,972
지역가입자	부과액	923,663	1,003,637	1,256,137	1,178,572
	징수액	886,396	973,681	1,138,763	1,058,943

※ (징수율)$=\dfrac{(징수액)}{(부과액)}\times100$

	직장가입자	지역가입자
①	2022년	2020년
②	2022년	2019년
③	2021년	2020년
④	2021년	2019년

22 다음은 분기별 상급병원, 종합병원, 요양병원의 보건인력 현황에 대한 자료이다. 분기별 전체 보건인력 중 전체 사회복지사 인력의 비율로 옳지 않은 것은?

〈상급병원, 종합병원, 요양병원의 보건인력 현황〉

(단위 : 명)

구분		2022년 3분기	2022년 4분기	2023년 1분기	2023년 2분기
상급병원	의사	20,002	21,073	22,735	24,871
	약사	2,351	2,468	2,526	2,280
	사회복지사	391	385	370	375
종합병원	의사	32,765	33,084	34,778	33,071
	약사	1,941	1,988	2,001	2,006
	사회복지사	670	695	700	720
요양병원	의사	19,382	19,503	19,761	19,982
	약사	1,439	1,484	1,501	1,540
	사회복지사	1,887	1,902	1,864	1,862
계		80,828	82,582	86,236	86,707

※ 보건인력은 의사, 약사, 사회복지사 인력 모두를 포함한다.

① 2022년 3분기 : 약 3.65%　　　② 2022년 4분기 : 약 3.61%

③ 2023년 1분기 : 약 3.88%　　　④ 2023년 2분기 : 약 3.41%

척추는 신체를 지탱하고, 뇌로부터 이어지는 중추신경인 척수를 보호하는 중요한 뼈 구조물이다. 보통 사람들은 허리에 심한 통증이 느껴지면 허리디스크(추간판탈출증)를 떠올리는데, 디스크 이외에도 통증을 유발하는 척추 질환은 다양하다. 특히 노인 인구가 증가하면서 척추관협착증(요추관협착증)의 발병 또한 늘어나고 있다. 허리디스크와 척추관협착증은 사람들이 혼동하기 쉬운 척추 질환으로, 발병 원인과 치료법이 다르기 때문에 두 질환의 차이를 이해하고 통증 발생 시 질환에 맞춰 적절하게 대응할 필요가 있다.

허리디스크는 척추 뼈 사이에 쿠션처럼 완충 역할을 해주는 디스크(추간판)에 문제가 생겨 발생한다. 디스크는 찐득찐득한 수핵과 이를 둘러싸는 섬유륜으로 구성되는데, 나이가 들어 탄력이 떨어지거나, 젊은 나이에도 급격한 충격에 의해서 섬유륜에 균열이 생기면 속의 수핵이 빠져나오면서 주변 신경을 압박하거나 염증을 유발한다. 허리디스크가 발병하면 초기에는 허리 통증으로 시작되어 점차 허벅지에서 발까지 찌릿하게 저리는 방사통을 유발하고, 디스크에서 수핵이 흘러나오는 상황이기 때문에 허리를 굽히거나 앉아 있으면 디스크에 가해지는 압력이 높아져 통증이 더욱 심해진다. 허리디스크는 통증이 심한 질환이지만, 흘러나온 수핵은 대부분 대식세포에 의해 제거되고, 자연치유가 가능하기 때문에 병원에서는 주로 통증을 줄이고, 안정을 취하는 방법으로 보존치료를 진행한다. 하지만 염증이 심해져 중앙 척수를 건드리게 되면 하반신 마비 등의 증세가 나타날 수 있는데, 이러한 경우에는 탈출된 디스크 조각을 물리적으로 제거하는 수술이 필요하다.

반면, 척추관협착증은 대표적인 척추 퇴행성 질환으로 주변 인대(황색 인대)가 척추관을 압박하여 발생한다. 척추관은 척추 가운데 신경 다발이 지나갈 수 있도록 속이 빈 공간인데, 나이가 들면서 척추가 흔들리게 되면 흔들리는 척추를 붙들기 위해 인대가 점차 두꺼워지고, 척추 뼈에 변형이 생겨 결과적으로 척추관이 좁아지게 된다. 이렇게 오랜 기간 동안 변형된 척추 뼈와 인대가 척추관 속의 신경을 눌러 발생하는 것이 척추관협착증이다. 척추관 속의 신경이 눌리게 되면 통증과 함께 저리거나 당기게 되어 보행이 힘들어지며, 지속적으로 압박받을 경우 척추 신경이 경색되어 하반신 마비 증세로 악화될 수 있다. 일반적으로 서 있을 경우보다 허리를 구부렸을 때 척추관이 더 넓어지므로 허리디스크 환자와 달리 앉아 있을 때 통증이 완화된다. 척추관협착증은 자연치유가 되지 않고 척추관이 다시 넓어지지 않으므로 발병 초기를 제외하면 일반적으로 변형된 부분을 제거하는 수술을 하게 된다.

이와 같이 허리디스크와 척추관협착증은 똑같이 허리 통증을 유발하지만 원인과 증상, 치료법이 서로 상이하다. 비교적 고령인 60대 이상의 사람이 만성적으로 서 있을 때 통증이 나타난다면 _____㉠_____을/를 의심해야 하며, 비교적 젊은 20~50대의 사람이 앉아 있을 때 통증이 급작스럽게 나타날 때는 _____㉡_____을/를 의심해야 한다. 척추는 우리의 몸을 지탱하는 중요한 골격이며, 신경계와 밀접한 관련이 있으므로 통증이 발생한다면 자신의 몸 상태를 잘 파악하고, 초기에 치료를 받는 것이 중요하다.

| 국민건강보험공단 / 의사소통능력

23 다음 중 윗글의 내용으로 적절하지 않은 것은?

① 일반적으로 허리디스크는 척추관협착증에 비해 급작스럽게 증상이 나타난다.

② 허리디스크는 서 있을 때 통증이 더 심해진다.

③ 허리디스크에 비해 척추관협착증은 외과적 수술 빈도가 높다.

④ 허리디스크와 척추관협착증 모두 증세가 심해지면 하반신 마비의 가능성이 있다.

24 다음 중 빈칸 ㉠과 ㉡에 들어갈 단어가 바르게 연결된 것은?

	㉠	㉡
①	허리디스크	추간판탈출증
②	허리디스크	척추관협착증
③	척추관협착증	요추관협착증
④	척추관협착증	허리디스크

25 다음 문단을 논리적 순서대로 바르게 나열한 것은?

> (가) 주장애관리는 장애정도가 심한 장애인이 의원뿐만 아니라 병원 및 종합병원급에서 장애 유형별 전문의에게 전문적인 장애관리를 받을 수 있는 서비스이다. 이전에는 대상 관리 유형이 지체장애, 시각장애, 뇌병변장애로 제한되어 있었으나, 3단계부터는 지적장애, 정신장애, 자폐성 장애까지 확대되어 더 많은 중증장애인들이 장애관리를 받을 수 있게 되었다.
>
> (나) 이와 같이 3단계 장애인 건강주치의 시범사업은 기존 1·2단계 시범사업보다 더욱 확대되어 많은 중증장애인들의 참여를 예상하고 있다. 장애인 건강주치의 시범사업에 신청하기 위해서는 국민건강보험공단 홈페이지의 건강IN에서 장애인 건강주치의 의료기관을 찾은 후 해당 의료기관에 방문하여 장애인 건강주치의 이용 신청사실 통지서를 작성하면 신청할 수 있다.
>
> (다) 장애인 건강주치의 제도가 제공하는 서비스는 일반건강관리, 주(主)장애관리, 통합관리로 나누어진다. 일반건강관리 서비스는 모든 유형의 중증장애인이 만성질환 등 전반적인 건강관리를 받을 수 있는 서비스로, 의원급에서 원하는 의사를 선택하여 참여할 수 있다. 1·2단계까지의 사업에서는 만성질환관리를 위해 장애인 본인이 검사비용의 30%를 부담해야 했지만, 3단계부터는 본인부담금 없이 질환별 검사바우처로 제공한다.
>
> (라) 마지막으로 통합관리는 일반건강관리와 주장애관리를 동시에 받을 수 있는 서비스로, 동네에 있는 의원급 의료기관에 속한 지체·뇌병변·시각·지적·정신·자폐성 장애를 진단하는 전문의가 주장애관리와 만성질환관리를 모두 제공한다. 이 3가지 서비스들은 거동이 불편한 환자를 위해 의사나 간호사가 직접 집으로 방문하는 방문 서비스를 제공하고 있으며 기존까지는 연 12회였으나, 3단계 시범사업부터 연 18회로 증대되었다.
>
> (마) 보건복지부와 국민건강보험공단은 2021년 9월부터 3단계 장애인 건강주치의 시범사업을 진행하였다. 장애인 건강주치의 제도는 중증장애인이 인근 지역에서 주치의로 등록 신청한 의사 중 원하는 의사를 선택하여 장애로 인한 건강문제, 만성질환 등 건강상태를 포괄적이고 지속적으로 관리 받을 수 있는 제도로, 2018년 5월 1단계 시범사업을 시작으로 2단계 시범사업까지 완료되었다.

① (다) – (마) – (가) – (나) – (라)
② (다) – (가) – (라) – (마) – (나)
③ (마) – (가) – (라) – (나) – (다)
④ (마) – (다) – (가) – (라) – (나)

26 다음 글의 주제로 가장 적절한 것은?

현재 우리나라의 진료비 지불제도 중 가장 주도적으로 시행되는 지불제도는 행위별수가제이다. 행위별수가제는 의료기관에서 의료인이 제공한 의료서비스(행위, 약제, 치료 재료 등)에 대해 서비스별로 가격(수가)을 정하여 사용량과 가격에 의해 진료비를 지불하는 제도로, 의료보험 도입 당시부터 채택하고 있는 지불제도이다. 그러나 최근 관련 전문가들로부터 이러한 지불제도를 개선해야 한다는 목소리가 많이 나오고 있다.

조사에 의하면 우리나라의 국민의료비를 증대시키는 주요 원인은 고령화로 인한 진료비 증가와 행위별수가제로 인한 비용의 무한 증식이다. 현재 우리나라의 국민의료비는 OECD 회원국 중 최상위를 기록하고 있으며 앞으로 더욱 심화될 것으로 예측된다. 특히 행위별수가제는 의료행위를 할수록 지불되는 진료비가 증가하므로 CT, MRI 등 영상검사를 중심으로 의료 남용이나 과다 이용 문제가 발생하고 있고, 병원의 이익 증대를 위하여 환자에게는 의료비 부담을, 의사에게는 업무 부담을, 건강보험에는 재정 부담을 증대시키고 있다.

이러한 행위별수가제의 문제점을 개선하기 위해 일부 질병군에서는 환자가 입원해서 퇴원할 때까지 발생하는 진료에 대하여 질병마다 미리 정해진 금액을 내는 제도인 포괄수가제를 시행 중이며, 요양병원, 보건기관에서는 입원 환자의 질병, 기능 상태에 따라 입원 1일당 정액수가를 적용하는 정액수가제를 병행하여 실시하고 있지만 비용 산정의 경직성, 의사 비용과 병원 비용의 비분리 등 여러 가지 문제점이 있어 현실적으로 효과를 내지 못하고 있다는 지적이 나오고 있다.

기획재정부와 보건복지부는 시간이 지날수록 건강보험 적자가 계속 증대되어 머지않아 고갈될 위기에 있다고 발표하였다. 당장 행위별수가제를 전면적으로 폐지할 수는 없으므로 기존의 다른 수가제의 문제점을 개선하여 확대하는 등 의료비 지불방식의 다변화가 구조적으로 진행되어야 할 것이다.

① 신포괄수가제의 정의
② 행위별수가제의 한계점
③ 의료비 지불제도의 역할
④ 건강보험의 재정 상황
⑤ 다양한 의료비 지불제도 소개

27 다음 중 제시된 단어와 그 뜻이 바르게 연결되지 않은 것은?

① 당위(當爲) : 마땅히 그렇게 하거나 되어야 하는 것

② 구상(求償) : 자연적인 재해나 사회적인 피해를 당하여 어려운 처지에 있는 사람을 도와줌

③ 명문(明文) : 글로 명백히 기록된 문구 또는 그런 조문

④ 유기(遺棄) : 어떤 사람이 종래의 보호를 거부하여 그를 보호받지 못하는 상태에 두는 일

⑤ 추계(推計) : 일부를 가지고 전체를 미루어 계산함

28 질량이 2kg인 공을 지표면으로부터 높이가 50cm인 지점에서 지표면을 향해 수직으로 4m/s의 속력으로 던져 공이 튀어 올랐다. 다음 〈조건〉을 보고 가장 높은 지점에서 공의 위치에너지를 구하면?(단, 에너지 손실은 없으며, 중력가속도는 $10m/s^2$으로 가정한다)

조건

- (운동에너지) $= \left[\dfrac{1}{2} \times (질량) \times (속력)^2 \right] J$

    (위치에너지) $= [(질량) \times (중력가속도) \times (높이)] J$

    (역학적 에너지) $= [(운동에너지) + (위치에너지)] J$
- 에너지 손실이 없다면 역학적 에너지는 어떠한 경우에도 변하지 않는다.
- 공이 지표면에 도달할 때 위치에너지는 0이고, 운동에너지는 역학적 에너지와 같다.
- 공이 튀어 오른 후 가장 높은 지점에서 운동에너지는 0이고, 위치에너지는 역학적 에너지와 같다.
- 운동에너지와 위치에너지를 구하는 식에 대입하는 질량의 단위는 kg, 속력의 단위는 m/s, 중력가속도의 단위는 m/s^2, 높이의 단위는 m이다.

① 26J
② 28J
③ 30J
④ 32J
⑤ 34J

29 A부장이 시속 200km의 속력으로 달리는 기차로 1시간 30분 걸리는 출장지에 자가용을 타고 출장을 갔다. 시속 60km의 속력으로 가고 있는데, 속력을 유지한 채 가면 약속시간보다 1시간 늦게 도착할 수 있어 도중에 시속 90km의 속력으로 달려 약속시간보다 30분 일찍 도착하였다. A부장이 시속 90km의 속력으로 달린 거리는?(단, 달리는 동안 속력은 시속 60km로 달리는 도중에 시속 90km로 바뀌는 경우를 제외하고는 그 속력을 유지하는 것으로 가정한다)

① 180km   ② 210km

③ 240km   ④ 270km

⑤ 300km

30 S공장은 어떤 상품을 원가에 23%의 이익을 남겨 판매하였으나, 잘 팔리지 않아 판매가에서 1,300원 할인하여 판매하였다. 이때 얻은 이익이 원가의 10%일 때, 상품의 원가는?

① 10,000원   ② 11,500원

③ 13,000원   ④ 14,500원

⑤ 16,000원

31 A ~ G 7명은 일렬로 배치된 의자에 다음 〈조건〉과 같이 앉는다. 이때 가능한 경우의 수는?

조건
- A는 양 끝에 앉지 않는다.
- G는 가운데에 앉는다.
- B는 G의 바로 옆에 앉는다.
---

① 60가지   ② 72가지

③ 144가지   ④ 288가지

⑤ 366가지

32 S유치원에 다니는 아이 11명의 키는 평균 113cm이다. 키가 107cm인 원생이 유치원을 나가게 되어 원생이 10명이 되었을 때, 남은 유치원생 10명의 평균 키는?

① 113cm
② 113.6cm
③ 114.2cm
④ 114.8cm
⑤ 115.4cm

33 다음 글과 같이 한자어 및 외래어를 순화한 내용으로 적절하지 않은 것은?

> 열차를 타다 보면 한 번쯤은 다음과 같은 안내방송을 들어 봤을 것이다.
> "○○역 인근 '공중사상사고' 발생으로 KTX 열차가 지연되고 있습니다."
> 이때 들리는 안내방송 중 한자어인 '공중사상사고'를 한 번에 알아듣기란 일반적으로 쉽지 않다. 실제로 S교통공사 관계자는 승객들로부터 안내방송 문구가 적절하지 않다는 지적을 받아 왔다고 밝혔으며, 이에 S교통공사는 국토교통부와 협의를 거쳐 보다 이해하기 쉬운 안내방송을 전달하기 위해 문구를 바꾸는 작업에 착수하기로 결정하였다고 전했다.
> 우선 가장 먼저 수정하기로 한 것은 한자어 및 외래어로 표기된 철도 용어이다. 그중 대표적인 것이 '공중사상사고'이다. S교통공사 관계자는 이를 '일반인의 사상사고'나 '열차 운행 중 인명사고' 등과 같이 이해하기 쉬운 말로 바꿀 예정이라고 밝혔다. 이 외에도 열차 지연 예상 시간, 사고복구 현황 등 열차 내 안내방송을 승객에게 좀 더 알기 쉽고 상세하게 전달할 것이라고 전했다.

① 열차시격 → 배차간격
② 전차선 단전 → 선로 전기 공급 중단
③ 우회수송 → 우측 선로로의 변경
④ 핸드레일(Handrail) → 안전손잡이
⑤ 키스 앤 라이드(Kiss and Ride) → 환승정차구역

34 다음 글에서 언급되지 않은 내용은?

전 세계적인 과제로 탄소중립이 대두되자 친환경적 운송수단인 철도가 주목받고 있다. 특히 국제에너지기구는 철도를 에너지 효율이 가장 높은 운송 수단으로 꼽으며, 철도 수송을 확대하면 세계 수송 부문에서 온실가스 배출량이 그렇지 않을 때보다 약 6억 톤이 줄어들 수 있다고 하였다.

특히 철도의 에너지 소비량은 도로의 22분의 1이고, 온실가스 배출량은 9분의 1에 불과해, 탄소 배출이 높은 도로 운행의 수요를 친환경 수단인 철도로 전환한다면 수송 부문 총배출량이 획기적으로 감소될 것이라 전망하고 있다.

이에 발맞춰 우리나라의 S철도공단도 '녹색교통'인 철도 중심 교통체계를 구축하기 위해 박차를 가하고 있으며, 정부 역시 '2050 탄소중립 실현' 목표에 발맞춰 저탄소 철도 인프라 건설・관리로 탄소를 지속적으로 감축하고자 노력하고 있다.

S철도공단은 철도 인프라 생애주기 관점에서 탄소를 감축하기 위해 먼저 철도 건설 단계에서부터 친환경・저탄소 자재를 적용해 탄소 배출을 줄이고 있다. 실제로 중앙선 안동 ~ 영천 간 궤도 설계 당시 철근 대신에 저탄소 자재인 유리섬유 보강근을 콘크리트 궤도에 적용했으며, 이를 통한 탄소 감축효과는 약 6,000톤으로 추정된다. 이 밖에도 저탄소 철도 건축물 구축을 위해 2025년부터 모든 철도건축물을 에너지 자립률 60% 이상(3등급)으로 설계하기로 결정했으며, 도심의 철도 용지는 지자체와 협업을 통해 도심 속 철길 숲 등 탄소 흡수원이자 지역민의 휴식처로 철도부지 특성에 맞게 조성되고 있다.

S철도공단은 이와 같은 철도로의 수송 전환으로 약 20%의 탄소 감축 목표를 내세웠으며, 이를 위해서는 정부의 노력도 필요하다고 강조하였다. 특히 수송 수단 간 공정한 가격 경쟁이 이루어질 수 있도록 도로 차량에 집중된 보조금 제도를 화물차의 탄소배출을 줄이기 위한 철도 전환교통 보조금으로 확대하는 등 실질적인 방안의 필요성을 제기하고 있다.

① 녹색교통으로 철도 수송이 대두된 배경
② 철도 수송 확대를 통해 기대할 수 있는 효과
③ 국내의 탄소 감축 방안이 적용된 설계 사례
④ 정부의 철도 중심 교통체계 구축을 위해 시행된 조치
⑤ S철도공단의 철도 중심 교통체계 구축을 위한 방안

35 다음 글의 주제로 가장 적절한 것은?

> 지난 5월 아이슬란드에 각종 파이프와 열교환기, 화학물질 저장탱크, 압축기로 이루어져 있는 '조지올라 재생가능 메탄올 공장'이 등장했다. 이곳은 이산화탄소로 메탄올을 만드는 첨단 시설로, 과거 2011년 아이슬란드 기업 '카본리사이클링인터내셔널(CRI)'이 탄소 포집·활용(CCU) 기술의 실험을 위해서 지은 곳이다.
>
> 이곳에서는 인근 지열발전소에서 발생하는 적은 양의 이산화탄소(CO_2)를 포집한 뒤 물을 분해해 조달한 수소(H_2)와 결합시켜 재생 메탄올(CH_3OH)을 제조하였으며, 이때 필요한 열과 냉각수 역시 지열발전소의 부산물을 이용했다. 이렇게 만들어진 메탄올은 자동차, 선박, 항공 연료는 물론 플라스틱 제조 원료로 활용되는 등 여러 곳에서 활용되었다.
>
> 하지만 이렇게 메탄올을 만드는 것이 미래 원료 문제의 근본적인 해결책이 될 수는 없었다. 왜냐하면 메탄올이 만드는 에너지보다 메탄올을 만드는 데 들어가는 에너지가 더 필요하다는 문제점에 더하여 액화천연가스(LNG)를 메탄올로 변환할 경우 이전보다 오히려 탄소배출량이 증가하고, 탄소배출량을 감소시키기 위해서는 태양광과 에너지 저장장치를 활용해 메탄올 제조에 필요한 에너지를 모두 조달해야만 하기 때문이다.
>
> 또한 탄소를 포집해 지하에 영구 저장하는 탄소포집 저장방식과 달리, 탄소를 포집해 만든 연료나 제품은 사용 중에 탄소를 다시 배출할 가능성이 있어 이에 대한 논의가 분분한 상황이다.

① 탄소 재활용의 득과 실
② 재생 에너지 메탄올의 다양한 활용
③ 지열발전소에서 탄생한 재활용 원료
④ 탄소 재활용을 통한 미래 원료의 개발
⑤ 미래의 에너지 원료로 주목받는 재활용 원료, 메탄올

36 다음은 A ~ C철도사의 연도별 차량 수 및 승차인원에 대한 자료이다. 이에 대한 설명으로 옳지 않은 것은?

〈철도사별 차량 수 및 승차인원〉

구분	2020년			2021년			2022년		
철도사	A	B	C	A	B	C	A	B	C
차량 수(량)	2,751	103	185	2,731	111	185	2,710	113	185
승차인원 (천 명 / 년)	775,386	26,350	35,650	768,776	24,746	33,130	755,376	23,686	34,179

① C철도사가 운영하는 차량 수는 변동이 없다.

② 3년간 전체 승차인원 중 A철도사 철도를 이용하는 승차인원의 비율이 가장 높다.

③ A ~ C철도사의 철도를 이용하는 연간 전체 승차인원 수는 매년 감소하였다.

④ 3년간 차량 1량당 연간 평균 승차인원 수는 B철도사가 가장 적다.

⑤ C철도사의 차량 1량당 연간 승차인원 수는 200천 명 미만이다.

37 다음은 A ~ H국의 연도별 석유 생산량에 대한 자료이다. 이에 대한 설명으로 옳은 것은?

〈연도별 석유 생산량〉

(단위 : bbl/day)

국가	2018년	2019년	2020년	2021년	2022년
A	10,356,185	10,387,665	10,430,235	10,487,336	10,556,259
B	8,251,052	8,297,702	8,310,856	8,356,337	8,567,173
C	4,102,396	4,123,963	4,137,857	4,156,121	4,025,936
D	5,321,753	5,370,256	5,393,104	5,386,239	5,422,103
E	258,963	273,819	298,351	303,875	335,371
F	2,874,632	2,633,087	2,601,813	2,538,776	2,480,221
G	1,312,561	1,335,089	1,305,176	1,325,182	1,336,597
H	100,731	101,586	102,856	103,756	104,902

① 석유 생산량이 매년 증가한 국가의 수는 6개이다.

② 2018년 대비 2022년에 석유 생산량 증가량이 가장 많은 국가는 A이다.

③ 매년 E의 석유 생산량은 H의 석유 생산량의 3배 미만이다.

④ 연도별 석유 생산량 상위 2개 국가의 생산량 차이는 매년 감소한다.

⑤ 2018년 대비 2022년에 석유 생산량 감소율이 가장 큰 국가는 F이다.

38 A씨는 최근 승진한 공무원 친구에게 선물로 개당 12만 원인 수석을 보내고자 한다. 다음 부정청탁 및 금품 등 수수의 금지에 관한 법률에 따라 선물을 보낼 때, 최대한 많이 보낼 수 있는 수석의 수는?(단, A씨는 공무원인 친구와 직무 연관성이 없는 일반인이며, 선물은 한 번만 보낸다)

> **금품 등의 수수 금지(부정청탁 및 금품 등 수수의 금지에 관한 법률 제8조 제1항)**
> 공직자 등은 직무 관련 여부 및 기부 · 후원 · 증여 등 그 명목에 관계없이 동일인으로부터 1회에 100만 원 또는 매 회계연도에 300만 원을 초과하는 금품 등을 받거나 요구 또는 약속해서는 아니 된다.

① 7개
② 8개
③ 9개
④ 10개
⑤ 11개

39 S대리는 업무 진행을 위해 본사에서 거래처로 외근을 가고자 한다. 본사에서 거래처까지 가는 길이 다음과 같을 때, 본사에서 출발하여 C와 G를 거쳐 거래처로 간다면 S대리의 최소 이동거리는?(단, 어떤 곳을 먼저 가도 무방하다)

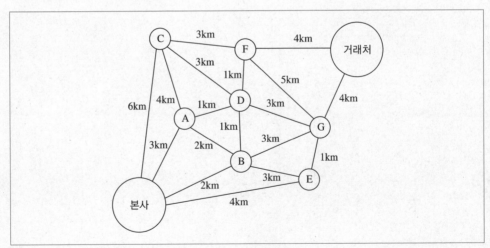

① 8km
② 9km
③ 13km
④ 16km
⑤ 18km

40 총무부에 근무하는 A사원은 각 부서에 필요한 사무용품을 조사한 결과, 볼펜 30자루, 수정테이프 8개, 연필 20자루, 지우개 5개가 필요하다고 한다. 다음 〈조건〉에 따라 비품을 구매할 때, 지불할 수 있는 가장 저렴한 금액은?(단, 필요한 비품 수를 초과하여 구매할 수 있고, 지불하는 금액은 배송료를 포함한다)

조건

• 볼펜, 수정테이프, 연필, 지우개의 판매 금액은 다음과 같다(단, 모든 품목은 낱개로 판매한다).

품목	가격(원/1EA)	비고
볼펜	1,000	20자루 이상 구매 시 개당 200원 할인
수정테이프	2,500	10개 이상 구매 시 개당 1,000원 할인
연필	400	12자루 이상 구매 시 연필 전체 가격의 25% 할인
지우개	300	10개 이상 구매 시 개당 100원 할인

• 품목당 할인을 적용한 금액의 합이 3만 원을 초과할 경우, 전체 금액의 10% 할인이 추가로 적용된다.
• 전체 금액의 10% 할인 적용 전 금액이 5만 원 초과 시 배송료는 무료이다.
• 전체 금액의 10% 할인 적용 전 금액이 5만 원 이하 시 배송료 5,000원이 별도로 적용된다.

① 51,500원
② 51,350원
③ 46,350원
④ 45,090원
⑤ 42,370원

41 S사는 개발 상품 매출 순이익에 기여한 직원에게 성과급을 지급하고자 한다. 기여도에 따른 성과급 지급 기준과 〈보기〉를 참고하여 성과급을 차등지급할 때, 가장 많은 성과급을 지급받는 직원은? (단, 팀장에게 지급하는 성과급은 기준 금액의 1.2배이다)

〈기여도에 따른 성과급 지급 기준〉

매출 순이익	개발 기여도			
	1% 이상 5% 미만	5% 이상 10% 미만	10% 이상 20% 미만	20% 이상
1천만 원 미만	–	–	매출 순이익의 1%	매출 순이익의 2%
1천만 원 이상 3천만 원 미만	5만 원	매출 순이익의 1%	매출 순이익의 2%	매출 순이익의 5%
3천만 원 이상 5천만 원 미만	매출 순이익의 1%	매출 순이익의 2%	매출 순이익의 3%	매출 순이익의 5%
5천만 원 이상 1억 원 미만	매출 순이익의 1%	매출 순이익의 3%	매출 순이익의 5%	매출 순이익의 7.5%
1억 원 이상	매출 순이익의 1%	매출 순이익의 3%	매출 순이익의 5%	매출 순이익의 10%

보기

직원	직책	매출 순이익	개발 기여도
A	팀장	4,000만 원	25%
B	팀장	2,500만 원	12%
C	팀원	1억 2,500만 원	3%
D	팀원	7,000만 원	7%
E	팀원	800만 원	6%

① A
② B
③ C
④ D
⑤ E

42 다음은 S시의 학교폭력 상담 및 신고 건수에 대한 자료이다. 이에 대한 설명으로 옳지 않은 것은?

〈S시 학교폭력 상담 및 신고 건수〉

(단위 : 건)

구분	2022년 7월	2022년 8월	2022년 9월	2022년 10월	2022년 11월	2022년 12월
상담	977	805	3,009	2,526	1,007	871
상담 누계	977	1,782	4,791	7,317	8,324	9,195
신고	486	443	1,501	804	506	496
신고 누계	486	929	2,430	3,234	3,740	4,236
구분	2023년 1월	2023년 2월	2023년 3월	2023년 4월	2023년 5월	2023년 6월
상담	( )	( )	4,370	3,620	1,004	905
상담 누계	9,652	10,109	14,479	18,099	19,103	20,008
신고	305	208	2,781	1,183	557	601
신고 누계	4,541	4,749	7,530	( )	( )	( )

① 2023년 1월과 2023년 2월의 학교폭력 상담 건수는 같다.

② 학교폭력 상담 건수와 신고 건수 모두 2023년 3월에 가장 많다.

③ 전월 대비 학교폭력 상담 건수가 가장 크게 감소한 월과 학교폭력 신고 건수가 가장 크게 감소한 월은 다르다.

④ 전월 대비 학교폭력 상담 건수가 증가한 월은 학교폭력 신고 건수도 같이 증가하였다.

⑤ 2023년 6월까지의 학교폭력 신고 누계 건수는 10,000건 이상이다.

43 다음은 5년 동안 발전원별 발전량 추이에 대한 자료이다. 이에 대한 설명으로 옳지 않은 것은?

〈2018 ~ 2022년 발전원별 발전량 추이〉

(단위 : GWh)

자원	2018년	2019년	2020년	2021년	2022년
원자력	127,004	138,795	140,806	155,360	179,216
석탄	247,670	226,571	221,730	200,165	198,367
가스	135,072	126,789	138,387	144,976	160,787
신재생	36,905	38,774	44,031	47,831	50,356
유류·양수	6,605	6,371	5,872	5,568	5,232
계	553,256	537,300	550,826	553,900	593,958

① 매년 원자력 자원 발전량과 신재생 자원 발전량의 증감 추이는 같다.

② 석탄 자원 발전량의 전년 대비 감소폭이 가장 큰 해는 2021년이다.

③ 신재생 자원 발전량 대비 가스 자원 발전량이 가장 큰 해는 2018년이다.

④ 매년 유류·양수 자원 발전량은 전체 발전량의 1% 이상을 차지한다.

⑤ 전체 발전량의 전년 대비 증가폭이 가장 큰 해는 2022년이다.

44 다음 중 〈보기〉에 해당하는 문제해결방법이 바르게 연결된 것은?

보기

㉠ 중립적인 위치에서 그룹이 나아갈 방향과 주제에 대한 공감을 이룰 수 있도록 도와주어 깊이 있는 커뮤니케이션을 통해 문제점을 이해하고 창조적으로 해결하도록 지원하는 방법이다.
㉡ 상이한 문화적 토양을 가진 구성원이 사실과 원칙에 근거한 토론을 바탕으로 서로의 생각을 직설적인 논쟁이나 협상을 통해 의견을 조정하는 방법이다.
㉢ 구성원이 같은 문화적 토양을 가지고 서로를 이해하는 상황에서 권위나 공감에 의지하여 의견을 중재하고, 타협과 조정을 통해 해결을 도모하는 방법이다.

	㉠	㉡	㉢
①	하드 어프로치	퍼실리테이션	소프트 어프로치
②	퍼실리테이션	하드 어프로치	소프트 어프로치
③	소프트 어프로치	하드 어프로치	퍼실리테이션
④	퍼실리테이션	소프트 어프로치	하드 어프로치
⑤	하드 어프로치	소프트 어프로치	퍼실리테이션

45 A ~ G 7명은 주말 여행지를 고르기 위해 투표를 진행하였다. 다음 〈조건〉과 같이 투표를 진행하였을 때, 투표를 하지 않은 사람을 모두 고르면?

조건

• D나 G 중 적어도 한 명이 투표하지 않으면, F는 투표한다.
• F가 투표하면, E는 투표하지 않는다.
• B나 E 중 적어도 한 명이 투표하지 않으면, A는 투표하지 않는다.
• A를 포함하여 투표한 사람은 모두 5명이다.

---

① B, E 　　　　　　　　② B, F
③ C, D 　　　　　　　　④ C, F
⑤ F, G

46 다음과 같이 G마트에서 파는 물건을 상품코드와 크기에 따라 엑셀 프로그램으로 정리하였다. 상품코드가 S3310897이고, 크기가 '중'인 물건의 가격을 구하는 함수로 옳은 것은?

◢	A	B	C	D	E	F
1						
2		상품코드	소	중	대	
3		S3001287	18,000	20,000	25,000	
4		S3001289	15,000	18,000	20,000	
5		S3001320	20,000	22,000	25,000	
6		S3310887	12,000	16,000	20,000	
7		S3310897	20,000	23,000	25,000	
8		S3311097	10,000	15,000	20,000	
9						

① =HLOOKUP(S3310897,$B$2:$E$8,6,0)

② =HLOOKUP("S3310897",$B$2:$E$8,6,0)

③ =VLOOKUP("S3310897",$B$2:$E$8,2,0)

④ =VLOOKUP("S3310897",$B$2:$E$8,6,0)

⑤ =VLOOKUP("S3310897",$B$2:$E$8,3,0)

47 다음 중 Windows Game Bar 녹화 기능에 대한 설명으로 옳지 않은 것은?

① 〈Windows 로고 키〉+〈Alt〉+〈G〉를 통해 백그라운드 녹화 기능을 사용할 수 있다.

② 백그라운드 녹화 시간은 변경할 수 있다.

③ 녹화한 영상의 저장 위치는 변경할 수 없다.

④ 각 메뉴의 단축키는 본인이 원하는 키 조합에 맞추어 변경할 수 있다.

⑤ 게임 성능에 영향을 줄 수 있다.

※ 다음 글을 읽고 이어지는 질문에 답하시오. [48~50]

우리나라에서 500MW 규모 이상의 발전설비를 보유한 발전사업자(공급의무자)는 신재생에너지 공급의무화 제도(RPS; Renewable Portfolio Standard)에 의해 의무적으로 일정 비율 이상을 기존의 화석연료를 변환시켜 이용하거나 햇빛·물·지열·강수·생물유기체 등 재생 가능한 에너지를 변환시켜 이용하는 에너지인 신재생에너지로 발전해야 한다. 이에 따라 공급의무자는 매년 정해진 의무공급비율에 따라 신재생에너지를 사용하여 전기를 공급해야 하는데 의무공급비율은 매년 확대되고 있으므로 여기에 맞춰 태양광, 풍력 등 신재생에너지 발전설비를 추가로 건설하기에는 여러 가지 한계점이 있다. ＿＿⊙＿＿ 공급의무자는 의무공급비율을 외부 조달을 통해 충당하게 되는데 이를 인증하는 것이 신재생에너지 공급인증서(REC; Renewable Energy Certificates)이다. 공급의무자는 신재생에너지 발전사에서 판매하는 REC를 구매하는 것으로 의무공급비율을 달성하게 되며, 이를 이행하지 못할 경우 미이행 의무량만큼 해당 연도 평균 REC 거래가격의 1.5배 이내에서 과징금이 부과된다.

신재생에너지 공급자가 공급의무자에게 REC를 판매하기 위해서는 먼저 「신에너지 및 재생에너지 개발·이용·보급 촉진법(신재생에너지법)」 제12조의7에 따라 공급인증기관(에너지관리공단 신재생에너지센터, 한국전력거래소 등)으로부터 공급 사실을 증명하는 공급인증서를 신청해야 한다. 인증 신청을 받은 공급인증기관은 신재생에너지 공급자, 신재생에너지 종류별 공급량 및 공급기간, 인증서 유효기간을 명시한 공급인증서를 발급해 주는데, 여기서 공급인증서의 유효기간은 발급받은 날로부터 3년이며, 공급량은 발전방식에 따라 실제 공급량에 가중치를 곱해 표기한다. 이렇게 발급받은 REC는 공급인증기관이 개설한 거래시장인 한국전력거래소에서 거래할 수 있으며, 거래시장에서 공급의무자가 구매하여 의무공급량에 충당한 공급인증서는 효력을 상실하여 폐기하게 된다.

RPS 제도를 통한 REC 거래는 최근 더욱 확대되고 있다. 시행 초기에는 전력거래소에서 신재생에너지 공급자와 공급의무자 간 REC를 거래하였으나, 2021년 8월 이후 에너지관리공단에서 운영하는 REC 거래시장을 통해 한국형 RE100에 동참하는 일반기업들도 신재생에너지 공급자로부터 REC를 구매할 수 있게 되었고 여기서 구매한 REC는 기업의 온실가스 감축실적으로 인정되어 인센티브 등 다양한 혜택을 받을 수 있게 된다.

| 한국남동발전 / 의사소통능력

48 다음 중 윗글의 내용으로 적절하지 않은 것은?

① 공급의무자는 의무공급비율 달성을 위해 반드시 신재생에너지 발전설비를 건설해야 한다.

② REC 거래를 위해서는 먼저 공급인증기관으로부터 인증서를 받아야 한다.

③ 일반기업도 REC 구매를 통해 온실가스 감축실적을 인정받을 수 있다.

④ REC에 명시된 공급량은 실제 공급량과 다를 수 있다.

49 다음 중 빈칸 ⊙에 들어갈 접속부사로 가장 적절한 것은?

① 한편
② 그러나
③ 그러므로
④ 예컨대

50 다음 자료를 토대로 신재생에너지법상 바르게 거래된 것은?

〈REC 거래내역〉

(거래일 : 2023년 10월 12일)

설비명	에너지원	인증서 발급일	판매처	거래시장 운영소
A발전소	풍력	2020.10.06	E기업	에너지관리공단
B발전소	천연가스	2022.10.12	F발전	한국전력거래소
C발전소	태양광	2020.10.24	G발전	한국전력거래소
D발전소	수력	2021.04.20	H기업	한국전력거래소

① A발전소
② B발전소
③ C발전소
④ D발전소

실패는 성공의 첫걸음이다.

– 월트 디즈니 –

PART 1

직업기초능력평가

CHAPTER 01
의사소통능력

합격 CHEAT KEY

의사소통능력은 평가하지 않는 공사·공단이 없을 만큼 필기시험에서 중요도가 높은 영역으로, 세부 유형은 문서 이해, 문서 작성, 의사 표현, 경청, 기초 외국어로 나눌 수 있다. 문서 이해·문서 작성과 같은 지문에 대한 주제 찾기, 내용 일치 문제의 출제 비중이 높으며, 문서의 특성을 파악하는 문제도 출제되고 있다.

01 문제에서 요구하는 바를 먼저 파악하라!

의사소통능력에서 가장 중요한 것은 제한된 시간 안에 빠르고 정확하게 답을 찾아내는 것이다. 의사소통능력에서는 지문이 아니라 문제가 주인공이므로 지문을 보기 전에 문제를 먼저 파악해야 하며, 문제에 따라 전략적으로 빠르게 풀어내는 연습을 해야 한다.

02 잠재되어 있는 언어 능력을 발휘하라!

세상에 글은 많고 우리가 학습할 수 있는 시간은 한정적이다. 이를 극복할 수 있는 방법은 다양한 글을 접하는 것이다. 실제 시험장에서 어떤 내용의 지문이 나올지 아무도 예측할 수 없으므로 평소에 신문, 소설, 보고서 등 여러 글을 접하는 것이 필요하다.

03 상황을 가정하라!

업무 수행에 있어 상황에 따른 언어 표현은 중요하다. 같은 말이라도 상황에 따라 다르게 해석될 수 있기 때문이다. 그런 의미에서 자신의 의견을 효과적으로 전달할 수 있는 능력을 평가하는 것이다. 업무를 수행하면서 발생할 수 있는 여러 상황을 가정하고 그에 따른 올바른 언어표현을 정리하는 것이 필요하다.

04 말하는 이의 입장에서 생각하라!

잘 듣는 것 또한 하나의 능력이다. 상대방의 이야기에 귀 기울이고 공감하는 태도는 업무를 수행하는 관계 속에서 필요한 요소이다. 그런 의미에서 다양한 상황에서 듣는 능력을 평가하는 것이다. 말하는 이가 요구하는 듣는 이의 태도를 파악하고, 이에 따른 판단을 할 수 있도록 언제나 말하는 사람의 입장이 되는 연습이 필요하다.

| 유형분석 |

- 주어진 지문을 읽고 선택지를 고르는 전형적인 독해 문제이다.
- 지문은 주로 신문기사(보도자료 등)나 업무 보고서, 시사 등이 제시된다.
- 공사공단에 따라 자사와 관련된 내용의 기사나 법조문, 보고서 등이 출제되기도 한다.

다음 글의 내용으로 적절하지 않은 것은?

수소와 산소는 H_2와 O_2의 분자 상태로 존재한다. 수소와 산소가 화합해서 물 분자가 되려면 이 두 분자가 충돌해야 하는데, 충돌하는 횟수가 많으면 많을수록 물 분자가 생기는 확률은 높아진다. 또한 반응하기 위해서는 분자가 원자로 분해되어야 한다. 좀 더 정확히 말한다면, 각각의 분자가 산소 원자끼리 그리고 수소 원자끼리의 결합력이 약해져야 한다. 높은 온도는 분자 간의 충돌 횟수를 증가시킬 뿐 아니라 분자를 강하게 진동시켜 분자의 결합력을 약하게 한다. 그리하여 수소와 산소는 이전까지 결합하고 있던 자신과 동일한 원자와 떨어져, 산소 원자 하나에 수소 원자 두 개가 결합한 물(H_2O)이라는 새로운 화합물이 되는 것이다.

① 수소 분자와 산소 분자가 충돌해야 물 분자가 생긴다.
② 수소 분자와 산소 분자가 원자로 분해되어야 반응을 할 수 있다.
③ 높은 온도는 분자를 강하게 진동시켜 결합력을 약하게 한다.
④ 산소 분자와 수소 분자가 각각 물(H_2O)이라는 새로운 화합물이 된다.
⑤ 산소 분자와 수소 분자의 충돌 횟수가 많아지면 물 분자가 될 확률이 높다.

정답 ④

제시문은 분자 상태의 수소와 산소가 결합하여 물이 되는 과정을 설명한 것으로, 수소 분자와 산소 분자가 원자로 분해되고, 분해된 산소 원자 하나와 수소 원자 두 개가 결합하여 물이라는 화합물이 생성된다고 했다. ④는 산소 분자와 수소 분자가 '각각' 물이 된다고 했으므로 이는 잘못된 해석이다.

풀이 전략!

주어진 선택지에서 키워드를 체크한 후, 지문의 내용과 비교해 가면서 내용의 일치 유무를 빠르게 판단한다.

※ 다음 글의 내용으로 가장 적절한 것을 고르시오. [1~2]

01

일반적으로 종자를 발아시킨 후 약 1주일 정도 된 채소의 어린 싹을 새싹 채소라고 말한다. 씨앗에서 싹을 틔우고 뿌리를 단단히 뻗은 성체가 되기까지 열악한 환경을 극복하고 성장하기 위하여, 종자 안에는 각종 영양소가 많이 포함되어 있다.

이러한 종자의 에너지를 이용하여 틔운 새싹은 성숙한 채소에 비해 영양성분이 약 3~4배 정도 더 많이 함유되어 있으며 종류에 따라서는 수십 배 이상의 차이를 보이기도 하는 것으로 보고된다. 식물의 성장과정 중 씨에서 싹이 터 어린잎이 두세 개 달릴 즈음이 생명유지와 성장에 필요한 생리활성 물질을 가장 많이 만들어 내는 때라고 한다. 그렇기 때문에 그 모든 영양이 새싹 안에 그대로 모일뿐더러, 단백질과 비타민, 미네랄 등의 영양적 요소도 결집하게 된다. 고로 새싹 채소는 영양면에 있어서도 다 자란 채소나 씨앗 자체보다도 월등히 나은 데다가 신선함과 맛까지 덤으로 얻을 수 있으니 더없이 매력적인 채소라 하겠다. 따라서 성체의 채소류들이 가지는 각종 비타민, 미네랄 및 생리활성 물질들을 소량의 새싹 채소 섭취로 충분히 공급받을 수 있다. 채소류에 포함되어 있는 각종 생리활성 물질이 암의 발생을 억제하고 치료에 도움을 준다는 것은 많은 연구에서 입증되고 있으며, 이에 따라 새싹 채소는 식이요법 등에도 활용되고 있다.

예를 들어, 브로콜리에 다량 함유되어 있는 황 화합물인 설포라펜의 항암활성 및 면역활성작용은 널리 알려져 있는데, 성숙한 브로콜리보다 어린 새싹에 설포라펜의 함량이 약 40배 이상 많이 들어 있는 것으로 보고되기도 한다. 메밀 싹에는 항산화 활성이 높은 플라보노이드 화합물인 루틴이 다량 함유되어 있어 체내 유해산소의 제거를 통하여 암의 발생과 성장의 억제에 도움을 줄 수 있다. 새싹 채소는 기존에 널리 쓰여온 무 싹 정도 이외에는 많이 알려져 있지 않았으나, 최근 관심이 고조되면서 다양한 새싹 채소나 이를 재배할 수 있는 종자 등을 쉽게 구할 수 있게 되었다.

새싹 채소는 종자를 뿌린 후 1주일 정도면 식용이 가능하므로 재배기간이 짧고 키우기가 쉬워 근래에는 가정에서도 직접 재배하여 섭취하기도 한다. 새싹으로 섭취할 수 있는 채소로는 순무 싹, 밀싹, 메밀 싹, 브로콜리 싹, 청경채 싹, 보리 싹, 케일 싹, 녹두 싹 등이 있는데 다양한 종류를 섭취하는 것이 좋다.

① 종자 상태에서는 아직 영양분을 갖고 있지 않는다.
② 다 자란 식물은 새싹 상태에 비해 3~4배 많은 영양분을 갖게 된다.
③ 씨에서 싹이 바로 나왔을 때 비타민, 미네랄과 같은 물질을 가장 많이 생성한다.
④ 새싹 채소 역시 성체와 마찬가지로 항암 효과를 보이는 물질을 가지고 있다.
⑤ 무 싹은 새싹 채소 중 하나이며 아직 많은 사람들에게 알려지지 않았다.

플라톤의 『파이드로스』에는 소크라테스가 파이드로스에게 문자의 발명에 관한 옛 이야기를 하는 대목이 있다. 이 옛 이야기에 따르면 문자뿐 아니라 숫자와 여러 문명의 이기를 고안해 낸 발명의 신 토이트가 이집트의 왕 타무스에게 자신이 발명한 문자를 온 백성에게 사용하게 하면 이집트 백성이 더욱더 현명해질 것이라는 제안을 한다.

그러나 타무스 왕은 문자가 인간을 더욱 이성적이게 하고 인간의 기억을 확장시킬 도구라는 주장에 대해서 강한 거부감을 표현한다. '죽은' 문자는 백성들을 현명하게 만들기는커녕 도리어 생동감 있고 살아있는 기억력을 퇴보시킬 것이고, 문자로 적힌 많은 글들은 다른 여타의 상황해석 없이 그저 글로 적힌 대로만 읽히고 원뜻과는 동떨어지게 오해될 소지가 다분하다는 것이다.

우리 시대의 주요한 화두이기도 한 구어문화(Orality)에 대립되는 문자문화(Literacy)의 비역동성과 수동성에 대한 비판은 이제 막 알파벳이 보급되고 문자문화가 전래의 구술적 신화문화를 대체한 플라톤 시기에 이미 논의된 것이다.

실제의 말과 사고는 본질적으로 언제나 실제 인간끼리 주고받는 콘텍스트하에 존재하는데, 문자와 글쓰기는 이러한 콘텍스트를 떠나 비현실적이고 비자연적인 세계 속에서 수동적으로 이뤄진다. 글쓰기와 마찬가지로 인쇄술과 컴퓨터는 끊임없이 동적인 소리를 정지된 공간으로 환원하고, 말을 그 살아있는 현재로부터 분리시키고 있다.

물론 인류의 문자화가 결코 '폐해'만을 낳았던 것이 아니라는 주장도 만만치 않다. 지난 20년간 컴퓨터공학과 인터넷의 발전이 우리의 삶을 얼마나 변화시켰던가. 고대의 신화적이고 구어문화 중심적인 사회에서 문자사회로의 이행기에 있어서 문자의 사용은 신이나 지배자의 명령하는 목소리에 점령되지 않는 자유공간을 만들어 내기도 했다는 주장에 주목할 필요가 있다.

이러한 주장의 근저는 소크라테스의 입을 통해서 플라톤이 주장하는 바와 맥이 닿는 것이 아닐까. 언어 행위의 근간이 되는 변증법적 작용을 무시하는 언술행위의 문자적 고착화에 대한 비판은 궁극적으로 우리가 살아가는 세상은 결코 어떠한 규정적인 개념화와 그 기계적인 강제로도 담아낼 수 없다는 것이다. 역으로 현실적인 층위에서의 물리적이고 강제적인 억압에 의해 말살될 위기에 처한 진리의 소리는 기념비적인 언술행위의 문자화를 통해서 저장되어야 한다는 것이 아닐까.

이러한 문화적 기억력의 여과과정은 결국 삶의 의미에 대한 성찰에 기반하여 문화적 구성원들의 가치 판단에 따라 이뤄질 몫이다. 문화적 기억력에 대한 성찰과 가치 판단이 부재한 시대의 새로운 매체는 단지 댓글 파노라마에 불과할 것이기 때문이다.

① 타무스 왕은 문자를 살아 있고 생동감 있는 것으로, 기억력은 죽은 것으로 생각했다.
② 플라톤 시기는 문자문화가 구술적 신화문화를 대체하기 시작한 시기였다.
③ 문자와 글쓰기는 항상 콘텍스트하에서 이뤄지는 행위이다.
④ 문자문화로 인해 진리의 소리는 물리적이고 강제적인 억압으로 말살되었다.
⑤ 문화적 기억력이 바탕에 있다면 새로운 매체는 댓글 파노라마로 자리 잡을 것이다.

03 다음 글의 내용으로 적절하지 않은 것은?

경제학에서는 가격이 한계 비용과 일치할 때를 가장 이상적인 상태라고 본다. '한계 비용'이란 재화의 생산량을 한 단위 증가시킬 때 추가되는 비용을 말한다. 한계 비용 곡선과 수요 곡선이 만나는 점에서 가격이 정해지면 재화의 생산 과정에 들어가는 자원이 낭비 없이 효율적으로 배분되며, 이때 사회 전체의 만족도가 가장 커진다. 가격이 한계 비용보다 높아지면 상대적으로 높은 가격으로 인해 수요량이 줄면서 거래량이 따라 줄고, 결과적으로 생산량도 감소한다. 이는 사회 전체의 관점에서 볼 때 자원이 효율적으로 배분되지 못하는 상황이므로 사회 전체의 만족도가 떨어지는 결과를 낳는다.

위에서 설명한 일반 재화와 마찬가지로 수도, 전기, 철도와 같은 공익 서비스도 자원배분의 효율성을 생각하면 한계 비용 수준으로 가격(공공요금)을 결정하는 것이 바람직하다. 대부분의 공익 서비스는 초기 시설 투자비용은 막대한 반면 한계 비용은 매우 적다. 이러한 경우, 한계 비용으로 공공요금을 결정하면 공익 서비스를 제공하는 기업은 손실을 볼 수 있다.

예컨대 초기 시설 투자비용이 6억 달러이고, 톤당 1달러의 한계 비용으로 수돗물을 생산하는 상수도 서비스를 가정해 보자. 이때 수돗물 생산량을 '1톤, 2톤, 3톤, …'으로 늘리면 총비용은 '6억 1달러, 6억 2달러, 6억 3달러, …'로 늘어나고, 톤당 평균 비용은 '6억 1달러, 3억 1달러, 2억 1달러, …'로 지속적으로 줄어든다. 그렇지만 평균 비용이 계속 줄어들더라도 한계 비용 아래로는 결코 내려가지 않는다. 따라서 한계 비용으로 수도 요금을 결정하면 총비용보다 총수입이 적으므로 수도 사업자는 손실을 보게 된다.

이를 해결하는 방법에는 크게 두 가지가 있다. 하나는 정부가 공익 서비스 제공 기업에 손실분만큼 보조금을 주는 것이고, 다른 하나는 공공요금을 평균 비용 수준으로 정하는 것이다. 전자의 경우 보조금을 세금으로 충당한다면 다른 부문에 들어갈 재원이 줄어드는 문제가 있다. 평균 비용 곡선과 수요 곡선이 교차하는 점에서 요금을 정하는 후자의 경우에는 총수입과 총비용이 같아져 기업이 손실을 보지는 않는다. 그러나 요금이 한계 비용보다 높기 때문에 사회 전체의 관점에서 자원의 효율적 배분에 문제가 생긴다.

① 자원이 효율적으로 배분될 때 사회 전체의 만족도가 극대화된다.
② 가격이 한계 비용보다 높은 경우에는 한계 비용과 같은 경우에 비해 결국 그 재화의 생산량이 줄어든다.
③ 공익 서비스와 일반 재화의 생산 과정에서 자원을 효율적으로 배분하기 위한 조건은 서로 같다.
④ 정부는 공공요금을 한계 비용 수준으로 유지하기 위하여 보조금 정책을 펼 수 있다.
⑤ 평균 비용이 한계 비용보다 큰 경우, 공공요금을 평균 비용 수준에서 결정하면 자원의 낭비를 방지할 수 있다.

04 다음은 K공단의 보험재정국에 대한 글이다. 글의 내용으로 적절하지 않은 것은?

보험재정국의 주요 업무를 한마디로 요약하면 사업장을 대상으로 고용·산재보험을 가입·부과·징수하는 일이다. 일반적으로 K공단을 업무상 재해 시 보상을 담당하는 기관으로만 인식하고 있는 노동자들의 입장에서는 다소 생소한 업무일 수 있다.

사회보험 미가입 사업장을 발굴하여 가입시키는 것은 궁극적으로 노동자를 보호하기 위한 조치이며 보험료를 부과하고 징수하는 것 역시 원활한 보상과 급여를 위한 것이라는 의미이다. 그런 점에서 보험재정국의 업무는 노동자들의 보험사각지대를 해소하고 고용·산재보험의 재정 건전성을 확보하는 업무라고 설명할 수 있다.

보험재정국의 가입·부과·징수 업무는 적용계획부, 보험가입부, 보험재정부 등 3개의 팀에 의해 유기적으로 이루어지고 있다. 적용계획부는 산재보험법, 고용보험법, 보험료징수법 등과 관련된 제도 개선 업무와 함께 노동자와 유사한 지위에 있는 특수고용형태종사자, 중소기업사업주 등 사회적 보호의 필요성이 있는 사람들에 대한 고용·산재보험의 가입 업무를 수행하는 부서이다.

보험가입부에서는 여러 가지 사유로 보험가입이 안 된 사업장을 대상으로 보험가입을 유도함으로써 노동자들의 보험사각지대를 줄여나가고 있다. 보험재정부는 전국 25만여 개 건설업 사업장에 한해 보험료의 부과 및 징수 업무를 수행하는 부서이다. 또한 전국 3,000여 개의 보험 사무대행기관 지원·교육 업무도 병행하고 있다.

보험가입부의 미션이 모든 사업장을 고용·산재보험에 가입시켜 사회보험 사각지대를 해소함으로써 노동자를 보호하는 일이라면, 보험재정부의 미션은 보험료를 제대로 거둬들여 재정 건전성을 확보함으로써 노동자 보호의 기반을 마련하는 일이다. 이 두 가지는 보험재정국의 대표적인 미션이기도 하다.

① 소속된 사업장이 사회보험에 가입되어 있지 않다면 노동자들은 보호받을 수 없다.
② 적용계획부는 보험 사무대행기관의 지원·교육 업무를 돕는다.
③ 보험가입부는 노동자 보호를, 보험재정부는 노동자 보호의 기반을 마련하는 일을 한다.
④ 보험재정국은 산재보험법, 고용보험법, 보험료징수법 등과 관련된 제도 개선 업무를 한다.
⑤ 보험재정부는 재정 건전성을 확보하여 노동자 보호의 기반을 마련한다.

05 다음 글을 바탕으로 〈보기〉를 이해한 내용으로 적절하지 않은 것은?

K공단은 재취업이 어렵고, 담보나 신용이 부족한 산재장해인의 경제적 자립을 돕기 위해 창업점포를 임차하여 지원한다. 2000년부터 현재까지 1,535명에게 895억 원을 지원하여 산재근로자의 자립기반 마련에 크게 기여하였으며, 올해에는 총 28명에게 21억 4,000만 원을 지원할 예정이다. 전년도부터 이자율을 3%에서 2%로 낮추고, 전세보증금을 1억 원에서 1억 5,000만 원으로 상향하였으며 지원기간은 최장 6년까지이다. 지원 대상자가 월세를 부담하는 경우, 월세 200만 원 이하인 점포도 지원할 수 있다.

지원 대상은 산업재해보상보험법에 따라 장해등급을 받은 산재장해인 중 직업훈련 또는 창업훈련, 자격증 취득, 2년 이상 종사한 업종과 관련된 업종으로 창업을 희망하는 사람과 진폐재해자이다. 또한 산재장해인을 고용하고 있는 사회적 기업 또는 예비 사회적 기업 그리고 이를 준비 중인 법인도 해당된다. 다만 성인전용 유흥ㆍ사치ㆍ향락성 업종과 국민경제상 불요불급한 업종의 창업 희망자, 미성년자, 전국은행연합회의 금융기관 신용정보 관리규약에 따른 연체정보 등록자 등은 지원 대상에서 제외된다.

이밖에도 공단은 지원자의 창업 성공률을 높이기 위해 사업자금을 연리 2%(2년 거치 3년 상환)로 최대 1,500만 원까지 빌려주고, 지원 대상자에게는 전문가를 통한 창업컨설팅을 무료로 제공한다. 창업을 희망하는 산재장해인과 법인은 신청서(공단 양식)에 사업계획서를 첨부하여 창업예정지를 관할하는 공단의 각 지역본부 또는 지사 재활보상부에 제출하면 된다. 신청기간은 2월, 4월, 6월, 8월, 10월의 1 ~ 20일까지이다.

기타 자세한 내용은 창업 예정지를 관할하는 공단 각 지역본부 또는 지사 재활보상부로 문의하거나 공단 홈페이지에서 확인할 수 있다.

보기

2014년 1월 충남 천안의 음식점에서 3년간 주방장으로 일하던 P씨는 재료 준비 중 엄지손가락을 다치는 재해를 입어 장애 10급의 신체장애가 남았다. 갑작스러운 사고에 3 ~ 4개월 동안 슬럼프에 빠지며 좌절하였지만, K공단에서 지원하는 한식 조리과정 직업훈련을 받고 당당히 창업하기로 결심했다. 그동안의 경험과 공단에서 무료로 제공한 창업컨설팅을 통해 자신감을 회복한 P씨는 작은 식당을 개업했고, 이제는 구미 혁신도시 인근에서도 소문이 나기 시작하여 새로운 인생을 맞이하고 있다.

---

① P씨는 원래 음식점 주방장으로 일했기 때문에 K공단에서 지원하는 '한식조리과정직업훈련' 대상자가 될 수 있었다.

② P씨는 본인이 원래 종사했던 직종과 관련된 업종으로 창업을 희망했기 때문에 전문가를 통한 무료 창업컨설팅을 받을 수 있었다.

③ P씨가 약 4개월 정도 슬럼프에 빠졌다고 했으니까 신청서 접수는 재해를 입은 지 4개월 후인 2014년 5월에 했을 것이다.

④ 만약 P씨가 사치ㆍ향락성 업종과 관련된 창업을 하려고 했다면 지원 대상이 되지 못했을 것이다.

⑤ P씨는 K공단 홈페이지에서 관련 내용을 확인할 수 있었을 것이다.

06 '샛강을 어떻게 살릴 수 있을까?'라는 주제로 토의하고자 한다. ⊙과 ⓒ에 대한 설명으로 적절하지 않은 것은?

> 토의는 어떤 공통된 문제에 대해 최선의 해결안을 얻기 위하여 여러 사람이 의논하는 말하기 양식이다. 패널 토의, 심포지엄 등이 그 대표적인 예이다.
> ⊙ 패널 토의는 3 ~ 6인의 전문가들이 사회자의 진행에 따라, 일반 청중 앞에서 토의 문제에 대한 정보나 지식, 의견이나 견해 등을 자유롭게 주고받는 유형이다. 토의가 끝난 뒤에는 청중의 질문을 받고 그에 대해 토의자들이 답변하는 시간을 갖는다. 이 질의·응답 시간을 통해 청중들은 관련 문제를 보다 잘 이해하게 되고 점진적으로 해결 방안을 모색하게 된다.
> ⓒ 심포지엄은 전문가가 참여한다는 점, 청중과 질의·응답 시간을 갖는다는 점에서는 패널 토의와 그 형식이 비슷하다. 다만 전문가가 토의 문제의 하위 주제에 대해 서로 다른 관점에서 연설이나 강연의 형식으로 10분 정도 발표한다는 점에서는 차이가 있다.

① ⊙과 ⓒ은 모두 '샛강 살리기'와 관련하여 전문가의 의견을 들은 이후, 질의·응답 시간을 갖는다.
② ⊙과 ⓒ은 모두 '샛강을 어떻게 살릴 수 있을까'라는 문제에 대해 최선의 해결책을 얻기 위함이 목적이다.
③ ⓒ은 토의자가 샛강의 생태적 특성, 샛강 살리기의 경제적 효과 등의 하위 주제를 발표한다.
④ ⊙은 '샛강 살리기'에 대해 찬반 입장을 나누어 이야기한 후 절차에 따라 청중이 참여한다.
⑤ ⓒ은 하위 주제에 대해 서로 다른 관점에서 연설이나 강연의 형식으로 발표를 한다.

07 다음 글의 내용으로 적절하지 않은 것은?

현재 전해지는 조선시대의 목가구는 대부분 조선 후기의 것들로 단단한 소나무, 느티나무, 은행나무 등의 곧은결을 기둥이나 쇠목으로 이용하고, 오동나무, 느티나무, 먹감나무 등의 늘결을 판재로 사용하여 자연스런 나뭇결의 재질을 살렸다. 또한 대나무 혹은 엇갈리거나 소용돌이 무늬를 이룬 뿌리 부근의 목재 등을 활용하여 자연스러운 장식이 되도록 하였다.

조선시대의 목가구는 대부분 한옥의 온돌에서 사용되었기에 온도와 습도 변화에 따른 변형을 최대한 방지할 수 있는 방법이 필요하였다. 그래서 단단하고 가느다란 기둥재로 면을 나누고, 기둥재에 홈을 파서 판재를 끼워 넣는 특수한 짜임과 이음의 방법을 사용하였으며, 꼭 필요한 부위에만 접착제와 대나무 못을 사용하여 목재가 수축·팽창하더라도 뒤틀림과 휘어짐이 최소화될 수 있도록 하였다. 조선시대 목가구의 대표적 특징으로 언급되는 '간결한 선'과 '명확한 면 분할'은 이러한 짜임과 이음의 방법에 기초한 것이다. 짜임과 이음은 조선시대 목가구 제작에 필수적인 방법으로, 겉으로 드러나는 아름다움은 물론 보이지 않는 내부의 구조까지 고려한 격조 높은 기법이었다.

한편 물건을 편리하게 사용할 수 있게 해주며, 목재의 결합부위나 모서리에 힘을 보강하는 금속 장석은 장식의 역할도 했지만, 기능상 반드시 필요하거나 나무의 질감을 강조하려는 의도에서 사용되어 조선시대 목가구의 절제되고 간결한 특징을 잘 살리고 있다.

① 조선시대 목가구는 온도와 습도 변화에 따른 변형을 방지할 방법이 필요했다.
② 금속 장석은 장식의 역할도 했지만, 기능상 반드시 필요한 의도에서 사용되었다.
③ 나무의 곧은결을 기둥이나 쇠목으로 이용하고, 늘결을 판재로 사용하였다.
④ 접착제와 대나무 못을 사용하면 목재의 수축과 팽창이 발생하지 않게 된다.
⑤ 목재의 결합부위나 모서리에 힘을 보강하기 위해 금속 장석을 사용하였다.

다음 글의 내용으로 가장 적절한 것은?

> 예술과 도덕의 관계, 더 구체적으로는 예술작품의 미적 가치와 도덕적 가치의 관계는 동서양을 막론하고 사상사의 중요한 주제들 중 하나이다. 그 관계에 대한 입장으로는 '극단적 도덕주의', '온건한 도덕주의', '자율성주의'가 있다. 이 입장들은 예술작품이 도덕적 가치판단의 대상이 될 수 있느냐는 물음에 각기 다른 대답을 한다.
>
> 극단적 도덕주의 입장은 모든 예술작품을 도덕적 가치판단의 대상으로 본다. 이 입장은 도덕적 가치를 가장 우선적인 가치이자 가장 포괄적인 가치로 본다. 따라서 모든 예술작품은 도덕적 가치에 의해서 긍정적으로 또는 부정적으로 평가된다. 또한 도덕적 가치는 미적 가치를 비롯한 다른 가치들보다 우선한다. 이러한 입장을 대표하는 사람이 바로 톨스토이이다. 그는 인간의 형제애에 관한 정서를 전달함으로써 인류의 심정적 통합을 이루는 것이 예술의 핵심적 가치라고 보았다.
>
> 온건한 도덕주의는 오직 일부 예술작품만이 도덕적 판단의 대상이 된다고 보는 입장이다. 따라서 일부의 예술작품들에 대해서만 긍정적인 또는 부정적인 도덕적 가치판단이 가능하다고 본다. 이 입장에 따르면, 도덕적 판단의 대상이 되는 예술작품의 도덕적 가치와 미적 가치는 서로 독립적으로 성립하는 것이 아니다. 그것들은 서로 내적으로 연결되어 있기 때문에 어떤 예술작품이 가지는 도덕적 장점이 그 예술작품의 미적 강점이 된다. 또한 어떤 예술작품의 도덕적 결함은 그 예술작품의 미적 결함이 된다.
>
> 자율성주의는 어떠한 예술작품도 도덕적 가치판단의 대상이 될 수 없다고 보는 입장이다. 이 입장에 따르면, 도덕적 가치와 미적 가치는 서로 자율성을 유지한다. 즉, 도덕적 가치와 미적 가치는 각각 독립적인 영역에서 구현되고 서로 다른 기준에 의해 평가된다는 것이다. 결국 자율성주의는 예술작품에 대한 도덕적 가치판단을 범주착오에 해당하는 것으로 본다.

① 톨스토이는 극단적 도덕주의를 비판하면서 예술작품은 인류의 심정적 통합 정도에만 기여해야 한다고 주장했다.

② 온건한 도덕주의에서는 미적 가치와 도덕적 가치의 독립적인 지위를 인정해야 한다고 본다.

③ 자율성주의는 도덕적 가치판단은 작품을 감상하는 각자에게 맡겨야 한다고 주장한다.

④ 온건한 도덕주의에서 도덕적 판단의 대상이 되는 예술작품은 극단적 도덕주의에서도 도덕적 판단의 대상이 된다.

⑤ 자율성주의는 예술작품의 미적 가치를 도덕적 가치보다 우월한 것으로 본다.

09 다음 글을 근거로 판단할 때 가장 적절한 것은?

> 1896년 『독립신문』 창간을 계기로 여러 가지의 애국가 가사가 신문에 게재되기 시작했는데, 어떤 곡조에 따라 이 가사들을 노래로 불렀는지는 명확하지 않다. 다만 대한제국이 서구식 군악대를 조직해 1902년 '대한제국 애국가'라는 이름의 국가(國歌)를 만들어 나라의 주요 행사에 사용했다는 기록은 남아 있다. 오늘날 애국가의 노랫말은 외세의 침략으로 나라가 위기에 처해있던 1907년을 전후하여 조국애와 충성심을 북돋우기 위하여 만들어졌다.
>
> 1935년 해외에서 활동 중이던 안익태는 오늘날 우리가 부르고 있는 국가를 작곡하였다. 대한민국 임시정부는 이 곡을 애국가로 채택해 사용했으나 이는 해외에서만 퍼져나갔을 뿐, 국내에서는 광복 이후 정부수립 무렵까지 애국가 노랫말을 스코틀랜드 민요에 맞춰 부르고 있었다. 그러다가 1948년 대한민국 정부가 수립된 이후 현재의 노랫말과 함께 안익태가 작곡한 곡조의 애국가가 정부의 공식 행사에 사용되고 각급 학교 교과서에도 실리면서 전국적으로 애창되기 시작하였다.
>
> 애국가가 국가로 공식화되면서 1950년대에는 대한뉴스 등을 통해 적극적으로 홍보가 이루어졌다. 그리고 국기게양 및 애국가 제창 시의 예의에 관한 지시(1966) 등에 의해 점차 국가의례의 하나로 간주되었다.
>
> 1970년대 초에는 공연장에서 본공연 전에 애국가가 상영되기 시작하였다. 이후 1980년대 중반까지 주요 방송국에서 국기강하식에 맞춰 애국가를 방송하였다. 주요 방송국의 국기강하식 방송, 극장에서의 애국가 상영 등은 1980년대 후반 중지되었으며 음악회와 같은 공연 시 애국가 연주도 이때 자율화되었다.
>
> 오늘날 주요 행사 등에서 애국가를 제창하는 경우에는 부득이한 경우를 제외하고 4절까지 제창하여야 한다. 애국가는 모두 함께 부르는 경우에는 전주곡을 연주한다. 다만, 약식 절차로 국민의례를 행할 때, 애국가를 부르지 않고 연주만 하는 의전행사(외국에서 하는 경우 포함)나 시상식·공연 등에서는 전주곡을 연주해서는 안 된다.

① 1940년에 해외에서는 안익태가 만든 애국가 곡조를 들을 수 없었다.

② 1990년대 초반에는 국기강하식 방송과 극장에서의 애국가 상영이 의무화되었다.

③ 오늘날 우리가 부르는 애국가의 노랫말은 1896년 『독립신문』에 게재되지 않았다.

④ 시상식에서 애국가를 부르지 않고 연주만 하는 경우에는 전주곡을 연주할 수 있다.

⑤ 안익태가 애국가 곡조를 작곡한 해로부터 대한민국 정부 공식 행사에 사용될 때까지 10년이 채 걸리지 않았다.

| 유형분석 |

- 주어진 지문을 파악하여 전달하고자 하는 핵심 주제를 고르는 문제이다.
- 정보를 종합하고 중요한 내용을 구별하는 능력이 필요하다.
- 설명문부터 주장, 반박문까지 다양한 성격의 지문이 제시되므로 글의 성격별 특징을 알아 두는 것이 좋다.

다음 글의 제목으로 가장 적절한 것은?

> 구비문학에서는 기록문학과 같은 의미의 단일한 작품 또는 원본이라는 개념이 성립하기 어렵다. 윤선도의 '어부사시사'와 채만식의 『태평천하』는 엄밀하게 검증된 텍스트를 놓고 이것이 바로 그 작품이라 할 수 있지만, '오누이 장사 힘내기' 전설이라든가 '진주 낭군' 같은 민요는 서로 조금씩 다른 구연물이 다 그 나름의 개별적 작품이면서 동일 작품의 변이형으로 인정되기도 하는 것이다. 이야기꾼은 그의 개인적 취향이나 형편에 따라 설화의 어떤 내용을 좀 더 실감나게 손질하여 구연할 수 있으며, 때로는 그 일부를 생략 혹은 변경할 수 있다. 모내기할 때 부르는 '모노래'는 전승적 가사를 많이 이용하지만, 선창자의 재간과 그때그때의 분위기에 따라 새로운 노래 토막을 끼워 넣거나 일부를 즉흥적으로 개작 또는 창작하는 일도 흔하다.

① 구비문학의 현장성   ② 구비문학의 유동성

③ 구비문학의 전승성   ④ 구비문학의 구연성

⑤ 구비문학의 사실성

정답 ②

구비문학에서는 단일한 작품, 원본이라는 개념이 성립하기 어렵다. 선창자의 재간과 그때그때의 분위기에 따라 새롭게 변형되거나 창작되는 일이 흔하다. 다시 말해 정해진 틀이 있다기보다는 상황이나 분위기에 따라 바뀌는 것이 가능하다. 유동성이란 형편이나 때에 따라 변화될 수 있음을 뜻하는 말이다. 따라서 글의 제목은 '구비문학의 유동성'이라고 볼 수 있다.

풀이 전략!

'결국', '즉', '그런데', '그러나', '그러므로' 등의 접속어 뒤에 주제가 드러나는 경우가 많다는 것에 주의하면서 지문을 읽는다.

01 다음 기사의 제목으로 적절하지 않은 것은?

> 대·중소기업 간 동반성장을 위한 '상생'이 산업계의 화두로 조명 받고 있다. 4차 산업혁명 시대 도 래 등 글로벌 시장에서의 경쟁이 날로 치열해지는 상황에서 대기업과 중소기업이 힘을 합쳐야 살아 남을 수 있다는 위기감이 상생의 중요성을 부각하고 있다고 분석된다. 재계 관계자는 "그동안 반도 체, 자동차 등 제조업에서 세계적인 경쟁력을 갖출 수 있었던 배경에는 대기업과 협력업체 간 상생 의 역할이 컸다."며 "고속 성장기를 지나 지속 가능한 구조로 한 단계 더 도약하기 위해 상생경영이 중요하다."라고 강조했다.
>
> 우리 기업들은 협력사의 경쟁력 향상이 곧 기업의 성장으로 이어질 것으로 보고 2·3차 중소 협력 업체들과의 상생경영에 힘쓰고 있다. 단순히 갑을 관계에서 대기업을 서포트해야 하는 존재가 아니 라 상호 발전을 위한 동반자라는 인식이 자리 잡고 있다는 분석이다. 이에 따라 협력사들에 대한 지원도 거래대금 현금 지급 등 1차원적인 지원 방식에서 벗어나 경영 노하우 전수, 기술 이전 등을 통한 '상생 생태계' 구축에 도움을 주는 방향으로 초점이 맞춰지는 추세다.
>
> 특히 최근에는 상생 협력이 대기업이 중소기업에 주는 일시적인 시혜 차원의 문제가 아니라 경쟁에 서 살아남기 위한 생존 문제와 직결된다는 인식이 강하다. 협약을 통해 협력업체를 지원해 준 대기 업이 업체의 기술력 향상으로 더 큰 이득으로 보상받고 이를 통해 우리 산업의 경쟁력이 강화될 것 이란 설명이다.
>
> 경제 전문가는 "대·중소기업 간의 상생 협력이 강제 수단이 아니라 문화적으로 자리 잡아야 할 시 기"라며 "대기업, 특히 오너 중심의 대기업들도 단기적인 수익이 아닌 장기적인 시각에서 질적 평가 를 통해 협력업체의 경쟁력을 키울 방안을 고민해야 한다."라고 강조했다.
>
> 이와 관련해 국내 주요 기업들은 대기업보다 연구개발(R&D) 인력과 관련 노하우가 부족한 협력사 들을 위해 각종 노하우를 전수하는 프로그램을 운영 중이다. K전자는 협력사들에 기술 노하우를 전수하기 위해 경영관리 제조 개발 품질 등 해당 전문 분야에서 20년 이상 노하우를 가진 K전자 임원과 부장급 100여 명으로 '상생컨설팅팀'을 구성했다. 지난해부터는 해외에 진출한 국내 협력사 에도 노하우를 전수하고 있다.

① 지속 가능한 구조를 위한 상생 협력의 중요성
② 상생경영, 함께 가야 멀리 간다.
③ 대기업과 중소기업, 상호 발전을 위한 동반자로
④ 시혜적 차원에서의 대기업 지원의 중요성
⑤ 동반성장을 위한 상생의 중요성

02

시장경제는 국민 모두가 잘살기 위한 목적을 달성하기 위한 수단으로서 선택한 나라 살림의 운영 방식이다. 그러나 최근에 재계, 정계, 그리고 경제 관료 사이에 벌어지고 있는 시장경제에 대한 논쟁은 마치 시장경제 그 자체가 목적인 것처럼 왜곡되고 있다. 국민들이 잘살기 위해서는 경제가 성장해야 한다. 그러나 경제가 성장했는데도 다수의 국민들이 잘사는 결과를 가져오지 못하고 경제적 강자들의 기득권을 확대 생산하는 결과만을 가져온다면 국민들은 시장경제를 버리고 대안적 경제 체제를 찾을 것이다. 그렇기 때문에 시장경제를 유지하기 위해서는 성장과 분배의 균형이 중요하다. 시장경제는 경쟁을 통해서 효율성을 높이고 성장을 달성한다. 경쟁의 동기는 사적인 이익을 추구하는 인간의 이기적 속성에 기인한다. 국민 각자는 모두가 함께 잘살기 위해서가 아니라 내가 잘살기 위해서 경쟁을 한다. 모두가 함께 잘살기 위한 공동의 목적을 달성하기 위한 수단으로 시장경제를 선택한 것이지만 개개인은 이기적인 동기로 시장에 참여하는 것이다. 이와 같이 시장경제는 개인과 공동의 목적이 서로 상반되는 모순을 갖는 것이 그 본질이다. 그래서 시장경제가 제대로 운영되기 위해서는 국가의 소임이 중요하다.

시장경제에서 국가가 할 일을 크게 세 가지로 나누어 볼 수 있다. 첫째는 경쟁을 유도하는 시장 체제를 만드는 것이고, 둘째는 공정한 경쟁이 이루어지도록 시장 질서를 세우는 것이며, 셋째는 경쟁의 결과로 얻은 성과가 모두에게 공평하게 분배되도록 조정하는 것이다. 최근에 벌어지고 있는 시장경제의 논쟁은 세 가지 국가의 역할 중에서 논쟁의 주체들이 자신의 이해관계에 따라서 선택적으로 시장경제를 왜곡하고 있다. 경쟁에서 강자의 위치를 확보한 재벌들은 경쟁 촉진을 주장하면서 공정 경쟁이나 분배를 말하는 것은 반시장적이라고 매도한다. 정치권은 인기 영합의 수단으로, 그리고 일부 노동계는 이기적 동기에서 분배를 주장하면서 분배의 전제가 되는 성장을 위해서 필요한 경쟁을 훼손하는 모순된 주장을 한다. 경제 관료들은 자신의 권력을 강화하기 위한 부처의 이기적인 관점에서 경쟁촉진과 공정 경쟁 사이에서 줄타기 곡예를 하며 분배에 대해서 말하는 것은 금기시한다. 모두가 자신들의 기득권을 위해서 선택적으로 왜곡하고 있다.

경쟁은 원천적으로 공정성을 보장하지 못한다. 서로 다른 능력이 주어진 천부적인 차이는 물론이고, 물려받는 재산과 환경의 차이로 인하여 출발선에서부터 불공정한 경쟁이 시작된다. 그럼에도 불구하고 경쟁은 창의력을 가지고 노력하는 사람에게 성공을 가져다주는 체제이다. 그래서 출발점이 다를지라도 노력과 능력에 따라서 성공의 기회가 제공되도록 보장하기 위해서 공정 경쟁이 중요하다. 경쟁은 또한 분배의 공평성을 보장하지 못한다. 경쟁의 결과는 경쟁에 참여한 모든 사람들의 노력의 결과로 이루어진 것이지, 승자만의 노력으로 이루어진 것은 아니다. 경쟁의 결과가 승자에 의해서 독점된다면 국민들은 경쟁의 참여를 거부할 수밖에 없다. 그래서 경쟁에 참여한 모두에게 공평한 분배가 이루어지는 것이 중요하다.

① 시장경제에서의 개인과 경쟁의 상호 관계
② 시장경제에서의 국가의 역할
③ 시장경제에서의 개인 상호 간의 경쟁
④ 시장경제에서의 경쟁의 양면성과 그 한계
⑤ 시장경제에서의 경쟁을 통한 개개인의 관계

03

우리 고유의 발효식품이자 한식 제1의 반찬인 김치는 천년이 넘는 역사를 함께해 온 우리 삶의 일부이다. 채소를 오래 보관하여 먹기 위한 절임 음식으로 시작된 김치는 양념을 버무리고 숙성시키는 우리만의 발효과학 식품으로 변신하였고, 김장은 우리 민족의 가장 중요한 행사 중 하나가 되었다. 다른 나라에도 소금 등에 채소를 절인 절임 음식이 존재하지만, 절임 후 양념으로 2차 발효시키는 음식으로는 우리 김치가 유일하다. 김치는 발효과정을 통해 원재료보다 영양이 한층 더 풍부하게 변신하며, 암과 노화, 비만 등의 예방과 억제에 효과적인 기능성을 보유한 슈퍼 발효 음식으로 탄생한다.

김치는 지역마다, 철마다, 또 특별한 의미를 담아 다양하게 변신하여 300가지가 넘는 종류로 탄생하는데, 기후와 지역 등에 따라서 다채로운 맛을 담은 김치들이 있으며, 주재료로 채소뿐만 아니라 수산물이나 육류를 이용한 독특한 김치도 있고, 같은 김치라도 사람에 따라 특별한 김치로 재탄생되기도 한다. 지역과 집안마다 저마다의 비법으로 담그기 때문에 유서 깊은 종가마다 비법으로 만든 특별한 김치가 전해오며, 김치를 담그고 먹는 일도 수행의 연속이라 여기는 사찰에서는 오신채를 사용하지 않은 김치가 존재한다.

우리 문화의 정수이자 자존심인 김치는 현대에 들어서는 문화와 전통이 결합한 복합 산업으로 펼쳐지고 있다. 김치에 들어가는 수많은 재료에 관련된 산업의 생산액은 3.3조 원이 넘으며, 주로 배추 김치로 형성된 김치 생산은 약 2.3조 원의 시장을 형성하고 있고, 시판 김치의 경우 대기업의 시장 주도력이 증가하고 있다. 소비자 요구에 맞춘 다양한 포장 김치가 등장하고, 김치냉장고는 1.1조 원의 시장을 형성하고 있으며, 정성과 기다림을 상징하는 김치는 문화산업의 소재로 활용되며, 김치 문화는 관광 관련 산업으로 활성화되고 있다. 김치의 영양 기능성과 김치 유산균을 활용한 여러 기능성 제품이 개발되고, 부식뿐 아니라 새로운 요리의 식재료로서 김치는 39조 원의 외식산업 시장을 뒷받침하고 있다.

① 김치의 탄생
② 김치산업의 활성화 방안
③ 우리 민족의 축제, 김장
④ 지역마다 다양한 종류의 김치
⑤ 우리 민족의 전통이자 자존심, 김치

04 다음 글의 주제로 가장 적절한 것은?

이제 2023년 6월부터 민법과 행정 분야에서 나이를 따질 때 기존 계산하는 방식에 따라 1 ~ 2살까지 차이가 났던 우리나라 특유의 나이 계산법이 국제적으로 통용되는 '만 나이'로 일원화된다. 이는 태어난 해를 0살로 보고 정확하게 1년이 지날 때마다 한 살씩 더하는 방식을 말한다.

이에 대해 여론은 대체적으로 긍정적이나, 다만 일각에서는 모두에게 익숙한 관습을 벗어나 새로운 방식에 적응해야 한다는 점을 우려하고 있다. 특히 지금 받고 있는 행정서비스에 급격한 변화가 일어나 혹시라도 손해를 보거나 미리 따져봐야 할 부분이 있는 건 아닌지, 또 다른 혼선이 야기되는 건 아닌지 하는 것들이 이에 해당한다.

이처럼 국회가 법적 나이 규정을 만 나이로 정비한 이유는 한국의 나이 기준이 우리가 관습적으로 쓰는 '세는 나이'와 민법 등에서 법적으로 규정한 '만 나이', 일부 법령이 적용하고 있는 '연 나이' 등 세 가지로 되어 있기 때문에 한 사람의 나이가 계산 방식에 따라 최대 2살이 달라져 이러한 '나이 불일치'로 각종 행정서비스 이용과 계약체결 과정에서 혼선과 법적 다툼이 발생했기 때문이다.

더군다나 법적 나이를 규정한 민법에서조차 표현상으로 만 나이와 일반 나이가 혼재되어 있어 문구를 통일해야 한다는 지적이 나왔다. 표현상 '만 ○○세'로 돼 있지 않아도 기본적으로 만 나이로 보는 게 관례지만 법적 분쟁 발생 시 이는 해석의 여지를 줄 수 있기 때문이다. 다른 법에서 특별히 나이의 기준을 따로 두지 않았다면 민법의 나이 규정을 따르도록 되어 있는데 실상은 민법도 명확하지 않았던 것이다.

정부는 내년부터 개정된 법이 시행되면 우선 그동안 문제로 지적됐던 법적・사회적 분쟁이 크게 줄어들 것으로 기대하고 있지만 국민 전체가 일상적으로 체감하는 변화는 크지 않을 것으로 보고 있다. 이번 법 개정의 취지 자체가 나이 계산법 혼용에 따른 분쟁을 해소하는 데 맞춰져 있고, 오랜 세월 확립된 나이에 대한 사회적 인식이 법 개정으로 단번에 바뀔 수 있는 건 아니기 때문이다. 또한 여야와 정부는 연 나이를 채택해 또래 집단과 동일한 기준을 적용하는 것이 오히려 혼선을 막을 수 있고 법 집행의 효율성이 담보된다고 합의한 병역법, 청소년보호법, 민방위기본법 등 52개 법령에 대해서는 연 나이 규정 필요성이 크다면 굳이 만 나이 적용을 하지 않겠다고 밝혔다.

① 연 나이 계산법 유지의 필요성
② 우리나라 나이 계산법의 문제점
③ 기존 나이 계산법 개정의 필요성
④ 나이 계산법 혼용에 따른 분쟁 해소 방안
⑤ 나이 계산법의 변화로 달라지는 행정 서비스

05 다음 글에서 필자가 주장하는 핵심 내용으로 가장 적절한 것은?

> 현대 사회는 대중 매체의 영향을 많이 받는 사회이며, 그중에서도 텔레비전의 영향은 거의 절대적입니다. 언어 또한 텔레비전의 영향을 많이 받습니다. 그런데 텔레비전의 언어는 우리의 언어 습관을 부정적인 방향으로 흐르게 하고 있습니다.
>
> 텔레비전은 시청자들의 깊이 있는 사고보다는 감각적 자극에 호소하는 전달 방식을 사용하고 있습니다. 또 현대 자본주의 사회에서의 텔레비전 방송은 상업주의에 편승하여 대중을 붙잡기 위한 방편으로 쾌락과 흥미 위주의 언어를 무분별하게 사용합니다. 결국 텔레비전은 대중의 이성적 사고 과정을 마비시켜 오염된 언어 습관을 무비판적으로 수용하게 합니다. 그렇기 때문에 언어 사용을 통해 발전시킬 수 있는 상상적 사고를 기대하기 어렵게 하며, 창조적인 언어 습관보다는 단편적인 언어 습관을 갖게 만듭니다.
>
> 따라서 좋은 말 습관의 형성을 위해서는 또 다른 문화 매체가 필요합니다. 이러한 문제의 대안으로 문학 작품 독서를 제시하려고 합니다. 문학은 작가적 현실을 언어를 매개로 형상화한 예술입니다. 작가적 현실을 작품으로 형상화하기 위해서는 작가의 복잡한 사고 과정을 거치듯이, 작품을 바르게 이해·해석·평가하기 위해서는 독자의 상상적 사고를 거치게 됩니다. 또한 문학은 아름다움을 지향하는 언어 예술로서 정제된 언어를 사용하므로 문학 작품 감상을 통해 습득된 언어 습관은 아름답고 건전하리라 믿습니다.

① 쾌락과 흥미 위주의 언어 습관을 지양하고 사고 능력을 기를 수 있는 언어 습관을 길러야 한다.
② 사고 능력을 기르고 건전한 언어 습관을 길들이기 위해서 문학 작품 독서가 필요하다.
③ 바른 언어 습관의 형성과 건전하고 창의적인 사고를 위해 텔레비전을 멀리 해야 한다.
④ 언어는 자신의 사상을 표현하는 매체일 뿐만 아니라 그것을 사용하는 사람의 인격을 가늠하는 척도이므로 바른 언어 습관이 중요하다.
⑤ 대중 매체가 개인의 언어 습관과 사고 과정에 미치는 영향이 절대적이므로 대중 매체에서 문학작품을 다뤄야 한다.

| 유형분석 |

- 주어진 지문을 바탕으로 도출할 수 있는 내용을 찾는 문제이다.
- 선택지의 내용을 정확하게 확인하고 지문의 정보와 비교하여 추론하는 능력이 필요하다.

다음 글을 읽고 추론한 내용으로 적절하지 않은 것은?

1977년 개관한 퐁피두 센터의 정식명칭은 국립 조르주 퐁피두 예술문화 센터로, 공공정보기관(BPI), 공업창작센터(CCI), 음악·음향의 탐구와 조정연구소(IRCAM), 파리 국립 근현대 미술관(MNAM) 등이 있는 종합문화예술 공간이다. 퐁피두라는 이름은 이 센터의 창설에 힘을 기울인 조르주 퐁피두 대통령의 이름을 딴 것이다.

1969년 당시 대통령이었던 퐁피두는 파리의 중심지에 미술관이면서 동시에 조형예술과 음악, 영화, 서적 그리고 모든 창조적 활동의 중심이 될 수 있는 문화 복합센터를 지어 프랑스 미술을 더욱 발전시키고자 했다. 요즘 미술관들은 미술관의 이러한 복합적인 기능과 역할을 인식하고 변화를 시도하는 곳이 많다. 미술관은 더 이상 전시만 보는 곳이 아니라 식사도 하고 영화도 보고 강연도 들을 수 있는 곳으로, 대중과의 거리 좁히기를 시도하고 있는 것도 그리 특별한 일은 아니다. 그러나 이미 40년 전에 21세기 미술관의 기능과 역할을 미리 내다볼 줄 아는 혜안을 가지고 설립된 퐁피두 미술관은 프랑스가 왜 문화강국이라 불리는지를 알 수 있게 해준다.

① 퐁피두 미술관의 모습은 기존 미술관의 모습과 다를 것이다.
② 퐁피두 미술관을 찾는 사람들의 목적은 다양할 것이다.
③ 퐁피두 미술관은 전통적인 예술작품들을 선호할 것이다.
④ 퐁피두 미술관은 파격적인 예술작품들을 배척하지 않을 것이다.
⑤ 퐁피두 미술관은 현대 미술관의 선구자라는 자긍심을 가지고 있을 것이다.

정답 ③

제시문에 따르면 퐁피두 미술관은 모든 창조적 활동을 위한 공간이므로, 퐁피두가 전통적인 예술작품을 선호할 것이라는 내용은 추론할 수 없다.

풀이 전략!

주어진 지문이 어떠한 내용을 다루고 있는지 파악한 후 선택지의 키워드를 확실하게 체크하고, 지문의 정보에서 도출할 수 있는 내용을 찾는다.

01   다음 글을 읽고 추론한 내용으로 가장 적절한 것은?

> 파스타(Pasta)는 밀가루와 물을 주재료로 하여 만든 반죽을 소금물에 넣고 삶아 만드는 이탈리아 요리를 총칭하는데, 파스타 요리의 가장 중요한 재료인 면을 의미하기도 한다.
>
> 파스타는 350여 가지가 넘는 다양한 종류가 있는데, 형태에 따라 크게 롱(Long) 파스타와 쇼트(Short) 파스타로 나눌 수 있다. 롱 파스타의 예로는 가늘고 기다란 원통형인 스파게티, 넓적하고 얇은 면 형태인 라자냐를 들 수 있고, 쇼트 파스타의 예로는 속이 빈 원통형인 마카로니, 나선 모양인 푸실리를 들 수 있다.
>
> 역사를 살펴보면, 기원전 1세기경에 고대 로마시대의 이탈리아 지역에서 라자냐를 먹었다는 기록이 전해진다. 이후 9∼11세기에는 이탈리아 남부의 시칠리아에서 아랍인들로부터 제조 방법을 전수받아 건파스타(Dried Pasta)의 생산이 처음으로 이루어졌다고 한다. 건파스타는 밀가루에 물만 섞은 반죽으로 만든 면을 말린 것인데, 이는 시칠리아에서 재배된 듀럼(Durum) 밀이 곰팡이나 해충에 취약해 장기 보관이 어려웠기 때문에 저장기간을 늘리고 수송을 쉽게 하기 위함이었다.
>
> 듀럼 밀은 주로 파스타를 만들 때 사용하는 특수한 품종으로, 일반 밀과 여러 가지 측면에서 차이가 난다. 일반 밀은 강수량이 많고 온화한 기후에서 잘 자라는 반면, 듀럼 밀은 주로 지중해 지역과 같이 건조하고 더운 기후에서 잘 자란다. 또한 일반 밀로 만든 하얀 분말 형태의 고운 밀가루는 이스트를 넣어 발효시킨 빵과 같은 제품들에 주로 사용되고, 듀럼 밀을 거칠게 갈아 만든 황색의 세몰라 가루는 파스타를 만드는 데 적합하다.

① 속이 빈 원통형인 마카로니는 롱 파스타의 한 종류이다.

② 건파스타 제조 방법은 시칠리아인들로부터 아랍인들에게 최초로 전수되었다.

③ 이탈리아 지역에서는 기원전부터 롱 파스타를 먹은 것으로 보인다.

④ 파스타를 만드는 데 사용하는 세몰라 가루는 곱게 갈아 만든 흰색의 가루이다.

⑤ 듀럼 밀은 곰팡이나 해충에 강해 건파스타의 주재료로 적합하다.

02 다음 글을 토대로 〈보기〉를 해석한 내용으로 가장 적절한 것은?

> 뇌가 받아들인 기억 정보는 그 유형에 따라 각각 다른 장소에 저장된다. 우리가 기억하는 것들은 크게 서술 정보와 비서술 정보로 나뉜다. 서술 정보란 학교 공부, 영화의 줄거리, 장소나 위치, 사람의 얼굴처럼 말로 표현할 수 있는 정보이다. 서술 정보를 처리하는 중요한 기능을 담당하는 것은 뇌의 내측두엽에 있는 해마로 알려져 있다. 교통사고를 당해 해마 부위가 손상된 이후 서술 기억 능력이 손상된 사람의 예가 그 사실을 뒷받침한다. 그렇지만 그는 교통사고 이전의 오래된 기억을 모두 회상해 냈다. 해마는 장기 기억을 저장하는 장소가 아닌 것이다.
>
> 많은 학자들은 서술 정보가 오랫동안 저장되는 곳으로 대뇌피질을 들고 있다. 내측두엽으로 들어온 서술 정보는 해마와 그 주변 조직들에서 일시적으로 머무는 동안 쪼개져 신경정보 신호로 바뀌고 어떻게 나누어 저장될 것인지가 결정된다. 내측두엽은 대뇌피질의 광범위한 영역과 신경망을 통해 연결되어 이런 기억 정보를 대뇌피질의 여러 부위로 전달한다. 다음 단계에서는 기억과 관련된 유전자가 발현되어 단백질이 만들어지면서 기억 내용이 공고해져 오랫동안 저장된 상태를 유지한다. 그렇다면 비서술 정보는 어디에 저장될까? 운동 기술은 대뇌의 선조체나 소뇌에 저장되며, 계속적인 자극에 둔감해지는 '습관화'나 한 번 자극을 받은 뒤 그와 비슷한 자극에 계속 반응하는 '민감화' 기억은 감각이나 운동 체계를 관장하는 신경망에 저장된다고 알려져 있다. 또한 감정이나 공포와 관련된 기억은 편도체에 저장된다.

> **보기**
>
> 얼마 전 교통사고로 뇌가 손상된 김씨는 뇌의 내측두엽 절제 수술을 받았다. 수술을 받고 난 뒤 김씨는 새로 바뀐 휴대폰 번호를 기억하지 못하고 수술 전의 기존 휴대폰 번호만을 기억하는 등 금방 확인한 내용은 몇 분 동안밖에 기억하지 못했다. 그러나 수술 후 배운 김씨의 탁구 실력은 제법 괜찮았다. 비록 언제 어떻게 누가 가르쳐 주었는지 전혀 기억하지는 못했지만….

① 김씨는 어릴 적 놀이기구를 타면서 느꼈던 공포감이나 감정 등을 기억하지 못할 것이다.
② 김씨가 수술 후에도 기억하는 수술 전의 기존 휴대폰 번호는 서술 정보에 해당하지 않을 것이다.
③ 김씨는 교통사고로 내측두엽의 해마와 함께 대뇌의 선조체가 모두 손상되었을 것이다.
④ 탁구 기술은 비서술 정보이므로 김씨의 대뇌피질에 저장되었을 것이다.
⑤ 김씨에게 탁구를 가르쳐 준 사람에 대한 정보는 서술 정보이므로 내측두엽의 해마에 저장될 것이다.

03 다음 글에서 추론할 수 없는 것은?

언뜻 보아서는 살쾡이와 고양이를 구별하기 힘들다. 살쾡이가 고양잇과의 포유동물이어서 고양이와 흡사하기 때문이다. 그래서인지 '살쾡이'란 단어는 '고양이'와 연관이 있다. '살쾡이'의 '쾡이'가 '괭이'와 연관이 있는데, '괭이'는 '고양이'의 준말이기 때문이다.

'살쾡이'는 원래 '삵'에 '괭이'가 붙어서 만들어진 단어이다. '삵'은 그 자체로 살쾡이를 뜻하는 단어였다. 살쾡이의 모습이 고양이와 비슷해도 단어 '삵'은 '고양이'와는 아무런 연관이 없다. 그런데도 '삵'에 고양이를 뜻하는 '괭이'가 덧붙게 되었다. 그렇다고 '살쾡이'가 '삵과 고양이', 즉 '살쾡이와 고양이'란 의미를 가지는 것은 아니다. 단지 '삵'에 비해 '살쾡이'가 후대에 생겨난 단어일 뿐이다. '호랑이'란 단어도 이런 식으로 생겨났다. '호랑이'는 '호(虎, 범)'와 '랑(狼, 이리)'으로 구성되어 있으면서도 '호랑이와 이리'란 뜻을 가진 것이 아니라 그 뜻은 역시 '범'인 것이다.

'살쾡이'는 '삵'과 '괭이'가 합쳐져 만들어진 단어이기 때문에 '삵괭이' 또는 '삭괭이'로도 말하는 지역이 있으며, '삵'의 'ㄱ' 때문에 뒤의 '괭이'가 된소리인 '꽹이'가 되어 '삭꽹이' 또는 '살꽹이'로 말하는 지역도 있다. 그리고 '삵'에 거센소리가 발생하여 '살쾡이'로 발음하는 지역도 있다. 주로 서울 지역에서 '살쾡이'로 발음하기 때문에 '살쾡이'를 표준어로 삼았다. 반면에 북한의 사전에서는 '살쾡이'를 찾을 수 없고 '살괭이'만 찾을 수 있다. 남한에서 '살괭이'를 '살쾡이'의 방언으로 처리한 것과는 다르다.

① '호랑이'는 '호(虎, 범)'보다 나중에 형성되었다.
② 두 단어가 합쳐져 하나의 대상을 지시할 수 있다.
③ '살쾡이'가 남·북한 사전 모두에 실려 있는 것은 아니다.
④ '살쾡이'는 가장 광범위하게 사용되기 때문에 표준어로 정해졌다.
⑤ '살쾡이'의 방언이 다양하게 나타나는 것은 지역의 발음 차이 때문이다.

04 다음 글에서 지적한 정보화 사회의 문제점에 대한 반대 입장이 아닌 것은?

정보화 사회에서 지식과 정보는 부가가치의 원천이다. 지식과 정보에 접근할 수 없는 사람들은 소득을 얻는 데 불리할 수밖에 없다. 고급 정보에 대한 접근이 용이한 사람들은 부를 쉽게 축적하고, 그 부를 바탕으로 고급 정보 획득에 많은 비용을 투입할 수 있다. 이렇게 벌어진 정보 격차는 시간이 갈수록 심화될 가능성이 높아지고 있다. 정보나 지식이 독점되거나 진입 장벽을 통해 이용이 배제되는 경우도 문제이다. 특히 정보가 상품화됨에 따라 정보를 둘러싼 불평등은 더욱 심화될 것이다.

① 인터넷이나 컴퓨터 유지비 측면에서의 격차 발생
② 정보의 확산으로 기존의 자본주의에 의한 격차 완화 가능성
③ 정보 기기의 보편화로 인한 정보 격차 완화
④ 인터넷의 발달에 따라 전 계층의 고급 정보 접근 용이
⑤ 일방적 정보 전달에서 벗어나 상호작용의 의사소통 가능

04

빈칸 넣기

| 유형분석 |

- 주어진 지문을 바탕으로 빈칸에 들어갈 내용을 찾는 문제이다.
- 선택지의 내용을 정확하게 확인하고 빈칸 앞뒤 문맥을 파악하는 능력이 필요하다.

다음 글의 빈칸에 들어갈 내용으로 가장 적절한 것은?

힐링(Healing)은 사회적 압박과 스트레스 등으로 손상된 몸과 마음을 치유하는 방법을 포괄적으로 일컫는 말이다. 우리보다 먼저 힐링이 정착된 서구에서는 질병 치유의 대체 요법 또는 영적·심리적 치료 요법 등을 지칭하고 있다. 국내에서도 최근 힐링과 관련된 갖가지 상품이 유행하고 있다. 간단한 인터넷 검색을 통해 수천 가지의 상품을 확인할 수 있을 정도이다. 종교적 명상, 자연 요법, 운동 요법 등 다양한 형태의 힐링 상품이 존재한다. 심지어 고가의 힐링 여행이나 힐링 주택 등의 상품도 나오고 있다. 그러나 _____ _____ 우선 명상이나 기도 등을 통해 내면에 눈뜨고, 필라테스나 요가를 통해 육체적 건강을 회복하여 자신감을 얻는 것부터 출발할 수 있다.

① 힐링이 먼저 정착된 서구의 힐링 상품들을 참고해야 할 것이다.

② 많은 돈을 들이지 않고서도 쉽게 할 수 있는 일부터 찾는 것이 좋을 것이다.

③ 이러한 상품들의 값이 터무니없이 비싸다고 느껴지지는 않을 것이다.

④ 자신을 진정으로 사랑하는 법을 알아야 할 것이다.

⑤ 혼자만 할 수 있는 힐링 상품을 찾는 것보다는 다른 사람과 함께 하는 힐링 상품을 찾는 것이 좋을 것이다.

정답 ②

빈칸의 전후 문장을 통해 내용을 파악해야 한다. 우선 '그러나'를 통해 빈칸에는 앞의 내용에 상반되는 내용이 오는 것임을 알 수 있다. 따라서 수천 가지의 힐링 상품이나 고가의 상품들을 참고하는 것과는 상반된 내용을 찾으면 된다. 또한, 빈칸 뒤의 내용이 주위에서 쉽게 할 수 있는 힐링 방법을 통해 자신감을 얻는 것부터 출발해야 한다는 내용이므로, 빈칸에는 많은 돈을 들이지 않고도 쉽게 할 수 있는 일부터 찾아야 한다는 내용이 담긴 문장이 오는 것이 적절하다.

풀이 전략!

빈칸 앞뒤의 문맥을 파악한 후 선택지에서 가장 어울리는 내용을 찾는다. 빈칸 앞에 접속사가 있다면 이를 활용한다.

※ 다음 글의 빈칸에 들어갈 내용으로 가장 적절한 것을 고르시오. [1~5]

01

소독이란 물체의 표면 및 그 내부에 있는 병원균을 죽여 전파력 또는 감염력을 없애는 것이다. 이때, 소독의 가장 안전한 형태로는 멸균이 있다. 멸균이란 대상으로 하는 물체의 표면 또는 그 내부에 분포하는 모든 세균을 완전히 죽여 무균의 상태로 만드는 조작으로, 살아있는 세포뿐만 아니라 포자, 박테리아, 바이러스 등을 완전히 파괴하거나 제거하는 것이다.

물리적 멸균법은 열, 햇빛, 자외선, 초단파 따위를 이용하여 균을 죽여 없애는 방법이다. 열(Heat)에 의한 멸균에는 건열 방식과 습열 방식이 있는데, 건열 방식은 소각과 건식오븐을 사용하여 멸균하는 방식이다. 건열 방식이 활용되는 예로는 미생물 실험실에서 사용하는 많은 종류의 기구를 물없이 멸균하는 것이 있다. 이는 습열 방식을 활용했을 때 유리를 포함하는 기구가 파손되거나 금속 재질로 이루어진 기구가 습기에 의해 부식할 가능성을 보완한 방법이다. 그러나 건열 멸균법은 습열 방식에 비해 멸균 속도가 느리고 효율이 떨어지며, 열에 약한 플라스틱이나 고무제품은 대상물의 변성이 이루어져 사용할 수 없다. 예를 들어 많은 세균의 내생포자는 습열 멸균 온도 조건(121℃)에서는 5분 이내에 사멸되나, 건열 멸균법을 활용할 경우 이보다 더 높은 온도(160℃)에서도 약 2시간 정도가 지나야 사멸되는 양상이 나타난다. 반면, 습열 방식은 바이러스, 세균, 진균 등의 미생물들을 손쉽게 사멸시킨다. 습열은 효소 및 구조단백질 등의 필수 단백질의 변성을 유발하고, 핵산을 분해하며 세포막을 파괴하여 미생물을 사멸시킨다. 끓는 물에 약 10분간 노출하면 대개의 영양세포나 진핵포자를 충분히 죽일 수 있으나, 100℃의 끓는 물에서는 세균의 내생포자를 사멸시키지는 못한다. 따라서 물을 끓여서 하는 열처리는 _____ 멸균을 시키기 위해서는 100℃가 넘는 온도(일반적으로 121℃)에서 압력(약 1.1kg/cm^2)을 가해 주는 고압증기멸균기를 이용한다. 고압증기멸균기는 물을 끓여 증기를 발생시키고 발생한 증기와 압력에 의해 멸균을 시키는 장치이다. 고압증기멸균기 내부가 적정 온도와 압력(121℃, 약 1.1kg/cm^2)에 이를 때까지 뜨거운 포화 증기를 계속 유입시킨다. 해당 온도에서 포화 증기는 15분 이내에 모든 영양세포와 내생포자를 사멸시킨다. 고압증기멸균기에 의해 사멸되는 미생물은 고압에 의해서라기보다는 고압하에서 수증기가 얻을 수 있는 높은 온도에 의해 사멸되는 것이다.

① 더 많은 세균을 사멸시킬 수 있다.
② 멸균 과정에서 더 많은 비용이 소요된다.
③ 멸균 과정에서 더 많은 시간이 소요된다.
④ 소독을 시킬 수는 있으나, 멸균을 시킬 수는 없다.
⑤ 멸균을 시킬 수는 있으나, 소독을 시킬 수는 없다.

포논(Phonon)이라는 용어는 소리(Pho –)라는 접두어에 입자(– non)라는 접미어를 붙여 만든 단어로, 실제로 포논이 고체 안에서 소리를 전달하기 때문에 이런 이름이 붙었다. 어떤 고체의 한쪽을 두드리면 포논이 전파한 소리를 반대쪽에서 들을 수 있다.

아인슈타인이 새롭게 만든 고체의 비열 공식(아인슈타인 모형)은 실험결과와 상당히 잘 맞았다. 그런데 그의 성공은 고체 내부의 진동을 포논으로 해석한 데에만 있지 않다. 그는 포논이 보존(Boson) 입자라는 사실을 간파하고, 고체 내부의 세상에 보존의 물리학(보즈 – 아인슈타인 통계)을 적용했으며, 비로소 고체의 비열이 온도에 따라 달라진다는 결론을 얻을 수 있었다.

양자역학의 세계에서 입자는 스핀 상태에 따라 분류된다. 스핀이 1/2의 홀수배(1/2, 3/2, …)인 입자들은 원자로를 개발한 유명한 물리학자 엔리코 페르미의 이름을 따 '페르미온'이라고 부른다. 오스트리아의 이론물리학자 볼프강 파울리는 페르미온들은 같은 에너지 상태를 가질 수 없고 서로 배척한다는 사실을 알아냈다. 즉, 같은 에너지 상태에서는 + / − 반대의 스핀을 갖는 페르미온끼리만 같이 존재할 수 있다. 이를 '파울리의 배타원리'라고 한다. 페르미온은 대개 양성자, 중성자, 전자 같은 물질을 구성하며, 파울리의 배타원리에 따라 페르미온 입자로 이뤄진 물질은 우리가 손으로 만질 수 있다.

스핀이 0, 1, 2, … 등 정수 값인 입자도 있다. 바로 보존이다. 인도의 무명 물리학자였던 사티엔드라 나트 보즈의 이름을 본떴다. 보즈는 페르미가 개발한 페르미 통계를 공부하고 보존의 물리학을 만들었다. 당시 그는 박사학위도 없는 무명의 물리학자여서 논문을 작성한 뒤 아인슈타인에게 편지로 보냈다. 다행히 아인슈타인은 그 논문을 쓰레기통에 넣지 않고 꼼꼼히 읽어 본 뒤 자신의 생각을 첨가하고 독일어로 번역해 학술지에 제출했다. 바로 보존 입자의 물리학(보즈 – 아인슈타인 통계)이다. 이에 따르면, 보존 입자는 페르미온과 달리 파울리의 배타원리를 따르지 않는다. 따라서 같은 에너지 상태를 지닌 입자라도 서로 겹쳐서 존재할 수 있다. 만져지지 않는 에너지 덩어리인 셈이다. 이들 보존 입자는 대개 힘을 매개한다.

빛 알갱이, 즉 _____ 빛은 실험을 해보면 입자의 특성을 보이지만, 질량이 없고 물질을 투과하며 만져지지 않는다. 포논은 어떨까? 원자 사이의 용수철 진동을 양자화 한 것이므로 물질이 아니라 단순한 에너지의 진동으로서 파울리의 배타원리를 따르지 않는다. 즉, 포논은 광자와 마찬가지로 스핀이 0인 보존 입자다.

① 광자는 파울리의 배타원리를 따른다.
② 광자는 스핀 상태에 따라 분류할 수 없다.
③ 광자는 스핀이 1/2의 홀수배인 입자의 대표적인 예다.
④ 광자는 보존의 대표적인 예다.
⑤ 광자는 페르미온의 대표적인 예다.

03

스마트팩토리는 인공지능(AI), 사물인터넷(IoT) 등 다양한 기술이 융합된 자율화 공장으로, 제품 설계와 제조, 유통, 물류 등의 산업 현장에서 생산성 향상에 초점을 맞췄다. 이곳에서는 기계, 로봇, 부품 등의 상호 간 정보 교환을 통해 제조 활동을 하고, 모든 공정 이력이 기록되며, 빅데이터 분석으로 사고나 불량을 예측할 수 있다. 스마트팩토리에서는 컨베이어 생산 활동으로 대표되는 산업 현장의 모듈형 생산이 컨베이어를 대체하고 IoT가 신경망 역할을 한다. 센서와 기기 간 다양한 데이터를 수집하고, 이를 서버에 전송하면 서버는 데이터를 분석해 결과를 도출한다. 서버는 AI 기계학습 기술이 적용돼 빅데이터를 분석하고 생산성 향상을 위한 최적의 방법을 제시한다.

스마트팩토리의 대표 사례로는 고도화된 시뮬레이션 '디지털 트윈'을 들 수 있다. 디지털 트윈은 데이터를 기반으로 가상공간에서 미리 시뮬레이션하는 기술이다. 시뮬레이션을 위해 빅데이터를 수집하고 분석과 예측을 위한 통신·분석 기술에 가상현실(VR), 증강현실(AR)과 같은 기술을 더한다. 이를 통해 산업 현장에서 작업 프로세스를 미리 시뮬레이션하고, VR·AR로 검증함으로써 실제 시행에 따른 손실을 줄이고, 작업 효율성을 높일 수 있다.

한편 '에지 컴퓨팅'도 스마트팩토리의 주요 기술 중 하나이다. 에지 컴퓨팅은 산업 현장에서 발생하는 방대한 데이터를 클라우드로 한 번에 전송하지 않고, 에지에서 사전 처리한 후 데이터를 선별해서 전송한다. 서버와 에지가 연동해 데이터 분석 및 실시간 제어를 수행하여 산업 현장에서 생산되는 데이터가 기하급수로 늘어도 서버에 부하를 주지 않는다. 현재 클라우드 컴퓨팅이 중앙 데이터센터와 직접 소통하는 방식이라면 에지 컴퓨팅은 기기 가까이에 위치한 일명 '에지 데이터 센터'와 소통하며, 저장을 중앙 클라우드에 맡기는 형식이다. 이를 통해 데이터 처리 지연 시간을 줄이고 즉각적인 현장 대처를 가능하게 한다.

이러한 스마트팩토리의 발전은 _____ 최근 선진국에서 나타나는 주요 현상 중의 하나는 바로 '리쇼어링'의 가속화이다. 리쇼어링이란 인건비 등 각종 비용 절감을 이유로 해외에 나간 자국 기업들이 다시 본국으로 돌아오는 현상을 의미하는 용어이다. 2000년대 초반까지는 국가적 차원에서 세제 혜택 등의 회유책을 통해 추진되어 왔지만, 스마트팩토리의 등장으로 인해 자국 내 스마트팩토리에서의 제조 비용과 중국이나 멕시코와 같은 제3국에서 제조 후 수출 비용에 큰 차이가 없어 리쇼어링 현상은 더욱 가속화되고 있다.

① 공장의 제조 비용을 절감시키고 있다.
② 공장의 세제 혜택을 사라지게 하고 있다.
③ 공장의 위치를 변화시키고 있다.
④ 수출 비용을 줄이는 데 도움이 된다.
⑤ 공장의 생산성을 높이고 있다.

04

오늘날 인류가 왼손보다 오른손을 선호하는 경향은 어디서 비롯되었을까? 오른손을 귀하게 여기고 왼손을 천대하는 현상은 어쩌면 산업화 이전 사회에서 배변 후 사용할 휴지가 없었다는 사실과 관련이 있을 법하다. 맨손으로 배변 뒤처리를 하는 것은 불쾌할 뿐더러 병균을 옮길 위험을 수반하는 일이었다. 이런 위험성을 낮추는 간단한 방법은 음식을 먹거나 인사할 때 다른 손을 사용하는 것이었다. 기술 발달 이전의 사회는 대개 왼손을 배변 뒤처리에, 오른손을 먹고 인사하는 일에 사용했다. 나는 이런 배경이 인간 사회에 널리 나타나는 '오른쪽'에 대한 긍정과 '왼쪽'에 대한 반감을 어느 정도 설명해 줄 수 있으리라고 생각했다. 그러나 이 설명은 왜 애초에 오른손이 먹는 일에, 그리고 왼손이 배변 처리에 사용되었는지 설명해 주지 못한다. _____ 따라서 근본적인 설명은 다른 곳에서 찾아야 할 것 같다.

한쪽 손을 주로 쓰는 경향은 뇌의 좌우반구의 기능 분화와 관련되어 있는 것으로 보인다. 보고된 증거에 따르면, 왼손잡이는 읽기와 쓰기, 개념적·논리적 사고 같은 좌반구 기능에서 오른손잡이보다 상대적으로 미약한 대신 상상력, 패턴 인식, 창의력 등 전형적인 우반구 기능에서는 상대적으로 기민한 경우가 많다.

나는 이성 대 직관의 힘겨루기, 뇌의 두 반구 사이의 힘겨루기가 오른손과 왼손의 힘겨루기로 표면화된 것이 아닐까 생각한다. 즉 원래 오른손이 왼손보다 더 능숙했기 때문이 아니라 뇌의 좌반구가 인간의 행동을 지배하는 권력을 갖게 되었기 때문에 오른손 선호에 이르렀다는 생각이다.

① 동서양을 막론하고 왼손잡이 사회는 확인된 바 없기 때문이다.
② 기능적으로 왼손이 오른손보다 섬세하기 때문이다.
③ 모든 사람들이 오른쪽을 선호하는 것이 아니기 때문이다.
④ 양손의 기능을 분담시키지 않는 사람이 존재할 수도 있기 때문이다.
⑤ 현대사회에 들어서 왼손잡이가 늘어나고 있기 때문이다.

05

탁월함은 어떻게 습득되는가, 그것을 가르칠 수 있는가? 이 물음에 대하여 아리스토텔레스는 지성의 탁월함은 가르칠 수 있지만, 성품의 탁월함은 비이성적인 것이어서 가르칠 수 없고, 훈련을 통해서 얻을 수 있다고 대답한다.

그는 좋은 성품을 얻는 것을 기술을 습득하는 것에 비유한다. 그에 따르면, 리라(Lyra)를 켬으로써 리라를 켜는 법을 배우며 말을 탐으로써 말을 타는 법을 배운다. 어떤 기술을 얻고자 할 때 처음에는 교사의 지시대로 행동한다. 그리고 반복 연습을 통하여 그 행동이 점점 더 하기 쉽게 되고 마침내 제2의 천성이 된다. 이와 마찬가지로 어린아이는 어떤 상황에서 어떻게 행동해야 진실되고 관대하며 예의를 차리게 되는지 일일이 배워야 한다. 훈련과 반복을 통하여 그런 행위들을 연마하다 보면 그것들을 점점 더 쉽게 하게 되고, 결국에는 스스로 판단할 수 있게 된다.

그는 올바른 훈련이란 강제가 아니고 그 자체가 즐거움이 되어야 한다고 지적한다. 또한 그렇게 훈련받은 사람은 일을 바르게 처리하는 것을 즐기게 되고, 일을 바르게 처리하고 싶어하게 되며, 올바른 일을 하는 것을 어려워하지 않게 된다. 이처럼 성품의 탁월함이란 사람들이 '하는 것'만이 아니라 사람들이 '하고 싶어 하는 것'과도 관련된다. 그리고 한두 번 관대한 행동을 한 것으로 충분하지 않으며, 늘 관대한 행동을 하고 그런 행동에 감정적으로 끌리는 성향을 갖고 있어야 비로소 관대함에 관하여 성품의 탁월함을 갖고 있다고 할 수 있다.

다음과 같은 예를 통해 아리스토텔레스의 견해를 생각해 보자. 갑돌이는 성품이 곧고 자신감이 충만하다. 그가 한 모임에 참석하였는데, 거기서 다수의 사람들이 옳지 않은 행동을 한다고 생각했을 때, 그는 다수의 행동에 대하여 비판의 목소리를 낼 것이며 그렇게 하는 데에 별 어려움을 느끼지 않을 것이다. 한편, 수줍어하고 우유부단한 병식이도 한 모임에 참석하였는데, 그 역시 다수의 행동이 잘못되었다는 판단을 했다고 하자. 이런 경우에 병식이는 일어나서 다수의 행동이 잘못되었다고 말할 수 있겠지만, 그렇게 하려면 엄청난 의지를 발휘해야 할 것이고 자신과 힘든 싸움도 해야 할 것이다. 그런데도 병식이가 그렇게 행동했다면 우리는 병식이가 용기 있게 행동하였다고 칭찬할 것이다. 그러나 아리스토텔레스의 입장에서 성품의 탁월함을 가진 사람은 갑돌이다. 왜냐하면 _____ 우리가 어떠한 사람을 존경할 것인가가 아니라, 우리 아이를 어떤 사람으로 키우고 싶은가라는 질문을 받는다면 우리는 아리스토텔레스의 견해에 가까워질 것이다. 왜냐하면 우리는 우리 아이들을 갑돌이와 같은 사람으로 키우고 싶어 할 것이기 때문이다.

① 그는 내적인 갈등 없이 옳은 일을 하기 때문이다.
② 그는 옳은 일을 하는 천성을 타고났기 때문이다.
③ 그는 주체적 판단에 따라 옳은 일을 하기 때문이다.
④ 그는 자신이 옳다는 확신을 가지고 옳은 일을 하기 때문이다.
⑤ 그는 다른 사람들의 칭찬을 의식하지 않고 옳은 일을 하기 때문이다.

06 다음 글로부터 〈보기〉와 같이 추론했을 때, 빈칸에 들어갈 말로 가장 적절한 것은?

사람은 이상(理想)을 위하여 산다고 말한 바 있다. 그와 거의 같은 내용으로 사람은 문화(文化)를 위하여 산다고 다시 말하고 싶다. 문화를 위한다는 것은 새로운 문화를 창조(創造)하기 위함이란 뜻이다. 그리고 문화를 창조한다는 것은 이상을 추구(追求)한다는 의미(意味)가 된다. 즉, 새 문화를 생산(生産)한다는 것은 자기의 이상을 실현(實現)하기 위하여 하는 일이기 때문이다.

그리하여 어떤 사람은, 인생의 목적은 기성 문화(旣成文化)에 얼마만큼 새 문화(文化)를 더하기 위하여 사는 것이라고 논술(論述)했다. 이상(理想)이나 문화나 다 같이 사람이 추구하는 대상(對象)이 되는 것이요, 또 인생의 목적이 거기에 있다는 점에서는 동일하다. 그러나 이 두 가지가 완전히 일치되는 것은 아니니, 그 차이점은 여기에 있다. 즉, 문화는 인간의 이상이 이미 현실화된 것이요, 이상은 현실 이전의 문화라 할 수 있을 것이다.

어쨌든, 문화와 이상을 추구하여 현실화시키는 데에는 지식이 필요하고, 이러한 지식의 공급원(供給源)으로는 다시 서적이란 것으로 돌아오지 않을 수가 없다. 문화인이면 문화인일수록 서적 이용의 비율이 높아지고, 이상이 높으면 높을수록 서적 의존도 또한 높아지는 것이다.

보기

인생의 목적은 문화를 창조하는 데 있다.

↓

_____

↓

그러므로 인생의 목적을 달성하기 위해서는 지식을 습득해야 한다.

---

① 인생의 목적은 이상을 실현하는 데 있다.

② 문화를 창조하기 위해서는 지식이 필요하다.

③ 문화 창조란 이상을 실현하는 것이다.

④ 인간만이 유일하게 문화를 창조할 수 있다.

⑤ 지식을 습득하기 위해서는 문화와 이상을 현실화시켜야 한다.

07 다음 글에서 〈보기〉가 들어갈 위치로 가장 적절한 곳은?

> (가) 자연계는 무기적인 환경과 생물적인 환경이 상호 연관되어 있으며 그것은 생태계로 불리는 한 시스템을 이루고 있음이 밝혀진 이래, 이 이론은 자연을 이해하기 위한 가장 기본이 되는 것으로 받아들여지고 있다. (나) 그동안 인류는 더 윤택한 삶을 누리기 위하여 산업을 일으키고 도시를 건설하며 문명을 이룩해왔다. (다) 이로써 우리의 삶은 매우 윤택해졌으나 우리의 생활환경은 오히려 훼손되고 있으며 환경오염으로 인한 공해가 누적되고 있고, 우리 생활에서 없어서는 안 될 각종 자원도 바닥이 날 위기에 놓이게 되었다. (라) 따라서 우리는 낭비되는 자원, 그리고 날로 황폐해져 가는 자연에 대하여 우리가 해야 할 시급한 임무가 무엇인지를 깨닫고, 이를 실천하기 위해 우리 모두의 지혜와 노력을 모아야만 한다. (마)

> **보기**
>
> 만약 우리가 이 위기를 슬기롭게 극복해 내지 못한다면 인류는 머지않아 파멸에 이르게 될 것이다.

① (가)   ② (나)
③ (다)   ④ (라)
⑤ (마)

| 유형분석 |

- 기본적인 어휘력과 어법에 대한 지식을 필요로 하는 문제이다.
- 글의 내용을 파악하고 문맥을 읽을 줄 알아야 한다.

다음 글에서 ㉠~㉤의 수정 방안으로 적절하지 않은 것은?

근대화는 전통 사회의 생활양식에 큰 변화를 가져온다. 특히 급속한 근대화로 인해 전통 사회의 해체 과정이 빨라진 만큼 ㉠ <u>급격한 변화를 일으킨다</u>. 생활양식의 급격한 변화는 전통 사회 문화의 해체 과정이라고 보아도 ㉡ <u>무던할</u> 정도이다.

전통문화의 해체는 새롭게 변화하는 사회 구조에 대해서 전통적인 문화가 당면하게 되는 적합성(適合性)의 위기에서 초래되는 현상이다. ㉢ <u>이처럼 근대화 과정에서 외래문화와 전통문화는 숱하게 갈등을 겪었다</u>. ㉣ <u>오랫동안</u> 생활양식으로 유지되었던 전통 사회의 문화가 사회 구조 변화의 속도에 맞먹을 정도로 신속하게 변화할 수는 없다.

㉤ <u>그러나</u> 문화적 전통을 확립한다는 것은 과거의 전통문화가 고유성을 유지하면서도 현재의 변화된 사회에 적합성을 가지는 것이라 할 수 있다.

① ㉠ : 필요한 문장 성분이 생략되었으므로 '급격한' 앞에 '문화도'를 추가한다.

② ㉡ : 문맥에 어울리지 않으므로 '무방할'로 고친다.

③ ㉢ : 글의 흐름에 어긋나는 내용이므로 삭제한다.

④ ㉣ : 띄어쓰기가 올바르지 않으므로 '오랫 동안'으로 고친다.

⑤ ㉤ : 앞 문장과의 관계를 고려하여 '따라서'로 고친다.

정답 ④

'오랫동안'은 부사 '오래'와 명사 '동안'이 결합하면서 사이시옷이 들어간 합성어이다. 따라서 한 단어이므로 붙여 써야 한다.

풀이 전략!

문장에서 주어와 서술어의 호응 관계가 적절한지 주어와 서술어를 찾아 확인해 보는 연습을 하며, 문서 작성의 원칙과 주의사항은 미리 알아 두는 것이 좋다.

※ 다음 글의 밑줄 친 ㉠ ~ ㉤의 수정 방안으로 적절하지 않은 것을 고르시오. [1~3]

01

사회복지와 근로 의욕의 관계에 대한 조사를 보면 '사회복지와 근로 의욕이 관계가 있다.'는 응답과 '그렇지 않다.'는 응답의 비율이 비슷하게 나타난다. 하지만 기타 의견에 ㉠ 따라 과도한 사회복지는 근로 의욕을 떨어뜨릴 수 있다는 응답이 많았던 것으로 조사되었다. 예를 들어 정부 지원금을 받으나 아르바이트를 하나 비슷한 돈이 나온다면 ㉡ 더군다나 일하지 않고 정부 지원금으로만 먹고사는 사람들이 많이 있다는 것이다. 여기서 주목해야 할 점은 과도한 복지 때문이 아닌 정책상의 문제라는 의견도 있다는 사실이다. 현실적으로 일을 할 수 있는 능력이 있는 사람에게는 ㉢ 최대한의 생계 비용 이외의 수입을 인정하고, 빈곤층에서 벗어날 수 있게 지원해 주는 것이 개인에게도, 국가에도 바람직한 방식이라는 것이다.

이 설문 조사 결과에서 주목해야 할 또 다른 측면은 사회복지 체제가 잘 되어 있을수록 근로 의욕이 떨어진다고 응답한 사람의 ㉣ 과반수 이상이 중산층 이상의 경제력을 가지고 있었다는 점이다. 재산이 많은 사람에게는 약간의 세금 확대도 ㉤ 영향이 적을 수 있기 때문에 경제 발전을 위한 세금 확대는 찬성하더라도 복지 정책을 위한 세금 확대는 반대하는 것이다. 이러한 점을 고려해 보면 소득 격차 축소를 원하는 국민보다 복지 정책을 위한 세금 확대에 반대하는 국민이 많은 다소 모순된 설문 결과에 대한 설명이 가능하다.

① ㉠ : 호응 관계를 고려하여 '따르면'으로 수정한다.
② ㉡ : 앞뒤 내용의 관계를 고려하여 '차라리'로 수정한다.
③ ㉢ : 전반적인 내용의 흐름을 고려하여 '최소한의'로 수정한다.
④ ㉣ : '과반수'의 뜻을 고려하여 '절반 이상이' 또는 '과반수가'로 수정한다.
⑤ ㉤ : 일반적인 사실을 말하는 것이므로 '영향이 적기 때문에'로 수정한다.

02

'오투오(O2O; Online to Off-line) 서비스'는 모바일 기기를 통해 소비자와 사업자를 유기적으로 이어주는 서비스를 말한다. 어디에서든 실시간으로 서비스가 가능하다는 편리함 때문에 최근 오투오 서비스의 이용자가 증가하고 있다. 스마트폰에 설치된 앱으로 택시를 부르거나 배달 음식을 주문하는 것 등이 대표적인 예이다.

오투오 서비스 운영 업체는 스마트폰에 설치된 앱을 매개로 소비자와 사업자에게 필요한 서비스를 ⊙ 제공받고 있다. 이를 통해 소비자는 시간이나 비용을 절약할 수 있게 되었고, 사업자는 홍보 및 유통 비용을 줄일 수 있게 되었다. 이처럼 소비자와 사업자 모두에게 경제적으로 유리한 환경이 조성되어 서비스 이용자가 ⓒ 증가함으로써, 오투오 서비스 운영 업체도 많은 수익을 낼 수 있게 되었다.

ⓒ 게다가 오투오 서비스 시장이 성장하면서 여러 문제들이 발생하고 있다. ⓔ 또한 오투오 서비스 운영 업체의 경우에는 오프라인으로 유사한 서비스를 제공하는 기존 업체와의 갈등이 발생하고 있다. 소비자의 경우 신뢰성이 떨어지는 정보나 기대에 부응하지 못하는 서비스를 제공받는 사례가 늘어나고 있고, 사업자의 경우 관련 법규가 미비하여 수수료 문제로 오투오 서비스 운영 업체와 마찰이 생기는 사례도 증가하고 있다.

이를 해결하기 위해 소비자는 오투오 서비스에서 제공한 정보가 믿을 만한 것인지를 ⓜ 꼼꼼이 따져 합리적으로 소비하는 태도가 필요하고, 사업자는 수수료와 관련된 오투오 서비스 운영 업체와의 마찰을 해결하기 위한 다양한 방법을 강구해야 한다. 오투오 서비스 운영 업체 역시 기존 업체들과의 갈등을 조정하기 위한 구체적인 노력들이 필요하다.

스마트폰 사용자가 늘어나고 있는 추세를 고려할 때, 오투오 서비스 산업의 성장을 저해하는 문제점들을 해결해 나가면 앞으로 오투오 서비스 시장 규모는 더 커질 것으로 예상된다.

① ⊙ : 문맥을 고려하여 '제공하고'로 고친다.
② ⓒ : 격조사의 쓰임이 적절하지 않으므로 '증가함으로서'로 고친다.
③ ⓒ : 앞 문단과의 내용을 고려하여 '하지만'으로 고친다.
④ ⓔ : 글의 흐름을 고려하여 뒤의 문장과 위치를 바꾼다.
⑤ ⓜ : 맞춤법에 어긋나므로 '꼼꼼히'로 고친다.

03

선진국과 ⊙ 제3세계간의 빈부 양극화 문제를 해결하기 위해 등장했던 적정기술은 시대적 요구에 부응하면서 다양한 모습으로 발전하여 올해로 탄생 50주년을 맞았다. 이를 기념하기 위해 우리나라에서도 각종 행사가 열리고 있다. ⓒ 게다가 적정기술의 진정한 의미가 무엇인지, 왜 그것이 필요한지에 대한 인식은 아직 부족한 것이 현실이다.

그렇다면 적정기술이란 무엇인가? 적정기술은 '현지에서 구할 수 있는 재료를 이용해 도구를 직접 만들어 삶의 질을 향상시키는 기술'을 뜻한다. 기술의 독점과 집적으로 인해 개인의 접근이 어려운 첨단기술과 ⓒ 같이 적정기술은 누구나 쉽게 배우고 익혀 활용할 수 있다. 이런 이유로 소비 중심의 현대사회에서 적정기술은 자신의 삶에 필요한 것을 직접 생산하는 자립적인 삶의 방식을 유도한다는 점에서 시사하는 바가 크다.

적정기술이 우리나라에 도입된 것은 2000년대 중반부터이다. 당시 일어난 귀농 열풍과 환경문제에 대한 관심 등 다양한 사회·문화적 맥락 속에서 적정기술에 대한 고민이 싹트기 시작했다. 특히 귀농인들을 중심으로 농촌의 에너지 문제를 해결하기 위한 다양한 방법이 시도되면서 국내에서 활용되는 적정기술은 난방 에너지 문제에 ⓔ 초점이 모아져 있다. 에너지 자립형 주택, 태양열 온풍기·온수기, 생태 단열 등이 좋은 예이다.

우리나라의 적정기술이 에너지 문제에 집중된 이유는 시대적 상황 때문이다. 우리나라는 전력수요 1억 KW 시대 진입을 눈앞에 두고 있는 세계 10위권의 에너지 소비 대국이다. 게다가 에너지 소비량이 늘어나면서 2011년 이후 매년 대규모 정전 사태의 위험성을 경고하는 목소리가 커지고 있다. 이런 상황에서 에너지를 직접 생산하여 삶의 자립성을 추구하는 적정기술은 환경오염과 대형 재난의 위기를 극복하는 하나의 대안이 될 수 있다. 이뿐만 아니라 기술의 공유를 목적으로 하는 새로운 공동체 문화 형성에도 기여하기 때문에 ⓜ 그 어느 때만큼 적정기술의 발전 방향에 대한 진지한 논의가 필요하다.

① ⊙ : 띄어쓰기가 올바르지 않으므로 '제3세계 간의'로 고친다.
② ⓒ : 앞 문장과의 내용을 고려하여 '하지만'으로 고친다.
③ ⓒ : 문맥에 어울리지 않으므로 '달리'로 고친다.
④ ⓔ : 맞춤법에 어긋나므로 '촛점'으로 고친다.
⑤ ⓜ : 문맥의 흐름을 고려하여 '그 어느 때보다'로 수정한다.

04 행정기관의 기안문 작성방법이 다음과 같을 때, 적절하지 않은 것은?

〈기안문 작성방법〉

1. 행정기관명 : 그 문서를 기안한 부서가 속한 행정기관명을 기재한다. 행정기관명이 다른 행정기관명과 같은 경우에는 바로 위 상급 행정기관명을 함께 표시할 수 있다.

2. 수신 : 수신자명을 표시하고 그다음에 이어서 괄호 안에 업무를 처리할 보조·보좌 기관의 직위를 표시하되, 그 직위가 분명하지 않으면 ○○업무담당과장 등으로 쓸 수 있다. 다만, 수신자가 많은 경우에는 두문의 수신란에 '수신자 참조'라고 표시하고 결문의 발신명의 다음 줄의 왼쪽 기본선에 맞추어 수신자란을 따로 설치하여 수신자명을 표시한다.

3. (경유) : 경유문서인 경우에 '이 문서의 경유기관의 장은 ○○○(또는 제1차 경유기관의 장은 ○○○, 제2차 경유기관의 장은 ○○○)이고, 최종 수신기관의 장은 ○○○입니다.'라고 표시하고, 경유기관의 장은 제목란에 '경유문서의 이송'이라고 표시하여 순차적으로 이송하여야 한다.

4. 제목 : 그 문서의 내용을 쉽게 알 수 있도록 간단하고, 명확하게 기재한다.

5. 발신명의 : 합의제 또는 독임제 행정기관의 장의 명의를 기재하고, 보조기관 또는 보좌기관 상호 간에 발신하는 문서는 그 보조기관 또는 보좌기관의 명의를 기재한다. 시행할 필요가 없는 내부 결재문서는 발신명의를 표시하지 않는다.

6. 기안자·검토자·협조자·결재권자의 직위 / 직급 : 직위가 있는 경우에는 직위를, 직위가 없는 경우에는 직급(각급 행정기관이 6급 이하 공무원의 직급을 대신하여 사용할 수 있도록 정한 대외 직명을 포함한다. 이하 이 서식에서 같다)을 온전하게 쓴다. 다만, 기관장과 부기관장의 직위는 간략하게 쓴다.

7. 시행 처리과명 – 연도별 일련번호(시행일), 접수 처리과명 – 연도별 일련번호(접수일) : 처리과명(처리과가 없는 행정기관은 10자 이내의 행정기관명 약칭)을 기재하고, 시행일과 접수일란에는 연월일을 각각 마침표(.)를 찍어 숫자로 기재한다. 다만, 민원문서인 경우로서 필요한 경우에는 시행일과 접수일란에 시·분까지 기재한다.

8. 우 도로명 주소 : 우편번호를 기재한 다음, 행정기관이 위치한 도로명 및 건물번호 등을 기재하고 괄호 안에 건물 명칭과 사무실이 위치한 층수와 호수를 기재한다.

9. 홈페이지 주소 : 행정기관의 홈페이지 주소를 기재한다.

10. 전화번호( ), 팩스번호( ) : 전화번호와 팩스번호를 각각 기재하되, ( )안에는 지역번호를 기재한다. 기관 내부문서의 경우는 구내 전화번호를 기재할 수 있다.

11. 공무원의 전자우편주소 : 행정기관에서 공무원에게 부여한 전자우편주소를 기재한다.

12. 공개구분 : 공개, 부분공개, 비공개로 구분하여 표시한다. 부분공개 또는 비공개인 경우에는 「공공기록물 관리에 관한 법률 시행규칙」제18조에 따라 '부분공개( )' 또는 '비공개( )'로 표시하고, 「공공기관의 정보공개에 관한 법률」제9조 제1항 각 호의 번호 중 해당 번호를 괄호 안에 표시한다.

13. 관인생략 등 표시 : 발신명의의 오른쪽에 관인생략 또는 서명생략을 표시한다.

---

① 기안자 또는 협조자의 직위가 없는 경우 직급을 기재한다.

② 연월일 날짜 뒤에는 각각 마침표(.)를 찍는다.

③ 도로명 주소를 먼저 기재한 후 우편번호를 기재한다.

④ 행정기관에서 부여한 전자우편주소를 기재해야 한다.

⑤ 전화번호를 적을 때 지역번호는 괄호 안에 기재해야 한다.

05 K공단의 신입사원 교육담당자인 귀하는 상사로부터 다음과 같은 메일을 받았다. 신입사원의 업무 역량을 향상시킬 수 있도록 교육할 내용으로 적절하지 않은 것은?

수신 : ○○○
발신 : △△△

제목 : 신입사원 교육프로그램을 구성할 때 참고해 주세요.
내용 :
○○○ 씨, 오늘 조간신문을 보다가 공감이 가는 내용이 있어서 보내드립니다.
신입사원 교육 때, 문서작성 능력을 향상시킬 수 있는 프로그램을 추가하면 좋을 것 같습니다.

기업체 인사담당자들을 대상으로 한 조사에서 '신입사원의 국어 능력 만족도'는 '그저 그렇다'가 65.4%, '불만족'이 23.1%나 됐는데, 특히 '기획안과 보고서 작성능력'에서 '그렇다'의 응답 비율 (53.2%)이 가장 높았다. 기업들이 대학에 개설되기를 희망하는 교과과정을 조사한 결과에서도 가장 많은 41.3%가 '기획문서 작성'을 꼽았다. 특히 인터넷 세대들은 '짜깁기' 기술엔 능해도 논리를 구축해 효과적으로 커뮤니케이션을 하고 상대를 설득하는 능력에선 크게 떨어진다.

① 문서의미를 전달하는 데 문제가 없다면 끊을 수 있는 부분은 가능한 한 끊어서 문장을 짧게 만들고, 실질적인 내용을 담을 수 있도록 한다.
② 상대방이 이해하기 어려운 글은 좋은 글이 아니므로, 우회적인 표현이나 현혹적인 문구는 지양한다.
③ 중요하지 않은 경우 한자의 사용을 자제하며 만약 사용할 경우 상용한자의 범위 내에서 사용하도록 한다.
④ 문서의 중요한 내용을 미괄식으로 작성하는 것은 문서작성에 중요한 부분이다.
⑤ 문서로 전달하고자 하는 핵심메시지가 잘 드러나도록 작성하며 논리적으로 의견을 전개하도록 한다.

06 다음 밑줄 친 ㈀~㈁의 쓰임이 적절하지 않은 것은?

현행 수입화물의 프로세스는 ㈀ 적하(積荷) 목록 제출, 입항, 하선, 보세운송, 보세구역 반입, 수입신고, 수입신고 수리, ㈁ 반출(搬出)의 절차를 이행하고 있다. 입항 전 수입신고는 5% 내외에 머무르고, 대부분의 수입신고가 보세구역 반입 후에 행해짐에 따라 보세운송 절차와 보세구역 반입 절차가 반드시 ㈂ 인도(引導)되어야 했다. 하지만 새로운 제도가 도입되면 해상화물의 적하 목록 제출 시기가 ㈃ 적재(積載) 24시간 전(근거리 출항 전)으로 앞당겨져 입항 전 수입신고가 일반화될 수 있는 여건이 조성될 것이다. 따라서 수입화물 프로세스가 적하 목록 제출, 수입신고, 수입신고 수리, 입항, 반출의 절차를 거침에 따라 화물반출을 위한 세관 절차가 입항 전에 종료되므로 보세운송, 보세구역 반입이 생략되어 수입화물을 신속하게 ㈄ 화주(貨主)에게 인도할 수 있게 된다.

① ㈀ 적하(積荷)
② ㈁ 반출(搬出)
③ ㈂ 인도(引導)
④ ㈃ 적재(積載)
⑤ ㈄ 화주(貨主)

07 다음 중 문장의 수정 방안으로 옳은 것은?

- 빨리 도착하려면 저 산을 ㈀ 넘어야 한다.
- 장터는 저 산 ㈁ 넘어에 있소.
- 나는 대장간 일을 ㈂ 어깨너머로 배웠다.
- 자동차는 수많은 작은 부품들로 ㈃ 나뉜다.
- 나는 일이 바빠 쉴 ㈄ 새가 없었다.

① ㈀ : 목적지에 대해 설명하고 있으므로 '너머야'로 수정한다.
② ㈁ : 산으로 가로막힌 반대쪽 장소를 의미하기 때문에 '너머'로 수정한다.
③ ㈂ : 남몰래 보고 배운 것을 뜻하므로 '어깨넘어'로 수정한다.
④ ㈃ : 피동 표현을 사용해야 하므로 '나뉘어진다'로 수정한다.
⑤ ㈄ : '세'로 수정한다.

08 다음 글에서 ㉠~㉤의 수정 방안으로 적절하지 않은 것은?

요즘은 안심하고 야외 활동을 즐기기가 어려워졌다. 초미세먼지로 인한 우리나라의 대기 오염이 부쩍 ㉠ <u>심각해졌다</u>. 공기의 질은 우리 삶의 질과 직결되어 있다. 그렇기 때문에 초미세먼지가 어떤 것이며 얼마나 위험한지를 알아야 한다. 또한 초미세먼지에 대응하는 방안을 알고 생활 속에서 그 방안을 실천할 수 있어야 한다.

초미세먼지란 입자의 크기가 매우 작은 먼지를 말한다. 입자가 큰 일반적인 먼지는 코나 기관지에서 걸러지지만, 초미세먼지는 걸러지지 않는다. 그래서 초미세먼지가 인체에 미치는 유해성은 매우 크다. ㉡ <u>초미세먼지는 호흡기의 가장 깊은 곳까지 침투해 혈관으로 들어간다.</u>

우리나라의 초미세먼지는 중국에서 ㉢ <u>날라온</u> 것들도 있지만 국내에서 발생한 것들도 많다. 화석 연료를 사용해 배출된 공장 매연이 초미세먼지의 주요한 국내 발생원이다. 현재 정부에서는 매연을 통한 오염 물질의 배출 총량을 규제하고 대체 에너지원 개발을 장려하는 등 초미세먼지를 줄이기 위한 노력을 하고 있다. 초미세먼지를 줄이기 위해서는 우리의 노력도 필요하다. 과도한 난방을 자제하고, ㉣ <u>주・정차시</u> 불필요하게 자동차 시동을 걸어 놓는 공회전을 줄이기 위한 캠페인 활동에 참여하는 것 등이 우리가 할 수 있는 일이다.

생활 속에서 초미세먼지에 적절히 대응하기 위해서는 매일 알려 주는 초미세먼지에 대한 기상 예보를 확인하는 것을 습관화해야 한다. 특히 초미세먼지가 나쁨 단계 이상일 때는 외출을 삼가고 부득이 외출할 때는 특수 마스크를 착용해야 한다. ㉤ <u>그리고 초미세먼지로부터 우리 몸을 보호하기 위해 물을 충분히 마시고, 항산화 식품을 자주 섭취하는 것이 좋다.</u> 항산화 식품으로는 과일과 채소가 대표적이다. 자신의 건강도 지키고 깨끗한 공기도 만들기 위한 실천을 시작해 보자.

① ㉠ : 호응 관계를 고려하여 '심각해졌기 때문이다'로 고친다.
② ㉡ : 문장의 연결 관계를 고려하여 앞의 문장과 위치를 바꾼다.
③ ㉢ : 맞춤법에 어긋나므로 '날아온'으로 고친다.
④ ㉣ : 띄어쓰기가 올바르지 않으므로 '주・정차 시'로 고친다.
⑤ ㉤ : 앞 문장과의 관계를 고려하여 '그러므로'로 고친다.

CHAPTER 02
수리능력

수리능력은 사칙 연산·통계·확률의 의미를 정확하게 이해하고 이를 업무에 적용하는 능력으로, 기초 연산과 기초 통계, 도표 분석 및 작성의 문제 유형으로 출제된다. 수리능력 역시 채택하지 않는 공사·공단이 거의 없을 만큼 필기시험에서 중요도가 높은 영역이다.

특히, 난이도가 높은 공사·공단의 시험에서는 도표 분석, 즉 자료 해석 유형의 문제가 많이 출제되고 있고, 응용 수리 역시 꾸준히 출제하는 공사·공단이 많기 때문에 기초 연산과 기초 통계에 대한 공식의 암기와 자료 해석 능력을 기를 수 있는 꾸준한 연습이 필요하다.

01 응용 수리의 공식은 반드시 암기하라!

응용 수리는 공사·공단마다 출제되는 문제는 다르지만, 사용되는 공식은 비슷한 경우가 많으므로 자주 출제되는 공식을 반드시 암기하여야 한다. 문제에서 묻는 것을 정확하게 파악하여 그에 맞는 공식을 적절하게 적용하는 꾸준한 노력과 공식을 암기하는 연습이 필요하다.

02 자료의 해석은 자료에서 즉시 확인할 수 있는 지문부터 확인하라!

수리능력 중 도표 분석, 즉 자료 해석 능력은 많은 시간을 필요로 하는 문제가 출제되므로, 증가·감소 추이와 같이 눈으로 확인이 가능한 지문을 먼저 확인한 후 복잡한 계산이 필요한 지문을 확인하는 방법으로 문제를 풀이한다면 시간을 조금이라도 아낄 수 있다. 또한, 여러 가지 보기가 주어진 문제 역시 지문을 잘 확인하고 문제를 풀이한다면 불필요한 계산을 생략할 수 있으므로 항상 지문부터 확인하는 습관을 들여야 한다.

03 도표 작성에서 지문에 작성된 도표의 제목을 반드시 확인하라!

도표 작성은 하나의 자료 혹은 보고서와 같은 수치가 표현된 자료를 도표로 작성하는 형식으로 출제되는데, 대체로 표보다는 그래프를 작성하는 형태로 많이 출제된다. 지문을 살펴보면 각 지문에서 주어진 도표에도 소제목이 있는 경우가 대부분이다. 이때, 자료의 수치와 도표의 제목이 일치하지 않는 경우 함정이 존재하는 문제일 가능성이 높으므로 도표의 제목을 반드시 확인하는 것이 중요하다.

| 유형분석 |

- 문제에서 제공하는 정보를 파악한 뒤, 사칙연산을 활용하여 계산하는 전형적인 수리문제이다.
- 문제를 풀기 위한 정보가 산재되어 있는 경우가 많으므로 주어진 조건 등을 꼼꼼히 확인해야 한다.

K씨는 저가항공을 이용하여 비수기에 제주도 출장을 가려고 한다. 1인 기준으로 작년에 비해 비행기 왕복 요금은 20% 내렸고, 1박 숙박비는 15% 올라서 올해의 비행기 왕복 요금과 1박 숙박비 합계는 작년보다 10% 증가한 금액인 308,000원이라고 한다. 이때, 1인 기준으로 올해의 비행기 왕복 요금은?

① 31,000원

② 32,000원

③ 33,000원

④ 34,000원

⑤ 35,000원

정답 ②

작년 비행기 왕복 요금을 x원, 작년 1박 숙박비를 y원이라 하면

$$-\frac{20}{100}x + \frac{15}{100}y = \frac{10}{100}(x+y) \cdots \text{㉠}$$

$$(1-\frac{20}{100})x + (1+\frac{15}{100})y = 308,000 \cdots \text{㉡}$$

㉠, ㉡을 연립하면

$y = 6x \cdots \text{㉢}$

$16x + 23y = 6,160,000 \cdots \text{㉣}$

㉢, ㉣을 연립하면

$16x + 138x = 6,160,000$

$x = 40,000, \ y = 240,000$

따라서 올해 비행기 왕복 요금은 $40,000 - 40,000 \times \frac{20}{100} = 32,000$원이다.

풀이 전략!

문제에서 묻는 바를 정확하게 확인한 후, 필요한 조건 또는 정보를 구분하여 신속하게 풀어 나간다. 단, 계산에 착오가 생기지 않도록 유의한다.

01 다음 〈보기〉에서 경우의 수가 큰 순서대로 바르게 나열한 것은?

> **보기**
> ㄱ. 학급 6개에서 10명의 위원을 뽑는 경우의 수
> ㄴ. P, A, S, S를 일렬로 나열할 수 있는 경우의 수
> ㄷ. 중복을 허락하여 1 ~ 5의 5개 자연수로 네 자릿수를 만드는 경우의 수

① ㄱ - ㄴ - ㄷ   ② ㄱ - ㄷ - ㄴ

③ ㄴ - ㄱ - ㄷ   ④ ㄴ - ㄷ - ㄱ

⑤ ㄷ - ㄴ - ㄱ

02 신발가게를 운영하는 K씨는 샌들 원가 20,000원에 40%의 이익을 붙여서 정가를 정했지만 판매가 잘 되지 않아 할인을 하고자 한다. 이때 몇 %를 할인해야 원가의 10% 이익을 얻을 수 있는가?(단, 소수점 둘째 자리에서 반올림한다)

① 20.5%   ② 21.4%

③ 22.5%   ④ 23.7%

⑤ 24.5%

03 외국인 A씨의 현재 잔고는 5달러이고, 매일 2달러를 저금한다. 한국인 B씨와 C씨의 현재 잔고는 각각 y, $2y$달러를 가지고 있고 매일 5달러, 3달러씩 저금을 하고 있다. 2일 후 B씨와 C씨의 자산의 차액은 A씨의 2일 후 자산과 동일하다고 할 때, B씨의 자산이 C씨의 자산보다 같거나 많게 되는 날은 오늘로부터 며칠 후인가?(단, 기간은 소수점 첫째 자리에서 반올림한다)

① 7일 후   ② 8일 후

③ 9일 후   ④ 10일 후

⑤ 11일 후

04 K야구팀의 작년 승률은 40%였고, 올해는 총 120경기 중 65승을 하였다. 작년과 올해의 경기를 합하여 구한 승률이 45%일 때, K야구팀이 승리한 총횟수는?

① 151회   ② 152회

③ 153회   ④ 154회

⑤ 155회

05 수정이는 부서 사람들과 함께 놀이공원에 방문하려고 한다. 이 놀이공원의 입장료는 1인당 16,000원이며 정가에서 25% 할인된 금액에 10인 단체 티켓을 구매할 수 있다고 할 때, 부서원이 몇 명 이상일 때부터 20명분의 단체 티켓 2장을 구매하는 것이 더 유리한가?(단, 부서원은 10명보다 많다)

① 14명   ② 15명

③ 16명   ④ 17명

⑤ 18명

06 100만 원짜리 냉장고를 판매하는 K사는 가을을 맞이하여 9월 초에 일시불로 구입하면 할인해 주는 행사를 진행한다. 할부로 구입하면 9월 초에 20만 원은 우선 지불하고 나머지는 12개월 할부로 9월 말부터 내년 8월 말까지 매월 말에 8만 원씩 상환하게 할 때, 일시불로 구입한 사람이 할부로 구입한 사람보다 이익이 되려면 9월 초에 최소 몇 %를 할인해야 하는가?(단, 할인은 정수 단위로 할인하며, $1.04^{12} ≒ 1.6$이고, 월 이율 4%의 복리로 계산한다)

① 5%   ② 6%

③ 7%   ④ 8%

⑤ 9%

07 A비커에는 농도가 x%인 설탕물 300g이 들어 있고 B비커에는 농도가 y%인 설탕물 600g이 들어 있다. B비커에서 A비커로 100g를 부어 골고루 섞은 후 다시 B비커로 옮기고 골고루 섞어 농도를 측정해 보니 A비커의 설탕물과 B비커의 설탕물의 농도는 각각 5%, 9.5%였다. 이때 $10x + 10y$의 값은?

① 106   ② 116

③ 126   ④ 136

⑤ 146

08 다정이네 집에는 화분 2개가 있다. 두 화분에 있는 식물의 나이 합은 8세이고, 각 나이의 제곱의 합은 34세가 된다. 이때 두 식물의 나이의 차는?(단, 식물의 나이는 자연수이다)

① 2세   ② 3세

③ 4세   ④ 5세

⑤ 6세

09 상우는 사과와 감을 사려고 한다. 사과는 하나에 700원, 감은 400원일 때 10,000원을 가지고 과일을 총 20개 사려면 감은 최소 몇 개를 사야 하는가?

① 10개   ② 12개

③ 14개   ④ 16개

⑤ 17개

10 윤정이는 어떤 물건을 100개 구입하여, 구입 가격에 25%를 더한 가격으로 50개를 팔았다. 이 가격에서 할인하여 나머지 50개를 팔았더니 본전이 되었다면 할인율은 얼마인가?

① 32.5%

② 35%

③ 37.5%

④ 40%

⑤ 42.5%

11 접시에 과자가 담겨 있는데, 민우가 접시에 있는 과자의 반을 먹었다. 지우는 민우가 먹고 남은 과자의 반을 먹었고, 이어서 경태가 남아있는 과자의 $\frac{1}{4}$ 을 먹었다. 마지막으로 수인과 진형이가 남아있는 과자를 똑같이 나누어 먹었는데, 진형이가 3개의 과자를 먹었다면 민우가 먹기 전 처음 접시에 있었던 과자는 몇 개인가?

① 28개

② 30개

③ 32개

④ 34개

⑤ 36개

12 어느 고등학교의 2학년과 3학년 학생 수의 합은 350명이다. 2학년이 아닌 학생 수가 250명이고, 3학년이 아닌 학생 수가 260명이다. 1학년 학생은 총 몇 명인가?

① 80명

② 90명

③ 100명

④ 110명

⑤ 120명

13 학생회장을 포함한 학생 4명과 A∼H 교수 8명 중 위원회를 창설하기 위한 대표 5명을 뽑으려고 한다. 학생회장과 A교수가 동시에 위원회 대표가 될 수 없을 때, 위원회를 구성할 수 있는 경우의 수는?(단, 교수와 학생의 구성 비율은 신경 쓰지 않는다)

① 588가지   ② 602가지
③ 648가지   ④ 658가지
⑤ 672가지

14 다이어트를 결심한 철수는 월요일부터 일요일까지 하루에 한 가지씩 운동을 하는 계획을 세우려 한다. 다음 〈조건〉을 참고할 때, 철수가 세울 수 있는 일주일간 운동 계획의 수는?

> **조건**
> • 7일 중 4일은 수영을 한다.
> • 수영을 하지 않는 날 중 이틀은 농구, 야구, 테니스 중 매일 서로 다른 종목 하나씩을 선택하고 남은 하루는 배드민턴, 검도, 줄넘기 중 한 종목을 선택한다.

① 630가지   ② 840가지
③ 1,270가지   ④ 1,680가지
⑤ 1,890가지

15 빨간 공 4개, 하얀 공 6개가 들어있는 주머니에서 한 번에 2개를 꺼낼 때, 적어도 1개는 하얀 공을 꺼낼 확률은?

① $\dfrac{9}{15}$ ② $\dfrac{1}{4}$

③ $\dfrac{5}{12}$ ④ $\dfrac{13}{15}$

⑤ $\dfrac{14}{15}$

| 유형분석 |

- 제시된 표를 분석하여 선택지의 정답 유무를 판단하는 문제이다.
- 표의 수치 등을 통해 변화량이나 증감률, 비중 등을 비교하여 판단하는 문제가 자주 출제된다.
- 지원하고자 하는 공사공단이나 진행 산업과 관련된 자료 등이 문제의 자료로 많이 다뤄진다.

다음은 K시의 최근 10년간 교권침해 발생현황에 대한 그래프이다. 이에 대한 설명으로 옳은 것을 〈보기〉에서 모두 고르면?

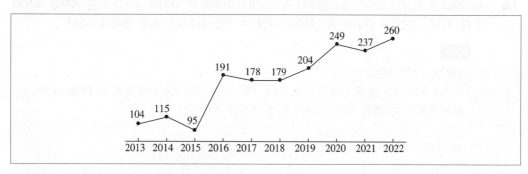

보기

㉠ 교권침해의 발생건수가 가장 급격하게 증가한 때는 2015년에서 2016년 사이이다.
㉡ 2022년 교권침해 발생건수는 2013년에 비해 156건 증가했다.
㉢ 2014년에서 2015년 사이에서만 교권침해 발생건수가 단기적으로 줄어들었다.
㉣ 교권침해의 발생건수가 200건을 초과한 것은 2019년부터이다.

① ㉠, ㉡
② ㉠, ㉡, ㉢
③ ㉠, ㉡, ㉣
④ ㉠, ㉢, ㉣

정답 ③

오답분석

㉢ 그래프를 보면 2014년에서 2015년 사이에서만 교권침해 발생건수가 단기적으로 줄어든 것이 아니라 2016년과 2017년, 2020년과 2021년 사이에도 교권침해 발생건수가 단기적으로 줄어들었음을 알 수 있다.

풀이 전략!

평소 변화량이나 증감률, 비중 등을 구하는 공식을 알아 두고 있어야 하며, 지원하는 기업이나 산업에 관한 자료 등을 확인하여 비교하는 연습 등을 한다.

01　다음은 A, B 두 국가의 에너지원 수입액에 대한 자료이다. 이에 대한 설명으로 옳은 것은?

〈A, B국의 에너지원 수입액〉

(단위 : 달러)

구분	연도	1982년	2002년	2022년
A국	석유	74	49.9	29.5
	석탄	82.4	60.8	28
	LNG	29.2	54.3	79.9
B국	석유	75	39	39
	석탄	44	19.2	7.1
	LNG	30	62	102

① 1982년의 석유 수입액은 A국이 B국보다 많다.

② 2002년의 A국의 석유 및 석탄의 수입액의 합은 LNG 수입액의 2배보다 적다.

③ 2022년의 석탄 수입액은 A국이 B국의 4배보다 적다.

④ 1982년 대비 2022년의 LNG 수입액의 증가율은 A국이 B국보다 크다.

⑤ 1982년 대비 2022년의 석탄 수입액의 감소율은 A국이 B국보다 크다.

02　다음은 2018 ~ 2022년 발굴조사 건수 및 비용에 대한 자료이다. 이에 대한 설명으로 옳은 것은?

〈발굴조사 건수 및 비용〉

(단위 : 건, 억 원)

구분		2018년	2019년	2020년	2021년	2022년
지표조사	건수	1,196	1,103	1,263	1,399	1,652
	비용	82	67	71	77	105
발굴조사	건수	2,266	2,364	2,388	2,442	2,642
	비용	2,509	2,378	2,300	2,438	2,735
합계	건수	3,462	3,500	3,651	3,841	4,294
	비용	2,591	2,470	2,371	2,515	2,840

① 전체 조사의 평균 건당 비용은 지속 감소되고 있다.

② 발굴조사의 평균 건당 비용은 매해 1억 원 이상이다.

③ 연도별 비교 시 발굴조사 비용의 비율이 가장 높은 해는 2020년이다.

④ 연도별 전체 건수에 대한 발굴조사 건수의 비율은 2021년이 2019년보다 높다.

⑤ 2018 ~ 2022년 동안 조사에 쓰인 비용은 1조 3천억 원 이상이다.

03 다음은 최근 5개년 동안의 연령대별 평균 데이트폭력 경험횟수를 나타낸 자료이다. 이에 대한 설명으로 옳지 않은 것은?

〈연도별 각 연령대의 평균 데이트폭력 경험횟수〉

(단위 : 회)

구분	2018년	2019년	2020년	2021년	2022년
10대	3.2	3.9	5.7	7.9	10.4
20대	9.1	13.3	15.1	19.2	21.2
30대	8.8	11.88	14.2	17.75	18.4
40대	2.5	5.8	9.2	12.8	18
50대	4.1	3.8	3.5	3.3	2.9

① 2020년 이후 20대와 30대의 평균 데이트폭력 경험횟수의 합은 전 연령대 평균 데이트폭력 경험 횟수의 절반 이상이다.

② 10대의 평균 데이트폭력 경험횟수는 매년 증가하고 있지만, 50대는 매년 감소하고 있다.

③ 2022년의 40대의 평균 데이트폭력 경험횟수는 2018년의 7.2배에 해당한다.

④ 30대의 2021년의 전년 대비 데이트폭력 경험횟수 증가율은 2019년보다 크다.

⑤ 연도별 평균 데이트폭력 경험횟수가 가장 높은 연령대는 동일하다.

04 다음은 2017년부터 2022년까지 K국의 인구성장률과 합계출산율에 대한 자료이다. 이에 대한 설명으로 옳지 않은 것은?

〈인구성장률〉

(단위 : %)

구분	2017년	2018년	2019년	2020년	2021년	2022년
인구성장률	0.53	0.46	0.63	0.53	0.45	0.39

〈합계출산율〉

(단위 : 명)

구분	2017년	2018년	2019년	2020년	2021년	2022년
합계출산율	1.297	1.187	1.205	1.239	1.172	1.052

※ 합계출산율 : 가임여성 1명이 평생 낳을 것으로 예상되는 평균 출생아 수

① K국의 인구성장률은 2019년 이후로 계속해서 감소하고 있다.

② 2017년부터 2022년 동안 인구성장률이 가장 낮았던 해는 합계출산율도 가장 낮았다.

③ 2018년부터 2019년 동안 합계출산율과 인구성장률의 전년 대비 증감 추세는 동일하다.

④ 2017년부터 2022년 동안 인구성장률과 합계출산율이 두 번째로 높은 해는 2020년이다.

⑤ 2022년의 인구성장률은 2019년 대비 40%p 이상 감소하였다.

05 다음은 연도별 화재발생건수 및 화재피해액에 대한 자료이다. 이에 대한 설명으로 옳지 않은 것은?

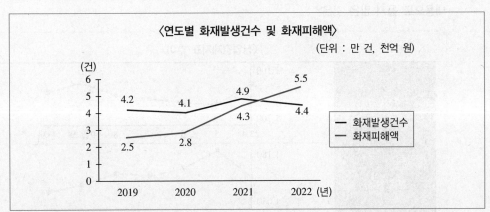

① 화재발생건수와 화재피해액은 비례한다.

② 화재피해액은 매년 증가한다.

③ 화재발생건수가 가장 높은 해는 2021년이다.

④ 화재피해액은 2021년 이후 처음으로 4천억 원을 넘어섰다.

⑤ 화재발생건수가 높다고 화재피해액도 높은 것은 아니다.

06 다음은 지식경제부에서 2023년 11월에 발표한 산업경제지표 추이이다. 이 자료를 보고 판단한 내용으로 옳지 않은 것은?

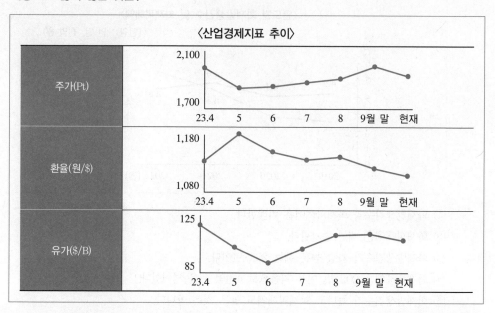

① 주가는 5월에 급락했다가 9월 말까지 서서히 회복세를 보였으나, 현재는 다시 하락해서 2023년 4월선을 회복하지 못하고 있다.

② 환율은 5월 이후 하락세에 있으므로 원화가치는 높아질 것이다.

③ 유가는 6월까지는 큰 폭으로 하락했으나, 그 이후 9월까지 서서히 상승세를 보이고 있다.

④ 숫자상의 변동 폭이 가장 작은 것은 유가이다.

⑤ 2023년 8월을 기점으로 위 세 가지 부분은 모두 하락세를 보이고 있다.

07 다음은 청년층 고용동향에 대한 자료이다. 이를 통해 판단한 내용으로 옳지 않은 것은?

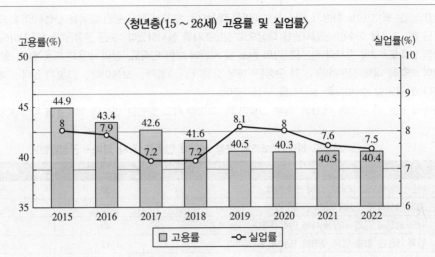

〈청년층(15 ~ 26세) 고용률 및 실업률〉

- 실업률 : [(실업자수) ÷ (경제활동인구)] × 100
- 고용률 : [(취업자수) ÷ (생산가능인구)] × 100

〈청년층(15 ~ 26세) 고용동향〉

(단위 : %, 천 명)

구분	2015년	2016년	2017년	2018년	2019년	2020년	2021년	2022년
생산가능인구	9,920	9,843	9,855	9,822	9,780	9,705	9,589	9,517
경제활동인구	4,836	4,634	4,530	4,398	4,304	4,254	4,199	4,156
경제활동참가율	48.8	47.1	46.0	44.8	44.0	43.8	43.8	43.7

- 생산가능인구 : 만 15세 이상 인구
- 경제활동인구 : 만 15세 이상 인구 중 취업자와 실업자
- 경제활동참가율 : [(경제활동인구) ÷ (생산가능인구)] × 100

① 청년층 고용률과 실업률 사이에는 상관관계가 없다.
② 전년과 비교했을 때, 2016년에 경제활동인구가 가장 많이 감소했다.
③ 생산가능인구는 매년 감소하고 있다.
④ 고용률 대비 실업률 비율이 가장 높았던 해는 2019년이다.
⑤ 경제활동참가율은 전체적으로 감소하고 있다.

※ 다음 자료를 보고 이어지는 질문에 답하시오. [8~9]

K기업에는 2023년도 하반기 신입사원 50명을 대상으로 보고서 작성 관련 교육을 진행하였다. 교육이 모두 끝난 후, 교육을 이수한 신입사원을 대상으로 설문조사를 실시하였다. 설문 문항은 총 5문항이며, 전반적인 강의 만족도, 교육 강사의 전문성, 강의 장소 및 시간에 대한 만족도, 강의 내용의 도움 정도, 향후 타 강의 참여 의향에 대해 질문하였다. 각 문항은 '매우 그렇다', '그렇다', '보통이다', '그렇지 않다', '매우 그렇지 않다'로 답변할 수 있도록 설문지를 구성하였다.
아래의 표는 각 문항에 대하여 '매우 그렇다'와 '그렇다'라고 답변한 빈도와 백분율을 나타낸 것이다.

〈2023년도 하반기 보고서 작성 세미나 만족도 조사 결과 – 긍정답변〉

구분	빈도	백분율
1. 나는 전반적으로 교육에 대해 만족한다.	30	㉠
2. 교육 강사의 전문성에 대해 만족하였다.	25	㉡
3. 강의 공간과 강의 시간에 대해 만족하였다.	48	㉢
4. 강의 내용은 향후 업무 수행에 도움이 될 것이다.	41	㉣
5. 향후 비슷한 강의가 있다면 참여하고 싶다.	30	㉤

08 K기업 인사팀 A씨는 각 만족도 문항의 긍정 답변에 대해 백분율을 산출하려고 한다. 빈칸 ㉠ ~ ㉤에 들어갈 내용이 바르게 짝지어진 것은?(단, 소수점 둘째 자리에서 반올림한다)

	㉠	㉡	㉢	㉣	㉤
①	30%	25%	48%	41%	60%
②	15%	12.5%	24%	20.5%	15%
③	35%	30%	53%	46%	46%
④	60%	50%	96%	82%	60%
⑤	30%	35%	60%	41%	96%

09 K기업은 매년 신입사원 교육을 H교육 컨설팅에게 의뢰하여 진행하고 있는데, 매년 재계약 여부를 만족도 조사 점수를 통해 결정한다. K기업은 올해 만족도 조사 점수가 낮아 내년에도 H교육 컨설팅에게 교육을 맡겨야 하는지 고민 중이다. K기업이 만족도 점수 통계 결과를 활용한 내용에 대한 설명으로 옳은 것은?

① 관찰 가능한 자료를 통해 논리적으로 어떠한 결론을 추출 또는 검증한다.
② 의사결정의 보조적인 수단으로 활용하였다.
③ 표본을 통해 연구대상 집단의 특성을 유추한다.
④ 많은 수량적 자료를 처리가능하고 쉽게 이해할 수 있는 형태로 축소한다.
⑤ 불확실성을 제거해 일반화를 이루는 데 도움이 된다.

10 다음은 K나라의 최종에너지 소비량에 대한 자료이다. 이에 대한 설명으로 옳은 것을 〈보기〉에서 모두 고르면?

〈2020 ~ 2022년 유형별 최종에너지 소비량 비중〉

(단위 : %)

구분	석탄		석유제품	도시가스	전력	기타
	무연탄	유연탄				
2020년	2.7	11.6	53.3	10.8	18.2	3.4
2021년	2.8	10.3	54.0	10.7	18.6	3.6
2022년	2.9	11.5	51.9	10.9	19.1	3.7

〈2022년 부문별·유형별 최종에너지 소비량〉

(단위 : 천TOE)

구분	석탄		석유제품	도시가스	전력	기타	합계
	무연탄	유연탄					
산업	4,750	15,317	57,451	9,129	23,093	5,415	115,155
가정·상업	901	4,636	6,450	11,105	12,489	1,675	37,256
수송	0	0	35,438	188	1,312	0	36,938
기타	0	2,321	1,299	669	152	42	4,483
합계	5,651	22,274	100,638	21,091	37,046	7,132	193,832

보기

ㄱ. 2020 ~ 2022년 동안 전력 소비량은 매년 증가한다.
ㄴ. 2022년 산업부문의 최종에너지 소비량은 전체 최종에너지 소비량의 50% 이상을 차지한다.
ㄷ. 2020 ~ 2022년 동안 석유제품 소비량 대비 전력 소비량의 비율은 매년 증가한다.
ㄹ. 2022년에 산업부문과 가정·상업부문에서 유연탄 소비량 대비 무연탄 소비량의 비율은 각각 25% 미만이다.

① ㄱ, ㄴ ② ㄱ, ㄹ
③ ㄴ, ㄷ ④ ㄴ, ㄹ
⑤ ㄷ, ㄹ

11 다음은 K공항의 2021년과 2022년 에너지 소비량 및 온실가스 배출량에 대한 자료이다. 이에 대한 설명으로 옳은 것을 〈보기〉에서 모두 고르면?

〈K공항 에너지 소비량〉

(단위 : TOE)

구분	에너지 소비량									
	합계	건설 부문				이동 부문				
		소계	경유	도시가스	수전전력	소계	휘발유	경유	도시가스	천연가스
2021년	11,658	11,234	17	1,808	9,409	424	25	196	13	190
2022년	17,298	16,885	58	2,796	14,031	413	28	179	15	191

〈K공항 온실가스 배출량〉

(단위 : 톤CO_2eq)

구분	온실가스 배출량				
	합계	고정연소	이동연소	공정배출	간접배출
2021년	30,823	4,052	897	122	25,752
2022년	35,638	6,121	965	109	28,443

보기

ㄱ. 에너지 소비량 중 이동 부문에서 경유가 차지하는 비중은 2022년에 전년 대비 10%p 이상 감소하였다.

ㄴ. 건설 부문의 도시가스 소비량은 2021년에 전년 대비 30%p 이상 증가하였다.

ㄷ. 2022년 온실가스 배출량 중 간접배출이 차지하는 비중은 2021년 온실가스 배출량 중 고정연소가 차지하는 비중의 5배 이상이다.

① ㄱ
② ㄴ
③ ㄱ, ㄷ
④ ㄴ, ㄷ
⑤ ㄱ, ㄴ, ㄷ

12 다음은 K공단의 재화 생산량에 따른 총 생산비용의 변화를 나타낸 자료이다. 기업의 생산 활동과 관련하여 옳은 것을 〈보기〉에서 모두 고르면?(단, 재화 1개당 가격은 7만 원이다)

생산량(개)	0	1	2	3	4	5
총 생산비용(만 원)	5	9	12	17	24	33

보기

ㄱ. 2개와 5개를 생산할 때의 이윤은 동일하다.
ㄴ. 이윤을 극대화할 수 있는 최대 생산량은 4개이다.
ㄷ. 4개에서 5개로 생산량을 증가시킬 때 이윤은 증가한다.
ㄹ. 1개를 생산하는 것보다 생산을 하지 않는 것이 손해가 적다.

① ㄱ, ㄴ
② ㄱ, ㄷ
③ ㄴ, ㄷ
④ ㄷ, ㄹ
⑤ ㄴ, ㄷ, ㄹ

13 다음은 지방자치단체 여성공무원 현황에 대한 자료이다. 이에 대한 설명으로 옳지 않은 것은?

〈지방자치단체 여성공무원 현황〉

(단위 : 명, %)

구분	2017년	2018년	2019년	2020년	2021년	2022년
전체 공무원	266,176	272,584	275,484	275,231	278,303	279,636
여성공무원	70,568	75,608	78,855	80,666	82,178	83,282
여성공무원 비율	26.5	27.7	(가)	29.3	29.5	29.8

① 2017년 이후 여성공무원 수는 꾸준히 증가하고 있다.
② (가)에 들어갈 비율은 35% 이상이다.
③ 2022년도에 남성공무원이 차지하는 비율은 70% 이상이다.
④ 2022년 여성공무원의 비율은 2017년과 비교했을 때, 3.3%p 증가했다.
⑤ 2021년 남성공무원은 196,125명이다.

14 다음은 어느 국가의 A ~ C지역 가구 구성비를 나타낸 자료이다. 이에 대한 설명으로 옳은 것은?

〈A ~ C지역 가구 구성비〉

(단위 : %)

구분	부부 가구	2세대 가구		3세대 이상 가구	기타 가구	소계
		부모+미혼자녀	부모+기혼자녀			
A	5	65	16	2	12	100
B	16	55	10	6	13	100
C	12	40	25	20	3	100

※ 기타 가구 : 1인 가구, 형제 가구, 비친족 가구
※ 핵가족 : 부부 또는 (한)부모와 그들의 미혼 자녀로 이루어진 가족
※ 확대가족 : (한)부모와 그들의 기혼 자녀로 이루어진 2세대 이상의 가족

① 핵가족 가구의 비중이 가장 높은 지역은 A이다.
② 1인 가구의 비중이 가장 높은 지역은 B이다.
③ 확대가족 가구 수가 가장 많은 지역은 C이다.
④ A, B, C지역 모두 핵가족 가구 수가 확대가족 가구 수보다 많다.
⑤ 부부 가구의 구성비는 C지역이 가장 높다.

15 다음은 어느 나라의 2021년과 2022년의 노동 가능 인구구성의 변화를 나타낸 자료이다. 2021년도와 비교한 2022년도의 상황으로 옳은 것은?

〈노동 가능 인구구성의 변화〉

구분	취업자	실업자	비경제활동인구
2021년	55%	25%	20%
2022년	43%	27%	30%

① 이 자료에서 실업자의 수는 알 수 없다.
② 실업자의 비율은 감소하였다.
③ 경제활동인구는 증가하였다.
④ 취업자 비율의 증감폭이 실업자 비율의 증감폭보다 작다.
⑤ 비경제활동인구의 비율은 감소하였다.

16 다음은 K공장에서 근무하는 근로자들의 임금수준 분포를 나타낸 자료이다. 이번 달 근로자 전체에게 지급된 임금의 총액이 2억 원일 때, 〈보기〉 중 옳은 것을 모두 고르면?

〈공장 근로자의 임금수준 분포〉

임금수준(만 원)	근로자 수(명)
월 300 이상	4
월 270 이상 월 300 미만	8
월 240 이상 월 270 미만	12
월 210 이상 월 240 미만	26
월 180 이상 월 210 미만	30
월 150 이상 월 180 미만	6
월 150 미만	4
합계	90

보기

㉠ 근로자당 평균 월 급여액은 230만 원 이하이다.
㉡ 절반 이상의 근로자들이 월 210만 원 이상의 급여를 받고 있다.
㉢ 월 180만 원 미만의 급여를 받는 근로자의 비율은 약 14%이다.
㉣ 적어도 15명 이상의 근로자가 월 250만 원 이상의 급여를 받고 있다.

① ㉠
② ㉠, ㉡
③ ㉠, ㉡, ㉣
④ ㉡, ㉢, ㉣
⑤ ㉠, ㉡, ㉢, ㉣

17 다음은 K마트의 과자 종류에 따른 가격을 나타낸 표이다. K마트는 A, B, C과자에 기획 상품 할인을 적용하여 팔고 있다. A~C과자를 정상가로 각각 2봉지씩 구매할 수 있는 금액을 가지고 각각 2봉지씩 할인된 가격으로 구매 후 A과자를 더 산다고 할 때, A과자 몇 봉지를 더 살 수 있는가?

〈과자별 가격 및 할인율〉

구분	A	B	C
정상가	1,500원	1,200원	2,000원
할인율	20%		40%

① 5봉지
② 4봉지
③ 3봉지
④ 2봉지
⑤ 1봉지

※ 다음은 K타이어의 전국에 있는 가맹점의 연간 매출액을 나타낸 것이다. 이어지는 질문에 답하시오.
[18~19]

〈K타이어 전국 가맹점 연간 매출액〉

(단위 : 억 원)

구분	2019년	2020년	2021년	2022년
서울 1호점	120	150	180	280
부산 2호점	150	140	135	110
대구 3호점	30	70	100	160

보기

㉠ 원 그래프   ㉡ 점 그래프
㉢ 띠 그래프   ㉣ 선 그래프
㉤ 꺾은선 그래프

18 다음 중 제시된 자료를 도표로 나타내고자 할 때, 옳은 유형을 〈보기〉에서 고르면?

① ㉠   ② ㉡
③ ㉢   ④ ㉣
⑤ ㉤

19 다음 중 2022년도 지점별 매출액 구성 비율을 도표로 나타내고자 할 때, 옳은 유형을 〈보기〉에서 고르면?

① ㉠   ② ㉡
③ ㉢   ④ ㉣
⑤ ㉤

20 다음은 K시 5개 구 주민의 돼지고기 소비량에 대한 자료이다. 〈조건〉을 이용하여 변동계수가 3번째로 큰 구를 바르게 구한 것은?

〈5개 구 주민의 돼지고기 소비량 통계〉

(단위 : kg)

구분	평균(1인당 소비량)	표준편차
A구	( )	5.0
B구	( )	4.0
C구	30.0	6.0
D구	12.0	4.0
E구	( )	8.0

※ (변동계수)$=\dfrac{(표준편차)}{(평균)}\times100$

조건

- A구의 1인당 소비량과 B구의 1인당 소비량을 합하면 C구의 1인당 소비량과 같다.
- A구의 1인당 소비량과 D구의 1인당 소비량을 합하면 E구 1인당 소비량의 2배와 같다.
- E구의 1인당 소비량은 B구의 1인당 소비량보다 6.0kg 더 많다.

① A구 ② B구
③ C구 ④ D구
⑤ E구

CHAPTER 03
문제해결능력

합격 CHEAT KEY

문제해결능력은 업무를 수행하면서 여러 가지 문제 상황이 발생하였을 때, 창의적이고 논리적인 사고를 통하여 이를 올바르게 인식하고 적절히 해결하는 능력으로, 하위 능력에는 사고력과 문제처리능력이 있다.

문제해결능력은 NCS 기반 채용을 진행하는 대다수의 공사·공단에서 채택하고 있으며, 다양한 자료와 함께 출제되는 경우가 많아 어렵게 느껴질 수 있다. 특히, 난이도가 높은 문제로 자주 출제되기 때문에 다른 영역보다 더 많은 노력이 필요할 수는 있지만 그렇기에 차별화를 할 수 있는 득점 영역이므로 포기하지 말고 꾸준하게 노력해야 한다.

01 질문의 의도를 정확하게 파악하라!

문제해결능력은 문제에서 무엇을 묻고 있는지 정확하게 파악하여 먼저 풀이 방향을 설정하는 것이 가장 효율적인 방법이다. 특히, 조건이 주어지고 답을 찾는 창의적·분석적인 문제가 주로 출제되고 있기 때문에 처음에 정확한 풀이 방향이 설정되지 않는다면 문제를 제대로 풀지 못하게 되므로 첫 번째로 출제 의도 파악에 집중해야 한다.

02   중요한 정보는 반드시 표시하라!

출제 의도를 정확히 파악하기 위해서는 문제의 중요한 정보를 반드시 표시하거나 메모하여 하나의 조건, 단서도 잊고 넘어가는 일이 없도록 해야 한다. 실제 시험에서는 시간의 압박과 긴장감으로 정보를 잘못 적용하거나 잊어버리는 실수가 많이 발생하므로 사전에 충분한 연습이 필요하다.

03   반복 풀이를 통해 취약 유형을 파악하라!

문제해결능력은 특히 시간관리가 중요한 영역이다. 따라서 정해진 시간 안에 고득점을 할 수 있는 효율적인 문제 풀이 방법을 찾아야 한다. 이때, 반복적인 문제 풀이를 통해 자신이 취약한 유형을 파악하는 것이 중요하다. 정확하게 풀 수 있는 문제부터 빠르게 풀고 취약한 유형은 나중에 푸는 효율적인 문제 풀이를 통해 최대한 고득점을 맞는 것이 중요하다.

| 유형분석 |

- 주어진 문장을 토대로 논리적으로 추론하여 참 또는 거짓을 구분하는 문제이다.
- 대체로 연역추론을 활용한 명제 문제가 출제된다.
- 자료를 제시하고 새로운 결과나 자료에 주어지지 않은 내용을 추론해 가는 형식의 문제가 출제된다.

다음 〈조건〉은 김사원이 체결한 A부터 G까지 7개 계약들의 체결 순서에 대한 정보이다. 김사원이 다섯 번째로 체결한 계약은?

조건

- B와의 계약은 F와의 계약에 선행한다.
- G와의 계약은 D와의 계약보다 먼저 이루어졌는데 E, F와의 계약보다는 나중에 이루어졌다.
- B와의 계약은 가장 먼저 맺어진 계약이 아니다.
- D와의 계약은 A와의 계약보다 먼저 이루어졌다.
- C와의 계약은 G와의 계약보다 나중에 이루어졌다.
- A와 D의 계약 시간은 인접하지 않는다.

① A   ② B

③ C   ④ D

⑤ G

정답 ④

제시된 조건을 정리하면 E → B → F → G → D → C → A의 순서로 계약이 체결됐다. 따라서 다섯 번째로 체결한 계약은 D이다.

풀이 전략!

명제와 관련한 기본적인 논법에 대해서는 미리 학습해 두며, 이를 바탕으로 각 문장에 있는 핵심단어 또는 문구를 기호화하여 정리한 후, 선택지와 비교하여 참 또는 거짓을 판단한다.

01 아마추어 야구 리그에서 활동하는 A~D팀은 빨간색, 노란색, 파란색, 보라색 중에서 매년 상징하는 색을 바꾸고 있다. 다음 〈조건〉을 참고할 때, 반드시 참인 것은?

> **조건**
> • 하나의 팀은 하나의 상징색을 갖는다.
> • 이전에 사용했던 상징색을 다시 사용할 수는 없다.
> • A팀과 B팀은 빨간색을 사용한 적이 있다.
> • B팀과 C팀은 보라색을 사용한 적이 있다.
> • D팀은 노란색을 사용한 적이 있고, 파란색을 선택하였다.

① A팀은 파란색을 사용한 적이 있어 다른 색을 골라야 한다.
② A팀의 상징색은 노란색이 될 것이다.
③ C팀은 파란색을 사용한 적이 있을 것이다.
④ C팀의 상징색은 빨간색이 될 것이다.
⑤ D팀은 보라색을 사용한 적이 있다.

02 A~G 7명이 원형테이블에 〈조건〉과 같이 앉아 있다. A, B, C, D, E, F, G는 모두 사원, 대리, 과장, 차장, 팀장, 부부장, 부장 중 하나의 직급에 해당하며, 이 중 동일한 직급인 직원은 없다. 다음 중 직급이 사원인 사람과 대리인 사람을 순서대로 바르게 나열한 것은?

> **조건**
> • A의 왼쪽에는 부장이, 오른쪽에는 차장이 앉아 있다.
> • E는 사원과 이웃하여 앉지 않았다.
> • B는 부장과 이웃하여 앉아 있다.
> • C의 직급은 차장이다.
> • G는 차장과 과장 사이에 앉아 있다.
> • D는 A와 이웃하여 앉아 있다.
> • 사원은 부장, 대리와 이웃하여 앉아 있다.

	사원	대리
①	A	F
②	B	E
③	B	F
④	D	E
⑤	D	G

03 K베이커리에서는 A ~ D단체에 우유식빵, 밤식빵, 옥수수식빵, 호밀식빵을 다음 〈조건〉에 따라 한 종류씩 납품하려고 한다. 이때 반드시 참인 것은?

> **조건**
> • 한 단체에 납품하는 빵의 종류는 겹치지 않도록 한다.
> • 우유식빵과 밤식빵은 A에 납품된 적이 있다.
> • 옥수수식빵과 호밀식빵은 C에 납품된 적이 있다.
> • 옥수수식빵은 D에 납품된다.

① 우유식빵은 B에 납품된 적이 있다.
② 옥수수식빵은 A에 납품된 적이 있다.
③ 호밀식빵은 A에 납품될 것이다.
④ 우유식빵은 C에 납품된 적이 있다.
⑤ 호밀식빵은 D에 납품된 적이 있다.

04 K대학교의 기숙사에 거주하는 A ~ D는 1층부터 4층에 매년 새롭게 방을 배정받고 있으며, 올해도 방을 배정받는다. 다음 〈조건〉을 참고할 때, 반드시 참인 것은?

> **조건**
> • 한 번 배정받은 층에는 다시 배정받지 않는다.
> • A와 D는 2층에 배정받은 적이 있다.
> • B와 C는 3층에 배정받은 적이 있다.
> • A와 B는 1층에 배정받은 적이 있다.
> • A, B, D는 4층에 배정받은 적이 있다.

① C는 4층에 배정될 것이다.
② D는 3층에 배정받은 적이 있을 것이다.
③ D는 1층에 배정받은 적이 있을 것이다.
④ C는 2층에 배정받은 적이 있을 것이다.
⑤ 기숙사에 3년 이상 산 사람은 A밖에 없다.

05 K공사의 건물에서는 엘리베이터 여섯 대(1 ~ 6호기)를 6시간에 걸쳐 검사하고자 한다. 한 시간에 한 대씩만 검사한다고 할 때, 다음 〈조건〉에 근거하여 바르게 추론한 것은?

- 제일 먼저 검사하는 엘리베이터는 5호기이다.
- 가장 마지막에 검사하는 엘리베이터는 6호기가 아니다.
- 2호기는 6호기보다 먼저 검사한다.
- 3호기는 두 번째로 먼저 검사하며, 그 다음으로 검사하는 엘리베이터는 1호기이다.

① 6호기는 4호기보다 늦게 검사한다.
② 마지막으로 검사하는 엘리베이터는 4호기가 아니다.
③ 4호기 다음으로 검사할 엘리베이터는 2호기이다.
④ 2호기는 세 번째로 1호기보다 먼저 검사한다.
⑤ 6호기는 1호기 다다음에 검사하며, 다섯 번째로 검사하게 된다.

06 이번 학기에 4개의 강좌 A ~ D가 새로 개설되는데, 강사 갑 ~ 무 중 4명이 한 강좌씩 맡으려 한다. 배정 결과를 궁금해하는 5명은 다음 〈조건〉과 같이 예측했다. 배정 결과를 보니 갑 ~ 무의 진술 중 한 명의 진술만이 거짓이고 나머지는 참임이 드러났을 때, 다음 중 바르게 추론한 것은?

갑 : 을이 A강좌를 담당하고 병은 강좌를 담당하지 않을 것이다.
을 : 병이 B강좌를 담당할 것이다.
병 : 정은 D강좌가 아닌 다른 강좌를 담당할 것이다.
정 : 무가 D강좌를 담당할 것이다.
무 : 을의 말은 거짓일 것이다.

① 갑은 A강좌를 담당한다.
② 을은 C강좌를 담당한다.
③ 병은 강좌를 담당하지 않는다.
④ 정은 D강좌를 담당한다.
⑤ 무는 B강좌를 담당한다.

07 A ~ E 다섯 명의 사람이 일렬로 나란히 자리에 앉으려고 한다. 다음 〈조건〉에 근거할 때, 바르게 추론한 것은?

> **조건**
> • A ~ E 다섯 명의 자리는 우리가 바라보는 방향을 기준으로 한다.
> • 자리의 순서는 왼쪽을 기준으로 한다.
> • D는 A의 바로 왼쪽에 있다.
> • B와 D사이에 C가 있다.
> • A는 마지막 자리가 아니다.
> • A와 B사이에 C가 있다.
> • B는 E의 바로 오른쪽에 앉는다.

① D는 두 번째 자리에 앉을 수 있다.
② E는 네 번째 자리에 앉을 수 있다.
③ C는 두 번째 자리에 앉을 수 있다.
④ C는 E의 오른쪽 자리에 앉을 수 있다.
⑤ C는 A의 왼쪽 자리에 앉을 수 있다.

08 K공단의 마케팅 부서 직원 A ~ H가 원탁에 앉아서 회의를 하려고 한다. 다음 〈조건〉에 따라 앉았을 때, 항상 참인 것은?(단, 서로 이웃해 있는 직원 간의 거리는 모두 동일하다)

> **조건**
> • A와 C는 가장 멀리 떨어져 있다.
> • A 옆에는 G가 앉는다.
> • B와 F는 서로 마주보고 있다.
> • D는 E 옆에 앉는다.
> • H는 B 옆에 앉지 않는다.

① 총 경우의 수는 네 가지이다.
② A와 B 사이에는 항상 누군가 앉아 있다.
③ C 옆에는 항상 E가 있다.
④ E와 G는 항상 마주 본다.
⑤ G의 오른쪽 옆에는 항상 H가 있다.

09 K공단은 직원 A ~ G를 두 팀으로 나누어 사업 현장으로 출장을 가고자 한다. 다음 〈조건〉에 따라 직원들을 두 개의 팀으로 나눌 때, 한 팀을 구성하는 방법으로 옳지 않은 것을 모두 고르면?

> **조건**
> • 각 팀은 최소 3명 이상으로 구성한다.
> • C와 D는 서로 다른 팀이다.
> • F와 G는 같은 팀이 될 수 없다.
> • D가 속한 팀에는 A, B도 속한다.

① A, B, D, F　　　　　　　　　　② A, B, D, G
③ C, E, G　　　　　　　　　　　④ C, E, F
⑤ A, B, E, G

10 세미나에 참석한 A사원, B사원, C주임, D주임, E대리는 각자 숙소를 배정받았다. A사원, D주임은 여자이고, B사원, C주임, E대리는 남자이다. 〈조건〉과 같이 숙소가 배정되었을 때, 다음 중 항상 옳지 않은 것은?

> **조건**
> • 숙소는 5층이며 층마다 1명씩 배정한다.
> • E대리의 숙소는 D주임의 숙소보다 위층이다.
> • 1층에는 주임을 배정한다.
> • 1층과 3층에는 남직원을 배정한다.
> • 5층에는 사원을 배정한다.

① D주임은 2층에 배정된다.
② 5층에 A사원이 배정되면 4층에 B사원이 배정된다.
③ 5층에 B사원이 배정되면 4층에 A사원이 배정된다.
④ C주임은 1층에 배정된다.
⑤ 5층에 B사원이 배정되면 3층에 E대리가 배정된다.

| 유형분석 |

- 주어진 상황과 규칙을 종합적으로 활용하여 풀어 가는 문제이다.
- 일정, 비용, 순서 등 다양한 내용을 다루고 있어 유형을 한 가지로 단일화하기 어렵다.

갑은 다음 규칙을 참고하여 알파벳 단어를 숫자로 변환하고자 한다. 규칙을 적용한 〈보기〉의 ㉠ ~ ㉣ 단어에서 알파벳 Z에 해당하는 자연수들을 모두 더한 값은?

〈규칙〉

① 알파벳 'A'부터 'Z'까지 순서대로 자연수를 부여한다.
예 A=2라고 하면 B=3, C=4, D=5이다.

② 단어의 음절에 같은 알파벳이 연속되는 경우 ①에서 부여한 숫자를 알파벳이 연속되는 횟수만큼 거듭제곱한다.
예 A=2이고 단어가 'AABB'이면 AA는 '2^2'이고, BB는 '3^2'이므로 '49'로 적는다.

보기

㉠ AAABBCC는 100000010201110404로 변환된다.
㉡ CDFE는 3465로 변환된다.
㉢ PJJYZZ는 1712126729로 변환된다.
㉣ QQTSR은 625282726으로 변환된다.

① 154

② 176

③ 199

④ 212

⑤ 234

정답 ④

㉠ A=100, B=101, C=102이다. 따라서 Z=125이다.
㉡ C=3, D=4, E=5, F=6이다. 따라서 Z=26이다.
㉢ P가 17임을 볼 때, J=11, Y=26, Z=27이다.
㉣ Q=25, R=26, S=27, T=28이다. 따라서 Z=34이다.
따라서 해당하는 Z값을 모두 더하면 125+26+27+34=212이다.

풀이 전략!

문제에 제시된 조건이나 규칙을 정확히 파악한 후, 선택지나 상황에 적용하여 문제를 풀어 나간다.

01 다음은 도서코드(ISBN)에 대한 자료이다. 주문한 도서에 대한 설명으로 옳은 것은?

〈[예시] 도서코드(ISBN)〉

국제표준도서번호					부가기호		
접두부	국가번호	발행자번호	서명식별번호	체크기호	독자대상	발행형태	내용분류
123	12	1234567		1	1	1	123

※ 국제표준도서번호는 5개의 군으로 나누어지고 군마다 '-'로 구분한다.

〈도서코드(ISBN) 세부사항〉

접두부	국가번호	발행자번호	서명식별번호	체크기호
978 또는 979	한국 89 미국 05 중국 72 일본 40 프랑스 22	발행자번호 – 서명식별번호 7자리 숫자 예 8491 – 208 : 발행자번호가 8491번인 출판사에서 208번째 발행한 책		0 ~ 9

독자대상	발행형태	내용분류
0 교양 1 실용 2 여성 3 (예비) 4 청소년 5 중고등 학습참고서 6 초등 학습참고서 7 아동 8 (예비) 9 전문	0 문고본 1 사전 2 신서판 3 단행본 4 전집 5 (예비) 6 도감 7 그림책, 만화 8 혼합자료, 점자자료, 전자책, 　마이크로자료 9 (예비)	030 백과사전 100 철학 170 심리학 200 종교 360 법학 470 생명과학 680 연극 710 한국어 770 스페인어 740 영미문학 720 유럽사

〈주문도서〉

978 – 05 – 441 – 1011 – 314710

① 한국에서 출판한 도서이다.

② 441번째 발행된 도서이다.

③ 발행자번호는 총 7자리이다.

④ 한 권으로만 출판되지는 않았다.

⑤ 한국어로 되어 있다.

02 A팀과 B팀은 보안등급 상에 해당하는 문서를 나누어 보관하고 있다. 이에 따라 두 팀은 보안을 위해 아래와 같은 규칙에 따라 각 팀의 비밀번호를 지정하였다. 다음 중 A팀과 B팀에 들어갈 수 있는 암호배열은?

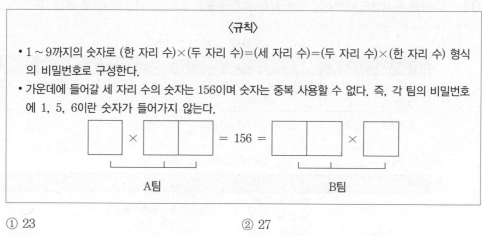

〈규칙〉

• 1~9까지의 숫자로 (한 자리 수)×(두 자리 수)=(세 자리 수)=(두 자리 수)×(한 자리 수) 형식의 비밀번호로 구성한다.
• 가운데에 들어갈 세 자리 수의 숫자는 156이며 숫자는 중복 사용할 수 없다. 즉, 각 팀의 비밀번호에 1, 5, 6이란 숫자가 들어가지 않는다.

① 23
② 27
③ 29
④ 37
⑤ 39

03 다음 〈조건〉을 근거로 〈보기〉를 계산한 값은?

조건

연산자 A, B, C, D는 다음과 같이 정의한다.
• A : 좌우에 있는 두 수를 더한다. 단, 더한 값이 10 미만이면 좌우에 있는 두 수를 곱한다.
• B : 좌우에 있는 두 수 가운데 큰 수에서 작은 수를 뺀다. 단, 두 수가 같거나 뺀 값이 10 미만이면 두 수를 곱한다.
• C : 좌우에 있는 두 수를 곱한다. 단, 곱한 값이 10 미만이면 좌우에 있는 두 수를 더한다.
• D : 좌우에 있는 두 수 가운데 큰 수를 작은 수로 나눈다. 단, 두 수가 같거나 나눈 값이 10 미만이면 두 수를 곱한다.
※ 연산은 '( )', '{ }'의 순으로 한다.

보기

$$\{(1\,A\,5)\,B\,(3\,C\,4)\}\,D\,6$$

① 10
② 12
③ 90
④ 210
⑤ 360

04 K제품을 운송하는 A씨는 업무상 편의를 위해 고객의 주문 내역을 임의의 기호로 기록하고 있다. 다음과 같은 주문전화가 왔을 때, A씨가 기록한 기호로 옳은 것은?

<표>

〈임의기호〉				
재료	연강	고강도강	초고강도강	후열처리강
	MS	HSS	AHSS	PHTS
판매량	낱개	1묶음	1box	1set
	01	10	11	00
지역	서울	경기남부	경기북부	인천
	E	S	N	W
윤활유 사용	청정작용	냉각작용	윤활작용	밀폐작용
	P	C	I	S
용도	베어링	스프링	타이어코드	기계구조
	SB	SS	ST	SM

※ A씨는 [재료] – [판매량] – [지역] – [윤활유 사용] – [용도]의 순서로 기호를 기록한다.

〈주문전화〉

B씨 : 어이~ A씨. 나야, 나. 인천 지점에서 같이 일했던 B. 내가 필요한 것이 있어서 전화했어. 일단 서울 지점의 C씨가 스프링으로 사용할 제품이 필요하다고 하는데 한 박스 정도면 될 것 같아. 이전에 주문했던 대로 연강에 윤활용으로 윤활유를 사용한 제품으로 부탁하네. 나는 이번에 경기도 남쪽으로 가는데 거기에 있는 내 사무실 알지? 거기로 초고강도강 타이어코드용으로 1세트 보내 줘. 튼실한 걸로 밀폐용 윤활유 사용해서 부탁해. 저번에 냉각용으로 사용한 제품은 생각보다 좋진 않았어.

① MS11EISB, AHSS00SSST
② MS11EISS, AHSS00SSST
③ MS11EISS, HSS00SSST
④ MS11WISS, AHSS10SSST
⑤ MS11EISS, AHSS00SCST

03

문제처리

자료 해석

| 유형분석 |

• 주어진 자료를 해석하고 활용하여 풀어가는 문제이다.
• 꼼꼼하고 분석적인 접근이 필요한 다양한 자료들이 출제된다.

다음 중 정수장 수질검사 현황에 대해 바르게 설명한 사람은?

〈정수장 수질검사 현황〉

급수 지역	항목						검사결과	
	일반세균 100 이하 (CFU/mL)	대장균 불검출 (수/100mL)	NH3-N 0.5 이하 (mg/L)	잔류염소 4.0 이하 (mg/L)	구리 1 이하 (mg/L)	망간 0.05 이하 (mg/L)	적합	기준 초과
함평읍	0	불검출	불검출	0.14	0.045	불검출	적합	없음
이삼읍	0	불검출	불검출	0.27	불검출	불검출	적합	없음
학교면	0	불검출	불검출	0.13	0.028	불검출	적합	없음
엄다면	0	불검출	불검출	0.16	0.011	불검출	적합	없음
나산면	0	불검출	불검출	0.12	불검출	불검출	적합	없음

① A사원 : 함평읍의 잔류염소는 가장 낮은 수치를 보였고, 기준치에 적합하네.
② B사원 : 모든 급수지역에서 일반세균이 나오지 않았어.
③ C사원 : 기준치를 초과한 곳은 없었지만 적합하지 않은 지역은 있어.
④ D사원 : 대장균과 구리가 검출되면 부적합 판정을 받는구나.
⑤ E사원 : 구리가 검출되지 않은 지역은 세 곳이야.

정답 ②

오답분석
① 잔류염소에서 가장 낮은 수치를 보인 지역은 나산면(0.12)이고, 함평읍(0.14)은 세 번째로 낮다.
③ 기준치를 초과한 곳도 없고, 모두 적합 판정을 받았다.
④ 함평읍과 학교면, 엄다면은 구리가 검출되었지만 적합 판정을 받았다.
⑤ 구리가 검출되지 않은 지역은 이삼읍과 나산면으로 두 곳이다.

풀이 전략!

문제 해결을 위해 필요한 정보가 무엇인지 먼저 파악한 후, 제시된 자료를 분석적으로 읽고 해석한다.

01 K공사는 직원들의 여가를 위해 상반기 동안 다양한 프로그램을 운영하고자 한다. 다음 수요도 조사 결과와 〈조건〉에 따라 프로그램을 선정할 때, 운영될 프로그램이 바르게 연결된 것은?

〈프로그램 후보별 수요도 조사 결과〉

운영 분야	프로그램명	인기 점수	필요성 점수
운동	강변 자전거 타기	6	5
진로	나만의 책 쓰기	5	7
여가	자수 교실	4	2
운동	필라테스	7	6
교양	독서 토론	6	4
여가	볼링 모임	8	3

※ 수요도 조사에는 전 직원이 참여하였다.

조건
- 수요도는 인기 점수와 필요성 점수에 가점을 적용한 후 2 : 1의 가중치에 따라 합산하여 판단한다.
- 각 프로그램의 인기 점수와 필요성 점수는 10점 만점으로 하며 전 직원이 부여한 점수의 평균값이다.
- 운영 분야에 하나의 프로그램만 있는 경우 그 프로그램의 필요성 점수에 2점을 가산한다.
- 운영 분야에 복수의 프로그램이 있는 경우 분야별로 필요성 점수가 가장 낮은 프로그램은 후보에서 탈락한다.
- 수요도 점수가 동점일 경우 인기 점수가 높은 프로그램을 우선시한다.
- 수요도 점수가 가장 높은 2개의 프로그램을 선정한다.

① 강변 자전거 타기, 볼링 모임
② 나만의 책 쓰기, 필라테스
③ 자수 교실, 독서 토론
④ 필라테스, 볼링 모임
⑤ 나만의 책 쓰기, 독서 토론

A씨는 녹색성장 추진의 일환으로 자전거 타기가 활성화되면서 자전거의 운동효과에 대해 조사하였다. 다음 〈조건〉을 참고할 때 〈보기〉의 운전자를 운동량이 많은 순서대로 바르게 나열한 것은?

조건

자전거 종류	바퀴 수	보조바퀴 여부
일반 자전거	2개	없음
연습용 자전거	2개	있음
외발 자전거	1개	없음

- 운동량은 자전거 주행 거리에 비례한다.
- 같은 거리를 주행하여도 자전거에 운전자 외에 한 명이 더 타면 운전자의 운동량은 두 배가 된다.
- 보조바퀴가 달린 자전거를 타면 같은 거리를 주행하여도 운동량이 일반 자전거의 80%밖에 되지 않는다.
- 바퀴가 1개인 자전거를 타면 같은 거리를 주행하여도 운동량이 일반 자전거보다 50% 더 많다.
- 이외의 다른 조건은 모두 같다.

보기

갑 : 1.4km의 거리를 뒷자리에 한 명을 태우고 일반 자전거로 주행하였다.
을 : 1.2km의 거리를 뒷자리에 한 명을 태우고 연습용 자전거로 주행하였다.
병 : 2km의 거리를 혼자 외발 자전거로 주행하였다.
정 : 2km의 거리를 혼자 연습용 자전거로 주행한 후에 이어서 1km의 거리를 혼자 외발 자전거로 주행하였다.
무 : 0.8km의 거리를 뒷자리에 한 명을 태우고 연습용 자전거로 주행한 후에 이어서 1.2km의 거리를 혼자 일반 자전거로 주행하였다.

① 병 > 정 > 갑 > 무 > 을
② 병 > 정 > 갑 > 을 > 무
③ 정 > 병 > 무 > 갑 > 을
④ 정 > 갑 > 병 > 을 > 무
⑤ 정 > 병 > 갑 > 무 > 을

03 다음은 K교통카드의 환불 방법에 대한 자료이다. 이에 대한 설명으로 적절하지 않은 것은?

<표>

〈K교통카드 정상카드 잔액 환불 안내〉

환불처		환불금액	환불 방법	환불 수수료	비고
편의점	A편의점	2만 원 이하	• 환불처에 방문하여 환불 수수료를 제외한 카드 잔액 전액을 현금으로 환불받음	500원	카드값 환불 불가
	B편의점	3만 원 이하			
	C편의점				
	D편의점				
	E편의점				
지하철	역사 내 K교통카드 서비스센터	5만 원 이하	• 환불처에 방문하여 환불수수료를 제외한 카드 잔액 전액 또는 일부 금액을 현금으로 환불받음 ※ 한 카드당 한 달에 최대 50만 원까지 환불 가능	500원 ※ 기본운임료 (1,250원) 미만 잔액은 수수료 없음	
은행 ATM	A은행	20만 원 이하	• 본인 명의의 해당은행 계좌로 환불 수수료를 제외한 잔액 이체 ※ 환불불가 카드 : 모바일 K교통카드, Y사 플러스카드	500원	
	B은행	50만 원 이하			
	C은행				
	D은행				
	E은행				
	F은행				
모바일 (P사, Q사, R사)		50만 원 이하	• 1인 월 3회, 최대 50만 원까지 환불 가능 : 10만 원 초과 환불은 월 1회, 연 5회 가능 ※ App에서 환불신청 가능하며 고객명의 계좌로 환불 수수료를 제외한 금액이 입금	500원 ※ 기본운임료 (1,250원) 미만 잔액은 수수료 없음	
K교통카드 본사			• 1인 1일 최대 50만 원까지 환불 가능 • 5만 원 이상 환불 요청 시 신분 확인 (이름, 생년월일, 연락처) ※ 10만 원 이상 고액 환불의 경우 내방 당일 카드 잔액 차감 후 익일 18시 이후 계좌로 입금(주말, 공휴일 제외) ※ 지참서류 : 통장사본, 신분증	월 누적 50만 원까지 수수료 없음 (50만 원 초과 시 수수료 1%)	

※ 잔액이 5만 원을 초과하는 경우 K교통카드 본사로 내방하시거나, K교통카드 잔액 환불 기능이 있는 ATM에서 해당은행 계좌로 환불이 가능합니다(단, 모바일 K교통카드, Y사 플러스카드는 ATM에서 환불이 불가능합니다).
※ ATM 환불은 주민번호 기준으로 월 50만 원까지 가능하며, 환불금액은 해당은행의 본인명의 계좌로 입금됩니다.
　– 환불접수처 : K교통카드 본사, 지하철 역사 내 K교통카드 서비스센터, 은행 ATM, 편의점 등
　　단, 부분환불 서비스는 K교통카드 본사, 지하철 역사 내 K교통카드 서비스센터에서만 가능합니다.
　– 부분 환불 금액 제한 : 부분 환불 요청금액 1만 원 이상 5만 원 이하만 가능(이용 건당 수수료는 500원입니다)

① 카드 잔액이 4만 원이고 환불 요청금액이 2만 원일 경우 지하철 역사 내 K교통카드 서비스센터에서 환불이 가능하다.
② 모바일에서 환불 시 카드 잔액이 40만 원일 경우 399,500원을 환불받을 수 있다.
③ 카드 잔액 30만 원을 환불할 경우 A은행을 제외한 은행 ATM에서 299,500원 환불받을 수 있다.
④ 환불금액이 13만 원일 경우 K교통카드 본사 방문 시 수수료 없이 전액 환불받을 수 있다.
⑤ 카드 잔액 17만 원을 K교통카드 본사에 방문해 환불한다면 당일 카드 잔액을 차감하고 즉시 계좌로 이체받을 수 있다.

04 다음은 K손해보험 보험금 청구 절차 안내문이다. 이를 토대로 고객들의 질문에 답변하려고 할 때, 적절하지 않은 것은?

〈보험금 청구 절차 안내문〉

단계	구분	내용
Step 1	사고 접수 및 보험금 청구	피보험자, 가해자, 피해자가 사고발생 통보 및 보험금 청구를 합니다. 접수는 가까운 영업점에 관련 서류를 제출합니다.
Step 2	보상팀 및 보상담당자 지정	보상처리 담당자가 지정되어 고객님께 담당자의 성명, 연락처를 SMS로 전송해 드립니다. 자세한 보상 관련 문의사항은 보상처리 담당자에게 문의하시면 됩니다.
Step 3	손해사정법인 (현장확인자)	보험금 지급여부 결정을 위해 사고현장조사를 합니다. (병원 공인된 손해사정법인에게 조사업무를 위탁할 수 있음)
Step 4	보험금 심사 (심사자)	보험금 지급 여부를 심사합니다.
Step 5	보험금 심사팀	보험금 지급 여부가 결정되면 피보험자 예금통장에 보험금이 입금됩니다.

※ 3만 원 초과 10만 원 이하 소액통원의료비를 청구할 경우 보험금 청구서와 병원영수증, 질병분류기호(질병명)가 기재된 처방전만으로 접수가 가능합니다.

※ 의료기관에서는 환자가 요구할 경우 처방전 발급 시 질병분류기호(질병명)가 기재된 처방전 2부 발급이 가능합니다.

※ 온라인 접수 절차는 K손해보험 홈페이지에서 확인하실 수 있습니다.

① Q : 자전거를 타다가 팔을 다쳐서 병원비가 56,000원이 나왔습니다. 보험금을 청구하려고 하는데 제출할 서류는 어떻게 되나요?

　　A : 고객님의 의료비는 10만 원이 넘지 않는 관계로 보험금 청구서와 병원영수증, 진단서가 필요합니다.

② Q : 사고를 낸 당사자도 보험금을 청구할 수 있나요?

　　A : 네, 고객님. 사고의 가해자와 피해자 모두 보험금을 청구하실 수 있습니다.

③ Q : 사고 접수는 인터넷으로 접수가 가능한가요?

　　A : 네, 가능합니다. 자세한 접수 절차는 K손해보험 홈페이지에서 확인하실 수 있습니다.

④ Q : 질병분류기호가 기재된 처방전은 어떻게 발급하나요?

　　A : 처방전 발급 시 해당 의료기관에 질병분류기호를 포함해달라고 요청하시면 됩니다.

⑤ Q : 보험금은 언제쯤 지급받을 수 있을까요?

　　A : 보험금은 사고가 접수된 후에 사고현장을 조사하여 보험금 지급 여부를 심사한 다음 지급됩니다. 고객님마다 개인차가 있을 수 있으니 보다 정확한 사항은 보상처리 담당자에게 문의 바랍니다.

※ 다음 글을 읽고 이어지는 질문에 답하시오. [5~6]

정부기관 K는 최근 본사의 내부 수리를 위해 관련 규정에 따라 입찰에 참가할 업체를 모집하여, 공사를 진행할 업체를 최종적으로 선정하고 있다. 총 7개 업체가 해당 입찰에 참가하였고, 각 업체 간의 협력 가능성 등을 고려하여 다수의 업체를 선정하고자 한다. 본 제안의 평가위원의 조건은 아래와 같다.

> **조건**
> - A업체는 선정하지 않는다.
> - B업체를 선정하면 G업체는 선정하지 않는다.
> - A업체가 선정되지 않으면 C업체가 선정된다.
> - C업체가 선정되면 E업체는 선정되지 않는다.
> - D업체가 선정되면 F업체도 선정된다.
> - E업체가 선정되지 않으면 B업체가 선정된다.

05 다음 중 〈조건〉에 따라 선정이 확실한 업체는 총 몇 개인가?

① 1개   ② 2개
③ 3개   ④ 4개
⑤ 5개

06 평가위원 중 한 명이 아래와 같은 조건을 추가하였을 때, 최종 선정된 업체를 모두 고르면?

> 대규모 공사가 될 것이기 때문에 최소한 3개의 업체가 선정되었으면 합니다. 기존 평가의견에 따라 선정된 업체가 3개 미만일 경우, D업체도 포함시키도록 합시다.

① B, C, D   ② B, C, D, F
③ B, D, E   ④ B, D, E, F
⑤ C, G, D, F

07 다음은 자동출입국 심사대 이용에 대한 안내문이다. 사전 등록 절차 없이 자동출입국 심사대 이용이 가능한 사람은?

〈더욱 편리해진 자동출입국 심사대 이용 안내〉

19세 이상의 국민과 17세 이상의 등록 외국인은 사전 등록 절차 없이 자동출입국 심사대를 바로 이용할 수 있습니다.
다만, 출입국 규제, 형사범, 체류만료일이 1개월 이내인 외국인 등 출입국관리 공무원의 대면심사가 필요한 외국인은 이용이 제한됩니다.

■ 사전 등록 절차 없이 이용 가능한 자
   – 19세 이상 대한민국 국민
   – 외국인 등록 또는 거소신고를 한 17세 이상 등록외국인

■ 사전 등록 후 이용 가능자

사전 등록 대상	7세 이상 19세 미만 국민, 인적사항(성명, 주민등록번호)이 변경된 경우, 17세 미만 외국인 등
사전 등록 장소	제1여객터미널 3층 G카운터 자동출입국심사 등록센터 / 제2여객터미널 2층 출입국서비스센터

---

① 인적사항 변경이 없는 35세 A씨와 A씨의 아들 7세 B군
② 한 달 전 개명하여 인적사항이 변경된 50세 C씨
③ 외국인 등록이 되어있는 15세 미국인 D씨
④ 인적사항 변경이 없는 19세 F씨
⑤ 체류만료일이 10일 남은 24세 영국인 E씨

08 투자정보팀에서는 문제기업을 미리 알아볼 수 있는 이상 징후로 다음과 같이 다섯 개의 조건을 바탕으로 투자 여부를 판단한다. 투자 여부 판단 대상기업은 A ~ E이다. 다음과 같은 〈조건〉이 주어질 때 투자 부적격 기업은?

<hr />

〈투자 여부 판단 조건〉

㉠ 기업문화의 종교화 ㉡ 정책에 대한 지나친 의존
㉢ 인수 합병 의존도의 증가 ㉣ 견제 기능의 부재
㉤ CEO의 법정 출입

이 5개의 징후는 다음과 같은 관계가 성립한다.

〈이상 징후별 인과 및 상관관계〉

1) '기업문화의 종교화(㉠)'와 '인수 합병 의존도의 증가(㉢)'는 동시에 나타난다.
2) '견제 기능의 부재(㉣)'가 나타나면 '정책에 대한 지나친 의존(㉡)'이 나타난다.
3) 'CEO의 법정 출입(㉤)'이 나타나면 '정책에 대한 지나친 의존(㉡)'과 '인수 합병의존도의 증가(㉢)'가 나타난다.

투자정보팀은 ㉠ ~ ㉤ 중 4개 이상의 이상 징후가 발견될 경우 투자를 하지 않기로 결정한다.

<hr />

조건

1. ㉠은 A, B, C기업에서만 나타났다.
2. ㉡은 D기업에서 나타났고, C와 E기업에서는 나타나지 않았다.
3. ㉣은 B기업에서 나타났고, A기업에서는 나타나지 않았다.
4. ㉤은 A기업에서 나타나지 않았다.
5. 각각의 이상 징후 ㉠ ~ ㉤ 중 모든 기업에서 동시에 나타나는 이상 징후는 없었다.

① A
② B
③ B, C
④ D, E
⑤ C, D, E

09 귀하는 점심식사 중 식당에 있는 TV에서 정부의 정책에 대한 뉴스가 나오는 것을 보았다. 함께 점심을 먹는 동료들과 뉴스를 보고 나눈 대화의 내용으로 적절하지 않은 것은?

〈뉴스〉

앵커 : 저소득층에게 법률서비스를 제공하는 정책을 구상 중입니다. 정부는 무료로 법률자문을 하겠다고 자원하는 변호사를 활용하는 자원봉사제도, 정부에서 법률 구조공단 등의 기관을 신설하고 변호사를 유급으로 고용하여 법률서비스를 제공하는 유급법률구조제도, 정부가 법률서비스의 비용을 대신 지불하는 법률보호제도 등의 세 가지 정책대안 중 하나를 선택할 계획입니다.

이 정책대안을 비교하는 데 고려해야 할 정책목표는 비용저렴성, 접근용이성, 정치적 실현가능성, 법률서비스의 전문성입니다. 정책대안과 정책목표의 관계는 화면으로 보여드립니다. 각 대안이 정책목표를 달성하는 데 유리한 경우는 (+)로, 불리한 경우는 (−)로 표시하였으며, 유·불리 정도는 같습니다. 정책목표에 대한 가중치의 경우, '0'은 해당 정책목표를 무시하는 것을, '1'은 해당 정책목표를 고려하는 것을 의미합니다.

〈정책대안과 정책목표의 상관관계〉

정책목표	가중치		정책대안		
	A안	B안	자원봉사제도	유급법률구조제도	법률보호제도
비용저렴성	0	0	+	−	
접근용이성	1	0	−	+	−
정치적 실현가능성	0	0	+	−	+
전문성	1	1	−	+	−

① 아마도 전문성 면에서는 유급법률구조제도가 자원봉사제도보다 더 좋은 정책 대안으로 평가받게 되겠군.

② A안에 가중치를 적용할 경우 유급법률구조제도가 가장 적절한 정책대안으로 평가받게 되지 않을까?

③ 반대로 B안에 가중치를 적용할 경우 자원봉사제도가 가장 적절한 정책대안으로 평가받게 될 것 같아.

④ A안과 B안 중 어떤 것을 적용하더라도 정책대안 비교의 결과는 달라지지 않을 것으로 보여.

⑤ 비용저렴성을 달성하기에 가장 유리한 정책대안은 자원봉사제도로군.

10 K회사는 최근 새로운 건물로 이사하면서 팀별 층 배치를 변경하기로 하였다. 층 배치 변경 사항과 현재 층 배치가 다음과 같을 때 이사 후 층 배치에 대한 설명으로 적절하지 않은 것은?

〈층 배치 변경 사항〉

• 인사팀과 생산팀이 위치한 층 사이에 한 팀을 배치합니다.
• 연구팀과 영업팀은 기존 층보다 아래층으로 배치합니다.
• 총무팀은 6층에 배치합니다.
• 탕비실은 4층에 배치합니다.
• 생산팀은 연구팀보다 높은 층에 배치합니다.
• 전산팀은 2층에 배치합니다.

〈현재 층 배치도〉

층수	부서
7층	전산팀
6층	영업팀
5층	연구팀
4층	탕비실
3층	생산팀
2층	인사팀
1층	총무팀

① 생산팀은 7층에 배치될 수 있다.
② 인사팀은 5층에 배치될 수 있다.
③ 영업팀은 3층에 배치될 수 있다.
④ 생산팀은 3층에 배치될 수 있다.
⑤ 연구팀은 1층에 배치될 수 있다.

CHAPTER 04
조직이해능력

조직이해능력은 업무를 원활하게 수행하기 위해 조직의 체제와 경영을 이해하고 국제적인 추세를 이해하는 능력이다. 현재 많은 공사·공단에서 출제 비중을 높이고 있는 영역이기 때문에 미리 대비하는 것이 중요하다.

세부 유형은 조직 체제 이해, 경영 이해, 업무 이해, 국제 감각으로 나눌 수 있다. 조직도를 제시하는 문제가 출제되거나 조직의 체계를 파악해 경영의 방향성을 예측하고, 업무의 우선순위를 파악하는 문제가 주로 출제된다.

01 문제를 먼저 파악하라!

경력이 없는 경우 조직에 대한 이해가 낮을 수밖에 없다. 그러나 문제 자체가 실무적인 내용을 담고 있어도 문제 안에는 해결의 단서가 주어진다. 부담을 갖지 않고 접근하는 것이 중요하다.

02 경영·경제학원론 정도의 수준은 갖추어라!

지원한 직군마다 차이는 있을 수 있으나, 경영·경제 이론을 접목시킨 문제가 꾸준히 출제되고 있다. 따라서 기본적인 경영·경제 이론은 익혀 둘 필요가 있다.

03 지원하는 공사·공단의 조직도를 파악하라!

출제되는 문제는 각 공사·공단의 세부 내용일 경우가 많기 때문에 지원하는 공사·공단의 조직도를 파악해 두어야 한다. 조직이 운영되는 방법과 전략을 이해하고, 조직을 구성하는 체제를 파악하고 간다면 조직이해능력에서 조직도가 나올 때 단시간에 문제를 풀 수 있을 것이다.

04 실제 업무에서도 요구되므로 이론을 익혀라!

각 공사·공단의 직무 특성상 일부 영역에 중요도가 가중되는 경우가 있어서 많은 취업 준비생들이 일부 영역에만 집중하지만, 실제 업무 능력에서 직업기초능력 10개 영역이 골고루 요구되는 경우가 많다. 현재는 필기시험에서도 조직이해능력을 출제하는 기관의 비중이 늘어나고 있기 때문에 미리 이론을 익혀 둔다면 모듈형 문제에서도 고득점을 노릴 수 있다.

| 유형분석 |

- 경영전략에서 대표적으로 출제되는 문제는 마이클 포터(Michael Porter)의 본원적 경쟁전략이다.
- 경쟁전략의 기본적인 이해와 구조를 물어보는 문제가 자주 출제되므로 전략별 특징 및 개념에 대한 이론 학습이 요구된다.

다음 중 마이클 포터(Michael E. Porter)의 본원적 경쟁전략에 대한 설명으로 가장 적절한 것은?

① 해당 사업에서 경쟁우위를 확보하기 위한 전략이다.

② 집중화 전략에서는 대량생산을 통해 단위 원가를 낮추거나 새로운 생산기술을 개발할 필요가 있다고 본다.

③ 원가우위 전략에서는 연구개발이나 광고를 통하여 기술, 품질, 서비스 등을 개선할 필요가 있다고 본다.

④ 차별화 전략은 특정 산업을 대상으로 한다.

정답   ①

마이클 포터(Michael E. Porter)의 본원적 경쟁전략

- 원가우위 전략 : 원가절감을 통해 해당 산업에서 우위를 점하는 전략으로, 이를 위해서는 대량생산을 통해 단위 원가를 낮추거나 새로운 생산기술을 개발할 필요가 있다. 1970년대 우리나라의 섬유업체나 신발업체, 가발업체 등이 미국시장에 진출할 때 취한 전략이 여기에 해당한다.
- 차별화 전략 : 조직이 생산품이나 서비스를 차별화하여 고객에게 가치가 있고 독특하게 인식되도록 하는 전략이다. 이를 위해서는 연구개발이나 광고를 통하여 기술, 품질, 서비스, 브랜드 이미지를 개선할 필요가 있다.
- 집중화 전략 : 특정 시장이나 고객에게 한정된 전략으로, 원가우위나 차별화 전략이 산업 전체를 대상으로 하는 데 비해 집중화 전략은 특정 산업을 대상으로 한다. 즉, 경쟁조직들이 소홀히 하고 있는 한정된 시장을 원가우위나 차별화 전략을 써서 집중적으로 공략하는 방법이다.

풀이 전략!

대부분의 기업들은 마이클 포터의 본원적 경쟁전략을 사용하고 있다. 각 전략에 해당하는 대표적인 기업을 연결하고, 그들의 경영전략을 상기하며 문제를 풀어보도록 한다.

01 경영이 어떻게 이루어지냐에 따라 조직의 생사가 결정된다고 할 만큼 경영은 조직에 있어서 핵심이다. 다음 중 경영전략을 추진하는 과정에 대한 설명으로 적절하지 않은 것은?

① 경영전략이 실행됨으로써 세웠던 목표에 대한 결과가 나오는데, 그것에 대한 평가 및 피드백 과정도 생략되어서는 안 된다.

② 환경분석을 할 때는 조직의 내부환경뿐만 아니라 외부환경에 대한 분석도 필수이다.

③ 전략목표는 비전과 미션으로 구분되는데, 둘 다 있어야 한다.

④ 경영전략은 조직전략, 사업전략, 부문전략으로 분류된다.

⑤ '환경분석 → 전략목표 설정 → 경영전략 도출 → 경영전략 실행 → 평가 및 피드백'의 과정을 거쳐 이루어진다.

02 C는 취업스터디에서 마이클 포터의 본원적 경쟁전략을 토대로 기업의 경영전략을 정리하고자 한다. 다음 중 〈보기〉의 내용이 바르게 분류된 것은?

- 차별화 전략 : 가격 이상의 가치로 브랜드 충성심을 이끌어 내는 전략
- 원가우위 전략 : 업계에서 가장 낮은 원가로 우위를 확보하는 전략
- 집중화 전략 : 특정 세분시장만 집중공략하는 전략

> **보기**
>
> ㉠ I기업은 S/W에 집중하기 위해 H/W의 한글전용 PC분야를 한국계기업과 전략적으로 제휴하고 회사를 설립해 조직체에 위양하였으며 이후 고유분야였던 S/W에 자원을 집중하였다.
> ㉡ B마트는 재고 네트워크를 전산화하여 원가를 절감하고 양질의 제품을 최저가격에 판매하고 있다.
> ㉢ A호텔은 5성급 호텔로 하루 숙박비용이 상당히 비싸지만, 환상적인 풍경과 더불어 친절한 서비스를 제공하고 객실 내 제품이 모두 최고급으로 비치되어 있어 이용객들에게 높은 만족도를 준다.

	차별화 전략	원가우위 전략	집중화 전략
①	㉠	㉡	㉢
②	㉠	㉢	㉡
③	㉡	㉠	㉢
④	㉢	㉡	㉠
⑤	㉢	㉠	㉡

03 K기업의 상황을 고려할 때, 다음 중 경영활동과 활동의 사례로 적절하지 않은 것은?

- K기업은 국내 자동차 제조업체이다.
- K기업은 최근 인도네시아의 자동차 판매업체와 계약을 하여, 내년부터 인도네시아로 차량을 수출할 계획이다.
- K기업은 중국의 자동차 부품 제조업체와 협력하고 있는데, 최근 중국 내 전염병 확산으로 현지 업체들의 가동률이 급락하였다.
- K기업은 최근 내부 설문조사를 실시한 결과, 사내 유연근무제 도입을 희망하는 직원의 비율은 72%, 희망하지 않는 직원의 비율이 20%, 무응답이 8%였다.
- K기업의 1분기 생산라인 피드백 결과, 엔진 조립 공정에서 진행속도를 20% 개선할 경우 생산성이 12% 증가하는 것으로 나타났다.

	경영활동	사례
①	외부경영활동	인도네시아 시장의 자동차 구매성향 파악
②	내부경영활동	국내 자동차 부품 제조업체와의 협력안 검토
③	내부경영활동	인도네시아 현지 자동차 법규 및 제도 조사
④	내부경영활동	엔진 조립 공정 개선을 위한 공정 기술 연구개발
⑤	내부경영활동	생산라인에 부분적 탄력근무제 도입

※ 다음 글을 읽고 이어지는 질문에 답하시오. [4~6]

오토바이용 헬멧 제조업체인 K사는 국내 시장의 한계를 느끼고 미국 시장에 진출해 안전과 가격, 디자인 면에서 호평을 받으며 시장의 최강자가 되었다. 외환위기와 키코사태*로 위기 상황에 놓인 적도 있었지만 비상장 및 내실 있는 경영으로 은행에 출자 전환하도록 설득하여 오히려 기사회생하였다.

미국시장 진출 시 OEM 방식을 활용할 수 있었지만 자기 브랜드를 고집한 대표이사의 선택으로 해외에서 개별 도매상들을 상대로 직접 물건을 판매했다. 또한 평판이 좋은 중소규모 도매상을 선정해 유대관계를 강화했다. 한번 계약을 맺은 도매상과는 의리를 지켰고 그 결과 단단한 유통망을 갖출 수 있었다.

유럽 진출 시에는 미국과는 다른 소비자의 특성에 맞춰 고급스런 디자인의 고가 제품을 포지셔닝하여 모토 그랑프리를 후원하고 우승자와 광고 전속 계약을 맺었다. 여기에 신제품인 스피드와 레저를 동시에 즐길 수 있는 실용적인 변신 헬멧으로 유럽 소비자들을 공략해 시장 점유율을 높였다.

*키코사태(KIKO; Knock In Knock Out) : 환율 변동으로 인한 위험을 줄이기 위해 만들어진 파생상품에 가입한 수출 중소기업들이 2008년 미국발 글로벌 금융위기 여파로 환율이 급등하자 막대한 손실을 보게 된 사건이다.

04 다음 중 K사가 미국시장에 성공적으로 진출할 수 있었던 요인으로 적절하지 않은 것은?

① OEM 방식을 효율적으로 활용했다.

② 자사 브랜드를 알리는데 주력했다.

③ 평판이 좋은 유통망을 찾아 계약을 맺었다.

④ 안전과 가격, 디자인 모두에 심혈을 기울였다.

⑤ 한번 계약을 맺은 도매상과는 의리를 지켰다.

05 다음 중 K사가 유럽시장 진출에서 성공을 거둔 요인으로 적절하지 않은 것은?

① 소비자 특성에 맞춘 고가 제품 포지셔닝

② 모토그랑프리 후원 등 전략적 마케팅 실행

③ 중소규모 도매상과 유대관계 강화

④ 하이브리드가 가능한 실용적 제품 개발

⑤ 고급스런 디자인 제품으로 소비자들을 공략

06 다음 〈보기〉 중 K사가 해외 진출 시 분석을 위해 활용한 요소들을 모두 고르면?

> **보기**
>
> ㉠ 현지 시장의 경쟁상황   ㉡ 경쟁업체
> ㉢ 시장점유율   ㉣ 제품 가격 및 품질
> ㉤ 공급 능력

① ㉠, ㉡, ㉢   ② ㉡, ㉢, ㉣

③ ㉢, ㉣, ㉤   ④ ㉠, ㉡, ㉢, ㉣

⑤ ㉠, ㉡, ㉢, ㉣, ㉤

| 유형분석 |

- 조직 구조 유형에 대한 특징을 물어보는 문제가 자주 출제된다.
- 기계적 조직과 유기적 조직의 차이점과 사례 등을 숙지하고 있어야 한다.
- 조직 구조 형태에 따라 기능적 조직, 사업별 조직으로 구분하여 출제되기도 한다.

다음 중 기계적 조직의 특징으로 옳은 것을 〈보기〉에서 모두 고르면?

보기

㉠ 변화에 맞춰 쉽게 변할 수 있다.
㉡ 상하 간 의사소통이 공식적인 경로를 통해 이루어진다.
㉢ 대표적으로 사내 벤처팀, 프로젝트팀이 있다.
㉣ 구성원의 업무가 분명하게 규정되어 있다.
㉤ 다양한 규칙과 규제가 있다.

① ㉠, ㉡, ㉢
② ㉠, ㉣, ㉤
③ ㉡, ㉢, ㉣
④ ㉡, ㉣, ㉤
⑤ ㉢, ㉣, ㉤

정답 ④

오답분석
㉠·㉢ 유기적 조직에 대한 설명이다.

- 기계적 조직
  - 구성원의 업무가 분명하게 규정되어 있고, 많은 규칙과 규제가 있다.
  - 상하 간 의사소통이 공식적인 경로를 통해 이루어진다.
  - 대표적으로 군대, 정부, 공공기관 등이 있다.
- 유기적 조직
  - 업무가 고정되지 않아 업무 공유가 가능하다.
  - 규제나 통제의 정도가 낮아 변화에 맞춰 쉽게 변할 수 있다.
  - 대표적으로 권한위임을 받아 독자적으로 활동하는 사내 벤처팀, 특정한 과제 수행을 위해 조직된 프로젝트팀이 있다.

풀이 전략!

조직 구조는 유형에 따라 기계적 조직과 유기적 조직으로 나눌 수 있다. 기계적 조직과 유기적 조직은 서로 상반된 특징을 가지고 있으며, 기계적 조직이 관료제의 특징과 비슷함을 파악하고 있다면, 이와 상반된 유기적 조직의 특징도 수월하게 파악할 수 있다.

01 다음 설명에 해당하는 조직체계 구성요소는?

> 조직의 목표나 전략에 따라 수립되며, 조직구성원들의 활동범위를 제약하고 일관성을 부여하는 기능을 한다.

① 조직 목표   ② 경영자
③ 조직 문화   ④ 조직 구조
⑤ 규칙 및 규정

02 다음 중 조직 문화의 특징으로 적절하지 않은 것은?

① 구성 요소에는 리더십 스타일, 제도 및 절차, 구성원, 구조 등이 있다.
② 조직구성원들에게 일체감과 정체성을 준다.
③ 조직의 안정성을 유지하는 데 기여한다.
④ 조직 몰입도를 향상시킨다.
⑤ 구성원들 개개인의 다양성을 강화해 준다.

03 다음 중 조직 목표의 기능에 대한 설명으로 적절하지 않은 것은?

① 조직이 나아갈 방향을 제시해 주는 기능을 한다.
② 조직구성원의 의사결정 기준의 기능을 한다.
③ 조직구성원의 행동에 동기를 유발시키는 기능을 한다.
④ 조직을 운영하는 데 융통성을 제공하는 기능을 한다.
⑤ 조직 구조나 운영과정과 같이 조직체제를 구체화할 수 있는 기준이 된다.

04 다음 중 조직변화의 과정을 순서대로 바르게 나열한 것은?

ㄱ. 환경변화 인지	ㄴ. 변화결과 평가
ㄷ. 조직변화 방향 수립	ㄹ. 조직변화 실행

① ㄱ - ㄷ - ㄹ - ㄴ   ② ㄱ - ㄹ - ㄷ - ㄴ

③ ㄴ - ㄷ - ㄹ - ㄱ   ④ ㄹ - ㄱ - ㄷ - ㄴ

⑤ ㄹ - ㄷ - ㄱ - ㄴ

05 다음 중 조직 구조의 결정요인에 대한 설명으로 적절하지 않은 것은?

① 급변하는 환경하에서는 유기적 조직보다 원칙이 확립된 기계적 조직이 더 적합하다.

② 대규모 조직은 소규모 조직에 비해 업무의 전문화 정도가 높다.

③ 일반적으로 소량생산기술을 가진 조직은 유기적 조직 구조를, 대량생산기술을 가진 조직은 기계적 조직 구조를 가진다.

④ 조직 활동의 결과에 대한 만족은 조직의 문화적 특성에 따라 상이하다.

⑤ 조직 구조의 주요 결정요인은 4가지로 전략, 규모, 기술, 환경이다.

06 다음 조직도에 대한 A ~ D의 대화 중 옳은 것을 〈보기〉에서 모두 고르면?

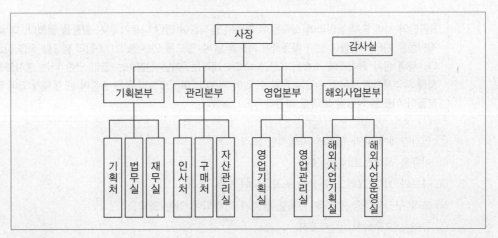

> **보기**
>
> A : 조직도를 보면 4개 본부, 3개의 처, 8개의 실로 구성되어 있어.
> B : 사장 직속으로 4개의 본부가 있고, 그중 한 본부에서는 인사업무만을 전담하고 있네.
> C : 감사실은 사장 직속이지만 별도로 분리되어 있구나.
> D : 해외사업기획실과 해외사업운영실은 둘 다 해외사업과 관련이 있으니까 해외사업본부에 소속
>   되어 있는 것이 맞아.

① A, B   ② A, C
③ A, D   ④ B, C
⑤ B, D

07 다음 〈보기〉 중 조직과 기업에 대한 설명으로 옳은 것을 모두 고르면?

> **보기**
>
> ㄱ. 조직은 두 사람 이상이 공동목표 달성을 위해 의식적 혹은 우연히 구성된 집합체이다.
> ㄴ. 기업은 최소의 비용으로 최대의 효과를 얻음으로써 차액인 이윤을 극대화하기 위해 만들어진
>   조직이다.
> ㄷ. 개인은 조직에 소속되어 있으면서 경제적 성취뿐 아니라 심리적 자아성취를 경험하기도 한다.
> ㄹ. 기업은 이윤창출만을 목적으로 하므로 잠재적 고객보다는 현재 고객을 만족시키기 위해 노력하
>   여야 한다.

① ㄱ, ㄴ   ② ㄱ, ㄷ
③ ㄴ, ㄷ   ④ ㄴ, ㄹ
⑤ ㄷ, ㄹ

08 다음 기사에서 볼 수 있는 조직의 특성으로 가장 적절한 것은?

> K공단의 사내 봉사 동아리에 소속된 70여명의 임직원이 연탄 나르기 봉사 활동을 펼쳤다. 이날 임직원들은 지역 주민들이 보다 따뜻하게 겨울을 날 수 있도록 연탄 총 3,000장과 담요를 직접 전달했다. 사내 봉사 동아리에 소속된 K공단 ○○○대리는 "매년 진행하는 연말 연탄 나눔 봉사활동을 통해 지역사회에 도움의 손길을 전할 수 있어 기쁘다."며, "오늘의 작은 손길이 큰 불씨가 되어 많은 분들이 따뜻한 겨울을 보내길 바란다."라고 말했다.

① 인간관계에 따라 형성된 자발적인 조직
② 이윤을 목적으로 하는 조직
③ 규모와 기능 그리고 규정이 조직화되어 있는 조직
④ 조직 구성원들의 행동을 통제할 장치가 마련되어 있는 조직
⑤ 공익을 요구하지 않는 조직

09 다음 중 조직 문화에 대한 설명으로 적절하지 않은 것은?

① 조직구성원들에게 일체감과 정체성을 부여하고, 결속력을 강화시켜 준다.
② 조직구성원들의 조직몰입을 높여준다.
③ 조직구성원의 사고방식과 행동양식을 규정한다.
④ 조직구성원들의 생활양식이나 가치를 의미한다.
⑤ 대부분의 조직들은 서로 비슷한 조직 문화를 만들기 위해 노력한다.

10 다음 〈보기〉 중 비영리조직으로 적절한 것을 모두 고르면?

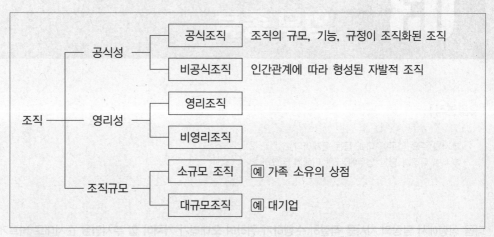

조직	공식성	공식조직	조직의 규모, 기능, 규정이 조직화된 조직
		비공식조직	인간관계에 따라 형성된 자발적 조직
	영리성	영리조직	
		비영리조직	
	조직규모	소규모 조직	예 가족 소유의 상점
		대규모조직	예 대기업

보기

㉠ 사기업   ㉡ 정부조직
㉢ 병원   ㉣ 대학
㉤ 시민단체

① ㉠, ㉢   ② ㉠, ㉢, ㉣

③ ㉡, ㉤   ④ ㉡, ㉣, ㉤

⑤ ㉡, ㉢, ㉣, ㉤

| 유형분석 |

- 부서별 주요 업무에 대해 묻는 문제이다.
- 부서별 특징과 담당 업무에 대한 이해가 필요하다.

다음 상황에서 팀장의 지시를 적절히 수행하기 위하여 오대리가 거쳐야 할 부서명을 순서대로 바르게 나열한 것은?

> 오대리, 내가 내일 출장 준비 때문에 무척 바빠서 그러는데 자네가 좀 도와줘야 할 것 같군. 우선 박비서한테 가서 오후 사장님 회의 자료를 좀 가져다 주게나. 오는 길에 지난주 기자단 간담회 자료 정리가 되었는지 확인해 보고 완료됐으면 한 부 챙겨 오고. 다음 주에 승진자 발표가 있을 것 같은데 우리 팀 승진 대상자 서류가 잘 전달되었는지 그것도 확인 좀 해 줘야겠어. 참, 오후에 바이어가 내방하기로 되어 있는데 공항 픽업 준비는 잘 해 두었지? 배차 예약 상황도 다시 한 번 점검해 봐야 할 거야. 그럼 수고 좀 해 주게.

① 기획팀 – 홍보팀 – 총무팀 – 경영관리팀
② 비서실 – 홍보팀 – 인사팀 – 총무팀
③ 인사팀 – 법무팀 – 총무팀 – 기획팀
④ 경영관리팀 – 법무팀 – 총무팀 – 인사팀
⑤ 회계팀 – 경영관리팀 – 인사팀 – 총무팀

정답 ②

우선 박비서에게 회의 자료를 받아와야 하므로 비서실을 들러야 한다. 다음으로 기자단 간담회는 대회 홍보 및 기자단 상대 업무를 맡은 홍보팀에서 자료를 정리할 것이므로 홍보팀을 거쳐야 한다. 또한, 승진자 인사 발표 소관 업무는 인사팀이 담당한다고 볼 수 있으며, 회사의 차량 배차에 대한 업무는 총무팀과 같은 지원부서의 업무로 보는 것이 적절하다.

풀이 전략!

조직은 목적의 달성을 위해 업무를 효과적으로 분배하고 처리할 수 있는 구조를 확립해야 한다. 조직의 목적이나 규모에 따라 업무의 종류는 다양하지만, 대부분의 조직에서는 총무, 인사, 기획, 회계, 영업으로 부서를 나누어 업무를 담당하고 있다. 따라서 5가지 업무 종류에 대해서는 미리 숙지해야 한다.

01 김부장과 박대리는 K공단의 고객지원실에서 근무하고 있다. 다음 상황에서 김부장이 박대리에게 지시할 사항으로 가장 적절한 것은?

· 부서별 업무분장
 － 인사혁신실 : 신규 채용, 부서 / 직무별 교육계획 수립 / 시행, 인사고과 등
 － 기획조정실 : 조직문화 개선, 예산사용계획 수립 / 시행, 대외협력, 법률지원 등
 － 총무지원실 : 사무실, 사무기기, 차량 등 업무지원 등

〈상황〉

박대리 : 고객지원실에서 사용하는 A4 용지와 볼펜이 부족해서 비품을 신청해야 할 것 같습니다. 그리고 지난번에 말씀하셨던 고객 상담 관련 사내 교육 일정이 이번에 확정되었다고 합니다. 고객지원실 직원들에게 관련 사항을 전달하려면 교육 일정 확인이 필요할 것 같습니다.

---

① 박대리, 인사혁신실에 전화해서 비품 신청하고, 전화한 김에 교육 일정도 확인해서 나한테 알려 줘요.
② 박대리, 총무지원실에 가서 교육 일정 확인하고, 간 김에 비품 신청도 하고 오세요.
③ 박대리, 기획조정실에 가서 교육 일정 확인하고, 인사혁신실에 가서 비품 신청하고 오도록 해요.
④ 박대리, 총무지원실에 전화해서 비품 신청하고, 기획조정실에 가서 교육 일정 확인하고 나한테 알려줘요.
⑤ 박대리, 총무지원실에 전화해서 비품 신청하고, 인사혁신실에 가서 교육 일정 확인하고 나한테 알려줘요.

02 다음 지시사항에 대한 설명으로 적절하지 않은 것은?

은경씨, 금요일 오후 2시부터 인·적성검사 합격자 10명의 1차 면접이 진행될 예정입니다. 5층 회의실 사용 예약을 지금 미팅이 끝난 직후 해 주시고, 2명씩 다섯 조로 구성하여 10분씩 면접을 진행하니 지금 드리는 지원 서류를 참고하여 수요일 오전까지 다섯 조를 구성한 보고서를 저에게 주십시오. 그리고 2명의 면접위원님께 목요일 오전에 면접진행에 대해 말씀드려 미리 일정 조정을 완료해 주시기 바랍니다.

---

① 면접은 10분씩 진행된다.
② 은경씨는 수요일 오전까지 보고서를 제출해야 한다.
③ 면접은 금요일 오후에 10명을 대상으로 실시된다.
④ 인·적성검사 합격자는 본인이 몇 조인지 알 수 있다.
⑤ 은경씨는 면접위원님께 면접진행에 대해 말씀드려야 한다.

※ 다음은 K공단 조직도의 일부이다. 이를 참고하여 이어지는 질문에 답하시오. [3~4]

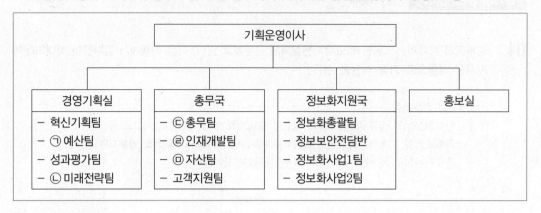

03 다음 중 K공단의 각 부서와 업무가 바르게 연결되지 않은 것은?

① ㉠ : 수입·지출 예산 편성 및 배정 관리

② ㉡ : 공단사업 관련 연구과제 개발 및 추진

③ ㉢ : 복무관리 및 보건·복리 후생

④ ㉣ : 임직원 인사, 상훈, 징계

⑤ ㉤ : 예산집행 조정, 통제 및 결산 총괄

04 다음 중 정보보안전담반의 업무로 적절하지 않은 것은?

① 정보보안기본지침 및 개인정보보호지침 제·개정 관리

② 직원 개인정보보호 의식 향상 교육

③ 개인정보종합관리시스템 구축·운영

④ 정보보안 및 개인정보보호 계획 수립

⑤ 전문자격 시험 출제정보시스템 구축·운영

※ 다음은 K공사 연구소의 주요 사업별 연락처이다. 이를 보고 이어지는 질문에 답하시오. [5~6]

〈주요 사업별 연락처〉

주요 사업	담당부서	연락처
고객지원	고객지원팀	044-410-7001
감사, 부패방지 및 지도점검	감사실	044-410-7011
국제협력, 경영평가, 예산기획, 규정, 이사회	전략기획팀	044-410-7023
인재개발, 성과평가, 교육, 인사, ODA사업	인재개발팀	044-410-7031
복무노무, 회계관리, 계약 및 시설	경영지원팀	044-410-7048
품질평가관리, 품질평가 관련 민원	평가관리팀	044-410-7062
가공품 유통 전반(실태조사, 유통정보), 컨설팅	유통정보팀	044-410-7072
대국민 교육, 기관 마케팅, 홍보관리, CS, 브랜드인증	고객홍보팀	044-410-7082
이력관리, 역학조사지원	이력관리팀	044-410-7102
유전자분석, 동일성검사	유전자분석팀	044-410-7111
연구사업 관리, 기준개발 및 보완, 시장조사	연구개발팀	044-410-7133
정부3.0, 홈페이지 운영, 대외자료제공, 정보보호	정보사업팀	044-410-7000

05 다음 중 K공사 연구소의 주요 사업별 연락처를 본 채용 지원자의 반응으로 적절하지 않은 것은?

① K공사 연구소는 1개 실과 11개 팀으로 이루어져 있구나.

② 예산기획과 경영평가는 같은 팀에서 종합적으로 관리하겠구나.

③ 평가업무라 하더라도 평가 특성에 따라 담당하는 팀이 달라지겠구나.

④ 홈페이지 운영은 고객홍보팀에서 마케팅과 함께 하겠구나.

⑤ 부패방지를 위해 부서를 따로 두었구나.

06 다음 민원인의 요청을 듣고 난 후 민원을 해결하기 위해 연결할 부서로 가장 적절한 것은?

> 민원인 : 얼마 전 신제품 관련 등급 신청을 했습니다. 신제품 품질에 대한 등급에 대해 이의가 있습니다. 관련 건으로 담당자분과 통화하고 싶습니다.
>
> 상담직원 : 불편을 드려서 죄송합니다. ＿＿＿＿＿＿＿＿＿＿＿＿ 연결해 드리겠습니다. 잠시만 기다려 주십시오.

① 지도점검 업무를 담당하고 있는 감사실로

② 연구사업을 관리하고 있는 연구개발팀으로

③ 기관의 홈페이지 운영을 전담하고 있는 정보사업팀으로

④ 이력관리 업무를 담당하고 있는 이력관리팀으로

⑤ 품질평가를 관리하는 평가관리팀으로

※ 다음은 K공사의 회의록이다. 이를 참고하여 이어지는 질문에 답하시오. **[7~8]**

<회의록>

회의일시	2023년 7월 12일	부서	생산팀, 연구팀, 마케팅팀	작성자	이○○
참석자	생산팀 팀장·차장, 연구팀 팀장·차장, 마케팅팀 팀장·차장				
회의안건	제품에서 악취가 난다는 고객 불만에 따른 원인 조사 및 대책방안				
회의내용	주문폭주로 인한 물량증가로 잉크가 덜 마른 포장상자를 사용해 냄새가 제품에 스며든 것으로 추측				
결정사항	[생산팀] 내부 비닐 포장, 외부 종이상자 포장이었던 기존방식에서 내부 2중 비닐 포장, 외부 종이상자 포장으로 교체 [마케팅팀] 1. 주문량이 급격히 증가했던 일주일 동안 생산된 제품 전격 회수 2. 제품을 공급한 매장에 사과문 발송 및 100% 환불·보상 공지 [연구팀] 포장 재질 및 인쇄된 잉크의 유해성분 조사				

07 다음 중 회의록을 통해 알 수 있는 내용으로 가장 적절한 것은?

① 이 조직은 6명으로 이루어져 있다.
② 회의 참석자는 총 3명이다.
③ 연구팀에서 제품을 전격 회수해 포장 재질 및 인쇄된 잉크의 유해성분을 조사하기로 했다.
④ 주문량이 많아 잉크가 덜 마른 포장상자를 사용한 것이 문제 발생의 원인으로 추측된다.
⑤ 포장 재질 및 인쇄된 잉크 유해성분을 조사한 결과 인체에는 무해한 것으로 밝혀졌다.

08 회의록을 참고할 때, 회의 후 가장 먼저 해야 할 일로 가장 적절한 것은?

① 해당 브랜드의 전 제품 회수
② 포장 재질 및 인쇄된 잉크 유해성분 조사
③ 새로 도입하는 포장방식 홍보
④ 주문량이 급격히 증가한 일주일 동안 생산된 제품 파악
⑤ 제품을 공급한 매장에 사과문 발송

09 다음 중 이사원이 처리해야 할 업무를 순서대로 바르게 나열한 것은?

현재 시각은 10시 30분. 이사원은 30분 후 거래처 직원과의 미팅이 예정되어 있다. 거래처 직원에게는 회사의 제1회의실에서 미팅을 진행하기로 미리 안내하였으나, 오늘 오전 현재 제1회의실 예약이 모두 완료되어 금일 사용이 불가능하다는 연락을 받았다. 또한 이사원은 오후 2시에 김팀장과 면담 예정이었으나, 오늘까지 문서 작업을 완료해달라는 부서장의 요청을 받았다. 이사원은 면담 시간을 미뤄보려 했지만 김팀장은 이사원과의 면담 이후 부서 회의에 참여해야 하므로 면담 시간을 미룰 수 없다고 답변했다.

ⓐ 거래처 직원과의 미팅
ⓑ 11시에 사용 가능한 회의실 사용 예약
ⓒ 거래처 직원에게 미팅 장소 변경 안내
ⓓ 김팀장과의 면담
ⓔ 부서장이 요청한 문서 작업 완료

① ㉠-㉢-㉡-㉣-㉤　　　　　② ㉡-㉢-㉠-㉤-㉣
③ ㉡-㉢-㉠-㉣-㉤　　　　　④ ㉢-㉡-㉠-㉤-㉣
⑤ ㉢-㉡-㉠-㉣-㉤

훌륭한 가정만 한 학교가 없고, 덕이 있는 부모만 한 스승은 없다.

– 마하트마 간디 –

PART 2

최종점검 모의고사

제1회
최종점검 모의고사

※ 한국환경공단 최종점검 모의고사는 채용공고를 기준으로 구성한 것으로 실제 시험과 다를 수 있습니다.

■ 취약영역 분석

번호	O/×	영역	번호	O/×	영역	번호	O/×	영역
01		의사소통능력	21		의사소통능력	41		문제해결능력
02			22		수리능력	42		
03		문제해결능력	23		의사소통능력	43		의사소통능력
04			24		수리능력	44		수리능력
05		의사소통능력	25		문제해결능력	45		문제해결능력
06		수리능력	26			46		
07		문제해결능력	27		의사소통능력	47		의사소통능력
08			28		문제해결능력	48		
09		의사소통능력	29		의사소통능력	49		문제해결능력
10		문제해결능력	30			50		
11		수리능력	31		수리능력			
12			32					
13		의사소통능력	33		의사소통능력			
14			34					
15			35					
16			36					
17		문제해결능력	37		문제해결능력			
18		수리능력	38					
19			39					
20			40					

※ 2024년 채용계획에 따라 조직이해능력이 출제되지 않을 가능성이 있어 제1회 모의고사는 3개 영역으로 구성하였습니다.

평가문항	50문항	평가시간	60분
시작시간	:	종료시간	:
취약영역			

🕐 응시시간 : 60분   📋 문항 수 : 50문항

정답 및 해설 p.048

※ 다음 글에서 알 수 없는 것을 고르시오. [1~2]

01

기존의 분자 생물학은 구성 요소를 하나하나 분해하여 개별적인 기능을 알아내는 환원주의적 방식을 통해 발전해 왔다. 그러나 유기체는 수많은 유전자와 단백질, 다수의 화합물들이 복잡한 반응을 통해 끊임없이 상호작용하고 있기 때문에 환원주의적 접근만으로 생명 현상의 전모를 이해하는 데에는 한계가 있었다. 이러한 문제의식 속에서 대안으로 등장하게 된 것이 시스템 생물학이다.

시스템 생물학은 최근 들어 박테리아에서 인간에 이르는 거의 모든 생물체에 대한 생물학적 데이터가 대량으로 축적됨에 따라 주목을 받고 있다. 시스템 생물학자들은 축적된 생물학적 데이터를 바탕으로 특정 생명 현상과 관련된 구성 요소들을 파악하고, 그 구성 요소들 간에 그리고 그 구성 요소들을 포괄하는 시스템 내에 어떠한 상호 작용이 이루어지고 있는지 분석함으로써 고도의 복잡성을 지닌 생명 현상에 대해 설명하고자 한다. 그 방법 가운데 하나가 컴퓨터를 사용하여 생명체와 동일한 원리로 작동하는 프로그램을 만든 후, 그 메커니즘을 분석하는 것이다.

가상 심장을 최초로 개발한 데니스 노블은 이러한 방법으로 심장이 박동하는 현상 속에 작동하는 심장 근육 세포의 피드백 효과를 설명하였다. 지금까지 심장의 박동은 세포 내의 단백질 채널을 통해 이온의 흐름이 생기면, 그것이 심장의 근육 세포에 전압 변화를 가져옴으로써 발생된다고 설명되어 왔다.

노블은 심장 박동이 이러한 단일의 인과 관계에 의해 나타나는 것이 아니라, 단백질 채널이라는 구성 요소와 그것의 상부 구조라 할 수 있는 근육 세포 간의 상호작용에 의한 것이라고 보았다. 이를 입증하기 위해 살아 있는 심장을 컴퓨터로 모델화한 후, 다른 조건들은 그대로 둔 채 피드백 효과와 관련된 것만을 수행하지 않도록 만든 실험을 진행하였다. 그리고 이 과정에서 근육 세포의 전압 변화와 단백질 채널인 칼륨 채널, 칼슘 채널, 그리고 혼합 이온 채널의 변화를 살펴보았다.

먼저 처음 1초 동안에는 세포 전압의 진동과 이에 대응되는 단백질 채널의 진동이 네 차례 있었다. 네 차례의 진동 후 세포 전압을 일정하게 유지시켜 세포 전압에서 단백질 채널로의 피드백을 정지시켰다. 단백질 채널의 진동 중에 한 개라도 세포 전압의 진동을 만들어 낼 수 있다면 단백질 채널은 원래의 진동을 계속할 것이며, 그에 따라 세포 전압의 진동이 발생하게 될 것이다. 하지만 실험해 본 결과 단백질 채널의 진동이 멈추었고, 각 경우의 활동 수준을 보여주는 선(線)들이 편평해졌다. 이러한 결과는 단백질 채널의 작동만으로 심장의 박동이 설명될 수 없으며, 심장의 근육 세포에서 단백질 채널로의 피드백이 심장의 박동을 발생시키는 데 필수적이라는 사실을 증명하는 것이다. 이 실험은 생명 현상이 유전자나 단백질에서부터 세포 소기관이나 세포로 향하는 위 방향으로의 인과 관계로만 발생하는 것이 아니며, 이와 반대되는 아래 방향으로의 인과 관계도 생명 현상에 중요하게 작용하고 있음을 말해준다. 노블은 이러한 실험을 바탕으로 하여, 유전자를 중심으로 한 환원주의적 방식에서 벗어나 유기체 내의 다양한 생명 현상에 대해 전체적이고 통합적인 관점으로 접근할 필요가 있다고 주장하였다.

① 시스템 생물학이 출현하게 된 배경
② 기존 분자 생물학의 주된 연구 방식
③ 시스템 생물학자들의 다양한 연구 성과
④ 심장 박동 현상에 대한 노블의 실험 과정
⑤ 생명 현상의 인과 관계에 대한 노블의 주장

02

현대 물리학의 확장 과정을 고려해 볼 때 우리는 현대 물리학의 발전 과정을 산업이나 공학, 그리고 다른 자연 과학, 나아가서는 현대 문화 전반에 걸친 영역에서의 발전 과정과 분리해서 생각할 수 없다. 현대 물리학은 베이컨, 갈릴레이 그리고 케플러의 업적 또한 17, 18세기에 걸쳐 이루어진 자연 과학의 실제적인 응용 과정에서부터 형성된 일련의 과학 발전의 맥락을 타고 탄생된 결과이다. 또한 산업 과학의 진보, 새로운 산업계 장치의 발명과 증진은 자연에 대한 첨예한 지식을 촉구하는 결과를 낳았다. 그리고 자연에 대한 이해력의 성숙과 자연 법칙에 대한 수학적 표현의 정교함은 산업 과학의 급격한 진전을 이루게 하였다.

자연 과학과 산업 과학의 성공적인 결합은 인간 생활의 폭을 넓히게 되는 결과를 낳았다. 교통과 통신망의 발전으로 인해 기술 문화의 확장 과정이 더욱 촉진되었고, 의심할 바 없이 지구상의 생활 조건은 근본에서부터 변화를 가져왔다. 우리들이 그 변화를 긍정적으로 보든 부정적으로 보든, 또한 그 변화가 진정으로 인류의 행복에 기여하는 것인지 저해하는 것인지는 모르지만, 어쨌든 우리는 그 변화가 인간의 통제 능력 밖으로 자꾸 치닫고 있음을 인정할 수밖에 없는 상황에 놓여 있다. 새로운 무기, 특히 핵무기의 발명은 이 세계의 정치적 판도를 근본적으로 바꾸어 놓은 것이 사실이다. 핵무기를 갖지 않은 모든 국가는 어떤 방식으로든지, 핵무기 소유국에 의존하고 있는 것이 현실이므로, 독립 국가라는 의미조차도 다시 생각해 보아야 할 것이다. 또한 핵무기를 수단으로 해서 전쟁을 일으키려는 것은 실제로 자멸의 길을 스스로 택하는 격이 된다. 그 역으로 이런 위험 때문에 전쟁은 결코 일어나지 않는다는 낙관론도 많이 있지만, 이 입장은 자칫 잘못하면 그 낙관론 자체에만 빠질 우려가 있다.

핵무기의 발명은 과학자에게 새로운 방향으로의 문제 전환을 가져다주었다. 과학의 정치적 영향력은 제2차 세계 대전 이전보다 비약적으로 증대되어 왔다. 이 사실은 과학자, 특히 원자 물리학자들에게 이중의 책임감을 지워 주게 되었다. 그는 우선 그가 속한 사회에 대하여 과학의 중요성을 인식시켜야 하는 책임감을 갖고 있다. 어떤 경우에, 그는 대학 연구실의 굴레에서 벗어나야만 하는 일도 생긴다. 두 번째 그의 부담은 과학에 의해서 생긴 결과에 대한 책임감이다. 과학자들은 정치적인 문제에 나서기를 꺼려한다. 그리고 위정자들은 자신의 무지 때문에 과학의 소산물을 잘못 이용할 수가 있다. 그러므로 과학자는 항상 과학의 소산물이 잘못 이용될 때에 생기는 예기치 못한 위험 상황을 위정자들에게 자세히 알려 줄 의무가 있다. 또한 과학자는 사회 참여를 자주 요청받고 있다. 특히, 세계 평화를 위한 결의안 참여 등이 그것이다. 동시에 과학자는 자신의 분야에 있어서 국제적인 공동 작업의 조성을 위하여 최선을 다해야만 한다. 오늘날 많은 국가의 과학자들이 모여 핵물리학에 대한 탐구를 하고 있는 것은 아주 중요한 일로 평가된다.

① 과학은 제2차 세계 대전 당시에 비해 정치적 영향력이 강화되었다.
② 핵무기를 수단으로 하는 전쟁은 자멸의 길이기 때문에 전쟁은 결코 일어나지 않는다.
③ 핵무기의 발명으로 인해 물리학자들에게 책임감이 배가되었다.
④ 자연과학과 산업과학의 결합으로 우리 삶의 폭은 더욱 넓어졌다.
⑤ 과학으로 인한 변화는 인간의 통제를 벗어날 수 있는 여지가 있다.

※ 다음은 K스포츠의류회사가 축구 유니폼 신제품 출시를 위해서 제품공임 협력업체 후보를 조사한 결과이다. 이어지는 질문에 답하시오. [3~4]

1) 종류 : 축구 유니폼
2) 수량 : 4,500개
3) 소재(유니폼 1벌당 기준)
  - 겉감(쿨맥스)
  - 안감(쿨에버)
  (방수기능, 열 방출 용이)

〈협력업체 1벌당 공임비 비교〉

업체	기본 공임비	추가 공임비	충전재	제작단위
가	13,000원	쿨에버 원단 추가 시 3,000원	가능 (추가비 1,000원 발생)	1,000장
나	15,000원	쿨에버 원단 추가 시 3,000원	가능 (추가비 없음)	700장
다	16,000원	쿨에버 원단 추가비용 없음	가능 (추가비 없음)	1,000장
라	18,000원	쿨에버 원단 추가비용 없음	가능 (추가비 없음)	500장

03 다음 중 4,500개를 만들 수 있는 공임비가 저렴한 순서대로 업체를 나열한 것은?

① 나 – 가 – 라 – 다
② 다 – 라 – 가 – 나
③ 다 – 나 – 라 – 가
④ 라 – 다 – 나 – 가
⑤ 가 – 나 – 다 – 라

04 다음 중 K스포츠의류회사에서 제품공임 협력업체 선정 조건과 제품 공임비를 고려할 때, 이에 대해 가장 잘 이해하고 있는 사람은?

① 김씨 : 가 업체는 단위당 19,250원이겠군.
② 이씨 : 나 업체는 단위당 19,750원이겠군.
③ 박씨 : 다 업체는 단위당 17,780원이겠군.
④ 최씨 : 라 업체는 단위당 18,920원이겠군.
⑤ 조씨 : 라 업체는 단위당 19,500원이겠군.

05 다음 글의 내용으로 적절한 것은 〈보기〉에서 모두 몇 개인가?

반려동물 동거인 1천만 시대. 다섯 명 가운데 한 명이 키울 정도로 반려동물은 이미 우리 생활의 일부가 됐다. 그런데 가정 안에서 빈번하게 문제가 되는 것이 바로 임신했을 때 반려동물을 격리할 것인가, 말 것인가에 대한 분분한 의견들이다. 떠도는 속설, 기우 때문에 주인의 임신과 함께 버려지는 반려동물이 많은 것도 사실이다. 반려동물은 과연 태아에게 치명적인 영향을 미치는 존재일까? 그 속설들에 대해 하나하나 따져보기로 하자.

최근 아이들을 낳지 않고 반려동물만 키우는 딩크족들이 늘고 있다. 이 때문일까? 항간에는 반려동물과의 동거가 불임의 원인이 된다는 속설이 돌고 있다. 그러나 결론적으로 말하면 이것은 과학적 근거가 없는 허구이다. 반려동물을 키우면 모성 호르몬이 여성 호르몬을 억제해 임신이 잘 되지 않는다고 하는데, 애초에 모성 호르몬이라는 것은 존재하지 않는 것일뿐더러 반려동물을 키운다고 해서 여성 호르몬이 영향을 받는다는 것도 증명된 적이 없다.

임신을 안 순간 반려동물은 고민거리가 되기도 한다. 임신부의 건강에 문제가 생길 수도 있다고 여겨지기 때문이다. 특히 반려동물의 털은 태아에게 나쁜 영향을 미친다고도 알려져 있어 임신부들을 불안하게 한다. 그러나 태아는 자궁경부와 양막의 보호를 받으므로 임신 중 반려동물의 털이 태아에게 들어갈 수 없다. 물론 털에 의한 알레르기 반응이나 천식, 두드러기 등에는 쉽게 노출될 수도 있으므로 평소 알레르기에 민감한 임신부는 당분간 떨어져 지내면서 증상을 완화시키는 것이 좋다. 고양이를 키우기 때문에 기형아를 낳는다는 속설도 있지만, 그렇지 않다. 다만 고양이와 임신부에게 톡소플라즈마(기생충) 항체가 없을 경우에는 문제가 될 수 있다. 확률이 작기는 하지만 급성으로 감염된 고양이가 알을 배출하는 2주 동안 그 알을 임신부가 섭취하게 되면 기형아 발생의 위험이 있기 때문이다. 따라서 고양이를 키우고 있다면 이를 숙지하여 임신 초기 톡소플라즈마 감염을 예방할 수 있도록 해야 한다.

임신부들은 아무래도 임신 초기 입덧 때문에 냄새에 민감해진다. 때문에 입덧이 심할 때는 반려동물의 몸이나 배설물 냄새가 더 역하게 느껴지기도 한다. 그러나 반려동물 때문에 없던 입덧이 생기거나 입덧이 더 심해지는 것은 아니다. 임신부가 있는 집이라면 가족들이 평소보다 더 청결하게 반려동물을 관리하는 것이 좋다. 특히 반려동물의 목욕과 깨끗한 배설물 처리는 다른 가족들의 건강을 위해서라도 꼭 필요한 일임을 명심해야 한다.

임신 초기는 유산의 위험이 높고 안정이 필요한 시기이다. 특히 유산 병력이 있거나 출혈, 복통이 있다면 안정기까지 최대한 주의를 해야 한다. 평소 알레르기 질환에 노출되어 있는 임신부라면 면역력이 약해서 호흡기증상이나 임신소양증 등을 일으킬 수 있으므로 미리 반려동물에 대한 면역이 있는지도 검사를 받아야 한다. 한편 반려동물은 임신 중 우울감이나 스트레스를 감소시키는 역할도 하므로 키울 것인지, 아닌지는 개개인의 특성과 처한 상황에 따라 신중하게 선택하는 것이 좋다.

보기

- 반려동물은 불임의 원인이 된다.
- 반려동물의 털은 태아에게 나쁜 영향을 미친다.
- 반려동물을 키우면 입덧이 심해진다.
- 유산의 위험이 있다면 안정기까지 주의가 필요하다.

① 1개 ② 2개
③ 3개 ④ 4개
⑤ 없음

06 직원 A ~ P 16명이 야유회에 가서 4명씩 4개의 조로 행사를 한다. 첫 번째 이벤트에서 같은 조였던 사람은 두 번째 이벤트에서 같은 조가 될 수 없다. 두 번째 이벤트에서 1, 4조가 〈보기〉처럼 주어졌을 때, 두 번째 이벤트에서 나머지 두 개 조의 가능한 경우의 수는?

> **보기**
> • 1조 : I, J, K, L
> • 4조 : M, N, O, P

① 8가지
② 10가지
③ 12가지
④ 14가지
⑤ 16가지

07 K공단은 2024년 신입사원 채용을 진행하고 있다. 최종 관문인 면접평가는 다대다 면접으로, A ~ E면접자를 포함하여 총 8명이 입장하여 의자에 앉았다. 〈조건〉에 따라 D면접자가 2번 의자에 앉았다면, 다음 중 항상 옳은 것은?(단, 면접실 의자는 순서대로 1번부터 8번까지 번호가 매겨져 있다)

> **조건**
> • C면접자와 D면접자는 이웃해 앉지 않고, D면접자와 E면접자는 이웃해 앉지 않는다.
> • A면접자와 C면접자 사이에는 2명이 앉는다.
> • A면접자는 양 끝(1번, 8번)에 앉지 않는다.
> • B면접자는 6번 또는 7번 의자에 앉고, E면접자는 3번 의자에 앉는다.

① A면접자는 4번 의자에 앉는다.
② C면접자는 1번 의자에 앉는다.
③ A면접자와 B면접자가 서로 이웃해 앉는다면, C면접자는 4번 또는 8번 의자에 앉는다.
④ B면접자가 7번 의자에 앉으면, A면접자와 B면접자 사이에 2명이 앉는다.
⑤ C면접자가 8번 의자에 앉으면, B면접자는 6번 의자에 앉는다.

08 K기업은 사옥 내에 구내식당을 운영하고 있는데, 구내식당의 공간이 부족하여 부서별로 순서를 정하여 이용하고 있다. 올해는 A ~ E부서 순서로 식사를 했으나, 내년에는 모든 부서가 새로운 순서로 식사하기로 했다. 내년에 C부서가 E부서 바로 다음에 식사하기로 하였다면, 다음 중 옳은 것은?

① 총 4가지 방법이 있다.
② B부서는 맨 마지막에 식사할 수 없다.
③ E부서는 맨 마지막 순서를 제외한 나머지 모든 순서에 위치할 수 있다.
④ D부서가 가장 먼저 식사한다면, 바로 그다음에는 반드시 A부서가 식사한다.
⑤ A부서가 맨 마지막에 식사하는 경우는 한 가지 방법뿐이다.

09 다음 글과 가장 관련 있는 한자성어는?

> 서로 다른 산업 분야의 기업 간 협업이 그 어느 때보다 절실해진 상황에서 기업은 '협업'과 '소통'을 고민하지 않을 수 없다. 협업과 소통의 중요성은 기업의 경쟁력 강화를 위해 항상 강조되어 왔지만, 한 기업 내에서조차 성공적으로 운영하기가 쉽지 않았다. 그런데 이제는 서로 다른 산업 분야에서 기업 간의 원활한 협업과 소통까지 이뤄내야 하니, 기업의 고민은 깊어질 수밖에 없다.
> 협업과 소통의 문화·환경을 성공적으로 정착시키는 길은 결코 쉽게 갈 수 없다. 하지만 그 길을 가기 위해 첫걸음을 내디딜 수만 있다면 절반의 성공은 담보할 수 있다. 우선 직원 개인에게 '혼자서 큰일을 할 수 있는 시대는 끝이 났음'을 명확하게 인지시키고, 협업과 소통을 통한 실질적 성공 사례들을 탐구하여 그 가치를 직접 깨닫게 해야 한다.
> 그런 다음에는 협업과 소통을 위한 시스템을 갖추는 데 힘을 쏟아야 한다. 당장 협업 시스템을 전사 차원에서 적용하라는 것은 결코 아니다. 작은 변화를 통해 직원들 간 또는 협력업체 간, 고객들 간의 협업과 소통을 조금이나마 도울 수 있는 노력을 시작하라는 것이다. 동시에 시스템을 십분 활용할 수 있도록 독려하는 노력도 간과하지 말아야 한다.

① 장삼이사
② 하석상대
③ 등고자비
④ 주야장천
⑤ 내유외강

10 다음 〈조건〉을 보고 K은행의 대기자 중 업무를 보는 순서를 바르게 나열한 것은?

> **조건**
> - 예금 대기 순번과 공과금 대기 순번은 별개로 카운트된다.
> - 1인당 업무 처리 시간은 모두 동일하게 주어진다.
> - 예금 창구에서는 2번 대기자가 업무를 보고 있다.
> - 공과금 창구에서는 3번 대기자가 업무를 보고 있다.
> - A는 예금 업무를 보려고 한다.
> - A보다 B, D가 늦게 발권하였다.
> - B의 다음 대기자는 C이다.
> - D는 예금 업무를 보려고 한다.
> - A가 발권한 대기번호는 6번이다.
> - B가 발권한 대기번호는 4번이다.
> - E가 발권한 대기번호는 5번이다.

① A − B − C − D − E
② B − C − E − A − D
③ B − E − A − C − D
④ E − A − B − C − D
⑤ E − A − D − B − C

11 A, B 두 명이 호텔에 묵으려고 한다. 선택할 수 있는 호텔 방이 301, 302, 303호 3개일 때, 호텔 방을 선택할 수 있는 경우의 수는?(단, 한 명당 한 방만 선택할 수 있고, 둘 중 한 명이 방을 선택을 하지 않거나 두 명 모두 방을 선택하지 않을 수도 있다)

① 10가지
② 11가지
③ 12가지
④ 13가지
⑤ 14가지

12 경수는 10원짜리 2개, 50원짜리 1개, 100원짜리 2개, 500원짜리 1개를 가지고 있다. 이때 경수가 지불할 수 있는 금액의 경우의 수는?(단, 0원은 지불금액에 포함하지 않는다)

① 32가지
② 33가지
③ 34가지
④ 35가지
⑤ 36가지

13 다음 중 밑줄 친 ㉠과 바꾸어 쓸 수 있는 말은?

> '명명덕'은 '밝은 덕을 밝힌다.'는 뜻이다. 밝은 덕이란 사람이 태어날 때부터 갖추고 있는 도덕적
> 이성을 말한다. 주희는 사람의 이같은 이성을 최대한 발휘해서 온 세상으로 그 범위를 넓혀야 한다
> 고 말한다. '신민'은 '백성을 새롭게 한다.'는 뜻이다.
> 세상을 다스리는 통치자들이 끝없이 도덕적 수련을 통해 스스로 덕을 밝히면, 백성들이 그 영향을
> 받아 구태의연한 삶에서 벗어날 수 있다는 것이다. 구태의연한 삶에서 벗어날 때까지 백성들은 계몽
> 의 대상이 된다. 이때의 계몽은 강제적인 것이 아니라 자발적인 것이다. 그런데 문제는 통치자가
> 덕을 밝힌다고 해서 반드시 백성들이 새로운 생활을 하는 것은 아니므로 통치자가 스스로 모범이
> 되어야만 한다는 것이다. 즉 통치자가 ㉠ 모범을 보이면 백성들이 자연히 따라온다는 것이다. 이처
> 럼 자신의 도덕적 이성을 밝히는 일과 백성을 교화하는 일이 완전히 하나가 될 때 가장 완성된 형태
> 의 도덕에 이르는데 그것이 '지어지선', 즉 지극한 선(올바름)에 머무는 것이다.

① 결자해지하면　　　　　　　　② 박람강기하면
③ 솔선수범하면　　　　　　　　④ 일취월장하면
⑤ 자화자찬하면

14 다음 글과 가장 관련 있는 한자성어는?

> 중국에 거주하는 J씨는 최근 신고를 받고 출동한 공안에 의해 체포·구금되는 신세로 전락했다. J
> 씨를 신고한 인물은 그의 친어머니로, J씨는 아버지가 구매한 수입 자동차를 훔쳐 타고 달아난 혐의
> 를 받고 있다.
> 어머니의 진술에 의하면 호화로운 사치 생활을 즐기던 J씨는 사회생활을 위해 반드시 고가의 자동
> 차가 필요하다고 요구해왔다. 부모가 요구를 들어주지 않자, 그는 최근 들어 약 8억 원에 달하는
> 사채를 지는 방식으로 무리한 사치 생활을 이어왔던 것으로 확인됐다. 특히 J씨는 최근 아버지의
> 주민등록등본과 회사 사업자 등록증 등을 훔쳐 달아난 뒤, 이를 이용해 약 17억 원의 사채를 추가로
> 대출하려 한 혐의도 받고 있다.
> 어머니는 경찰 진술을 통해 "우리 부부는 원래부터 돈이 많은 사람이 아니다."라면서 "농민 출신의
> 우리 부부가 한두 푼씩 아껴가면서 지금의 부유한 상황에까지 이른 것이기 때문에 돈을 버는 것이
> 얼마나 어려운 것인지 잘 알고 있다."라고 했다. "큰돈을 한 번에 쥐여 주기보다는 바닥에서부터 고
> 생하며 돈의 가치를 배우기를 원했다."면서 "이제는 아들을 내가 자제할 수 없다."고 덧붙였다.
> 한편, 신고를 받고 J씨를 체포·구금한 공안국은 "고가의 자동차를 훔쳐 타고 도주한 뒤 이후 사채
> 업자 등에 되팔았다."면서 "이 행위는 현지법상 최소 징역 10년 형을 받는 중형"이라고 설명했다.
> 하지만 어머니는 이 같은 상황에 대해 "아들이 정신을 차리고 남은 인생을 올곧게 살아가기 위해서
> 는 이 방법밖에는 달리 도리가 없다."라며 정당한 처벌을 요구했다.

① 반포지효　　　　　　　　　　② 지록위마
③ 불구대천　　　　　　　　　　④ 대의멸친
⑤ 권토중래

※ 다음 중 외래어 표기법으로 적절하지 않은 것을 고르시오. [15~16]

15
① 플래시(Flash)
② 옐로(Yellow)
③ 비전(Vision)
④ 리더십(Leadership)
⑤ 쇼파(Sofa)

16
① 엔딩 크레딧
② 푸껫섬
③ 타월
④ 타이베이
⑤ 콘셉트

17 광수, 원태, 수덕이는 임의의 순서로 빨간색·파란색·노란색 지붕을 가진 집에 나란히 이웃하여 살고, 개·고양이·원숭이 중 서로 다른 애완동물을 기르며, 광부·농부·의사라는 서로 다른 직업을 갖고 있다. 이들에 대해 알려진 정보가 다음 〈조건〉과 같을 때, 반드시 참인 것을 〈보기〉에서 모두 고르면?

> **조건**
> • 광수는 광부이다.
> • 가운데 집에 사는 사람은 개를 키우지 않는다.
> • 농부와 의사의 집은 서로 이웃해 있지 않다.
> • 노란 지붕 집은 의사의 집과 이웃해 있다.
> • 파란 지붕 집에 사는 사람은 고양이를 키운다.
> • 원태는 빨간 지붕 집에 산다.

> **보기**
> ㄱ. 수덕이는 빨간 지붕 집에 살지 않고, 원태는 개를 키우지 않는다.
> ㄴ. 노란 지붕 집에 사는 사람은 원숭이를 키우지 않는다.
> ㄷ. 수덕이가 파란 지붕 집에 살거나, 원태는 고양이를 키운다.
> ㄹ. 수덕이는 개를 키우지 않는다.
> ㅁ. 원태는 농부이다.

① ㄱ, ㄴ
② ㄴ, ㄷ
③ ㄷ, ㄹ
④ ㄹ, ㅁ
⑤ ㄱ, ㄴ, ㄷ, ㄹ

18 비가 온 다음 날 비가 올 확률은 $\dfrac{1}{3}$, 비가 안 온 다음 날 비가 올 확률은 $\dfrac{1}{8}$이다. 내일 비가 올 확률이 $\dfrac{1}{5}$일 때, 모레 비가 안 올 확률은?

① $\dfrac{1}{4}$　　　　　　　　　　　② $\dfrac{5}{6}$

③ $\dfrac{5}{7}$　　　　　　　　　　　④ $\dfrac{6}{11}$

⑤ $\dfrac{7}{11}$

19 민우, 현호, 용재, 경섭, 진수가 일렬로 줄을 설 때 양 끝에 현호와 진수가 서게 될 확률은 $\dfrac{b}{a}$이다. $a+b$는?(단, a와 b는 서로소이다)

① 9　　　　　　　　　　　② 10

③ 11　　　　　　　　　　④ 12

⑤ 13

20 K공사에서는 사회 나눔 사업의 일환으로 마케팅부에서 5팀, 총무부에서 2팀을 구성해 어느 요양 시설에서 7팀 모두가 하루에 한 팀씩 7일 동안 봉사활동을 하려고 한다. 7팀의 봉사활동 순번을 임의로 정할 때, 첫 번째 날 또는 일곱 번째 날에 총무부 소속 팀이 봉사활동을 하게 될 확률은 $\dfrac{b}{a}$이다. $a-b$의 값은?(단, a와 b는 서로소이다)

① 4　　　　　　　　　　　② 6

③ 8　　　　　　　　　　　④ 10

⑤ 12

21 K적성 연구소에서는 매주 1편씩 다큐멘터리를 보는 시간을 갖는다. 다음 글은 이번 주 다큐멘터리의 내용이다. 이에 대한 이해로 가장 적절한 반응은?

인간의 특성은 유전자와 환경에 의해 결정된다. 이 두 가지 가운데 어느 쪽의 영향을 더 많이 받느냐하는 것은 생물학계의 오랜 논쟁거리였다. 복제인간의 경우 유전자에 관심이 집중될 수밖에 없다. 그렇다면 복제인간은 체세포 제공자를 어느 정도나 닮게 될까? 우리는 그 실마리를 일종의 복제인간이라고 할 만한 일란성 쌍둥이에서 찾을 수 있다. 쌍둥이를 연구하는 학자들에 따르면, 일란성 쌍둥이의 경우 키나 몸무게 같은 생물학적 특징뿐 아니라 심지어 이혼 패턴과 같은 비생물학적 행동까지도 유사하다고 한다.

그렇다면 아인슈타인을 복제하면 복제인간도 아인슈타인과 똑같은 천재가 될까? 과학자들은 이 질문에 대부분 '아니다'라고 말한다. 일란성 쌍둥이는 비슷한 환경에 놓이는 반면 복제인간과 체세포 제공자는 완전히 다른 환경에 놓일 확률이 높기 때문에, 복제인간의 경우 환경의 영향이 일란성 쌍둥이에 비해 훨씬 크게 작용하기 때문이다. 물론 그 경우에도 복제인간은 다른 사람보다는 체세포 제공자를 많이 닮을 것이다. 그러나 과학자들은 설사 환경이 동일하더라도 복제인간이 체세포 제공자와 똑같지는 않을 것이라고 예측한다.

어쩌면 복제인간은 외모마저 체세포 제공자와 다를지 모른다. 최근 국내 연구팀은 복제동물이 체세포 제공자와 다른 외모를 보일 수 있다는 사례를 보고하였다. 흑갈색 돼지를 체세포 복제방식으로 복제하였는데, 다섯 마리 가운데 한 마리가 흰색으로 태어난 것이다. 연구팀은 미토콘드리아 유전자의 차이 때문에 복제돼지가 흰색이 되었다고 추정하고 있다.

유전자는 핵 속의 DNA에 있는 것 말고도 미토콘드리아 DNA에 있는 것이 있고, 이 '미토콘드리아 유전자'는 전체 유전자의 약 1%를 차지한다. 연구팀이 미토콘드리아 유전자를 원인으로 지목하는 이유는 이 유전자가 세포질 속에만 존재하는 것으로서 수정 과정에서 난자를 통해 어미로부터만 유전되기 때문이다. 다섯 마리의 복제돼지는 각각 다른 난자를 이용해 복제됐고, 따라서 다른 미토콘드리아의 영향을 받았을 것으로 추측하고 있다.

흔히 복제인간이 DNA 제공자와 100% 같은 유전정보를 갖는다는 말을 하는데, 이는 엄밀히 말하면 잘못된 표현이다. 과학자들은 "복제인간도 복제동물처럼 체세포 제공자와는 다른 사람의 난자, 즉 다른 미토콘드리아 유전자를 물려받기 때문에 유전정보가 100% 같지는 않고 외모도 체세포 제공자와는 차이가 날 가능성이 크다."라고 말한다.

---

① DNA 구조만을 고려한다고 할 때, 일란성 쌍둥이는 복제인간과 같아.
② 복제인간과 난자 제공자는 동일한 미토콘드리아 DNA를 가지고 있어.
③ 체세포 제공자와 복제인간의 유전자는 일란성 쌍둥이 간의 유전자보다 서로 더 유사하지.
④ 체세포와 난자를 한 사람으로부터 제공받더라도 복제인간은 체세포 제공자와 다른 DNA를 가져.
⑤ 복제인간이 환경의 영향으로 체세포 제공자와 여러 가지 면에서 다른 특성을 보이며 성장할 가능성은 없어.

22 A, B, C 세 사람이 동시에 같은 문제를 풀려고 한다. A가 문제를 풀 확률은 $\dfrac{1}{4}$, B가 문제를 풀 확률은 $\dfrac{1}{3}$, C가 문제를 풀 확률은 $\dfrac{1}{2}$일 때, 한 사람만 문제를 풀 확률은?

① $\dfrac{2}{9}$

② $\dfrac{1}{4}$

③ $\dfrac{5}{12}$

④ $\dfrac{11}{24}$

⑤ $\dfrac{6}{7}$

---

23 다음 글과 가장 관련 있는 한자성어는?

> 사우디아라비아와 러시아는 지정학적 문제 등에서 정반대의 입장을 취하고 있음에도 불구하고 에너지 분야에서는 지난 18개월 동안 같은 목소리를 내고 있다. 세계 전체 산유량의 약 5분의 1을 담당하는 양국이 이처럼 손을 맞잡은 것은 수년 전만 해도 전혀 예상할 수 없는 일이었다. 그 계기는 사우디의 전통적 우방국인 미국이 제공했다.
>
> 미국이 본격적으로 셰일 석유를 생산하면서 유가가 떨어지자 산유국들은 당혹했고 협력을 모색하기 시작했다. 특히 1위와 2위의 산유국인 러시아와 사우디가 석유의 생산량과 재고를 줄이기 위한 노력을 선도했다. 내년에 미국의 산유량은 사상 최고치에 도달하여 2위인 사우디를 추월하고 1위인 러시아에 필적할 것으로 예상된다. 사우디는 이에 맞서기 위해 러시아를 끌어들임으로써 글로벌 석유 시장의 옛 질서를 되찾는 데 활용하고 있다.
>
> 그러나 일부 전문가들은 사우디와 러시아의 전략적 이해가 상이한 만큼 에너지 동맹이 견고하다고 보지 않는다. 무엇보다도 러시아가 중동 전체에 대한 영향력 확대를 모색하고 있기 때문이다. 러시아는 시리아 내전에서 아사드 대통령의 정권을 지원하고 있어 사우디와는 반대편에 서 있고, 사우디의 앙숙인 이란과도 에너지·금융 협정을 맺고 있다.

① 면백

② 천재일우

③ 비분강개

④ 수어지교

⑤ 오월동주

24 귤 상자 2개에 각각 귤이 들어있다고 한다. 한 상자당 귤이 안 익었을 확률이 10%, 썩었을 확률이 15%이고 나머지는 잘 익은 귤일 때, 두 사람이 각각 다른 상자에서 귤을 꺼낼 때 한 사람은 잘 익은 귤을 꺼내고, 다른 한 사람은 썩거나 안 익은 귤을 꺼낼 확률은 몇 %인가?

① 31.5%

② 33.5%

③ 35.5%

④ 37.5%

⑤ 39.5%

25 이벤트에 당첨된 A ~ C에게 〈조건〉에 따라 경품을 지급하였다. 옳은 진술을 〈보기〉에서 모두 고르면?

> **조건**
> • 지급된 경품은 냉장고, 세탁기, 에어컨, 청소기가 각각 프리미엄형과 일반형 1대씩이었고, 전자레인지는 1대였다.
> • 당첨자 중 1등은 A, 2등은 B, 3등은 C였으며, 이 순서대로 경품을 각각 3개씩 가져갔다.
> • A는 프리미엄형 경품을 총 2개 골랐는데, 청소기 프리미엄형은 가져가지 않았다.
> • B는 청소기를 고르지 않았다.
> • C가 가져간 경품 중 A와 겹치는 종류가 1개 있다.
> • B와 C가 가져간 경품 중 겹치는 종류가 1개 있다.
> • 한 사람이 같은 종류의 경품을 2개 이상 가져가지 않았다.

> **보기**
> ㉠ C는 반드시 전자레인지를 가져갔을 것이다.
> ㉡ A는 청소기를 가져갔을 수도, 그렇지 않을 수도 있다.
> ㉢ B가 가져간 프리미엄형 가전은 최대 1개이다.
> ㉣ C는 프리미엄형 가전을 가져가지 못했을 것이다.

① ㉠

② ㉠, ㉡

③ ㉠, ㉢

④ ㉡, ㉣

⑤ ㉢, ㉣

26 K공사 총무팀 7명이 중국집에 점심식사를 하러 가서 짜장면 2개, 짬뽕 3개, 볶음밥 2개를 주문했다. 직원들이 제시된 〈조건〉과 같이 주문하였을 때, 다음 중 옳지 않은 것은?

> **조건**
> • 팀원은 A팀장, K과장, S과장, N대리, J대리, D사원, P사원이다.
> • 1인 1메뉴를 시켰는데, 좋아하는 메뉴는 반드시 시키고, 싫어하는 메뉴는 반드시 시키지 않았으며, 같은 직급끼리는 같은 메뉴를 시키지 않았다.
> • A팀장은 볶음밥을 좋아한다.
> • J대리는 짜장면을 싫어한다.
> • D사원은 대리와 같은 메뉴를 시키지 않았다.
> • S과장은 짬뽕을 싫어한다.
> • K과장은 사원과 같은 메뉴를 시켰다.
> • N대리는 볶음밥을 싫어한다.

① S과장은 반드시 짜장면을 시킨다.
② K과장은 반드시 짬뽕을 시킨다.
③ J대리가 볶음밥을 시키면 N대리는 짬뽕을 시킨다.
④ A팀장은 모든 직급의 팀원들과 같은 메뉴를 시킬 수 있다.
⑤ D사원은 짬뽕을 시킬 수 없다.

27 다음 글에서 경청을 방해하는 C씨의 습관으로 옳은 것은?

> C씨는 상대방이 상담을 요청하면 상담자의 말에 빠르게 대답한다. 상대방이 "나 요즘 너무 힘들어."라고 하면, 바로 "그래. 네 말이 맞아." 또는 "미안해요. 앞으로 안 그럴게요."라고 바로 대답하는 등 상대방이 걱정이나 불안을 말하자마자 지지하고 동의하는 데 치중해서 상대방에게 자신의 생각이나 감정을 충분히 표현할 시간을 주지 않는다.

① 걸러내기
② 다른 생각하기
③ 조언하기
④ 옳아야만 하기
⑤ 비위 맞추기

28 다음 〈조건〉에 따라 A팀과 B팀이 팔씨름 시합을 한다. 경기 시작 전에 B팀에서는 A팀이 첫 번째 경기에 장사를 출전시킨다는 확실한 정보를 입수했다고 할 때, 옳지 않은 것은?

> **조건**
> - A팀과 B팀은 각각 장사 1명, 왼손잡이 1명, 오른손잡이 2명(총 4명)으로 구성되어 있다.
> - 한 사람당 한 경기에만 출전할 수 있으며, 총 네 번의 경기를 치러 승점의 합이 많은 팀이 우승을 차지한다. 이때 이길 경우 3점, 비길 경우 1점, 질 경우는 0점의 승점이 주어진다.
> - 양 팀은 첫 번째 경기 시작 전에 경기별 출전선수 명단을 심판에게 제출해야 하며 제출한 선수명단을 바꿀 수 없다.
> - 각 팀에 속하는 팀원의 특징은 다음과 같다.
>   - 장사 : 왼손잡이, 오른손잡이 모두에게 이긴다.
>   - 왼손잡이 : 장사에게는 지고, 오른손잡이에게는 이긴다.
>   - 오른손잡이 : 장사, 왼손잡이 모두에게 진다.
> - 누구든 같은 특징의 상대를 만나면 비긴다.

① B팀도 첫 번째 경기에 장사를 출전시키면 최대 승점 5점을 얻을 수 있다.

② B팀이 첫 번째 경기에 왼손잡이를 출전시키면 최대 승점 4점을 얻을 수 있다.

③ B팀이 첫 번째 경기에 오른손잡이를 출전시키면 최대 승점 7점을 얻을 수 있다.

④ A팀이 두 번째 경기에 왼손잡이를 출전시킨다는 확실한 정보를 B팀이 입수한다면, B팀이 우승할 수 있으며 이때의 승점은 7점이다.

⑤ B팀이 얻을 수 있는 최소 승점은 4점이다.

29 다음 사례를 통해 P전자가 TV 시장에서 경쟁력을 잃게 된 주요 원인으로 가장 적절한 것은?

> 평판 TV 시장에서 PDP TV가 주력이 되리라 판단한 P전자는 2007년에 세계 최대 규모의 PDP 생산설비를 건설하기 위해 3조 원 수준의 막대한 투자를 결정한다. 당시 L전자와 S전자는 LCD와 PDP 사업을 동시에 수행하면서도 성장성이 높은 LCD TV로 전략을 수정하는 상황이었지만 P전자는 익숙한 PDP 사업에 더욱 몰입한 것이다. 하지만 주요 기업들의 투자가 LCD에 집중되면서, 새로운 PDP 공장이 본격 가동될 시점에 PDP의 경쟁력은 이미 LCD에 뒤처지게 됐다.
> 결국, 활용가치가 현저하게 떨어진 PDP 생산설비는 조기에 상각함을 고민할 정도의 골칫거리로 전락했다. P전자는 2011년에만 11조 원의 적자를 기록했으며, 2012년에도 10조 원 수준의 적자가 발생되었다. 연이은 적자는 P전자의 신용등급을 투기 등급으로 급락시켰고, P전자의 CEO는 '디지털 가전에서 패배자가 되었음'을 인정하며 고개를 숙였다. TV를 포함한 가전제품 사업에서 P전자가 경쟁력을 회복하기 어려워졌음은 말할 것도 없다.

① 사업 환경의 변화 속도가 너무나 빨라졌고, 변화의 속성도 예측이 어려워져 따라가지 못하였다.
② 차별성을 지닌 새로운 제품을 기획하고 개발하는 것에 대한 성공 가능성이 낮아져 주저했다.
③ 기존 사업영역에 대한 강한 애착으로 신사업이나 신제품에 대해 낮은 몰입도를 보였다.
④ 실패가 두려워 새로운 도전보다 안정적이며 실패 확률이 낮은 제품을 위주로 미래를 준비하였다.
⑤ 외부 환경이 어려워짐에 따라 잠재적 실패를 감내할 수 있는 자금을 확보하지 못하였다.

30 다음 중 일반적인 비언어적 의사표현에 대한 설명으로 적절하지 않은 것은?

① 눈살을 찌푸리는 표정은 불만족과 불쾌를 나타낸다.
② 상대방의 눈을 쳐다보는 것은 흥미와 관심이 있음을 나타낸다.
③ 어조가 높으면 적대감이나 대립감을 나타낸다.
④ 말의 속도와 리듬에 있어서 매우 빠르거나 짧게 얘기하면 흥분, 즐거움을 나타낸다.
⑤ 말을 자주 중지하면 결정적인 의견이 없음 또는 긴장·저항을 나타낸다.

31 다음은 K국 6개 수종의 기건비중 및 강도에 대한 자료이다. 〈조건〉에 따라 A와 C에 해당하는 수종을 바르게 나열한 것은?

〈6개 수종의 기건비중 및 강도〉

수종	기건비중 (ton/m^3)	강도(N/mm^2)			
		압축강도	인장강도	휨강도	전단강도
A	0.53	48	52	88	10
B	0.89	64	125	118	12
C	0.61	63	69	82	9
삼나무	0.37	41	45	72	7
D	0.31	24	21	39	6
E	0.43	51	59	80	7

조건

- 전단강도 대비 압축강도 비가 큰 상위 2개 수종은 낙엽송과 전나무이다.
- 휨강도와 압축강도 차가 큰 상위 2개 수종은 소나무와 참나무이다.
- 참나무의 기건비중은 오동나무 기건비중의 2.5배 이상이다.
- 인장강도와 압축강도의 차가 두 번째로 큰 수종은 전나무이다.

	A	C
①	소나무	낙엽송
②	소나무	전나무
③	오동나무	낙엽송
④	참나무	소나무
⑤	참나무	전나무

희준 : 민재야, 안녕. 오래 기다렸지?

민재 : 아냐. 나도 방금 왔어.

희준 : 어? 근데 너 표정이 왜 그래? 아까 통화할 때도 목소리가 좋지 않더니 무슨 일 있는 거야?

민재 : 아냐. 이 근처에 볼 일이 있어서 왔는데 네 얼굴도 볼 겸해서 만나자 한 거야.

희준 : 아니긴 뭐가 아냐. 나한테 말해봐.

민재 : 음, 있잖아...

희준 : 아, 목소리 톤하며 표정 보니 알겠다. 여자 친구랑 싸운 거지?

민재 : 아니, 그런 건 아니고, 사실 나 준비하던 시험에서 떨어졌어.

희준 : 그렇구나. 열심히 준비했는데 안타깝네.

민재 : 다음 시험 준비하기엔 너무 지쳐서 이제 그냥 포기하려고.

희준 : ㉠ 그래, 잘 생각했다. 어디 여행이라도 다니면서 좀 쉬다 새로 시작하는 것도 나쁘지 않지.

32 다음 대화에서 희준이 보인 경청의 방해요인에 대한 설명으로 가장 적절한 것은?

① 대화가 너무 사적이거나 위협적이면 주제를 바꾸거나 농담으로 넘기려 하고 있다.

② 상대방의 말을 믿고 받아들이기보다 자신의 생각에 들어맞는 단서들을 찾아 자신의 생각을 확인하고 있다.

③ 상대방에게 관심을 기울이지 않고 상대방이 말을 할 때 자꾸 다른 생각을 하고 있다.

④ 상대방에 대한 부정적인 판단을 하거나 상대방을 비판하기 위해 상대방의 말을 듣지 않고 있다.

⑤ 단지 반대하고 논쟁하기 위해서 상대방의 말에 귀를 기울이고 있다.

33 다음 중 밑줄 친 ㉠에서 나타난 맞장구 표현으로 옳은 것은?

① 치켜 올리듯 가볍게 하는 맞장구

② 동의하는 맞장구

③ 정리하는 맞장구

④ 재촉하는 맞장구

⑤ 감탄하는 맞장구

강재열 대리는 한 고객사를 설득해야 하는 미팅을 앞두고 있다. 그런데 고객사의 대표가 깐깐하기로 유명하여, 어떻게 미팅을 진행해야 할지 걱정이다. 따라서 강재열 대리는 고객 관리 능력이 뛰어난 같은 회사 최미영 팀장에게 설득에 관한 방법에 대해 조언을 구하기로 하였다. 최미영 팀장은 아래와 같이 강재열 대리에게 설득 방법에 대해 설명하였다.

To. jykang@company.com
From. mychoi@company.com

제목 고객사 설득을 위한 전략

강대리, 지난번에 물어봤던 고객사 설득 방법에 대해 내 나름대로 노하우를 정리해서 보낸다. 그럼 성공하길!

㉠ 우선 우리가 먼저 필요 이상의 요구를 한 후에 겉치레 양보와 같은 방법으로 고객사의 기선을 제압하도록 해.
㉡ 네가 만나게 될 고객사의 대표는 우쭐거리는 걸 좋아하는 스타일이야. 의식적으로 존경어를 사용하거나, 네 약점을 밝혀서 상대방이 우월감을 갖도록 해봐.
㉢ 수시로 상대의 반응을 체크해야 해. 그래야 미팅을 어떻게 진행할지 전략을 바꿀 수 있으니까. 이야기 중 하던 말을 멈추거나 목소리의 강약을 통해서 상대방의 반응을 확인해 봐.
㉣ 아마 고객사의 박재환 차장도 미팅에 참석할 텐데, 영향력이 센 편이야. 그런데 그 사람은 말이 없어서 네가 그 사람이 의견을 표출할 수 있도록 유도해야 해.
㉤ 그리고 처음 하고 싶은 요청이 50이라면 100을 먼저 요청해서 거절을 유도하는 것도 좋아.

34 다음 중 최미영 팀장이 보낸 메일의 ㉠ ~ ㉤에 대한 설명으로 옳지 않은 것은?

① ㉠은 기선제압에 해당한다.
② ㉡은 심리적 거리 좁히기에 해당한다.
③ ㉢은 여지 남기기에 해당한다.
④ ㉣은 침묵을 지키는 사람의 참여도를 높이는 방법에 해당한다.
⑤ ㉤은 문 안에 한 발 들여놓기 기법에 해당한다.

35 강재열 대리는 최미영 팀장이 보낸 메일의 ②에 대해 보다 자세한 조언을 구하고자 한다. 조언의 내용으로 가장 적절한 것은?

① '박차장님 의견은 어떠십니까?' 하면서 직접적으로 물어보도록 해.
② 고객사의 구성원 한 명 한 명 의견을 모두 물어보면서 그 때 박재환 차장의 의견도 들어봐.
③ 박재환 차장을 직접 지명하지 않고 일부러 그 좌우에 앉아 있는 사람에게 집중적으로 의견을 묻는 방법을 써봐.
④ 미팅이 끝난 후 박재환 차장과 개인적으로 이야기를 나누도록 해.
⑤ 미팅이 시작되기 전에 미리 박재환 차장에게 적극적인 참여를 부탁해 봐.

36 최미영 팀장의 조언 외에 강재열 대리가 활용할 수 있는 설득력을 높이는 전략으로 적절하지 않은 것은?

① 자신의 주장을 양보하는 식으로 설득을 이끌어낸다.
② 설득에 있어 권위를 최대한 배제한다.
③ 상대방의 불평이 가져올 결과를 강조한다.
④ 공동의 목표 추구를 통해 일체감을 형성한다.
⑤ 지금까지의 노고를 치하한 뒤 새로운 요구를 한다.

※ 다음은 문제해결을 위한 기본적 사고 중 한 방법에 대한 글이다. 이어지는 질문에 답하시오. [37~39]

A협회에서는 지난 달 1일 대한민국 퍼실리테이션/퍼실리테이터 협의회를 개최하였다. 퍼실리테이션이란 ⊙ 리더가 전권을 행사하는 기존의 조직과는 달리 그룹 구성원들이 심도 높은 의사소통 등 효과적인 기법과 절차에 따라 문제해결 과정에 적극적으로 참여하고 상호 작용을 촉진해 문제를 해결하고 목적을 달성하는 활동을 의미한다. 퍼실리테이터란 이러한 퍼실리테이션 활동을 능숙하게 해내는 사람, 또는 ⓛ 퍼실리테이션을 수행하는 조직의 리더라고 정의할 수 있다. 이번 협의회에서는 4차 산업혁명의 기술을 활용한 디지털 혁신이 산업 생태계 및 공공 부분 등 사회 전반의 패러다임을 바꾸고 있는 상황에서, 퍼실리테이션의 중요성을 강조하는 자리를 마련하였다. 개최사를 맡은 한국대학교 최선아 교수는 지금까지의 조직변화와 사회변화를 위한 퍼실리테이션의 역할을 다시 한 번 생각하고, 시대 변화에 따른 역할과 기능을 탐색하는 노력을 통해 퍼실리테이션의 방향성을 제시하는 것이 필요하다고 언급하였다. 또한 퍼실리테이션을 통한 성공적인 문제해결 사례로 K기업의 워크숍 사례를 소개하였다. 이 워크숍에서는 미래 조직관점에서 퍼실리테이터의 역할과 요구, 조직 내 갈등 해결, 협력적 의사결정, 변화 촉진 등의 다양한 문제해결을 위한 내용이 포함되어 있다고 밝혔다.

37 다음 중 윗글에서 말하는 퍼실리테이션에 대한 설명으로 가장 적절한 것은?

① 직접적인 표현이 바람직하지 않다고 여기며, 무언가를 시사하거나 암시를 통하여 의사를 전달하고 서로를 이해하게 함으로써 문제해결을 도모한다.

② 서로의 생각을 직설적으로 주장하고 논쟁이나 협상을 통해 서로의 의견을 조정해 가는 방법이다.

③ 깊이 있는 커뮤니케이션을 통해 서로의 문제점을 이해하고 공감함으로써 창조적인 문제해결을 도모하여, 초기에 생각하지 못했던 창조적인 해결 방법이 도출된다.

④ 문제해결방법의 종류인 소프트 어프로치와 하드 어프로치를 혼합한 방법이라 할 수 있다.

⑤ 주관적 관점에서 사물을 보는 관찰력과 추상적인 사고능력으로 문제를 해결한다.

38 기존 전통적인 조직의 리더(⊙)와 윗글에서 설명하고 있는 퍼실리테이터(ⓛ)를 비교한 내용으로 옳지 않은 것은?

	구분	⊙	ⓛ
①	조직형태	피라미드형 조직	네트워크형 조직
②	조직참가	강제적	자발적
③	구성원 역할	유동적	고정적
④	조직문화	권위적	자발적
⑤	의사소통 구조	수직적	수평적

39 다음 중 ⓒ과 같은 리더가 발휘할 만한 리더십에 대한 설명으로 가장 적절한 것은?

① 리더가 스스로 의사결정을 내리고 의견을 독점한다.

② 구성원이 스스로 결정할 수 있도록 권한을 위임하고 결정 과정에 중립을 유지한다.

③ 결정 과정에 수동적인 침묵 자세를 유지함으로써 구성원들이 자유롭게 의사결정을 할 수 있도록 한다.

④ 구성원들의 활발한 논의가 이루어지도록 유도하되 모든 의사결정권은 리더가 갖는다.

⑤ 합의점을 미리 준비해 두고 예정대로 결론이 도출되도록 유도한다.

40 지향하는 문제 유형에 따라 분석적 사고가 다르게 요구된다고 할 때, 다음 빈칸에 들어갈 말이 바르게 연결된 것은?

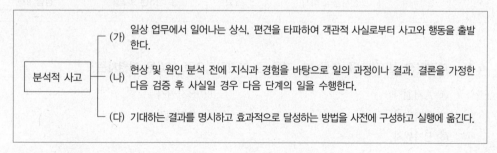

	(가)	(나)	(다)
①	사실 지향의 문제	가설 지향의 문제	성과 지향의 문제
②	사실 지향의 문제	성과 지향의 문제	가설 지향의 문제
③	성과 지향의 문제	가설 지향의 문제	사실 지향의 문제
④	성과 지향의 문제	사실 지향의 문제	가설 지향의 문제
⑤	가설 지향의 문제	사실 지향의 문제	성과 지향의 문제

※ 다음은 K공사의 파견팀장 선발에 대한 자료이다. 이어지는 질문에 답하시오. [41~42]

〈파견팀장 선발방식〉

- 지원자 중 선발점수가 가장 높은 1인을 파견팀장으로 선발한다.
- 기준에 따라 산정한 학위 점수(30점), 파견근무 점수(30점), 관련분야 근무경력 점수(30점)에 가점(최대 10점)을 합산하여 선발점수(100점)를 산정한다.
- 선발점수 최고점자가 2인 이상인 경우, 관련분야 근무경력이 더 오래된 지원자를 선발한다.
- 학위 점수(30점)

학사	석사	박사
20	25	30

- 파견근무 점수(30점)

없음	1회	2회	3회	4회 이상
16	21	24	27	30

- 관련분야 근무경력 점수(30점)

6개월 미만	6개월 이상 1년 미만	1년 이상 3년 미만	3년 이상 5년 미만	5년 이상
10	18	24	28	30

- 가점 사항(최대 10점)

연구실적분야 수상실적	업무실적분야 수상실적	청렴분야 수상실적	공학계열 석사학위 이상
1개당 2점	1개당 2점	1개당 1점	1점

〈파견팀장 지원자 현황〉

지원자	학위	파견근무 횟수	관련분야 근무경력	수상경력
A	컴퓨터공학 학사	3회	4년 10개월	연구우수 1회
B	경영학 박사	-	7년 2개월	업무우수 1회
C	철학 석사	6회	1년 1개월	-
D	생명과학 박사	2회	2년 7개월	-
E	전자공학 석사	1회	5년 9개월	청렴 2회

41 파견팀장 선발방식을 따를 때, 다음 중 파견팀장으로 선발될 지원자는?

① A지원자
② B지원자
③ C지원자
④ D지원자
⑤ E지원자

42 인사위원회의 권고에 따라 관련분야 근무경력 점수 산정기준이 다음과 같이 변경되었다. 변경된 기준에 따를 때, 파견팀장으로 선발될 지원자는?

〈관련분야 근무경력 점수 변경사항〉					
12개월 미만	12개월 이상 18개월 미만	18개월 이상 32개월 미만	32개월 이상 50개월 미만	50개월 이상 70개월 미만	70개월 이상
18	22	24	26	28	30

① A지원자 ② B지원자

③ C지원자 ④ D지원자

⑤ E지원자

43 다음 중 외래어 표기법이 적절하지 않은 것은?

① 플루트(Flute)

② 초콜릿(Chocolate)

③ 인디언(Indian)

④ 타깃(Target)

⑤ 샵(Shop)

44 다음은 자동차 변속기의 부문별 경쟁력 점수를 국가별로 비교한 자료이다. 이에 대해 바르지 않게 설명한 사원을 〈보기〉에서 모두 고르면?

〈자동차 변속기 경쟁력 점수의 국가별 비교〉

국가 부문	A	B	C	D	E
변속감	98	93	102	80	79
내구성	103	109	98	95	93
소음	107	96	106	97	93
경량화	106	94	105	85	95
연비	105	96	103	102	100

※ 각국의 전체 경쟁력 점수는 각 부문 경쟁력 점수의 총합으로 구함

보기

김사원 : 전체 경쟁력 점수는 E국보다 D국이 더 높습니다.
박과장 : 경쟁력 점수가 가장 높은 부문과 가장 낮은 부문의 차이가 가장 큰 국가는 D이고, 가장 작은 국가는 C입니다.
최대리 : C국을 제외한다면 각 부문에서 경쟁력 점수가 가장 높은 국가와 가장 낮은 국가의 차이가 가장 큰 부문은 내구성이고, 가장 작은 부문은 변속감입니다.
오사원 : 내구성 부문에서 경쟁력 점수가 가장 높은 국가와 경량화 부문에서 경쟁력 점수가 가장 낮은 국가는 동일합니다.
정과장 : 전체 경쟁력 점수는 A국이 가장 높습니다.

① 김사원, 박과장, 최대리
② 김사원, 최대리, 오사원
③ 김사원, 최대리, 정과장
④ 박과장, 오사원, 정과장
⑤ 박과장, 최대리, 오사원

※ 다음은 올해 인턴에 대한 정보이다. 이를 읽고 이어지는 질문에 답하시오. [45~46]

- 인턴 김씨, 이씨, 박씨, 최씨, 안씨의 배치 부서는 각각 영업팀, 인사팀, 감사팀, 기획팀, 품질팀이다.
- 이들은 회사가 규정하는 관련 자격증(정보처리기사, 재무 설계사, 품질경영기사) 1개씩을 가지고 있으며, 3개의 자격증 모두 최소 1명 이상이 가지고 있다.
- 품질경영기사 자격증을 보유하고 있는 신입사원은 2명이다.
- 김씨와 박씨는 같은 자격증을 갖고 있다.
- 이씨는 품질팀에 배정되었다.
- 최씨와 안씨는 영업팀과 기획팀에 배정되지 않았다.
- 인사팀에 배정된 신입사원은 품질경영기사 자격증을 가지고 있지 않다.
- 감사팀에 배정된 신입사원은 재무 설계사 자격증을 가지고 있지 않다.
- 정보처리기사를 보유한 신입사원은 영업팀과 기획팀에 배정되었다.

45 다음 중 정보를 토대로 할 때, 항상 거짓인 것은?

① 김씨는 감사팀에 배정되지 않았다.

② 이씨는 재무 설계사 자격증을 가지고 있다.

③ 박씨는 기획팀에 배정되었다.

④ 최씨는 품질경영기사 자격증을 가지고 있다.

⑤ 안씨는 정보처리기사 자격증을 가지고 있지 않다.

46 다음 중 정보를 토대로 할 때, 정보처리기사 자격증을 보유하고 있는 인턴은 누구인가?

① 김씨과 이씨   ② 김씨과 박씨

③ 이씨와 최씨   ④ 이씨와 안씨

⑤ 박씨와 최씨

47 K공단에 근무하는 B사원은 국내 원자력 산업에 대한 SWOT 분석결과 자료를 토대로 〈보기〉와 같이 분석하였다. 다음 〈보기〉의 ㉠ ~ ㉣ 중 SWOT 분석에 의한 경영전략에 맞춘 분석으로 적절하지 않은 것은?

〈국내 원자력 산업에 대한 SWOT 분석결과〉

구분	분석결과
강점(Strength)	• 우수한 원전 운영 기술력 • 축적된 풍부한 수주 실적
약점(Weakness)	• 낮은 원전해체 기술 수준 • 안전에 대한 우려
기회(Opportunity)	• 해외 원전수출 시장의 지속적 확대 • 폭염으로 인한 원전 효율성 및 필요성 부각
위협(Threat)	• 현 정부의 강한 탈원전 정책 기조

〈SWOT 분석에 의한 경영전략〉

• SO전략 : 강점을 살려 기회를 포착하는 전략
• ST전략 : 강점을 살려 위협을 회피하는 전략
• WO전략 : 약점을 보완하여 기회를 포착하는 전략
• WT전략 : 약점을 보완하여 위협을 회피하는 전략

보기

㉠ 뛰어난 원전 기술력을 바탕으로 동유럽 원전수출 시장에서 우위를 점하는 것은 SO전략으로 적절하겠어.
㉡ 안전성을 제고하여 원전 운영 기술력을 향상시키는 것은 WO전략으로 적절하겠어.
㉢ 우수한 기술과 수주 실적을 바탕으로 국내 원전 사업을 확장하는 것은 ST전략으로 적절하겠어.
㉣ 안전에 대한 우려가 있는 만큼, 안전점검을 강화하고 당분간 정부의 탈원전 정책 기조에 협조하는 것은 WT전략으로 적절하겠어.

① ㉠, ㉡   ② ㉠, ㉢
③ ㉡, ㉢   ④ ㉡, ㉣
⑤ ㉢, ㉣

다음 글의 '패시브 하우스'에 대한 설명으로 적절하지 않은 것은?

'패시브 하우스(Passive House)'는 단열을 강화하여 에너지 손실을 최대한 줄인 건축물이다. 이 건축물은 실내의 에너지 손실을 최소화하면서도 햇빛과 신선한 공기를 공급받을 수 있고, 습도 조절을 잘 할 수 있도록 설계된 것이다.

패시브 하우스는 특히 겨울철에 건물 안으로 들어온 에너지와 안에서 발생한 에너지가 오랫동안 건물 안에 머물러 있도록 만들어졌다. 에너지 손실을 최소화하기 위해서는 열이 빠져 나가지 않게 전체 단열 계획을 잘 짠 다음, 까다로운 기준에 부합하는 특수 단열재로 시공해야 한다.

건물의 실내에는 신선한 공기가 공급되어야 한다. 일반적인 건물은 창문을 열거나 환풍기를 돌려서 신선한 공기를 공급받지만, 패시브 하우스에서는 그렇게 할 수 없다. 왜냐하면 외부 공기가 공급되면 실내 에너지가 빠져 나가기 때문이다. 이러한 문제는 나가는 공기가 품고 있는 에너지를 들어오는 공기가 회수해 올 수만 있으면 해결할 수 있다. 패시브 하우스에서 이 일을 가능하게 해 주는 것이 열 교환 환기 장치이다. 이 장치는 주로 실내 바닥이나 벽면에 설치하는데, 실내의 각 방과 실외로 연결되는 배관을 따로 시공하여 실내외 공기를 교환한다. 구성 요소는 팬, 열 교환 소자, 공기 정화 필터, 외부 후드 등이다.

그중 핵심 요소인 열 교환 소자는 열과 수분의 투과율을 높이기 위해 열전도율이 뛰어나도록 만든다. 실내외의 공기가 나가고 들어올 때 이 열 교환 소자를 통과하는데, 그 과정에서 실내 공기의 주 오염원인 CO_2는 통과시켜 배출한다. 하지만 열 교환 소자는 나가는 공기가 지니고 있던 80% 내외의 열과 수분을 배출하지 않고 투과시켜 들어오는 공기와 함께 실내로 되돌아오게 한다. 이러한 장치 덕분에 창을 열지 않아도 환기가 가능하다. 실외의 황사나 꽃가루 등은 공기 정화 필터로 걸러지므로 외부로부터 신선한 공기를 공급 받을 수 있다.

햇빛을 통한 에너지 공급도 건물에서는 중요하다. 햇빛은 창호를 통해 들어오는데, 여기서 에너지의 손실 방지와 햇빛의 공급 사이에 모순이 생긴다. 일반적으로 실내에 햇빛을 많이 공급하기 위해서는 두께가 얇은 유리나 창호지를 사용해야 한다. 그러나 두께가 얇을수록 에너지의 손실이 더 커질 수밖에 없다. 패시브 하우스에서는 이 문제를 해결하기 위해서 3중 로이유리(Low-E Glass)를 사용한다. 이것에는 두께가 얇고 투명한 유리 세 장에 에너지 흐름을 줄이는 금속 막이 씌워져 있고, 이들 유리 사이에는 무거운 기체가 채워져 있다. 투명한 유리는 햇빛을 많이 통과시키고, 금속 막과 무거운 기체는 실내 에너지가 빠져나가는 것을 막는다.

습도 조절도 중요한 요소이다. 일반 건물에서 습도 조절이 제대로 이루어지지 않아 곰팡이가 피는 것은 외부 공기가 스며들어 벽체 표면의 습도를 높이기 때문이다. 또, 곰팡이는 집 안 전체의 습도가 아주 높거나, 전체 습도는 낮고 벽체 표면이나 벽체 속의 습도가 높아도 생긴다. 그러나 패시브 하우스는 밀폐성과 단열성이 뛰어나 겨울철 벽체의 온도와 실내 온도가 거의 비슷하기 때문에 이슬 맺힘이나 곰팡이가 생기지 않는다.

① 외부 후드를 설치하여 실내 습도를 조절한다.
② 황사나 꽃가루가 실내로 유입되는 것을 차단한다.
③ 특수 단열재를 사용해 내부의 열 손실을 최소화한다.
④ 두께가 얇은 3중 로이유리를 활용하여 에너지 손실을 막는다.
⑤ 단열성과 밀폐성이 뛰어나서 이슬 맺힘이나 곰팡이가 생기지 않는다.

49 A ~ E 5명이 순서대로 퀴즈게임을 해서 벌칙 받을 사람 1명을 선정하고자 한다. 게임 규칙과 결과에 근거할 때, 항상 옳은 것을 〈보기〉에서 모두 고르면?

- 규칙
  - A→B→C→D→E 순서대로 퀴즈를 1개씩 풀고, 모두 한 번씩 퀴즈를 풀고 나면 한 라운드가 끝난다.
  - 퀴즈 2개를 맞힌 사람은 벌칙에서 제외되고, 다음 라운드부터는 게임에 참여하지 않는다.
  - 라운드를 반복하여 맨 마지막까지 남는 한 사람이 벌칙을 받는다.
  - 벌칙을 받을 사람이 결정되면 라운드 중이라도 더 이상 퀴즈를 출제하지 않는다.
  - 게임 중 동일한 문제는 출제하지 않는다.
- 결과
  3라운드에서 A는 참가자 중 처음으로 벌칙에서 제외되었고, 4라운드에서는 오직 B만 벌칙에서 제외되었으며, 벌칙을 받을 사람은 5라운드에서 결정되었다.

보기

ㄱ. 5라운드까지 참가자들이 정답을 맞힌 퀴즈는 총 9개이다.
ㄴ. 게임이 종료될 때까지 총 22개의 퀴즈가 출제되었다면, E는 5라운드에서 퀴즈의 정답을 맞혔다.
ㄷ. 게임이 종료될 때까지 총 21개의 퀴즈가 출제되었다면, 퀴즈를 푸는 순서가 벌칙을 받을 사람 선정에 영향을 미친 것으로 볼 수 있다.

① ㄱ
② ㄴ
③ ㄱ, ㄷ
④ ㄴ, ㄷ
⑤ ㄱ, ㄴ, ㄷ

50 다음 〈조건〉에 따라 노래대회 예선이 진행된다. 甲이 심사위원장을 알아내고자 할 때, 〈보기〉에서 옳은 것을 모두 고르면?

조건

- 예선의 심사위원은 심사위원장 1인을 포함하여 총 4인이며, 그중 누가 심사위원장인지 참가자에게 공개되지 않는다.
- 심사위원은 참가자의 노래를 들은 후 동시에 ○ 또는 ×의 결정을 내리며, 다수결에 의해 예선 통과 여부가 결정된다.
- 만약 ○와 ×를 결정한 심사위원의 수가 같다면, 심사위원장이 ○ 결정을 한 경우 통과, × 결정을 한 경우 탈락한다.
- 4명의 참가자들은 어떤 심사위원이 자신에게 ○ 또는 × 결정을 내렸는지와 통과 또는 탈락 여부를 정확히 기억하여 甲에게 알려 주었다.

보기

ㄱ. 4명의 참가자가 모두 심사위원 3인의 ○ 결정으로 통과했다면, 甲은 심사위원장을 알아낼 수 없다.

ㄴ. 4명의 참가자가 모두 같은 2인의 심사위원에게만 ○ 결정을 받아 탈락했다면, 甲은 심사위원장을 알아낼 수 있다.

ㄷ. 4명의 참가자가 모두 2인의 심사위원에게만 ○ 결정을 받았고, ○ 결정을 한 심사위원의 구성이 모두 다르다면, 甲은 심사위원장을 알아낼 수 있다.

① ㄱ
② ㄴ
③ ㄱ, ㄷ
④ ㄴ, ㄷ
⑤ ㄱ, ㄴ, ㄷ

제2회
최종점검 모의고사

※ 한국환경공단 최종점검 모의고사는 채용공고를 기준으로 구성한 것으로 실제 시험과 다를 수
있습니다.

■ 취약영역 분석

번호	O/×	영역	번호	O/×	영역	번호	O/×	영역
01			21		의사소통능력	41		의사소통능력
02		의사소통능력	22		문제해결능력	42		
03			23		의사소통능력	43		수리능력
04			24		수리능력	44		
05		수리능력	25		의사소통능력	45		문제해결능력
06			26			46		수리능력
07			27			47		문제해결능력
08		문제해결능력	28		조직이해능력	48		의사소통능력
09			29			49		수리능력
10			30			50		의사소통능력
11			31		문제해결능력			
12			32					
13		조직이해능력	33		의사소통능력			
14			34					
15		수리능력	35		수리능력			
16			36					
17			37		문제해결능력			
18		문제해결능력	38					
19		조직이해능력	39		조직이해능력			
20		의사소통능력	40		의사소통능력			

평가문항	50문항	평가시간	60분
시작시간	:	종료시간	:
취약영역			

※ 다음은 경청태도에 대한 강연 내용의 일부이다. 이어지는 질문에 답하시오. [1~2]

우리는 회사생활을 하면서 많이 말하기보다 많이 들어야 합니다. 말 잘하는 법, 발표 잘하는 법에 대한 노하우는 어디서든 찾아볼 수 있지만 잘 듣는 법에 대한 이야기는 별로 없는 것 같아요. 그래서 오늘은 올바른 경청태도에 대해 이야기하고자 합니다. 제가 여러분께 어제 메일로 오늘 강의할 자료를 보내드렸습니다. 혹시 읽어 오신 분 있나요? 네, 잘 없죠. 이해합니다. 그런데 여러분, 이렇게 강연 전 미리 수업계획서나 강의계획서를 미리 읽어두는 것도 효과적인 경청 방법에 해당한다는 사실을 알고 계셨나요? 상대의 말을 잘 알아듣기 위해서는 상대가 말하고자 하는 주제나 용어에 친숙해질 필요가 있으니까요. 이것을 ___ ⊙ ___ 라고 해요. 이 밖에도 효과적인 경청 방법에는 주의 집중하기가 있습니다. 여러분은 지금 모두 제 말을 아주 집중해서 듣고 계시네요. 모두 좋은 경청 태도를 보이고 계십니다.

경청에 도움을 주는 자세가 있다면 경청을 방해하는 요인들도 있겠죠? 상대방의 말을 듣고 받아들이기보다 자신의 생각에 들어맞는 단서를 찾아 자신의 생각을 확인하는 행동, 상대방에 대한 부정적인 판단 또는 상대방을 비판하기 위해 상대방의 말을 듣지 않는 행동 등이 있죠. 그럼 각각의 사례를 통해 경청을 방해하는 요인에 대해 더 자세히 알아보도록 하겠습니다.

01 다음 중 윗글에서 설명하고 있는 경청의 방해요인을 모두 고르면?

(가) 다른 생각하기	(나) 짐작하기
(다) 판단하기	(라) 걸러내기

① (가), (나)   ② (가), (라)

③ (나), (다)   ④ (나), (라)

⑤ (다), (라)

02 강연을 듣고 윤수, 상민, 서희, 선미는 아래와 같은 대화를 나누었다. 다음 중 옳지 않은 말을 한 사람은?

> 윤수 : 말하는 것만큼 듣는 것도 중요하구나. 경청은 그저 잘 듣기만 하면 되는 줄 알았는데, 경청에도 여러 가지 방법이 있는지 오늘 처음 알았어.
>
> 상민 : 맞아. 특히 오늘 강사님이 알려주신 경청을 방해하는 요인은 정말 도움이 되었어. 그동안 나도 모르게 했던 행동들 중에 해당되는 게 많더라고. 내가 대답할 말을 생각하느라 상대의 말에 집중하지 않는 태도는 꼭 고쳐야겠다고 생각이 들었어.
>
> 서희 : 나도 상대에게 호의를 보인다고 상대의 말에 너무 쉽게 동의하거나 너무 빨리 동의하곤 했는데 앞으로 조심해야겠어. 그러고 보니 강사님께서 경청의 방해 요인은 예시까지 들어 주시며 자세히 설명해 주셨는데, 경청의 올바른 자세는 몇 가지 알려 주시지 않아 아쉬웠어. 또 무엇이 있을까?
>
> 선미 : 아, 그건 강사님이 보내주신 강의 자료에 더 자세히 나와 있어. 그런데 서희야, 네가 말한 행동은 경청의 올바른 자세니까 굳이 고칠 필요 없어.

① 윤수   ② 상민
③ 서희   ④ 선미
⑤ 상민, 선미

03 다음 글의 내용에 가장 적절한 한자성어는?

> 부채위기를 해결하겠다고 나선 유럽 국가들의 움직임이 당장 눈앞에 닥친 위기 상황을 모면하려는 미봉책이라서 안타깝다. 이것은 유럽중앙은행(ECB)의 대차대조표에서 명백한 정황이 드러난다. ECB에 따르면 지난해 말 대차대조표가 2조 730억 유로를 기록해 사상 최고치를 기록했다. 3개월 전에 비해 5,530억 유로 늘어난 수치다. 문제는 ECB의 장부가 대폭 부풀어 오른 배경이다. 유로존 주변국의 중앙은행은 채권을 발행해 이를 담보로 ECB에서 자금을 조달한다. 이렇게 ECB의 자금을 손에 넣은 중앙은행은 정부가 발행한 국채를 사들인다. 금융시장에서 '팔기 힘든' 국채를 소화하기 위한 임기응변인 셈이다.

① 피발영관(被髮纓冠)   ② 탄주지어(呑舟之魚)
③ 양상군자(梁上君子)   ④ 하석상대(下石上臺)
⑤ 배반낭자(杯盤狼藉)

04 다음 중 '-데'의 쓰임이 잘못 연결된 것은?

> ⊙ 과거 어느 때에 직접 경험하여 알게 된 사실을 현재의 말하는 장면에 그대로 옮겨 와서 말함을
> 나타내는 종결 어미
> ⓒ 뒤 절에서 어떤 일을 설명하거나 묻거나 시키거나 제안하기 위하여 그 대상과 상관되는 상황을
> 미리 말할 때에 쓰는 연결 어미
> ⓒ 일정한 대답을 요구하며 물어보는 뜻을 나타내는 종결 어미

① ⊙ : 내가 어릴 때 살던 곳은 아직 그대로던데.
② ⊙ : 그 친구는 발표를 정말 잘하던데.
③ ⓒ : 그를 설득하는 데 며칠이 걸렸다.
④ ⓒ : 가게에 가는데 뭐 사다 줄까?
⑤ ⓒ : 저기 저 꽃의 이름은 뭔데?

05 A는 자전거를 타고 $a$km/h로 공원을 출발하였고, B는 A가 출발한 후 30분 후에 $b$km/h로 공원을
출발하였다. B가 A를 만나는 데 걸리는 시간은?

① $\dfrac{b}{2(b-a)}$ 시간

② $\dfrac{a}{2(b-a)}$ 시간

③ $\dfrac{2(b-a)}{b}$ 시간

④ $\dfrac{2(b-a)}{a}$ 시간

⑤ $\dfrac{(b-a)}{2a}$ 시간

06 민석이의 지갑에는 1,000원, 5,000원, 10,000원짜리 지폐가 각각 8장씩 있다. 거스름돈 없이 물
건값 23,000원을 지불할 수 있는 방법의 가짓수는?

① 2가지

② 3가지

③ 4가지

④ 5가지

⑤ 6가지

07 다음은 대형마트 이용자를 대상으로 소비자 만족도를 조사한 결과이다. 이에 대한 설명으로 옳은 것은?

〈대형마트 업체별 소비자 만족도〉

(단위 : 점 / 5점 만점)

업체명	종합 만족도	서비스 품질					서비스 쇼핑 체험
		쇼핑 체험 편리성	상품 경쟁력	매장환경 / 시설	고객접점 직원	고객관리	
A마트	3.72	3.97	3.83	3.94	3.70	3.64	3.48
B마트	3.53	3.84	3.54	3.72	3.57	3.58	3.37
C마트	3.64	3.96	3.73	3.87	3.63	3.66	3.45
D마트	3.56	3.77	3.75	3.44	3.61	3.42	3.33

〈대형마트 인터넷 / 모바일쇼핑 소비자 만족도〉

(단위 : 점 / 5점 만점)

분야별 이용 만족도	이용률	A마트	B마트	C마트	D마트
인터넷쇼핑	65.4%	3.88	3.80	3.88	3.64
모바일쇼핑	34.6%	3.95	3.83	3.91	3.69

① 종합만족도는 5점 만점에 평균 3.61점이며, 업체별로는 A마트가 가장 높고, C마트, B마트 순으로 나타났다.

② 인터넷쇼핑과 모바일쇼핑의 소비자 만족도가 가장 큰 차이를 보이는 곳은 D마트이다.

③ 서비스 품질 부문에 있어 대형마트는 평균적으로 쇼핑 체험 편리성에 대한 만족도가 상대적으로 가장 높게 평가되었으며, 반대로 고객접점직원 서비스가 가장 낮게 평가되었다.

④ 대형마트를 이용하면서 느낀 감정이나 기분을 반영한 서비스 쇼핑 체험 부문의 만족도는 평균 3.41점 정도로 서비스 품질 부문들보다 낮았다.

⑤ 대형마트 인터넷쇼핑몰 이용률이 65.4%로 모바일쇼핑에 비해 높으나, 만족도에서는 모바일쇼핑이 평균 0.1점 정도 더 높게 평가되었다.

※ 다음 〈조건〉을 바탕으로 추론한 〈보기〉에 대한 판단으로 옳은 것을 고르시오. [8~9]

08

조건

- 축구를 좋아하는 사람은 야구를 싫어한다.
- 야구를 좋아하는 사람은 농구를 싫어한다.
- 농구를 좋아하는 사람은 축구를 좋아한다.

보기

A : 농구를 좋아하는 사람은 야구를 싫어한다.
B : 축구를 싫어하는 사람은 농구를 싫어하고, 야구를 좋아한다.

① A만 옳다.
② B만 옳다.
③ A, B 모두 옳다.
④ A, B 모두 틀리다.
⑤ A, B 모두 옳은지 틀린지 판단할 수 없다.

09

조건

- 영업을 잘하면 기획을 못한다.
- 편집을 잘하면 영업을 잘한다.
- 디자인을 잘하면 편집을 잘한다.

보기

A : 디자인을 잘하면 기획을 못한다.
B : 편집을 잘하면 기획을 잘한다.

① A만 옳다.
② B만 옳다.
③ A, B 모두 옳다.
④ A, B 모두 틀리다.
⑤ A, B 모두 옳은지 틀린지 판단할 수 없다.

10 서울에 사는 A ~ E 다섯 사람의 고향은 각각 대전, 대구, 부산, 광주, 춘천 중 한 곳이다. 설날을 맞아 열차 1, 2, 3을 타고 고향에 내려가고자 한다. 다음 중 〈조건〉을 토대로 옳지 않은 것은?

> 조건
> • 열차 2는 대전, 춘천을 경유하여 부산까지 가는 열차이다.
> • A의 고향은 부산이다.
> • E는 어떤 열차를 타도 고향에 갈 수 있다.
> • 열차 1에는 D를 포함한 세 사람이 탄다.
> • C와 D가 함께 탈 수 있는 열차는 없다.
> • B가 탈 수 있는 열차는 열차 2뿐이다.
> • 열차 2와 열차 3이 지나는 지역은 대전을 제외하고 중복되지 않는다.

① B의 고향은 춘천이다.
② 열차 1은 대전, 대구, 부산을 경유한다.
③ 열차 1을 이용하는 사람은 A, D, E이다.
④ E의 고향은 대전이다.
⑤ 열차 3은 두 개 지역을 이동한다.

11 K공단에서 근무하는 네 명의 여자 사원 A ~ D와 세 명의 남자 사원 E ~ G는 이번 주에 회식을 진행할 것인지를 두고 토론하고 있다. 그들 가운데 네 명은 회식 진행에 찬성하고, 세 명은 반대한다. 이들의 찬반 성향이 다음 〈조건〉과 같다고 할 때, 반드시 참이라고 할 수 없는 것은?

> 조건
> • 남자 사원 가운데 적어도 한 사람은 반대하지만 그들 모두 반대하는 것은 아니다.
> • A와 B 가운데 한 사람은 반대한다.
> • B가 찬성하면 A와 E는 반대한다.
> • B가 찬성하면 C와 D도 찬성하고, C와 D가 찬성하면 B도 찬성한다.
> • F가 찬성하면 G도 찬성하고, F가 반대하면 A도 반대한다.

① A와 F는 같은 입장을 취한다.
② B와 F는 서로 다른 입장을 취한다.
③ C와 D는 같은 입장을 취한다.
④ E는 반대한다.
⑤ G는 찬성한다.

G사원은 점심시간에 커피를 마시러 카페에 가려고 한다. 다음은 회사 근처 커피전문점 A ~ E카페에 대한 소비자 만족도를 조사한 자료이다. 다음 G사원의 결정조건을 참고할 때, G사원이 커피를 마시러 갈 카페는?

<커피전문점 소비자 만족도>

(단위 : 점)

구분	직원서비스	매장접근성	매장이용 관리성	맛, 메뉴	가격, 부가혜택	서비스 호감도
A카페	3.97	3.96	3.72	3.84	3.17	3.71
B카페	3.85	3.87	3.73	3.7	3.16	3.64
C카페	3.81	3.87	3.75	3.61	3.13	3.66
D카페	3.83	3.76	3.66	3.65	3.14	3.63
E카페	3.75	3.81	3.63	3.42	3.56	3.67

<결정조건>

• 커피의 맛, 메뉴 점수가 평균 이상인 카페를 선정한다.
• 사내 점심시간이 얼마 남지 않아 매장접근성 점수가 평균 이상인 카페를 선정한다.
• 종합만족도가 가장 높은 카페를 선정한다.
• 종합만족도는 모든 부문 점수의 평균을 뜻한다.
• 위에서 차례대로 조건에 맞는 카페를 선정한다.

① A카페
② B카페
③ C카페
④ D카페
⑤ E카페

※ 다음은 K공항공사 운항시설처의 업무분장표이다. 이어지는 질문에 답하시오. [13~14]

<표>
<운항시설처 업무분장표>

구분		업무분장
운항시설처	운항안전팀	• 이동지역 안전관리 및 지상안전사고 예방 안전 활동 • 항공기 이착륙시설 및 계류장 안전점검, 정치장 배정 및 관리 • 이동지역 차량 / 장비 등록, 말소 및 계류장 사용료 산정 • 야생동물 위험관리업무(용역관리 포함) • 공항안전관리시스템(SMS)운영계획 수립·시행 및 자체검사 시행·관리
	항공등화팀	• 항공등화시설 운영계획 수립 및 시행 • 항공등화시스템(A-SMGCS) 운영 및 유지관리 • 시각주기안내시스템(VDGS) 운영 및 유지관리 • 계류장조명등 및 외곽보안등 시설 운영 및 유지관리 • 에어사이드지역 전력시설 운영 및 유지관리 • 항공등화시설 개량계획 수립 및 시행
	기반시설팀	• 활주로 등 운항기반시설 유지관리 • 지하구조물(지하차도, 공동구, 터널, 배수시설) 유지관리 • 운항기반시설 녹지 및 계측관리 • 운항기반시설 제설작업 및 장비관리 • 운항기반시설 공항운영증명 기준관리 • 전시목표(활주로 긴급 복구) 및 보안시설 관리

13 다음은 K공항공사와 관련된 보도자료의 제목이다. 운항시설처의 업무와 가장 거리가 먼 것은?

① K공항, 관계기관 합동 종합제설훈련 실시
② K공항, 전시대비 활주로 긴급 복구훈련 실시!
③ K공항공사, 항공등화 핵심장비 국산화 성공!
④ 골든타임을 사수하라! K공항 항공기 화재진압훈련 실시
⑤ K공항공사, 관계기관 합동 '야생동물통제관리 협의회' 발족

14 K공항공사의 운항안전팀에서는 안전회보를 발간한다. 다음 달에 발간하는 안전회보 제작을 맡게 된 A사원은 회보에 작성할 내용을 고민하고 있다. 다음 중 안전회보에 작성할 내용으로 적절하지 않은 것은?

① 인천공항 항공안전 캠페인 시행 – 이동지역 안전문화를 효과적으로 정착시키기 위한 분기별 캠페인 및 합동 점검 실시
② 안전관리시스템 위원회 개최 – 이동지역 안전 증진을 위해 매년 안전관리시스템 위원회 개최
③ 우수 운항안전 지킴이 선정 현황 – 이동지역 내 사고 예방에 공로가 큰 안전 신고 / 제안자 선정 및 포상
④ 이동지역 운전교육용 시뮬레이터 운영개시 – 이동지역 지형·지물에 대한 가상체험 공간 제공으로 운전교육 효과 극대화
⑤ 대테러 종합훈련 실시 – 여객터미널 출국장에서 폭발물 연쇄테러를 가정하여 이에 대응하는 훈련 진행

※ 다음은 K기업의 워크숍 준비를 위해 김재희 사원이 준비해야 하는 사항이다. 이어지는 질문에 답하시오. [15~17]

제과점에서 쿠키 140개를, 식당에서 도시락 100개를, 카페에서 커피 160개를 주문하였다. 한 명당 쿠키 2개, 도시락 1개, 커피 2개씩을 나눠주기로 하였다.

• 교통편
기업 본사가 위치한 ⓐ에서 버스를 대여하여 이동한다. 총 세 대의 버스를 운행하며, 각 직원들의 도착시간을 고려하여 8시 30분에 1호차가 출발하며, 이후 15분 간격으로 2, 3호차가 출발한다. 워크샵 장소까지 1시간 20분이 소요된다.

• 숙소
워크숍에 참여하는 직원은 총 75명으로, 남성 30명, 여성 45명이다. 남성과 여성은 같은 방을 쓸 수 없다. 임원과 일반 직원도 같은 방을 쓸 수 없다. 임원은 최대 2명까지 한 방을, 일반 직원은 최대 3명까지 한 방을 쓰도록 한다.
워크숍에 참여하는 임원은 한송이 이사(여성)와 최한주 이사(남성), 김명환 상무(남성)이며, 나머지는 모두 일반 직원이다.

15 다음 중 간식은 최대 몇 명의 직원에게 같은 양을 나눠줄 수 있는가?

① 50명　　　　　　　　　② 70명
③ 80명　　　　　　　　　④ 90명
⑤ 100명

16 K기업 기획팀이 ⓐ에 도착하였을 때는 8시 55분이었다. 바로 다음에 출발하는 버스를 탄다고 했을 때, 기획팀이 워크샵 장소에 도착하는 시간은?

① 9시 50분　　　　　　　② 10시 5분
③ 10시 20분　　　　　　④ 10시 25분
⑤ 10시 30분

17 다음 중 김재희 사원은 최소 총 몇 개의 방을 준비해야 하는가?

① 24개　　　　　　　　　② 25개
③ 26개　　　　　　　　　④ 27개
⑤ 28개

18 정주, 경순, 민경은 여름휴가를 맞이하여 제주도, 일본, 대만 중 각각 한 곳으로 여행을 가는데, 게스트하우스 혹은 호텔에서 숙박할 수 있다. 다음 〈조건〉을 참고했을 때, 민경이의 여름휴가 장소와 숙박 장소를 바르게 연결한 것은?(단, 세 사람 모두 이미 한번 다녀온 곳으로는 휴가를 가지 않는다)

> **조건**
>
> • 제주도의 호텔은 예약이 불가하여, 게스트하우스에서만 숙박할 수 있다.
> • 호텔이 아니면 잠을 못 자는 경순이는 호텔을 가장 먼저 예약했다.
> • 여행 갈 때마다 호텔에 숙박했던 정주는 이번 여행은 게스트하우스를 예약했다.
> • 대만으로 여행 가는 사람은 앱 할인으로 호텔에 숙박한다.
> • 작년에 정주는 제주도와 대만을 다녀왔다.

① 제주도 – 게스트하우스 ② 대만 – 게스트하우스
③ 제주도 – 호텔 ④ 일본 – 호텔
⑤ 대만 – 호텔

19 다음 〈보기〉에서 경영참가제도의 목적으로 옳지 않은 것을 모두 고르면?

> **보기**
>
> ㄱ. 사내 문제의 공동 해결
> ㄴ. 노사 간 세력 균형 해소
> ㄷ. 의견 공유를 통한 경영효율성 제고 가능성 확보
> ㄹ. 노사 간 상호 신뢰 증진

① ㄱ ② ㄴ
③ ㄱ, ㄷ ④ ㄴ, ㄹ
⑤ ㄴ, ㄷ, ㄹ

※ 다음은 비점오염원에 대한 내용이다. 이어지는 질문에 답하시오. [20~21]

1. 비점오염원이란?

수질오염원은 도시나 공장에서와 같이 지속해서 항상 발생하는 점오염원(Point Source)과, 주로 비가 올 때 도시 및 농촌지역에서 쓸려 나오는 오염된 빗물유출수와 같이 수시로 임의 장소에서 발생하는 비점오염원(Nonpoint Source)으로 구분할 수 있다. 즉, 비점오염원이란 "공장, 하수처리장 등과 같이 일정한 지점에서 오염물질을 배출하는 점오염원 이외에 불특정하게 오염물질을 배출하는 도시, 도로, 농지, 산지 등"의 오염물질 발생원을 가리킨다.

2. 비점오염원이 발생 하는 곳

비점오염원의 종류를 토지이용 형태별로 도시, 도로, 농업, 산림·하천지역으로 구분해 볼 수 있다. 도시지역은 도시 내 건축물, 지표면 및 공업지역 등의 불투수면 퇴적물, 하수관거월류수가 있고, 도로지역은 자동차 배출가스 등 대기오염 강하물질이 노면에 축적되는 중금속을 포함한 오염물질, 공사 시 발생하는 토사 등이 있다. 농업지역은 농지에 살포된 농약, 비료, 퇴·액비, 축사 및 주변의 가축분뇨, 고랭지 토양 침식 및 객토된 토사 등의 유출로 발생한다. 마지막으로 산림·하천지역은 임도, 절·성토 사면, 산불, 및 벌목, 간벌에 따른 토사와 잔재물 등의 유출, 하천변 영농행위, 골재 채취, 호안 정비, 상류지역의 개발 등에 의한 유출로 기인한다.

3. 비점오염물질의 종류 및 영향

대지·도로·농지·공사장·임야 등의 비점오염원에서 고농도 오염물질이 하천으로 직접 유출 되어 하천수질 및 수생태계에 악영향을 끼친다. 주요 비점오염물질로는 토사, 영양물질, 유기물질, 박테리아와 바이러스, 중금속, 농약, 유류, 각종 협잡물 등이 있다. 비점오염원은 토지표면에 축적된 오염물, 토양의 침식, 대기 중 오염물질, 부유물질, 용존성 오염물질 등이 강우에 의해 유출되어 수생환경에 큰 영향을 미치고 있다.

토사는 대표적인 비점오염물질로 수생생물의 광합성, 호흡, 성장, 생식에 장애를 일으켜 생존에 큰 영향을 미친다. 기름과 그리스는 적은 양으로도 수생생물에 치명적일 수 있다. 납, 카드뮴 등의 중금속은 하천으로 유입되는 총금속물질량 중 50% 이상이 비점오염원으로 배출된다. 제초제, 살충제, 항곰팡이제와 같은 농약은 플랑크톤과 같은 수생생물에 축적되고, 먹이사슬을 통한 생물농축으로 어류와 조류 등에 치명적인 결과를 초래할 수 있다.

20 다음 중 점오염원과 비점오염원을 바르게 짝지은 것은?

> (가) : 폭우에 C축사에서 흘러나온 오수
> (나) : 벌목 현장에서 유입된 토사
> (다) : 매주 수요일에 하수처리장으로 폐수를 보내는 A공장
> (라) : 밭에서 장마철 빗물에 섞여 하천으로 유입된 농약

	점오염원	비점오염원		점오염원	비점오염원
①	(가)	(나), (라)	②	(다)	(가), (나), (라)
③	(라)	(가), (다)	④	(나), (다)	(가), (라)
⑤	(가), (나), (라)	(다)			

21 다음은 생활 속 비점오염물질 줄이기에 대한 내용이다. 이를 잘 이행하고 있는 사람은?

〈비 오기 전〉

- 공사장이나 하천주변, 폐기물 처리장 등에서는 비점오염물질이 비에 휩쓸려 가지 않도록 사전 점검을 합니다.
- 비 오기 전에는 우리 집 앞, 우리 가게 앞 거리를 청소합니다.

〈깨끗한 물을 위한 생활 속 행동요령〉

- 애완동물과 산책 시에는 꼭 비닐봉지를 준비하여 배변을 수거해 주세요.
- 포장마차나 노점상에서 나오는 하수는 길거리 빗물받이에 바로 버리시면 안 됩니다.
- 아파트에서 세탁기 설치 시 앞 베란다가 아닌 뒤 베란다나 다용도실에 설치해 주세요.
- 음식물 쓰레기나 약품, 기름찌꺼기, 페인트 등은 땅에 묻지 않으며 물에 흘러들지 않도록 조심합니다.
- 거리변 빗물받이에 담배꽁초, 껌, 휴지 등을 버리지 마세요.

〈야외에서 지켜야 할 행동〉

- 라면이나 찌개국물, 음료수, 술 등을 하천(계곡)에 버리지 마세요.
- 트럭으로 짐 운반 시 덮개가 잘 덮여 있는지 꼼꼼히 확인해 주세요.
- 야외에서 쓰레기는 지정된 장소에만 버려 주세요(특히 물가 주변에 버리거나 땅속에 묻기, 태우는 행위를 하시면 안 됩니다).
- 낚시할 때 많은 미끼 사용은 자제해 주세요. 그리고 낚시 후에 낚싯줄, 낚싯바늘은 수거해 주세요.
- 가꾸는 텃밭이 있다면 과한 비료사용은 자제하고 유기농 퇴비를 사용합니다.

---

① A는 포장마차를 운영하면서 설거지에 사용한 물을 길거리 빗물받이에 버렸다.

② B는 이사한 아파트의 뒤 베란다에 자리가 없어 앞 베란다에 세탁기를 설치했다.

③ 캠핑을 간 C는 플라스틱은 분리수거를 하고 불에 타는 쓰레기는 태웠다.

④ D는 낚시하러 가서 다음 사람을 위해 낚싯바늘과 낚싯줄을 놔두고 왔다.

⑤ 주말농장에서 배추를 키우는 E는 텃밭에 유기농 퇴비를 챙겨가 뿌려 주었다.

22 다음은 트리즈의 3가지 분리 원칙이다. 자료를 참고할 때, 〈보기〉와 같은 원칙을 적용한 것은?

〈트리즈의 3가지 분리 원칙〉

트리즈는 하나의 특성이 서로 상충되는 상태를 요구받는 물리적 모순이 발생할 경우 이를 극복하기 위한 방법으로 다음의 3가지 분리 원칙을 개발하였다.
1) 시간에 의한 분리
2) 공간에 의한 분리
3) 전체와 부분에 의한 분리
즉, 트리즈는 모순되는 요구를 시간, 공간, 전체와 부분에 따라 분리함으로써 상반되는 요구를 모두 만족시키고자 하였다.

보기

군사용 레이더 장치를 제작하는 K사는 수신전용 안테나를 납품하기 위해 정부의 입찰에 참여했다. 안테나를 설치할 지역은 기온이 영하 20도 이하로 내려가는 추운 지역인 데다가 바람도 거센 곳이었다. 따라서 안테나는 별도의 사후 노력 없이도 강풍과 추위에 견딜 수 있을 만큼 단단해야 했다. 또한, 전략적 요충지에 설치되어야 하기에 도보로 운반할 수 있을 정도의 가벼운 무게를 지녀야 했다.

K사는 정부의 입찰 계약을 따내는 데 성공했는데, 이는 회사의 엔지니어들이 기존과 다른 새로운 해결 방법을 고안했기에 가능한 것이었다. 이들은 안테나 전체가 아닌 안테나 기둥을 단단하게 만들고자 안테나 기둥의 표면을 거칠게 만들어 눈이 내리면 기둥에 눈이 쉽게 달라붙도록 하였고, 추운 날씨에 눈이 기둥에 얼어붙어 자동적으로 지지대를 보강하게 한 것이다. 이러한 방법은 별도의 장치를 추가할 필요가 없었으므로 안테나의 무게를 늘리지 않고도 지지대를 강화할 수 있었다.

① 튼튼하면서도 유연함을 유지해야 하는 자전거 체인
② 이·착륙 시 사용했다가 이륙 이후 접어 넣는 비행기 바퀴
③ 고층 건물 내 일정한 층을 분리하여 설치한 엘리베이터
④ 배가 지나갈 때, 다리의 한쪽이나 양쪽을 들어 올려 배의 통행을 가능하게 한 다리
⑤ 가까운 거리나 먼 거리에 있는 물체 모두를 잘 볼 수 있는 다초점 안경

23 다음 글의 주된 전개 방식으로 가장 적절한 것은?

> 녹차와 홍차는 모두 카멜리아 시넨시스(Camellia Sinensis)라는 식물에서 나오는 찻잎으로 만든다. 공정과정에 따라 녹차와 홍차로 나뉘며, 재배지 품종에 따라서도 종류가 달라진다. 이처럼 같은 잎에서 만든 차일지라도 녹차와 홍차가 가지고 있는 특성에는 차이가 있다.
>
> 녹차와 홍차는 발효 방법에 따라 구분된다. 녹차는 발효 과정을 거치지 않은 것이며, 반쯤 발효시킨 것은 우롱차, 완전히 발효시킨 것은 홍차가 된다. 녹차는 찻잎을 따서 바로 솥에 넣거나 증기로 쪄서 만드는 반면, 홍차는 찻잎을 먼저 햇볕이나 그늘에서 시들게 한 후 천천히 발효시켜 만든다. 녹차가 녹색을 유지하는 반면에 홍차가 붉은색을 띠는 것은 녹차와 달리 높은 발효 과정을 거치기 때문이다.
>
> 이러한 녹차와 홍차에는 긴장감을 풀어주고 마음을 진정시키는 L-테아닌(L-theanine)이라는 아미노산이 들어있는데, 이는 커피에 들어있지 않은 성분으로 진정효과와 더불어 가슴 두근거림 등의 카페인(Caffeine) 각성 증상을 완화하는 역할을 한다. 또한 항산화 효과가 강력한 폴리페놀(Polyphenol)이 들어있어 심장 질환 위험을 줄일 수 있다는 장점도 있다. 한 연구에 따르면, 녹차는 콜레스테롤 수치를 낮춰 심장병과 뇌졸중으로 사망할 위험을 줄이는 것으로 나타났다. 홍차 역시 연구 결과, 하루 두 잔 이상 마실 경우 심장발작 위험을 44% 정도 낮추는 효과를 보였다.
>
> 한편, 홍차와 녹차 모두에 폴리페놀 성분이 들어있지만, 그 종류는 다르다. 녹차는 카테킨(Catechin)이 많이 들어있는 것으로 유명하지만 홍차는 발효 과정에서 카테킨의 함량이 어느 정도 감소한다. 이 카테킨에는 EGCG(Epigallo-catechin-3-gallate)가 많이 들어있어 혈중 콜레스테롤 수치를 낮춰 동맥경화 예방을 돕고, 신진대사의 활성화와 지방 배출에 효과적이다. 홍차는 발효 과정에서 생성된 테아플라빈(Theaflavins)을 가지고 있는데, 이 역시 혈관 기능을 개선하며, 혈당 수치를 감소시키는 것으로 알려져 있다. 연구에 따르면 홍차에 든 테아플라빈 성분이 인슐린과 유사작용을 보여 당뇨병을 예방하는 효과를 보이는 것으로 나타났다.
>
> 만약 카페인에 민감한 경우라면 홍차보다 녹차를 선택하는 것이 좋다. 카페인의 각성효과를 완화해주는 L-테아닌이 녹차에 더 많기 때문이다. 녹차에도 카페인이 들어있지만, 커피와 달리 심신의 안정 효과와 스트레스 해소에 도움을 줄 수 있는 것은 이 때문이다. 또한 녹차의 떫은맛을 내는 카테킨 성분은 카페인을 해독하고 흡수량을 억제하기 때문에 실제 카페인의 섭취량보다 흡수되는 양이 적다.

① 대상의 장단점을 분석하고 있다.
② 대상을 하위 항목으로 구분하여 항목별로 설명하고 있다.
③ 대상에 대한 여러 가지 견해를 소개하고 이를 비교·평가하고 있다.
④ 두 대상을 비교하여 공통점과 차이점을 부각하고 있다.
⑤ 연구 결과에 따른 구체적인 수치를 제시하며 내용을 전개하고 있다.

24 다음은 주요 자영업 10가지 업종에 대한 자료이다. 이에 대한 설명으로 옳은 것은?(단, 변화율은 증감률의 절대값으로 비교한다)

〈주요 자영업 업종별 지표〉

(단위 : 명, %)

구분	창업자 수	폐업자 수	월평균 매출액 증감률	월평균 대출액 증감률	월평균 고용인원
병원 및 의료서비스	1,828	556	6.5	12.8	15
변호사	284	123	1.8	1.2	4
학원	682	402	−3.7	5.8	8
음식점	3,784	1,902	1.3	11.2	6
PC방	335	183	−8.4	1.1	2
여행사	243	184	−6.6	0.4	3
카페	5,740	3,820	2.4	15.4	5
숙박업	1,254	886	−0.7	7.8	2
소매업	2,592	1,384	0.5	4.8	3
농사	562	122	4.1	2.4	1
합계	17,304	9,562	–	–	–

① 창업자 수 상위 세 업종의 창업자 수의 합은 전체 창업자 수의 절반 이상이다.
② 월평균 매출액 증가율이 가장 높은 업종은 월평균 대출액 증가율 또한 가장 높다.
③ 월평균 고용인원이 가장 적은 업종은 창업자 수와 폐업자 수도 가장 적다.
④ 월평균 매출액 변화율이 가장 높은 업종과 가장 낮은 업종의 변화율의 차이는 6.0%p이다.
⑤ 자영업 업종 중 '카페'는 모든 영역에서 상위 3위 안에 든다.

※ 다음 글을 읽고 이어지는 질문에 답하시오. [25~26]

여러 가지 센서 정보를 이용해 사람의 심리상태를 파악할 수 있는 기술을 '감정인식(Emotion Reading)'이라고 한다. 음성인식 기술에 이 기술을 더할 경우 인간과 기계, 기계와 기계 간의 자연스러운 대화가 가능해진다. 사람의 감정 상태를 기계가 진단해 보고 기초적인 진단 자료를 내놓을 수도 있다. 경찰 등 수사기관에서도 활용이 가능하다. 최근 실제로 상상을 넘어서는 수준의 놀라운 감정인식 기술이 등장하고 있다. 러시아 모스크바에 본사를 두고 있는 벤처기업 '엔테크랩(NTechLab)'은 뛰어난 안면인식 센서를 활용해 사람의 감정 상태를 상세히 읽어낼 수 있는 기술을 개발했다. 그리고 이 기술을 모스크바시 경찰 당국에 공급할 계획이다.

현재 모스크바시 경찰은 엔테크랩과 이 기술을 수사현장에 어떻게 도입할지 효과적인 방법을 모색하고 있다. 도입이 완료될 경우 감정인식 기술을 수사 현장에 활용하는 세계 최초 사례가 된다. 이 기술을 활용하면 수백만 명이 모여 있는 사람들 가운데서 특정 인상착의가 있는 사람을 찾아낼 수 있다. 또한 찾아낸 사람의 성과 나이 등을 모니터한 뒤 그 사람이 화가 났는지, 스트레스를 받았는지 혹은 불안해하는지 등을 판별할 수 있다.

엔테크랩의 공동창업자인 알렉산드르 카바코프(Alexander Kabakov)는 "번화가에서 단 몇 초만에 테러리스트나 범죄자, 살인자 등을 찾아낼 수 있는 기술"이라며, "경찰 등 수사기관에서 이 기술을 도입할 경우 새로운 차원의 수사가 가능하다."라고 말했다. _____ 그는 이 기술이 러시아 경찰 어느 부서에 어떻게 활용될 것인지에 대해 밝히지 않았다. 카바코프는 "현재 CCTV 카메라에 접속하는 방안 등을 협의하고 있지만 아직까지 결정된 내용은 없다."라고 말했다.

이 기술이 처음 세상에 알려진 것은 2016년 미국 워싱턴 대학에서 열린 얼굴인식 경연대회에서다. 이 대회에서 엔테크랩의 안면인식 기술은 100만 장의 사진 속에 들어있는 특정인의 사진을 73.3%까지 식별해 냈다. 이는 대회에 함께 참여한 구글의 안면인식 알고리즘을 훨씬 앞서는 기록이었다. 여기서 용기를 얻은 카바코프는 아르템 쿠크하렌코(Artem Kukharenko)와 함께 SNS 상에서 연결된 사람이라면 누구든 추적할 수 있도록 만든 앱 '파인드페이스(Find-Face)'를 만들었다.

25 다음 중 윗글을 이해한 내용으로 적절하지 않은 것은?

① 엔테크랩의 감정인식 기술은 모스크바시 경찰이 범죄 용의자를 찾는 데 큰 기여를 하고 있다.

② 음성인식 기술과 감정인식 기술이 결합되면 기계가 사람의 감정을 진단할 수도 있다.

③ 감정인식 기술을 이용하면 군중 속에서 특정인을 쉽게 찾을 수 있다.

④ 엔테크랩의 안면인식 기술은 구글의 것보다 뛰어나다.

⑤ 카바코프는 쿠크하렌코와 함께 SNS 상에서 연결된 사람이라면 누구든 찾아낼 수 있는 앱을 개발하였다.

26 다음 중 윗글의 빈칸에 들어갈 접속어로 가장 적절한 것은?

① 또한   ② 게다가
③ 그래서   ④ 그러나
⑤ 말하자면

※ 다음은 K공단 교육 홍보물의 내용 중 일부이다. 홍보물을 참고하여 김사원의 업무를 유추한 후 이어지는 질문에 답하시오. [27~29]

… 상략 …

▶ **신청 자격** : 중소기업 재직자, 중소기업 관련 협회·단체 재직자
  – 성공적인 기술 연구개발을 통해 기술 경쟁력을 강화하고자 하는 중소기업
  – 정부의 중소기업 지원 정책을 파악하고 국가 연구개발 사업에 신청하고자 하는 중소기업
▶ **교육비용** : 100% 무료교육(교재 및 중식 제공)
▶ **교육일자** : 모든 교육과정은 2일 16시간 과정, 선착순 60명 마감

과정명	교육내용	교육일자	교육장소	접수마감
정규(일반)	연구개발의 성공을 보장하는 R&D 기획서 작성	5.19(목) ~ 20(금)	B대학교	5.18(수)
정규(종합)	R&D 기획서 작성 및 사업화 연계	5.28(토) ~ 29(일)	○○센터	5.23(월)

※ 선착순 모집으로 접수마감일 전 정원 초과 시 조기 마감될 수 있습니다.

본 교육과 관련하여 보다 자세한 정보를 원하시면 ___㉠___ 김사원(123-4567)에게 문의하여 주시기 바랍니다.

27 다음 중 김사원이 속한 부서에서 수행하고 있을 업무로 적절하지 않은 것은?

① 중소기업 R&D 지원 사업 기획 및 평가·관리
② R&D 교육 관련 전문 강사진 관리
③ 연구개발 기획 역량 개발 지원 사업 기획·평가·관리
④ R&D 관련 장비 활용 지원 사업 기획 및 평가·관리
⑤ R&D 사업화 연계·지원 관리

28 다음 교육 홍보물에 공지한 교육과 관련된 고객의 질문 중 김사원이 대답하기 가장 어려운 질문은?

① 교육과정을 신청할 때 한 기업에서 참여할 수 있는 인원 수 제한이 있습니까?
② 본 교육의 내용을 바탕으로 기획서를 작성한다면 저희 기업도 개발 지원이 가능합니까?
③ 접수마감일인 18일 현재 신청이 마감되었습니까? 혹시 추가 접수도 가능합니까?
④ 이전 차수에서 동일한 교육과정을 이수했을 경우 이번 교육은 참여가 불가능합니까?
⑤ 일반과 종합과정을 모두 신청하는 것도 가능합니까?

29 김사원은 상사로부터 교육 사업을 발전시키기 위해 세울 수 있는 목표와 그에 해당하는 과제를 발표하라는 과업을 받았다. 다음 중 교육 사업과 직접적인 관련성이 가장 낮은 발언은?

① 중소기업의 혁신 수준별 기술경쟁력을 강화하자는 목표를 바탕으로 R&D를 기획하고 개발하는 역량을 강화할 수 있도록 돕고, 지속적으로 성과를 창출할 수 있는 능력을 향상해 주어야 합니다. 또한 국내뿐만이 아닌 국외로도 진출할 수 있는 글로벌 기술혁신 역량을 제고할 수 있도록 지원해야 합니다.

② 중소기업의 기술사업화 성과를 높이자는 목표를 바탕으로 중소기업들이 보유하고 있는 창의적 아이디어를 꾸준히 발굴해야 합니다. 또한 시장지향적인 R&D 지원 확대를 통해 중소기업이 자체적인 R&D에서 끝나지 않고 사업화에 연계할 수 있도록 하여 중소기업의 직접적인 성장을 도와야 합니다.

③ 중소기업의 지속적인 발전을 위한 성장 동력 강화를 목표로 잡고, 혁신과 성장을 도울 수 있는 우리 조직의 역량을 강화해야 합니다. 또한 사회적 책임을 항상 생각하고 고객에게는 신뢰를 주는 조직이 될 수 있도록 소통과 협업을 통해 창조적인 조직문화를 구축해야 합니다.

④ 중소기업의 기술 혁신을 위한 교육 지원 체계를 혁신화하기 위해 중소기업 R&D와 관련 있는 정책연구를 강화하고, 중소기업을 위한 맞춤형 평가체계도 구축해야 할 것입니다. 또한 기술 혁신을 필요로 하는 대상을 중심으로 하는 기술 혁신 지원 서비스의 강화도 필요할 것입니다.

⑤ 중소기업이 R&D를 효과적으로 하기 위한 성공사례와 이에 대한 보상 등을 조사하고 체계화하여 중소기업의 동기를 강화하고 단발성이 아닌 지속적 연구가 이루어지기 위한 지원과 정보를 제공해야 합니다.

〈상황〉

K회사에서는 냉동핫도그를 주력으로 판매하고 있다. 현재까지 높은 판매율을 보이고 있으나, 제품개발팀에서는 새로운 제품을 만들겠다고 아이디어를 제시한다. 하지만 K회사 경영진의 반응은 차갑기만 하다.

〈회의 내용〉

제품개발팀장 : 저희 팀에서는 새로운 제품을 개발하자는 의견이 계속해서 나오고 있습니다. 현재의 상품에 좋은 반응이 이어지고 있지만, 이 제품만으로는 안주할 수 없습니다. 신제품 개발에 대해 서로의 상황을 인지하고 문제 상황을 해결해 보자는 의미로 이 회의 자리를 마련했습니다. 각 팀 내에서 거론되었던 의견들을 제시해 주십시오.

기획팀장 : 저희는 찬성하는 입장입니다. 요즘처럼 고객의 요구가 빠르게 변화하는 사회에선 끊임없는 새로운 제품 개발과 출시가 당연한 듯합니다.

마케팅팀장 : 최근 냉동핫도그 고급화 전략을 내세우는 곳이 많던데요. 혹시 제품개발팀에서는 어떤 방향으로 제품 개발을 생각하고 있으신가요?

제품개발팀장 : 네, 저희도 고급화로 접근하고자 합니다. 단순히 간단하게 먹는 음식이 아닌 간단하지만 유명 맛집이나 호텔에서 즐길 수 있는 그런 퀄리티가 높은 음식으로 말이죠. 기존엔 조리법도 너무 간단하게 안내가 되었는데, 이제는 더욱 색다르고 제대로 된 맛을 느낄 수 있는 조리법도 함께 담았으면 합니다. 특히 핫도그에 감자나 혹은 고구마를 이용하여 여러 종류의 냉동핫도그를 출시하고자 합니다.

마케팅팀장 : 그런데 냉동핫도그 보관이 길고 간편한 것이 장점인데, 고급화로 하게 되면 보관 기간이 줄어들거나 조리법이 어려워지는 건 아닐까요?

제품개발팀장 : 저희도 그 부분들에 대해 고민 중입니다. 다양한 재료를 생각해 보았으나, 냉동과 해동 과정에서 맛이 바뀌는 경우들이 있어서 아직 다양한 재료들을 더 고민해 봐야 할 것 같습니다.

기획팀장 : 보관 기간은 정말 중요합니다. 재고관리에도 도움이 되고요.

마케팅팀장 : 퀄리티는 높이되 간편함과 보관 기간은 유지하자는 말씀이시죠?

제품개발부장 : 네, 그렇습니다. 우선 다양한 종류의 제품을 만들게 되었을 때, 물량 차이가 얼마나 있는지도 확인이 필요할 것 같습니다.

연구팀장 : 네, 그 부분에 대해서는 조금 더 논의가 필요할 것 같습니다. 검토해 보겠습니다.

마케팅팀장 : 좋은 의견들이 많이 나온 것 같습니다. 고급화 신제품뿐 아니라 또 다른 제품이나 브랜딩에 대한 의견이 있으시다면 자유롭게 말씀해 주세요.

30 다음 중 윗글의 내용은 문제해결 과정에서 어느 단계에 해당하는가?

① 문제인식　　　　　　　　　　② 원인분석
③ 문제도출　　　　　　　　　　④ 해결안 개발
⑤ 해결안 실행 및 평가

31 다음 중 윗글을 통해 알 수 있는 문제해결을 위한 사고로 가장 적절한 것은?

① 전략적 사고
② 분석적 사고
③ 발상의 전환
④ 내외부자원의 효과적 활용
⑤ 사실 지향적 사고

32 다음 중 회의 내용에서 마케팅팀장이 취하는 문제해결 방법에 대한 설명으로 옳은 것은?

① 무언가를 시사하거나 암시를 통하여 의사를 전달하고 서로의 감정을 공유하여 원만하게 문제해결을 한다.
② 서로의 생각을 직설적으로 주장하고 논쟁이나 협상을 통해 서로의 의견을 조정해 간다.
③ 커뮤니케이션을 통해 서로의 문제점을 이해하고 공감함으로써 창조적인 문제해결을 한다.
④ 제3자는 구성원을 지도하고 설득하여 전원이 합의하는 일치점을 찾아내려고 한다.
⑤ 사실과 원칙에 근거한 토론을 중심으로 하고 있다.

33 다음 글에 나타난 필자의 의도로 가장 적절한 것은?

> 세상은 수많은 뉴스로 넘쳐난다. 어떤 뉴스는 사람들에게 유용한 지식과 정보를 제공하고, 살아가는 데 힘이 된다. 하지만 또 어떤 뉴스는 사람들에게 거짓 정보를 흘려 현실을 왜곡하거나 잘못된 정보와 의도로 우리를 현혹하기도 한다. 우리는 흔히 뉴스를 볼 때 우리가 선택하고 이용한다고 생각하지만, 사실은 뉴스가 보여 주거나 알려 주는 것만을 볼 수밖에 없다. 더구나 뉴스로 선택된 것들은 기자와 언론사의 판단을 통해 해석되고 재구성되는 과정을 거치기 마련이다. 아무리 객관적인 보도라 할지라도 해당 매체의 가치 판단을 거친 결과라는 말이다. 더군다나 스마트폰과 소셜미디어로 대표되는 인터넷을 통한 뉴스 이용은 언론사라는 뉴스 유통 단계를 거치지 않고 곧바로 독자에게 전달되어 가짜 뉴스와 같은 문제를 일으키기도 한다.
> 2017년 미국 대통령 선거에서 떠들썩했던 가짜 뉴스 사례는 가짜 뉴스의 영향력과 심각성이 얼마나 대단한지를 보여 준다. 당시 가짜 뉴스는 소셜미디어를 통해 확산되었다. 소셜 미디어를 통한 뉴스 이용은 개인적인 차원에서 이루어져 뉴스가 제공하는 정보의 형태와 출처가 뒤섞이거나, 지인의 영향력에 의해 뉴스의 신뢰도가 결정되는 등의 부작용을 낳는다.

① 뉴스의 가치는 다양성에 있다.
② 뉴스는 생산자에 따라 다양하게 구성된다.
③ 뉴스는 이용자의 특성에 따라 다양하게 구성된다.
④ 뉴스는 생산자의 특성과 가치를 포함한다.
⑤ 뉴스 이용자의 올바른 이해와 판단이 필요하다.

34 다음은 우편매출액에 대한 자료이다. 이에 대한 설명으로 옳지 않은 것은?

<표>

〈우편매출액〉

(단위 : 만 원)

구분	2018년	2019년	2020년	2021년	2022년				
					소계	1분기	2분기	3분기	4분기
일반통상	11,373	11,152	10,793	11,107	10,899	2,665	2,581	2,641	3,012
특수통상	5,418	5,766	6,081	6,023	5,946	1,406	1,556	1,461	1,523
소포우편	3,390	3,869	4,254	4,592	5,017	1,283	1,070	1,292	1,372
합계	20,181	20,787	21,128	21,722	21,862	5,354	5,207	5,394	5,907

① 매년 매출액이 가장 높은 분야는 일반통상 분야이다.

② 1년 집계를 기준으로 매년 매출액이 꾸준히 증가하고 있는 분야는 소포우편 분야뿐이다.

③ 2022년 1분기 특수통상 분야의 매출액이 차지하고 있는 비율은 20% 이상이다.

④ 2022년 소포우편 분야의 2018년 대비 매출액 증가율은 70%p 이상이다.

⑤ 2021년에는 일반통상 분야의 매출액이 전체의 50% 이상을 차지하고 있다.

35 다음은 2018 ~ 2022년 4종목의 스포츠 경기에 대한 경기 수를 나타낸 자료이다. 이에 대한 설명으로 옳지 않은 것은?

〈국내 연도별 스포츠 경기 수〉

(단위 : 회)

구분	2018년	2019년	2020년	2021년	2022년
농구	413	403	403	403	410
야구	432	442	425	433	432
배구	226	226	227	230	230
축구	228	230	231	233	233

① 농구의 경기 수는 2019년 전년 대비 감소율이 2022년 전년 대비 증가율보다 높다.

② 2018년 농구와 배구 경기 수 차이는 야구와 축구 경기 수 차이의 90% 이상이다.

③ 2018년부터 2022년까지 야구 평균 경기 수는 축구 평균 경기 수의 2배 이하이다.

④ 2019년부터 2021년까지 경기 수가 증가하는 스포츠는 1종목이다.

⑤ 2022년 경기 수가 5년 동안의 종목별 평균 경기 수보다 적은 스포츠는 1종목이다.

36 다음은 주요 10개국의 2021년과 2022년 부채 현황을 나타낸 자료이다. 이에 대한 설명으로 옳은 것은?

〈국가별 최근 2년간 부채 현황〉

(단위 : %)

구분	2022년			2021년		
	GDP 대비 가계부채	GDP 대비 기업부채	GDP 대비 국가부채	GDP 대비 가계부채	GDP 대비 기업부채	GDP 대비 국가부채
한국	96.8	106.8	44.1	92.8	99.8	38.8
영국	85.4	81.2	97.9	82.1	78.8	110.2
홍콩	82.5	94.9	60.2	80.9	105.3	63.1
미국	75.8	72.8	98.8	70.2	73.9	108.2
중국	73.1	150.2	58.1	70.5	152.9	50.8
일본	70.2	119.8	120.2	66.1	101.2	115.9
필리핀	68.1	38.1	42.2	64.0	35.5	37.7
브라질	65.4	45.2	88.8	62.1	46.8	81.2
멕시코	58.7	26.7	37.3	55.8	27.7	33.5
인도	55.5	25.2	28.8	52.3	25.8	30.8

① GDP 대비 가계부채 순위는 2021년과 2022년 동일하다.

② 2021년과 2022년의 GDP 대비 기업부채 비율이 100% 이상인 국가는 동일하다.

③ 2021년 대비 2022년에 GDP 대비 기업부채 비율이 증가한 나라의 수와 감소한 나라의 수는 같다.

④ GDP 대비 국가부채 상위 3개 국가는 2021년과 2022년이 동일하다.

⑤ 2022년 GDP 대비 국가부채가 50% 이하인 국가는 GDP 대비 기업부채도 50% 이하이다.

※ 다음은 A ~ E회사의 방향제에 대한 일반인 설문조사를 정리한 자료이다. 이어지는 질문에 답하시오.
[37~38]

구분	가격	브랜드가치	향	분위기	지속성
A	2점	5점	2점	3점	3점
B	2점	2점	2점	2점	3점
C	4점	1점	3점	3점	4점
D	5점	4점	4점	4점	2점
E	1점	5점	4점	3점	4점

※ 5점 매우 좋음, 4점 좋음, 3점 : 보통, 2점 : 나쁨, 1점 : 매우 나쁨

37 향과 분위기가 좋은 방향제를 선호하는 소비자들은 어느 회사의 방향제를 구매하겠는가?

① A
② B
③ C
④ D
⑤ E

38 김씨는 방향제를 구매할 때 가격과 지속성을 가장 중시한다. 김씨는 E회사의 에센스를 구매했는데, E회사 제품을 구매하는 것보다 더 좋은 선택이 있다면?

① A
② B
③ C
④ D
⑤ 없음

39 다음 〈보기〉에서 조직 구조에 대한 설명으로 옳지 않은 것을 모두 고르면?

> 보기
> ㄱ. 기계적 조직은 구성원들의 업무분장이 명확하게 이루어져 있는 편이다.
> ㄴ. 기계적 조직은 조직 내 의사소통이 비공식적 경로를 통해 활발히 이루어진다.
> ㄷ. 유기적 조직은 의사결정권한이 조직 하부구성원들에게 많이 위임되어 있으며, 업무내용이 명확히 규정되어 있는 것이 특징이다.
> ㄹ. 유기적 조직은 기계적 조직에 비해 조직의 형태가 가변적이다.

① ㄱ, ㄴ
② ㄱ, ㄷ
③ ㄴ, ㄷ
④ ㄴ, ㄹ
⑤ ㄷ, ㄹ

40 다음 〈보기〉의 문장이 들어갈 위치로 가장 적절한 곳은?

카셰어링이란 차를 빌려 쓰는 방법의 하나로, 기존의 방식과는 다르게 시간 또는 분 단위로 필요한 만큼만 자동차를 빌려 사용할 수 있다. (가) 이러한 카셰어링은 비용 절감 효과와 더불어 환경적·사회적 측면에서 현재 세계적으로 주목받고 있는 사업 모델이다.

호주 멜버른시의 조사 자료에 따르면, 카셰어링 차 한 대당 도로상의 개인 소유 차량 9대를 줄이는 효과가 있으며, 실제 카셰어링을 이용하는 사람은 해당 서비스 가입 이후 자동차 사용을 50%까지 줄였다고 한다. 또한 자동차 이용량이 줄어들면 주차 문제를 해결할 수 있으며, 카셰어링 업체에서 제공하는 친환경 차량을 통해 온실가스의 배출을 감소시키는 효과도 기대할 수 있다. (나) 호주 카셰어링 업체 차량의 60% 정도는 경차 또는 하이브리드 차량인 것으로 조사되었다.

호주의 카셰어링 시장규모는 8,360만 호주 달러로, 지난 5년간 연평균 21.7%의 급격한 성장률을 보이고 있다. (다) 전문가들은 호주 카셰어링 시장이 앞으로도 가파르게 성장해 5년 후에는 현재보다 약 2.5배 증가한 2억 1,920만 호주 달러에 이를 것이며, 이용자 수도 10년 안에 150만 명까지 폭발적으로 늘어날 것이라고 예측한다. (라) 호주에서 차량을 소유할 경우 주유비, 서비스비, 보험료, 주차비 등의 부담이 크기 때문이다. 발표 자료에 의하면 차량 2대를 소유한 가족이 구매 금액을 비롯하여 차량 유지비에만 쓰는 비용은 연간 12,000 호주 달러에서 18,000 호주 달러에 이른다고 한다.

호주 자동차 산업에서 경제적·환경적·사회적인 변화에 따라 호주 카셰어링 시장이 폭발적인 성장세를 보이는 것에 주목할 필요가 있다. (마) 전문가들은 카셰어링으로 인해 자동차 산업에 나타나는 변화의 정도를 '위험한 속도'로까지 비유하기도 한다. 카셰어링 차량의 주차공간을 마련하기 위해서 정부의 역할이 매우 중요한 만큼 호주는 정부 차원에서도 카셰어링 서비스를 지원하는 데 적극적으로 움직이고 있다. 호주는 카셰어링 서비스가 발달한 미국, 캐나다, 유럽 대도시에 비하면 아직 뒤처져 있지만, 성장 가능성이 높아 국내기업에서도 차별화된 서비스와 플랫폼을 개발한다면 진출을 시도해 볼 수 있다.

> **보기**
>
> 이처럼 호주에서 카셰어링 서비스가 많은 회원을 확보하며 급격한 성장세를 나타내는 데는 비용 측면의 이유가 가장 크다고 볼 수 있다.

① (가)　　　　　　　　　　② (나)

③ (다)　　　　　　　　　　④ (라)

⑤ (마)

우리나라의 지명은 역사적으로 많은 우여곡절을 겪으면서 변천해 왔다. 그러나 자세히 관찰하면 우리나라 지명만이 갖는 특징이 있는데, 이는 우리 지명의 대부분이 지형, 기후, 정치, 군사 등에서 유래되었다는 점이다.

우리나라의 지명에는 山(산), 谷(곡), 峴(현), 川(천), 新(신), 大(대), 松(송) 등의 한자가 들어 있는 것이 많다. 이 중 山, 谷, 峴, 川 등은 산악 지형이 대부분인 한반도의 산과 골짜기를 넘는 고개, 그 사이를 굽이치는 하천을 반영한 것이다. 그런가 하면 新, 大 등은 인구 증가와 개척·간척에 따라 형성된 새로운 마을과 관련되는 지명이며, 松은 어딜 가나 흔한 나무가 소나무였으므로 이를 반영한 것이다. 그다음으로 上(상), 內(내), 南(남), 東(동), 下(하) 등의 한자와 石(석), 岩(암), 水(수), 浦(포), 井(정), 村(촌), 長(장), 龍(용), 月(월) 등의 한자가 지명에 많이 들어 있다. 이러한 한자들은 마을의 위치나 방위를 뜻하는 것으로서, 우리 민족이 전통적으로 남(南), 동(東) 방향을 선호했다는 증거이다. 또한 큰 바위(石, 岩)가 이정표 역할을 했으며, 물(水, 井)을 중심으로 생활했다는 것을 반영하고 있다. 한편, 평지나 큰 들이 있는 곳에는 坪(평), 平(평), 野(야), 原(원) 등의 한자가 많이 쓰였는데, 가평, 청평, 양평, 부평, 수원, 철원, 남원 등이 그 예이다. 한자로 된 지명은 보통 우리말 지명의 차음(借音)과 차훈(借訓)을 따랐기 때문에 어느 정도는 원래의 뜻을 유추할 수 있었다. 그런데 우리말 지명을 한자어로 바꿀 때 잘못 바꾸면 그 의미가 매우 동떨어지게 된다. 특히 일제 강점기 때는 우리말 지명의 뜻을 제대로 몰랐던 일제에 의해 잘못 바뀐 지명이 많다. 그 사례를 들어 보면, 경기도 안산시의 고잔동은 원래 우리말로 '곶 안'이라는 뜻이었다. 우리말 의미를 제대로 살렸다면 한자 지명이 곶내(串內)나 갑내(岬內)가 되었어야 하나, 일제에 의해 고잔(古棧)으로 바뀌었다. 한편 서울의 삼각지도 이와 같은 사례에 해당한다. 이곳의 원래 지명은 새벌(억새 벌판)인데, 경기 방언으로 새뿔이라고 불렸다. 이를 새(새)를 삼(三)으로, 뿔(벌)을 각(角)으로 해석하여 삼각지로 바꾼 것이다. 이렇게 잘못 바뀐 지명은 전국에 분포되어 있다. 현재 우리가 이 '고잔(古棧)'과 '삼각지(三角地)'에서 원래의 의미를 찾아내기란 결코 쉽지 않다.

조선 시대에는 촌락의 특수한 기능이 지명에 반영되는 경우가 많았는데, 특히 교통 및 방어와 관련된 촌락이 그러하였다. 하천 교통이 발달한 곳에는 도진취락(渡津聚落)이 발달했는데, 이러한 촌락의 지명에는 ~도(渡), ~진(津), ~포(浦) 등의 한자가 들어간다. 한편, 주요 역로를 따라서는 역원취락(驛院聚落)이 발달했다. 역은 공문서의 전달과 관리의 내왕(來往), 관물(官物)의 수송 등을 주로 담당했고, 원은 관리나 일반 여행자에게 숙박 편의를 제공했다. 따라서 역(驛)~, ~원(院) 등의 한자가 들어가는 지명은 ＿＿＿＿＿＿＿＿＿＿＿＿＿＿＿＿＿＿＿＿＿ 곳이다.

해방 후 국토 공간의 변화에 따라 지명에도 큰 변화가 있었다. 국토 개발에 따라 새로운 지명이 생겨났는가 하면, 고유의 지명이 소멸하거나 변질하기도 했다. 서울의 경우 인구 증가로 인해 새로운 동(洞)이 만들어지면서 공항동, 본동과 같은 낯선 지명이 생겨났다. 반면에 굴레방다리, 말죽거리, 장승배기, 모래내, 뚝섬과 같은 고유 지명은 행정구역 명칭으로 채택되지 않은 채 잊혀 가고 있다.

41 다음 중 윗글의 내용을 잘못 이해하고 있는 사람은?

① A : 서울 율현동(栗峴洞)의 지명은 마을이 위치한 고개 지형에서 유래되었군.

② B : 강원도의 원주시(原州市)는 주로 넓은 평지로 이루어져 있겠군.

③ C : 서울의 삼각지(三角紙)는 뿔 모양의 지형에서 유래된 지명이군.

④ D : 서울의 노량진동(露梁津洞)은 조선 시대 하천 교통의 요지였겠군.

⑤ E : 서울 공항동(空港洞) 지명의 역사는 안산 고잔동(古棧洞) 지명의 역사보다 짧겠군.

42 다음 중 빈칸에 들어갈 내용으로 가장 적절한 것은?

① 과거에 경치가 뛰어났던

② 과거에 상공업이 발달했던

③ 과거에 왕이 자주 행차했던

④ 과거에 육상 교통이 발달했던

⑤ 과거에 해상 교통이 발달했던

※ 다음은 국내 기업의 업종별 수출국가 및 수출비중과 향후 진출 희망 1순위 국가에 대한 자료이다. 이어지는 질문에 답하시오. [43~44]

〈업종별 수출국가 및 수출비중〉

(단위 : %)

구분	사례수 (개)	일본	중국	미국	동남아	독일	유럽 (독일 제외)	기타	무응답
주조	127	64.1	39.3	54.5	45.6	52.7	37.1	39.6	–
금형	830	74.2	59.3	45.1	52.8	32.7	32.7	36.6	–
소성가공	625	52.6	51.3	48.1	45.0	27.1	34.0	46.5	10.0
용접	594	59.8	60.7	54.9	47.8	75.8	29.5	50.0	–
표면처리	298	45.1	61.5	59.3	44.5	–	23.9	53.2	–
열처리	60	43.5	64.0	56.9	43.0	23.1	29.2	40.9	–
소계	2,534	65.0	57.8	50.1	50.0	35.7	33.8	46.3	10.0

〈업종별 향후 진출 희망 1순위 국가〉

(단위 : %)

구분	사례수 (개)	중국	동남아	미국	유럽 (독일 제외)	일본	독일	기타
주조	106	15.1	24.0	27.2	7.4	22.6	1.2	2.5
금형	111	5.9	14.5	20.9	22.4	14.8	21.5	–
소성가공	588	21.9	21.9	23.8	4.8	16.4	1.4	9.8
용접	746	39.6	21.7	12.3	16.0	2.1	1.8	6.5
표면처리	86	37.3	22.5	7.8	15.0	5.7	–	11.7
열처리	26	62.3	25.3	6.2	–	–	–	6.2
소계	1,663	29.8	21.5	17.5	11.6	9.5	2.8	7.3

43 다음 중 업종별 수출국가 및 수출비중에 대한 설명으로 옳지 않은 것은?

① 열처리 분야 기업 중 중국에 수출하는 기업은 30개 이상이다.
② 금형 분야 기업의 수는 전체 기업 수의 40% 미만이다.
③ 용접 분야 기업의 수는 표면처리 분야 기업의 수의 2배 이상이다.
④ 소성가공 분야 기업 중 미국에 수출하는 기업의 수가 동남아에 수출하는 기업의 수보다 많다.
⑤ 주조 분야 기업 중 가장 많은 기업이 수출하는 국가는 일본이다.

44 다음 대화를 참고할 때, 옳은 설명을 한 사람을 모두 고르면?

> 지현 : 금형 분야 기업들 중 가장 많은 기업이 1순위로 진출하고 싶어 하는 국가는 독일이야.
>
> 준엽 : 국내 열처리 분야 기업들이 가장 많이 수출하는 국가는 열처리 분야 기업들 중 가장 많은 기업이 1순위로 진출하고 싶어 하는 국가와 동일해.
>
> 찬영 : 표면처리 분야 기업들 중 유럽(독일 제외)에 진출하고 싶어 하는 기업들은 미국에 진출하고 싶어 하는 기업들의 2배 이상이다.
>
> 진경 : 용접 분야 기업들 중 기타 국가에 수출하는 기업의 수는 용접 분야 기업 중 독일을 제외한 유럽에 1순위로 진출하고 싶어 하는 기업의 수보다 많다.

① 지현, 준엽   ② 지현, 찬영

③ 준엽, 찬영   ④ 준엽, 진경

⑤ 찬영, 진경

45 다음은 자동차부품 제조업종인 K사의 SWOT 분석에 대한 내용이다. 대응 전략으로 적절하지 않은 것을 모두 고르면?

〈SWOT 분석〉

Strength(강점요인)	Weakness(약점요인)
• 현재 가동 가능한 해외 공장 다수 보유 • 다양한 해외 거래처와 장기간 거래	• 전염병 예방 차원에서의 국내 공장 가동률 저조 • 노조의 복지 확대요구 지속으로 인한 파업 위기
Opportunities(기회요인)	Threats(위협요인)
• 일부 국내 자동차부품 제조업체들의 폐업 • 국책은행의 부채 만기 연장 승인	• 전염병으로 인해 중국으로의 부품 수출 통제 • 필리핀 제조사들의 국내 진출

〈대응 전략〉

내부환경 외부환경	Strength(강점)	Weakness(약점)
Opportunities (기회요인)	㉠ 국내 자동차부품 제조업체 폐업으로 인한 내수공급량 부족분을 해외 공장에서 공급	㉡ 노조의 복지 확대 요구를 수용하여 생산성을 증대시킴
Threats (위협요인)	㉢ 해외 공장 가동률 확대를 통한 국내 공장 생산량 감소분 상쇄	㉣ 국내 공장 가동률을 향상시키며 전염병을 예방할 수 있는 방안을 탐색하여, 국내생산을 늘려 필리핀 제조사의 국내 진출 견제

① ㉠, ㉡   ② ㉠, ㉢

③ ㉡, ㉢   ④ ㉡, ㉣

⑤ ㉢, ㉣

46 다음은 K공단의 2018 ~ 2022년 부채현황에 대한 자료이다. 〈보기〉의 직원 중 다음 부채현황에 대해 옳은 설명을 한 사람을 모두 고르면?

〈K공사 부채현황〉

(단위 : 백만 원)

구분	2018년	2019년	2020년	2021년	2022년
자산	40,544	41,968	44,167	44,326	45,646
자본	36,642	38,005	39,295	40,549	41,800
부채	3,902	3,963	4,072	3,777	3,846
금융부채	–	–	–	–	–
연간이자	–	–	–	–	–
부채비율	10.7%	10.4%	10.4%	9.3%	9.2%
당기순이익	1,286	1,735	1,874	1,902	1,898

보기

김대리 : 2019년부터 2021년까지 당기순이익과 부채의 전년 대비 증감 추이는 동일해.
이주임 : 2021년 부채의 전년 대비 감소율은 10% 미만이야.
최주임 : 2020년부터 2022년까지 부채비율은 전년 대비 매년 감소하였어.
박사원 : 자산 대비 자본의 비율은 2021년에 전년 대비 증가하였어.

① 김대리, 이주임
② 김대리, 최주임
③ 최주임, 박사원
④ 이주임, 박사원
⑤ 김대리, 최주임, 박사원

47 K기업 직원들은 회의를 통해 가 ~ 라 4가지 사항 중에서 어떤 사항을 채택할지 고려하고 있다. 결정 과정에서 아래와 같은 〈조건〉이 모두 충족되어야 할 때, 다음 중 항상 옳지 않은 것은?

조건

(1) '가'사항을 채택하려면, '나'사항과 '다'사항 중 적어도 하나를 채택하지 않아야 한다.
(2) '다'사항과 '라'사항을 동시에 채택하면, '나'사항을 채택하지 않아야 한다.
(3) '가'사항이나 '나'사항을 채택하면, '라'사항도 채택해야 한다.

① '나'사항이 채택되지 않고 '다'사항이 채택되면, '가'사항이 채택될 수 있다.
② '가'사항이 채택되면, '다'사항도 같이 채택될 수 있다.
③ '가'사항과 '나'사항이 모두 채택되지 않으면, '라'사항은 채택될 수 있다.
④ '나'사항이 채택되면, '다'사항도 같이 채택될 수 있다.
⑤ '라'사항이 채택되지 않으면, '가'사항과 '나'사항 모두 채택할 수 없다.

48 다음 글을 통해 추론할 수 있는 내용으로 가장 적절한 것은?

바다 속에 서식했던 척추동물의 조상형 동물들은 체와 같은 구조를 이용하여 물속의 미생물을 걸러 먹었다. 이들은 몸집이 아주 작아서 물속에 녹아 있는 산소가 몸 깊숙한 곳까지 자유로이 넘나들 수 있었기 때문에 별도의 호흡계가 필요하지 않았다. 그런데 몸집이 커지면서 먹이를 거르던 체와 같은 구조가 호흡 기능까지 갖게 되어 마침내 아가미 형태로 변형되었다. 즉, 소화계의 일부가 호흡 기능을 담당하게 된 것이다. 그 후 호흡계의 일부가 변형되어 허파로 발달하고, 그 허파는 위장으로 이어지는 식도 아래쪽으로 뻗어 나갔다. 한편, 공기가 드나드는 통로는 콧구멍에서 입천장을 뚫고 들어가 입과 아가미 사이에 자리 잡게 되었다. 이러한 진화 과정을 보여 주는 것이 폐어(肺魚) 단계 의 호흡계 구조이다.

이후 진화 과정이 거듭되면서 호흡계와 소화계가 접하는 지점이 콧구멍 바로 아래로부터 목 깊숙한 곳으로 이동하였다. 그 결과 머리와 목구멍의 구조가 변형되지 않는 범위 내에서 호흡계와 소화계가 점차 분리되었다. 즉, 처음에는 길게 이어져 있던 호흡계와 소화계의 겹친 부위가 점차 짧아졌고, 마침내 하나의 교차점으로만 남게 된 것이다. 이것이 인간을 포함한 고등 척추동물에서 볼 수 있는 호흡계의 기본 구조이다. 따라서 음식물로 인한 인간의 질식 현상은 척추동물 조상형 단계를 지나 자리 잡게 된 허파의 위치(당시에는 최선의 선택이었을) 때문에 생겨난 진화의 결과라 할 수 있다.

① 진화는 순간순간에 필요한 대응일 뿐 최상의 결과를 내는 과정이 아니다.
② 조상형 동물은 몸집이 커지면서 호흡기능의 중요성이 줄어드는 대신 소화기능이 중요해졌다.
③ 폐어 단계의 호흡계 구조에서 갖고 있던 아가미는 척추동물의 허파로 진화하였다.
④ 지금의 척추동물과는 달리 조상형 동물들은 산소를 필요로 하지 않았다.
⑤ 척추동물로 진화해 오면서 호흡계와 소화계는 완전히 분리되었다.

49 다음은 2018 ~ 2022년 국가공무원 및 지방자치단체공무원 현황에 대한 자료이다. 이에 대한 설명으로 옳지 않은 것은?

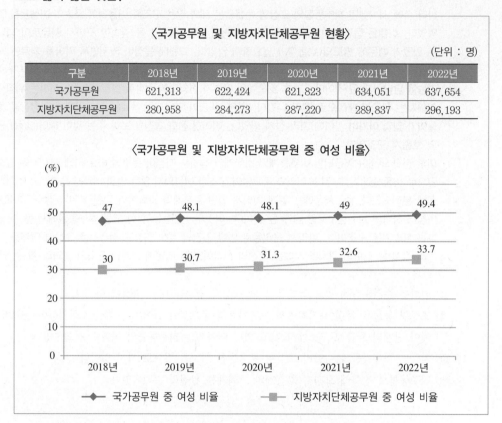

〈국가공무원 및 지방자치단체공무원 현황〉

(단위 : 명)

구분	2018년	2019년	2020년	2021년	2022년
국가공무원	621,313	622,424	621,823	634,051	637,654
지방자치단체공무원	280,958	284,273	287,220	289,837	296,193

〈국가공무원 및 지방자치단체공무원 중 여성 비율〉

① 매년 국가공무원 중 여성 수는 지방자치단체공무원 중 여성 수의 3배 이상이다.
② 지방자치단체공무원 중 여성 수는 매년 증가하였다.
③ 매년 국가공무원 중 여성 수는 지방자치단체공무원 수보다 많다.
④ 국가공무원 중 남성 수는 2020년이 2019년보다 적다.
⑤ 국가공무원 중 여성 비율과 지방자치단체공무원 중 여성 비율의 차이는 매년 감소한다.

50 다음 글을 읽고 추론할 수 있는 내용으로 가장 적절한 것은?

> 최근 환경에 대한 관심이 증가하면서 상표에도 '에코, 녹색' 등 '친환경'을 표방하는 상표 출원이 꾸준히 증가하는 것으로 나타났다. 특허청에 따르면, '친환경' 관련 상표 출원은 최근 10여 년간 연평균 1,200여 건이 출원돼 꾸준한 관심을 받아온 것으로 나타났다. '친환경' 관련 상표는 제품의 '친환경'을 나타내는 대표적인 문구인 '친환경, 에코, ECO, 녹색, 그린, 생태' 등의 문자를 포함하고 있는 상표이며 출원건수는 상품류를 기준으로 한다. 즉, 단류 출원은 1건, 2개류에 출원된 경우 2건으로 계산한다.
>
> 작년 한 해 친환경 상표가 가장 많이 출원된 제품은 화장품(79건)이었으며, 그다음으로 세제(50건), 치약(48건), 샴푸(47건) 순으로 조사됐다. 특히, 출원건수 상위 10개 제품 중 7개가 일상생활에서 흔히 사용하는 미용, 위생 등 피부와 관련된 상품인 것으로 나타나 깨끗하고 순수한 환경에 대한 관심이 친환경 제품으로 확대되고 있는 것으로 분석됐다.
>
> 2007년부터 2017년까지의 '친환경' 관련 상표의 출원실적을 보면 영문자 'ECO'가 4,820건으로 가장 많이 사용되어 기업이나 개인은 제품의 '친환경'을 나타내는 상표 문구로 'ECO'를 가장 선호하는 것으로 드러났다. 다음으로는 '그린'이 3,862건, 한글 '에코'가 3,156건 사용됐고 '초록', '친환경', '녹색', '생태'가 각각 766건, 687건, 536건, 184건으로 그 뒤를 이었다. 특히, '저탄소·녹색성장'이 국가 주요 정책으로 추진되던 2010년에는 '녹색'을 사용한 상표출원이 매우 증가한 것으로 나타났고, 친환경·유기농 먹거리 등에 대한 수요가 늘어나면서 2015년에는 '초록'이 포함된 상표 출원이 상대적으로 증가한 것으로 조사됐다.
>
> 최근 환경과 건강에 대한 관심이 증가하면서 이러한 '친환경' 관련 상표를 출원하여 등록받는 것이 소비자들의 안전한 구매를 촉진하는 길이 될 수 있다.

① 환경과 건강에 대한 관심이 증가하지만 '친환경'을 강조하는 상표출원의 증가세가 주춤할 것으로 전망된다.

② 국가 주요 정책이나 환경에 대한 관심이 상표 출원에 많은 영향을 미친다.

③ 친환경 상표가 가장 많이 출원된 제품인 화장품의 경우 대부분 안전하다고 믿고 사용해도 된다.

④ 영문 'ECO'와 한글 '에코'의 의미가 동일하므로 한글 '에코'의 상표 문구 출원이 높아져 영문 'ECO'를 역전할 가능성이 높다.

⑤ 친환경 세제를 개발한 P사는 ECO 달세제, ECO 별세제 2개의 상품을 모두 '표백제 및 기타 세탁용 제제'의 상품류로 등록하여 출원건수는 2건으로 계산될 수 있다.

제3회
최종점검 모의고사

※ 한국환경공단 최종점검 모의고사는 채용공고를 기준으로 구성한 것으로 실제 시험과 다를 수 있습니다.

■ 취약영역 분석

번호	O/×	영역	번호	O/×	영역	번호	O/×	영역
01		의사소통능력	21		수리능력	41		수리능력
02		수리능력	22		의사소통능력	42		문제해결능력
03		문제해결능력	23			43		
04		조직이해능력	24		조직이해능력	44		
05		문제해결능력	25			45		
06			26		의사소통능력	46		의사소통능력
07			27			47		
08		수리능력	28		문제해결능력	48		조직이해능력
09			29			49		수리능력
10		문제해결능력	30			50		의사소통능력
11			31		수리능력			
12		수리능력	32					
13		의사소통능력	33					
14			34		의사소통능력			
15		문제해결능력	35					
16			36					
17			37					
18		조직이해능력	38		문제해결능력			
19		수리능력	39					
20			40		조직이해능력			

평가문항	50문항	평가시간	60분
시작시간	:	종료시간	:
취약영역			

01　다음 중 빈칸에 들어갈 내용으로 가장 적절한 것은?

> ＿＿＿＿＿＿＿＿＿＿는 슬로건이 대두되는 이유는 우리가 작품의 맥락과 내용에 대한 지식에 의존하여 작품을 감상하는 일이 자주 있기 때문이다. 맥락에 있어서건 내용에 있어서건 지식이 작품의 가치평가에서 하는 역할이란 작품의 미적인 측면과는 관련이 없는 것처럼 보인다. 단토는 일찍이 '어떤 것을 예술로 보는 것은 눈이 알아보지 못하는 무엇[예술이론의 분위기와 예술사에 대한 지식, 즉 예술계(Artworld)]을 요구한다.'고 주장했다. 그가 드는 고전적인 예는 앤디 워홀이 복제한 브릴로 상자들인데, 이 상자들은 1960년대의 평범한 슈퍼마켓에 깔끔하게 쌓아올려진 채 진열되어 있었던 그런 종류의 물건이었다. 어떤 의도와 목적을 가지고 보든지 워홀의 브릴로 상자들은 그것이 모사하는 일상의 대상인 실제 브릴로 상자들과 조금도 달라 보이지 않지만, 그래도 우리는 워홀의 상자는 예술로 대하고 가게에 있는 상자들은 그렇게 대하지 않는다. 그 차이는 워홀이 만든 대상이 지닌 아름다움으로는 설명될 수 없다. 왜냐하면 이 측면에서라면 두 종류의 상자가 지닌 특질은 동일하다고 볼 수 있기 때문이다. 그렇다면 우리는 워홀의 브릴로 상자가 지닌 아름다움에 대해 그것은 그 작품의 예술로서의 본성과 의미와 관련하여 외적이라고 말할 수 있을 것이다.

① 의미가 중요하다
② 대중성이 중요하다
③ 실천이 중요하다
④ 지식이 중요하다
⑤ 아름다운 것의 예술적 변용이 중요하다

02　둘레가 600m인 호수가 있다. 서희와 소정이가 자전거를 타고 서로 반대 방향으로 동시에 출발하여 각각 초속 7m, 초속 5m의 속력으로 달렸을 때, 서희와 소정이가 세 번째로 만나는 지점은 출발점에서 얼마나 떨어져 있는가?(단, 양쪽 중 더 짧은 거리를 기준으로 한다)

① 120m　　　　　　　　　　② 150m
③ 200m　　　　　　　　　　④ 220m
⑤ 250m

03 다음 〈조건〉을 바탕으로 추론한 〈보기〉에 대한 내용으로 옳은 것을 모두 고르면?

> **조건**
>
> 6명의 선수 A ~ F가 참가하는 어떤 게임은 다음 조건을 만족한다고 한다. 이 게임에서 선수 X가 선수 Y에게 우세하면 선수 Y는 선수 X에게 열세인 것으로 본다.
> • A, B, C 각각은 D, E, F 중 정확히 2명에게만 우세하다.
> • D, E, F 각각은 A, B, C 중 정확히 2명에게만 열세이다.
> • A는 D와 E에게 우세하다.

> **보기**
>
> ㄱ. C는 E에게 우세하다.
> ㄴ. F는 B와 C에게 열세이다.
> ㄷ. B가 E에게 우세하면 C는 D에게 우세하다.

① ㄱ   ② ㄴ
③ ㄷ   ④ ㄱ, ㄷ
⑤ ㄴ, ㄷ

04 귀하는 인사팀 팀장으로 신입사원 공채의 면접관으로 참가하게 되었다. 귀하의 회사는 조직 내 팀워크를 무엇보다도 중요하게 생각하기 때문에 귀하는 이 점을 고려하여 직원을 채용해야 한다. 다음의 지원자 중 귀하의 회사에 채용되기에 적절하지 않은 지원자는 누구인가?

① A지원자 : 회사의 가치관과 제 생각이 다르다고 할지라도 수긍하는 자세로 일하겠습니다.
② B지원자 : 조직 내에서 반드시 필요한 일원이 되겠습니다.
③ C지원자 : 동료와 함께 부족한 부분을 채워나간다는 생각으로 일하겠습니다.
④ D지원자 : 회사의 목표가 곧 제 목표라는 생각으로 모든 업무에 참여하겠습니다.
⑤ E지원자 : 모든 업무에 능동적으로 참여하는 적극적인 사원이 되겠습니다.

문제해결이란 목표와 현상을 분석하고, 이 분석 결과를 토대로 과제를 도출하여 최적의 해결책을 찾아 실행, 평가하는 활동을 의미한다. 이러한 문제해결은 ⊙ 조직 측면, ⓒ 고객 측면, ⓒ 자신의 세 가지 측면에서 도움을 줄 수 있다.

문제해결의 기본 요소는 총 다섯 가지가 있으며, 이를 도식화하면 아래와 같다.

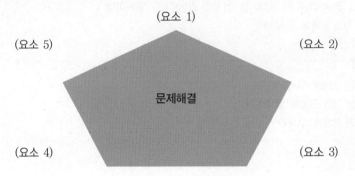

(요소 1)

(요소 5)　　　　　　　　　　　　　　　　(요소 2)

문제해결

(요소 4)　　　　　　　　　　　　　　　　(요소 3)

문제해결을 위한 사고 방법에는 ⓒ 전략적 사고와 ⓜ 분석적 사고가 있다. 전략적 사고는 현재 당면하고 있는 문제와 그 해결에만 그치는 것이 아니라 그 문제와 해결방안이 상위 시스템과 어떻게 연결되어 있는지를 생각하는 사고를 말한다. 또한 분석적 사고란 전체를 각각의 요소로 나누어 그 요소의 의미를 도출한 다음 우선순위를 부여하고 구체적인 문제해결방법을 실행하는 사고를 말한다.

05　다음 중 윗글의 ⊙ ~ ⓒ에 해당하는 것이라고 볼 수 없는 것은?

① 경쟁사 대비 우위를 확보
② 고객만족 제고
③ 업무를 효율적으로 처리
④ 산업 발전에 도움
⑤ 고객 불편사항 개선

06　다음 중 문제해결의 기본요소 1 ~ 5로 보기에 적절하지 않은 것은?

① 논리적 사고에 있어서 가장 기본이 되는 것은 늘 생각하는 습관을 들이는 것이다.
② 자신의 논리로만 생각하면 독선에 빠지기 쉬우므로, 상대의 논리를 구조화하는 것이 필요하다.
③ 상대가 말하는 것을 잘 알 수 없을 때는 자신이 가진 논리로 예측하도록 한다.
④ 상대의 주장에 반론할 경우에는 상대 주장 전부를 부정하지 않고, 동시에 상대의 인격을 존중해야 한다.
⑤ 일상적인 대화, 회사의 문서, 신문의 사설 등 접하는 모든 것들에 대해서 늘 생각하는 자세가 필요하다.

07 다음 중 윗글의 ㉣, ㉤을 적용한 예로 적절하지 않은 것은?

① ㉣ : 본사의 규정을 바꿀 경우, 본사에 소속된 영업점들에게 어떤 영향을 미칠지 고려한다.

② ㉣ : 학업을 위해 대학원 진학을 고려 중인 직장인이 대학원에 진학하게 될 경우 직장, 가족, 학업, 개인생활에 어떤 영향을 미칠지 전체적으로 고려한다.

③ ㉤ : 최근 경영성과가 나빠진 기업이 재무, 영업, 고객관리, 생산 등 여러 측면에서 그 원인을 파악하고자 노력한다.

④ ㉤ : 최근 고객 불만 사항이 늘어나고 있자 고객만족을 상품 요소, 서비스 요소, 기업이미지 요소로 분류한 뒤 측정하여 이를 통해 개선사항을 도출하였다.

⑤ ㉤ : 제조공장에 생산성을 10% 이상 높이기 위해 공장 운영, 업무 방식, 제도, 기법 등의 측면에서 생산성 향상 방법을 도출하였다.

08 신영이는 제주도로 여행을 갔다. 호텔에서 공원까지 거리는 지도상에서 10cm이고, 지도의 축척은 1 : 50,000이다. 신영이가 30km/h의 속력으로 자전거를 타고 갈 때, 호텔에서 출발하여 공원에 도착하는 데까지 걸리는 시간은 얼마인가?

① 10분
② 15분
③ 20분
④ 25분
⑤ 30분

09 비행기가 순항 중일 때에는 860km/h의 속력으로 날아가고, 기상이 악화되면 40km/h의 속력이 줄어든다. 어떤 비행기가 3시간 30분 동안 비행하는 데 15분 동안 기상이 악화되었다면, 비행한 거리는 총 몇 km인가?

① 2,850km
② 2,900km
③ 2,950km
④ 3,000km
⑤ 3,050km

※ 다음은 예산의 구성요소에 대한 설명과 K회사의 5월 지출을 나타내는 명세서이다. 이어지는 질문에 답하시오. [10~11]

〈예산의 구성요소〉

예산의 구성요소에는 직접비용과 간접비용이 있다. 직접비용은 제품 또는 서비스를 창출하기 위해 직접 소비된 것으로 여겨지는 비용을 말한다. 간접비용은 제품 또는 서비스 창출하기 위해 소비된 비용 중에서 직접비용을 제외한 비용으로, 생산에 직접 관련되지 않은 비용이라고 할 수 있다. 간접비용의 경우 과제에 따라 매우 다양하며, 과제가 수행되는 상황에 따라서도 다양하게 나타나게 된다.

〈K회사 5월 지출명세서〉

품목	금액	비고
원료	3,000,000원	-
보험료	300,000원	-
기자재	1,200,000원	모니터 3대, 프린터 1개
건물관리비	600,000원	
인건비	3,800,000원	파트타이머 2명, 시급 10,000원
사무용품	80,000원	화이트보드 1개, 의자 1개, 가위 1개
공과금	200,000원	
통신비	100,000원	
잡비	50,000원	-

10 다음 중 K회사가 지출한 품목 중에서 간접비용에 해당하는 것은?

① 원료
② 기자재
③ 인건비
④ 사무용품
⑤ 잡비

11 다음 중 K회사가 지출한 품목 중 직접비용의 총비용은?

① 470,000원
② 680,000원
③ 7,180,000원
④ 8,000,000원
⑤ 8,050,000원

12 다음은 국내 이민자의 경제활동과 관련된 자료이다. 〈보기〉에서 올바른 설명을 모두 고르면?

〈국내 이민자 경제활동인구〉

(단위 : 천 명, %)

구분	이민자			국내인 전체
	외국인		귀화허가자	
	남성	여성		
15세 이상 인구	695.7	529.6	52.7	43,735
경제활동인구	576.1	292.6	35.6	27,828
취업자	560.5	273.7	33.8	26,824
실업자	15.6	18.8	1.8	1,003.0
비경제활동인구	119.5	237.0	17.1	15,907.0
경제활동 참가율	82.8	55.2	67.6	63.6

보기

㉠ 15세 이상 국내 인구 중 이민자가 차지하는 비율은 4% 이상이다.
㉡ 15세 이상 외국인 중 실업자의 비율이 귀화허가자 중 실업자의 비율보다 낮다.
㉢ 외국인 취업자의 수는 귀화허가자 취업자 수의 20배 이상이다.
㉣ 외국인 여성의 경제활동 참가율이 국내인 여성의 경제활동 참가율보다 낮다.

① ㉠, ㉡
② ㉠, ㉢
③ ㉡, ㉢
④ ㉠, ㉡, ㉢
⑤ ㉡, ㉢, ㉣

※ 다음 글을 읽고 이어지는 질문에 답하시오. [13~14]

K기업은 신입사원들의 퇴사율이 높아지고 있는 상황을 해결하기 위해 사원들을 중심으로 설문 조사를 실시하였다.

그중 제일 높은 비중을 차지한 것은 바로 커뮤니케이션의 문제였다. 이에 따라 K기업의 대표는 업무에 대한 이해도가 낮은 신입사원들에게 적절한 설명과 피드백 없이 업무를 진행시킨 것이 가장 큰 문제라고 생각했다. 이러한 문제를 해결하기 위해서 K기업의 대표는 전 직원을 대상으로 효과적인 커뮤니케이션을 위한 교육을 실시하기로 결정하였다.

다음은 회사 내에서 직원들의 의견을 수립하여 만든 효과적인 커뮤니케이션을 위한 5가지 교육 방안이다. 특히 K기업의 대표는 적절한 커뮤니케이션 수단에 관한 내용을 강조하고 있다.

첫째. 명확한 목표설정
- 메시지를 전달하고 받는 내용에 대해 명확한 목표설정이 필요하다.
- 필요하면 정확한 이해를 돕는 시각적 보조 자료를 활용한다.

둘째. 적절한 커뮤니케이션 수단
- 상대방이 이해하기 쉬운 전달 방법을 선택한다.
- 언어적인, 비언어적인 방법을 적절히 활용한다.
- 간접화법보단 직접적으로 의사를 표현하도록 한다.

셋째. 적절한 피드백
- 메시지 전달이 원활하게 이루어지고 있는지 확인한다.
- 비언어적인 수단을 통해 전해지는 메시지를 확인한다.

넷째. 공감과 신뢰감 형성
- 외형적 의미뿐 아니라 내면적 의미를 이해하고 공감한다.
- 상대방의 말과 행동을 파악하고 같이 조절한다.

다섯째. 부드럽고 명확한 전달
- 안정적인 목소리를 유지한다.
- 자신감을 가지고 말끝이 흐려지지 않게 끝까지 분명하게 말한다.
- 정보 전달 시 숫자 활용, 자료 제공 등 구체적이고 명확하게 전달한다.
- 발음을 분명하게 한다.

13 다음 중 교육을 받은 김대리와 이팀장의 대화로 적절하지 않은 것은?

① 김대리 : 저는 다른 의견보다 첫 번째 의견에 적극적으로 동의합니다.

② 이팀장 : 가능하면 시각적 보조자료를 활용해서 근거를 제시해 주면 좋겠네.

③ 김대리 : 물론이죠. 근데 아까 하신 말씀 중에 어려운 부분이 있는데 여쭤볼 수 있을까요?

④ 최팀장 : 그것도 못 알아들으면 어떻게 일을 하는가? 알아서 공부해 오게!

⑤ 이팀장 : 물어보고 싶은 부분이 어떤 건지 얘기해 보게.

14 다음 중 K기업의 대표가 강조하고 있는 적절한 커뮤니케이션 수단에 대한 설명으로 옳지 않은 것은?

① 안정적인 목소리를 유지하고 발음을 분명히 해야 전달이 명확하게 된다.

② 비언어적인 수단을 사용하지 않아도 전해지기 때문에 언어적인 수단만을 사용한다.

③ 통계나 그림 같은 시각적 보조자료를 이용하여 전략적으로 소통한다.

④ 상대방이 취하는 행동을 유심히 관찰하여 공감을 한다.

⑤ 간접화법보다는 직접적으로 의사를 표현하도록 한다.

15 다음 중 〈조건〉을 바탕으로 추론한 〈보기〉에 대한 내용으로 옳은 것은?

> **조건**
> • 영어를 잘하면 중국어를 못한다.
> • 스페인어를 잘하면 영어를 잘한다.
> • 일본어를 잘하면 스페인어를 잘한다.

> **보기**
> A : 스페인어를 잘하면 중국어를 못한다.
> B : 일본어를 잘하면 중국어를 못한다.

① A만 옳다.

② B만 옳다.

③ A, B 모두 옳다.

④ A, B 모두 틀리다.

⑤ A, B 모두 옳은지 틀린지 판단할 수 없다.

16 다음은 업무 수행 과정에서 발생하는 문제의 유형 3가지를 소개한 자료이다. 문제의 유형에 대하여 〈보기〉의 사례가 바르게 연결된 것은?

〈문제의 유형〉	
발생형 문제	현재 직면한 문제로, 어떤 기준에 대하여 일탈 또는 미달함으로써 발생하는 문제이다.
탐색형 문제	탐색하지 않으면 나타나지 않는 문제로, 현재 상황을 개선하거나 효율을 더 높이기 위해 발생하는 문제이다.
설정형 문제	미래지향적인 새로운 과제 또는 목표를 설정하면서 발생하는 문제이다.

보기

(가) A회사는 초콜릿 과자에서 애벌레로 보이는 곤충 사체가 발견되어 과자 제조과정에 대해 고민하고 있다.

(나) B회사는 점차 다가오는 초고령사회에 대비하여 노인들을 위한 애플리케이션을 개발하기로 했다.

(다) C회사는 현재의 충전지보다 더 많은 전압을 회복시킬 수 있는 충전지를 연구하고 있다.

(라) D회사는 발전하고 있는 드론시대를 위해 드론센터를 건립하기로 결정했다.

(마) E회사는 업무 효율을 높이기 위해 근로시간을 단축하기로 결정했다.

(바) F회사는 올해 개발한 침대에 방사능이 검출되어 안전기준에 부적합 판정을 받았다.

	발생형 문제	탐색형 문제	설정형 문제
①	(가), (바)	(다), (마)	(나), (라)
②	(가), (마)	(나), (라)	(다), (바)
③	(가), (나)	(다), (바)	(라), (마)
④	(가), (나)	(마), (바)	(다), (라)
⑤	(가), (바)	(나), (다)	(라), (마)

17 자동차 회사에 근무하는 D씨는 올해 새로 출시될 예정인 수소전기차 '럭스'에 대해 SWOT 분석을 진행하기로 하였다. 다음 중 〈보기〉의 (가) ~ (마) 중 SWOT 분석에 들어갈 내용으로 적절하지 않은 것은?

〈수소전기차 '럭스' 분석 내용〉

▶ 럭스는 서울에서 부산을 달리고도 절반 가까이 남는 609km에 달하는 긴 주행거리와 5분에 불과한 짧은 충전시간을 볼 수 있다.
▶ 수소전기차의 정부 보조금 지급 대상은 총 240대로, 생산량에 비해 보조금이 부족한 실정이다.
▶ 전기차의 경우 전기의 가격은 약 10 ~ 30원/km이며, 수소차의 경우 수소의 가격은 약 72.8원/km이다.
▶ 럭스의 가격은 정부와 지자체의 보조금을 통해 3천여 만 원에 구입이 가능하며, 이는 첨단 기술이 집약된 친환경차를 중형 SUV 가격에 구매한다는 점에서 매력적이지 않을 수 없다.
▶ 화석연료료 만든 전기를 충전해서 움직이는 전기차보다 물로 전기를 만들어서 움직이는 수소전기차가 더 친환경적이다.
▶ 수소를 충전할 수 있는 충전소는 전국 12개소에 불과하며, 올해 안에 10개소를 더 설치한다고 계획되었으나 모두 완공될지는 미지수이다.
▶ 현재 전 세계에서 친환경차의 인기는 뜨거우며, 저유가와 레저 문화의 확산으로 앞으로도 인기가 지속될 전망이다.

보기

강점(Strength)	약점(Weakness)
• (가) <u>보조금을 통한 저렴한 가격</u> • 일반 전기차보다 친환경적인 수소전기차 • (나) <u>짧은 충전시간과 긴 주행거리</u>	• (다) <u>수소보다 비싼 전기 가격</u>
기회(Opportunity)	위협(Threat)
• (라) <u>친환경차에 대한 인기</u>	• 생산량에 비해 부족한 보조금 • (마) <u>충전 인프라 부족</u>

① (가) ② (나)

③ (다) ④ (라)

⑤ (마)

18 다음은 K공단의 보안업무취급 규칙에 따른 보안업무 책임자 및 담당자와 임무에 대한 자료이다. 이에 대한 내용으로 적절하지 않은 것은?

〈보안업무 책임자 및 담당자〉

구분	이사장	총무국장	비서실장	팀장
보안책임관	○			
보안담당관		○		
비밀보관책임자				○
시설방호책임자	○			
시설방호부책임자		○		
보호구역관리책임자			○ (이사장실)	○ (지정보호구역)

〈보안업무 책임자 및 담당자의 임무〉

구분	수행임무
보안책임관	• 공단의 보안업무 전반에 대한 지휘, 감독총괄
보안담당관	• 자체 보안업무 수행에 대한 계획, 조정 및 감독 • 보안교육 및 비밀관리, 서약서 집행 • 통신보안에 관한 사항 • 비밀의 복제, 복사 및 발간에 대한 통제 및 승인 • 기타 보안업무 수행에 필요하다고 인정하는 사항 • 비밀취급인가
비밀보관책임자	• 비밀의 보관 및 안전관리 • 비밀관계부철의 기록 유지
시설방호책임자	• 자체 시설 방호계획 수립 및 안전관리 • 자위소방대 편성, 운영 • 시설방호 부책임자에 대한 지휘, 감독
시설방호부책임자	• 시설방호책임자의 보좌 • 자체 시설 방호계획 및 안전관리에 대한 실무처리 • 자위소방대 편성, 운영
보호구역관리책임자	• 지정된 보호구역의 시설안전관리 및 보안유지 • 보호구역내의 출입자 통제

① 비밀문서를 복제하고자 할 때에는 총무국장의 승인을 받아야 한다.

② 비밀관리기록부를 갱신할 때에는 담당부서 팀장의 확인을 받아야 한다.

③ 비서실장은 이사장실을 수시로 관리하고, 외부인의 출입을 통제해야 한다.

④ 이사장과 총무국장은 화재 예방을 위해 자위소방대를 편성·운영해야 한다.

⑤ 비밀취급인가를 신청할 때 필요한 서약서는 이사장에게 제출해야 한다.

19 다음은 지역별 전기차 보급대수 및 한 대당 지급되는 보조금을 정리한 자료이다. 이에 대한 설명으로 옳은 것은?

<표>

구분	보급대수(대)	지자체 부서명	지방보조금(만 원)
서울	11,254	기후대기과	450
부산	2,000	기후대기과	500
대구	6,500	미래형자동차과	500
인천	2,200	에너지정책과	500
광주	1,200	기후대기과	600
대전	1,500	미세먼지대응과	700
울산	645	환경보전과	600
세종	530	환경정책과	400
경기	6,000	미세먼지대책과	550
강원	1,819	에너지과	650
충북	908	기후대기과	800
충남	2,820	미세먼지대책과	800
전북	921	자연생태과	900
전남	1,832	기후생태과	700
경북	2,481	환경정책과	800
경남	2,390	기후대기과	700
제주	20,000	탄소없는제주정책과	500
합계	65,000	–	–

〈지역별 전기차 보급대수 및 보조금〉

① 서울지역의 지자체 부서명과 같은 곳은 다섯 개 지역이다.

② 지방보조금이 700만 원 이상인 곳은 전체 지역에서 40% 미만이다.

③ 전기차 보급대수가 두 번째로 많은 지역과 다섯 번째로 적은 지역의 차이는 9,054대이다.

④ 지자체 부서명이 미세먼지대책과인 지역의 총 보급대수는 8,820대이다.

⑤ 지자체 부서명이 환경정책과인 지역의 총 보급대수는 전 지역 보급대수의 5% 이상이다.

※ 다음은 K공단의 2020 ~ 2022년 지식재산권 현황에 대한 자료이다. 이어지는 질문에 답하시오.
 [20~21]

〈2022년 지식재산권 현황(누적)〉

(단위 : 건)

구분	계	산업재산권					SW권 (컴퓨터 프로그램)	저작권
		소계	특허권 (PCT 포함)	실용신안권	디자인권	상표권		
총계	385	100	66	0	24	10	71	214
출원	21	21	16	0	0	5	0	0
등록	364	79	50	0	24	5	71	214

〈2021년 지식재산권 현황(누적)〉

(단위 : 건)

구분	계	산업재산권					SW권 (컴퓨터 프로그램)	저작권
		소계	특허권 (PCT 포함)	실용신안권	디자인권	상표권		
총계	386	104	70	0	24	10	68	214
출원	32	32	27	0	0	5	0	0
등록	354	72	43	0	24	5	68	214

〈2020년 지식재산권 현황(누적)〉

(단위 : 건)

구분	계	산업재산권					SW권 (컴퓨터 프로그램)	저작권
		소계	특허권 (PCT 포함)	실용신안권	디자인권	상표권		
총계	386	90	52	0	28	10	57	214
출원	32	24	19	0	0	5	0	0
등록	354	66	33	0	28	5	57	214

20 다음 〈보기〉의 설명 중 2022년 지식재산권 현황에 대한 옳은 것을 모두 고르면?

보기

ㄱ. 2022년까지 등록 및 출원된 산업재산권 수는 등록 및 출원된 SW권보다 40% 이상 많다.

ㄴ. 2022년까지 출원된 특허권 수는 산업재산권 전체 출원 수의 80% 이상을 차지한다.

ㄷ. 2022년까지 등록된 저작권 수는 등록된 SW권의 3배를 초과한다.

ㄹ. 2022년까지 출원된 특허권 수는 등록 및 출원된 특허권의 50% 이상이다.

① ㄱ, ㄴ   ② ㄱ, ㄷ
③ ㄴ, ㄷ   ④ ㄴ, ㄹ
⑤ ㄷ, ㄹ

PART 2

21 다음 중 2020 ~ 2022년 지식재산권 현황에 대한 설명으로 옳지 않은 것은?

① 등록된 누적 특허권 수는 2021년과 2022년 모두 전년 대비 증가하였다.

② 총 디자인권 수는 2020년 대비 2022년에 5% 이상 감소하였다.

③ 매년 모든 산업재산권에서 등록된 건수가 출원된 건수 이상이다.

④ 등록된 SW권 수는 2020년 대비 2022년에 20% 이상 증가하였다.

⑤ 등록된 지식재산권 중 2020년부터 2022년까지 건수에 변동이 없는 것은 2가지이다.

※ 다음 글을 읽고 이어지는 질문에 답하시오. [22~23]

과학과 종교의 관계를 들여다보면 과학의 이름으로 종교를 비판하는 과학자들이 있는가 하면, 신의 뜻을 알기 위해 혹은 신의 세계를 이해하기 위해 연구하는 과학자들이 있다. 왜 종교라는 하나의 대상에 대해 이렇게 나뉘는 것일까?

영적 측면은 종교와 과학이 통할 수 있는 부분이자 종교의 진정한 가치를 유지할 수 있는 부분이다. 과학자가 무언가를 발견할 때 '영감(Inspiration)'이라는 표현을 사용하는 것을 생각해 보면 이를 이해할 수 있다. 예술에서 '영감'을 받았다는 표현과 과학에서 '영감'을 받았다는 표현은 결국 같은 것이라고 할 수 있다. 이는 곧 종교에서 말하는 '영감'과도 다르지 않다. '영감'은 '믿음'과 관련이 있기 때문이다. "이렇게 행동하면 어떤 결과가 나올까?"에 대한 질문에 "이렇게 되어야 한다."라는 예상이 곧 '믿음'에 해당한다.

실험이라는 것은 증명되지 않은 것을 밝히기 위한 과정이다. 즉, 자신이 세운 가설이 맞는지 확인하는 과정으로 과학자는 예상된 결과가 나올 것이라는 '믿음' 때문에 실험을 진행한다. 실험이 실패하더라도 계속해서 실험을 진행하는 것은 바로 '믿음' 때문이다. 이 '믿음'이 새로운 실험을 하게 하는 원동력이자 과학을 발전시키는 또 다른 힘이라고 할 수 있다. 물론 종교적 '믿음'과 과학적 '믿음'은 다르다. 과학자의 믿음은 자연의 법칙이나 우주의 원리를 알아내겠다는 '믿음'인 반면, 종교인들의 믿음은 신이라는 존재에 대한 '믿음'으로 믿음의 대상이 다르다고 할 수 있다. _____ '믿음'이라는 말 외에는 그 어떤 단어로도 대체하기 어려운 것이 사실이다.

아인슈타인이 종교성을 말한 것도 이런 맥락이라고 할 수 있다. 과학자들이 말하는 '우주에 대한 이해 가능성'은 증명되고 실험된 것은 아니다. 단지 이해 가능할 것이라는 '믿음'과 '영감' 때문에 연구하는 것이다. 그래서 아인슈타인은 "과학은 종교에 의존하여 우주를 이해할 수 있는 '믿음'을 소유하고, 종교는 과학에 의존하여 경이로운 우주의 질서를 발견한다."라고 주장했다.

그렇다면 두 영역이 서로 상생하기 위해서는 어떻게 해야 할까. 우선 편견으로부터 자유로워지는 것이 중요하다. 편견에서 벗어나야만 종교인 본연의 자세, 과학자 본래의 마음으로 돌아갈 수 있기 때문이다. 편견에서 자유로워지기 위해 과학자에게는 지성의 겸허함이, 종교인에게는 영혼의 겸허함이 필요하고, 문제를 해결하기까지의 인내도 있어야 한다. 이 두 가지만 있다면 우리가 지동설을 인정하는 것 같이 진화론의 문제도 해결될 것이고, 다른 기타의 문제들도 원만하게 풀어나갈 수 있을 것이다. 하지만 '겸허함과 인내'를 가지기 위해서는 무엇보다 서로의 영역을 인정해 주려는 노력이 우선시되어야 한다. 그래야만 함부로 서로 영역을 침범하면서 비난하는 일이 생겨나지 않을 수 있기 때문이다.

22 다음 중 빈칸에 들어갈 접속어로 가장 적절한 것은?

① 그러므로
② 그리고
③ 그래서
④ 그러나
⑤ 이와 같이

23 다음 중 글쓴이의 주장으로 가장 적절한 것은?

① 과학과 종교 두 영역이 상생하기 위해서는 각 영역에 대한 비판적인 평가가 필요하다.
② 과학과 종교를 하나의 영역으로 통합하려는 노력이 필요하다.
③ 과학자와 종교인은 서로의 믿음에 대한 대상이 같음을 인정해야 한다.
④ 과학자와 종교인은 전체의 관점에서 서로의 영역을 파악해야 한다.
⑤ 과학자와 종교인은 편견에서 벗어나 서로의 영역을 존중해야 한다.

24 다음 〈보기〉 중 조직의 의사결정에 대한 설명으로 적절한 것을 모두 고르면?

> **보기**
>
> ㄱ. 조직 내부 문제에 대한 진단은 비공식적으로 이루어지기도 한다.
> ㄴ. 조직 문제에 대한 대안은 기존 방법을 벗어나는 방법에서 새롭게 설계하는 것이 가장 바람직하다.
> ㄷ. 조직의 의사결정은 기존 결정에 대한 점진적 수정보다는 급진적인 변화가 발생하는 경향이 존재한다.
> ㄹ. 조직 문제에 대한 대안으로 선택된 방안은 조직 내 공식적 승인절차를 거친 후에 실행된다.

① ㄱ, ㄴ   ② ㄱ, ㄹ
③ ㄴ, ㄷ   ④ ㄴ, ㄹ
⑤ ㄷ, ㄹ

25 다음 중 조직의 변화에 대한 설명으로 옳은 것은?

① 조직 변화와 관련된 환경의 변화는 조직에 영향이 없는 변화들도 모두 포함한다.
② 변화를 실행하고자 하는 조직은 기존의 규정 내에서 환경에 대한 최적의 적응방안을 모색해야 한다.
③ 조직의 변화전략은 실현가능할 뿐 아니라 구체적이어야 한다.
④ 조직구성원들이 현실에 안주하고 변화를 기피하는 경향이 없을수록 환경 변화를 인지하지 못한다.
⑤ 조직의 변화는 '조직변화 방향 수립 – 조직변화 실행 – 변화결과 평가 – 환경변화 인지' 순으로 이루어진다.

26 다음 중 밑줄 친 부분이 적절하게 쓰이지 않은 것은?

① 우리 고향이 주요 <u>개발</u> 대상지로 선정되어서 마을 잔치를 했다.
② 평소에 자기 <u>계발</u>을 계속한 사람은 기회가 왔을 때 그것을 잡을 확률이 높다.
③ 5년간의 연구 끝에 신제품 <u>개발</u>에 성공했다.
④ 이 정부가 가장 중점을 두고 있는 부분이 경제 <u>개발</u>이라는 것은 정책을 보면 알 수 있다.
⑤ 인류는 미래를 위해서 화석 연료 대체 에너지 <u>계발</u>에 힘써야 한다.

※ 다음 글을 읽고 이어지는 질문에 답하시오. [27~28]

기업은 상품의 사회적 마모를 촉진시키는 주체이다. 생산과 소비가 지속되어야 이윤을 남길 수 있기 때문에, 하나의 상품을 생산해서 그 상품의 물리적 마모가 끝날 때까지를 기다렸다가는 그 기업은 망하기 십상이다. 이러한 상황에서 늘 수요에 비해서 과잉 생산을 하는 기업이 살아남을 수 있는 길은 상품의 사회적 마모를 짧게 해서 사람들로 하여금 계속 소비하게 만드는 것이다.

그래서 ⊙ 기업들은 더 많은 이익을 내기 위해서는 상품의 성능을 향상시키기보다는 디자인을 변화시키는 것이 더 바람직하다고 생각한다. 산업이 발달하여 ⓒ 상품의 성능이나 기능, 내구성이 이전보다 더욱 향상되었는데도 불구하고 상품의 생명이 이전보다 더 짧아지는 것은 어떻게 생각하면 자본주의 상품이 지닌 모순이라고 할 수 있다. 섬유의 질은 점점 좋아지지만 그 옷을 입는 기간은 이에 비해서 점점 짧아지게 되는 것이 바로 자본주의 상품이 지니고 있는 모순이다. 산업이 계속 발달하여 상품의 성능이 향상되는데도 상품의 사회적인 마모 기간이 누군가에 의해서 엄청나게 짧아지고 있다. 상품의 질은 향상되고 내가 버는 돈은 늘어가는 것 같은데 늘 무엇인가 부족한 듯한 느낌이 드는 것도 이와 관련이 있다.

27 다음 중 ⊙에 대해 제기할 수 있는 반론으로 가장 적절한 것은?

① 상품의 성능은 그대로 두어도 향상될 수 있는가?
② 디자인에 관한 소비자들의 취향이 바뀌는 것을 막을 방안은 있는가?
③ 상품의 성능 향상을 등한시하며 디자인만 바꾼다고 소비가 증가할 것인가?
④ 사회적 마모 기간이 점차 짧아지면 디자인을 개발하는 것이 기업에 도움이 되겠는가?
⑤ 소비 성향에 맞춰 디자인을 다양화할 수 있는가?

28 다음 중 ⓒ이 가장 잘 나타난 사례로 볼 수 있는 것은?

① 같은 가격이라면 남들이 많이 가지고 있는 것을 산다.
② 자신에게 필요가 없게 된 물건은 싼값에 남에게 판다.
③ 옷을 살 때는 디자인이나 기능보다는 가격을 더 고려한다.
④ 휴대전화를 가지고 있으면서도 새로운 모델의 휴대전화를 사기 위해 돈을 모은다.
⑤ 기능을 고려하여 가장 비싼 노트북을 산다.

K기업 기획팀의 이현수 대리는 금일 오후 5시까지 전산시스템을 통해 제출해야 하는 사업계획서를 제출하지 못하였다. 이는 K기업이 정부로부터 지원금을 받을 수 있는 매우 중요한 사안으로, 이번 사건으로 K기업 전체에 비상이 걸렸다. 이현수 대리를 비롯하여 사업계획서와 관련된 담당자들은 금일 오후 4시 30분까지 제출 준비를 모두 마쳤으나, 회사 전산망 마비로 전산시스템 접속이 불가능해 사업계획서를 제출하지 못하였다. 이들은 정부 기관 측 담당자에게 사정을 설명하였으나, 담당자는 예외는 없다고 답변하였다. 이를 지켜본 강민호 부장은 '㉠ 이현수 대리는 기획팀을 대표하는 인재인데 이런 실수를 하다니 기획팀이 하는 업무는 모두 실수투성이 일 것이 분명할 것'이라고 말하였다.

29 다음 중 윗글에서 나타난 문제와 문제점을 바르게 나열한 것은?

	문제	문제점
①	사업계획서 제출 실패	정부 담당자 설득 실패
②	정부 담당자 설득 실패	사업계획서 제출 실패
③	사업계획서 제출 실패	전산망 마비
④	전산망 마비	사업계획서 제출 실패
⑤	전산망 마비	정부 담당자 설득 실패

30 다음 중 밑줄 친 ㉠에서 나타난 논리적 오류로 옳은 것은?

① 권위나 인신공격에 의존한 논증
② 무지의 오류
③ 애매성의 오류
④ 연역법의 오류
⑤ 허수아비 공격의 오류

31 홍은, 영훈, 성준이는 K공단 공채에 지원했다. K공단 직무적성검사에 합격할 확률이 각각 $\dfrac{6}{7}$, $\dfrac{3}{5}$, $\dfrac{1}{2}$이다. 세 사람 중 두 사람이 합격할 확률을 $\dfrac{b}{a}$라 할 때, $a+b$의 값은?(단, a와 b는 서로소이다)

① 51 ② 64
③ 77 ④ 90
⑤ 103

32 다음은 유아교육 규모에 대한 자료이다. 〈보기〉 중 옳지 않은 것을 모두 고르면?

〈유아교육 규모〉

구분	2016년	2017년	2018년	2019년	2020년	2021년	2022년
유치원 수(원)	8,494	8,275	8,290	8,294	8,344	8,373	8,388
학급 수(학급)	20,723	22,409	23,010	23,860	24,567	24,908	25,670
원아 수(명)	545,263	541,603	545,812	541,550	537,822	537,361	538,587
교원 수(명)	28,012	31,033	32,095	33,504	34,601	35,415	36,461
취원율(%)	26.2	31.4	35.3	36.0	38.4	39.7	39.9
교원 1인당 원아 수(명)	19.5	17.5	17.0	16.2	15.5	15.2	14.8

보기
㉠ 유치원 원아 수의 변동은 매년 일정한 흐름을 보이지는 않는다.
㉡ 교원 1인당 원아 수가 적어지는 것은 원아 수 대비 학급 수가 늘어나기 때문이다.
㉢ 취원율은 매년 증가하고 있는 추세이다.
㉣ 교원 수가 매년 증가하는 이유는 청년 취업과 관계가 있다.

① ㉠, ㉡ ② ㉠, ㉢
③ ㉡, ㉣ ④ ㉢, ㉣
⑤ ㉠, ㉢, ㉣

33 다음은 국가별 성인 평균섭취량에 대한 자료이다. 이에 대한 〈보기〉의 설명으로 옳은 것을 모두 고르면?

〈국가별 성인 평균섭취량〉

(단위 : g)

국가	탄수화물	단백질			지방		
		합계	동물성	식물성	합계	동물성	식물성
한국	380	60	38	22	55	30	25
미국	295	67	34	33	59	41	18
브라질	410	56	28	28	60	32	28
인도	450	74	21	53	49	21	28
러시아	330	68	44	24	60	38	22
프랑스	320	71	27	44	60	31	29
멕시코	425	79	58	21	66	55	11
스페인	355	60	32	28	54	28	26
영국	284	64	42	22	55	32	23
중국	385	76	41	35	65	35	30

〈성인 기준 하루 권장 섭취량〉

구분	탄수화물	단백질	지방
섭취량	300 ~ 400g	56 ~ 70g	51g

보기

㉠ 탄수화물 섭취량이 '성인 기준 하루 권장 섭취량'을 초과한 국가 수와 미만인 국가 수는 동일하다.

㉡ 단백질 섭취량이 '성인 기준 하루 권장 섭취량'을 초과하는 국가는 동물성 단백질 섭취량이 식물성 단백질 섭취량보다 많다.

㉢ 지방 섭취량이 '성인 기준 하루 권장 섭취량'과의 차이가 가장 작은 국가의 지방 섭취량 중 동물성 지방 섭취량이 차지하는 비율은 40% 이하이다.

㉣ 성인 평균 탄수화물 섭취량이 가장 작은 나라의 단백질과 지방 섭취량 중 동물성이 차지하는 비율은 식물성이 차지하는 비율보다 크다.

① ㉠

② ㉢

③ ㉣

④ ㉡, ㉢

⑤ ㉠, ㉣

34 다음 사례의 상황에서 올바른 의사소통을 하기 위한 방법으로 적절하지 않은 것은?

> 지나가다 마주친 이웃집 사람이 현재 관리가 잘 되어 문제가 되지 않는 쓰레기나 애완견 등의 부분에 대해 감정적으로 공격하기 시작하였다. 왜 그렇게 생각하는지, 무엇 때문인지 말을 들어봐도 알 수가 없고, 언행이 매우 공격적이다.

① 상대의 기분에 따라 내가 변하지 않기 위해 침착함을 잃지 않고, 이성적으로 생각해야 한다.
② 위축된 모습을 상대에게 보이면 상대가 더 공격적으로 되기 때문에 당당하게 자신의 의견을 말한다.
③ 상대가 화를 내면 맞대응으로 같이 화를 내면서, 동시에 논리적으로 반박하여 상대가 할 말이 없게 만든다.
④ 상대가 공격적인 말을 하면 그게 무슨 뜻인지 즉시 되물어서 대화의 주도권을 가져온다.
⑤ 모욕적인 말을 들으면 그 말이 무엇인지 분명히 말하고, 사과를 요구한다.

35 다음 문장에 어울리는 단어를 골라 순서대로 바르게 나열한 것은?

> • 요즘 옷은 남녀의 ㉠ 구별 / 차별이 없는 경우가 많다.
> • 많은 생산품 중에서 최상의 것만을 ㉡ 변별 / 식별해서 시장에 내놓았다.
> • 필적을 ㉢ 분별 / 감별한 결과 본인의 것이 아님이 판명되었다.

	㉠	㉡	㉢
①	구별	식별	분별
②	구별	변별	분별
③	구별	변별	감별
④	차별	변별	감별
⑤	차별	식별	감별

36 다음은 로가닉(Rawganic)에 대한 신문기사이다. 이를 읽고 이해한 내용으로 적절하지 않은 것은?

> 오늘날 한국 사회는 건강에 대한 관심과 열풍이 그 어느 때보다 증가하고 있다. 이미 우리 사회에서 유기농, 친환경, 웰빙과 같은 단어는 이미 친숙해진 지 오래다. 제품마다 웰빙이라는 단어를 부여해야만 매출이 상승했던 웰빙 시대를 지나서 사람들은 천연 재료를 추구하는 오가닉(Organic) 시대를 접하였으며, 나아가 오늘날에는 오가닉을 넘어 로가닉(Rawganic)을 추구하기 시작한 것이다.
>
> 로가닉이란, '천연상태의 날 것'을 의미하는 Raw와 '천연 그대로의 유기농'을 의미하는 Organic의 합성어이다. 즉, 자연에서 재배한 식자재를 가공하지 않고 천연 그대로 사용하는 것을 말하는 것이다. 로가닉은 '천연상태의 날 것'을 유지한다는 점에서 기존의 오가닉과 차이를 가진다. 재료 본연의 맛과 향을 잃지 않는 방식으로 제조되는 것이다. 이러한 로가닉은 오늘날 우리의 식품업계에 직접적으로 영향을 주고 있다. 화학조미료 사용을 줄이고 식재료 본연의 맛과 풍미를 살린 '로가닉 조리법'을 활용한 외식 프랜차이즈 브랜드가 꾸준히 인기를 끌고 있음을 확인할 수 있는 것이다.
>
> 로가닉은 세 가지의 핵심적인 가치요소가 포함되어야 한다. 첫째는 날 것 상태인 천연 그대로의 성분을 사용하는 것이고, 둘째는 희소성이며, 셋째는 매력적이고 재미있는 스토리를 가지고 있어야 한다는 것이다.
>
> 최근 ○○한우 브랜드는 당일 직송된 암소만을 엄선하여 사용함으로써 로가닉의 사고를 지닌 소비자들의 입맛을 사로잡고 있다. 품질이 우수한 식재료의 본연의 맛에서 가장 좋은 요리가 탄생한다는 로가닉 조리법을 통해 화제가 된 것이다. 또한 코펜하겐에 위치한 △△레스토랑은 '채집음식'을 추구함으로써 세계 최고의 레스토랑으로 선정되었다. 채집음식이란 재배한 식물이 아닌 야생에서 자란 음식재료를 활용하여 만든 음식을 의미한다.
>
> 다음으로 로가닉의 가치요소인 희소성은 루왁 커피를 예로 들 수 있다. 루왁 커피는 사향 고양이인 루왁이 커피 열매를 먹고 배설한 배설물을 채집하여 만들어진 커피로, 까다로운 채집과정과 인공의 힘으로 불가능한 생산과정을 거침으로써 높은 희소가치를 지닌 상품으로 각광받고 있는 것이다.
>
> 마지막으로 로가닉은 매력적이고 재미있는 스토리텔링이 되어야 한다. 로가닉 제품의 채집과정과 효능, 상품 탄생배경 등과 같은 구체적이고 흥미 있는 스토리로 소비자들의 공감을 불러일으켜야 한다. 소비자들이 이러한 스토리텔링에 만족한다면 로가닉 제품의 높은 가격은 더 이상 매출 상승의 장애 요인이 되지 않을 것이다.
>
> 로가닉은 이처럼 세 가지 핵심적인 가치요소들을 충족함으로써 한층 더 고급스러워진 소비자들의 욕구를 채워 주고 있다.

① 로가닉의 희소성은 어려운 채집과정과 생산과정을 통해 나타난다.
② 직접 재배한 식물로 만들어진 채집음식은 로가닉으로 볼 수 있다.
③ 로가닉은 천연 상태의 날 것을 그대로 사용한다는 점에서 오가닉과 다르다.
④ 로가닉 제품의 높은 가격은 스토리텔링을 통해 보완할 수 있다.
⑤ 로가닉 조리법을 활용한 외식업체의 인기가 높음을 알 수 있다.

37 K공단은 창립 기념일을 맞이하여 인사팀, 영업팀, 홍보팀, 디자인팀, 기획팀에서 총 20명의 신입 사원들이 나와서 장기자랑을 한다. 각 팀에서는 최소 한 명 이상 참가하며, 장기자랑 종목은 각각 춤, 마임, 노래, 마술, 기타 연주이다. 다음 〈조건〉이 모두 참일 때, 장기자랑에 참석한 홍보팀 사원들은 모두 몇 명이고, 어떤 종목으로 참가하는가?(단, 장기자랑 종목은 팀별로 겹칠 수 없다)

> **조건**
> • 홍보팀은 영업팀 참가 인원의 2배이다.
> • 춤을 추는 팀은 총 6명이며, 인사팀은 노래를 부른다.
> • 기획팀 7명은 마임을 하며, 다섯 팀 중 가장 참가 인원이 많다.
> • 마술을 하는 팀은 2명이며, 영업팀은 기타 연주를 하거나 춤을 춘다.
> • 디자인팀은 춤을 추며, 노래를 부르는 팀은 마술을 하는 팀 인원의 2배이다.

① 1명, 마술   ② 1명, 노래
③ 2명, 기타 연주   ④ 2명, 노래
⑤ 2명, 마술

38 민호는 겨울 방학 동안 6개의 도시를 여행했다. 다음 〈조건〉을 참고할 때, 민호의 네 번째 여행지가 부산이었다면 전주는 몇 번째 여행지인가?

> **조건**
> • 춘천은 세 번째 여행지였다.
> • 대구는 여섯 번째 여행지였다.
> • 부산은 안동의 바로 전 여행지였다.
> • 전주는 강릉의 바로 전 여행지였다.

① 첫 번째   ② 두 번째
③ 세 번째   ④ 네 번째
⑤ 다섯 번째

39 K공단의 임직원들은 출장지에서 묵을 방을 배정받는다고 한다. 출장 인원은 대표를 포함한 10명이며, 그중 6명은 숙소 배정표와 같이 미리 배정되었다. 생산팀 장과장, 인사팀 유과장, 총무팀 박부장, 대표 4명이 아래의 〈조건〉에 따라 방을 배정받아야 할 때, 다음 중 항상 '거짓'인 것은?

조건

- 같은 직급은 옆방으로 배정하지 않는다.
- 마주보는 방은 같은 부서 임직원이 배정받을 수 없다.
- 대표의 옆방은 부장만 배정받을 수 있다.
- 빈방은 나란히 있거나 마주 보지 않는다.

〈숙소 배정표〉

101호 인사팀 최부장	102호	103호 생산팀 강차장	104호	105호	106호 생산팀 이사원
			복도		
112호 관리팀 김부장	111호	110호	109호 총무팀 이대리	108호 인사팀 한사원	107호

① 인사팀 유과장은 105호에 배정받을 수 없다.
② 104호는 아무도 배정받지 않을 수 있다.
③ 111호에는 생산팀 장과장이 묵는다.
④ 총무팀 박부장은 110호에 배정받는다.
⑤ 105호에는 생산팀 장과장이 묵을 수 있다.

40 다음은 조직목표의 요소에 대한 설명이다. 빈칸 ㉠, ㉡에 들어갈 말이 바르게 연결된 것은?

조직설계 학자인 Richard L. Daft는 조직이 일차적으로 수행해야 할 과업인 운영목표에는 조직전체의 성과, 자원, 시장, ___㉡___, 혁신과 변화, ___㉠___에 관한 목표가 포함된다고 하였다.
전체성과는 영리조직은 수익성, 사회복지기관은 서비스 제공과 같은 조직의 성장목표이다. 자원은 조직에 필요한 재료와 재무자원을 획득하는 것이며, 시장과 관련된 조직목표는 시장점유율이나 시장에서의 지위향상과 같은 목표이다. ___㉡___은 조직구성원에 대한 교육훈련, 승진, 성장 등과 관련된 목표이며, 혁신과 변화는 불확실한 환경변화에 대한 적응가능성을 높이고 내부의 유연성을 향상시키고자 수립하는 것이다. ___㉠___은 투입된 자원에 대비한 산출량을 높이기 위한 목표로 단위생산비용, 조직구성원 1인당 생산량 및 투입비용 등으로 산출할 수 있다.

	㉠	㉡		㉠	㉡
①	생산성	조직개편	②	생산성	인력개발
③	생산성	R&D	④	지속가능성	조직개편
⑤	지속가능성	인력개발			

41 마케팅 부서 팀장은 자신의 부서 팀원들의 최종 업무수행능력 점수를 가지고 평균, 분산, 표준편차를 구하려고 한다. 다음 중 세 값을 순서대로 바르게 나열한 것은?

	평균	분산	표준편차		평균	분산	표준편차
①	70	92.5	$\sqrt{92.5}$	②	75	93.5	$\sqrt{93.5}$
③	76	90.5	$\sqrt{90.5}$	④	77	90.5	$\sqrt{90.5}$
⑤	77	90.8	$\sqrt{90.8}$				

※ 다음 글을 읽고 이어지는 질문에 답하시오. [42~43]

K기업은 매년 연말 팀장이 각 팀원에 대해서 업무수행능력 평가를 한다. 평가항목은 업무성과, 업무역량, 조직역량, 구성원 평가 4개의 영역으로 나눠 각각 40%, 20%, 30%, 10%의 가중치를 적용하여 최종점수를 산출한다.

K기업 마케팅 부서 팀원 A, B, C, D, E의 영역별 평가점수는 다음과 같다.

(단위 : 점)

구분	업무성과	업무역량	조직역량	구성원 평가	해외 프로젝트 참여
A	60	50	80	80	O
B	80	90	70	80	X
C	60	70	70	70	X
D	95	90	80	90	O
E	90	80	90	60	O

42 다음 중 윗글을 통해 최종 업무수행능력 점수를 계산했을 때, 최고점자는 누구인가?

① A ② B

③ C ④ D

⑤ E

43 마케팅 부서 팀장은 팀 내 최저점자를 선별하려 했으나, 최종점수가 동일하여 선별에 난항을 겪고 있다. 동점자인 경우의 평가 방법에 대해 인사팀에 문의하자 아래와 같은 답변을 받았다. 인사팀의 답변에 근거하였을 때, 마케팅 부서 내 최저점자는 누구인가?

사내 인사시행규칙 제9조 제3항에 근거, 부서 내 업무수행능력 평가 점수가 동일한 경우에는 다음과 같이 평가합니다.
1. 최종 점수가 동일한 경우, 업무성과 점수가 높은 자가 상위득점자가 됨
2. 업무성과 점수도 동일한 경우, 해당연도 해외 출장 참여나 담당 프로젝트 건수 등 명확한 우열을 가릴 수 있는 기준에 근거하여 상위득점자를 산출함

① A ② B

③ C ④ D

⑤ E

※ 다음은 K공단의 공익신고 포상제도와 포상금 지급기준에 대한 자료이다. 이어지는 질문에 답하시오.
[44~45]

〈공익신고 포상제도〉

• 지급근거 : 「위반행위 신고접수처리 및 신고자보호 등에 관한 운영 지침」 각 조항

〈포상금 지급기준〉

• 직무관련자의 임직원 부조리 및 임직원에 의한 내부공익신고의 경우(제23조 제2항)

① 금액으로 산출이 가능한 경우(제23조 제2항 제1호)

피해액 혹은 수수금액	포상금액
100만 원 이하	전액
100만 원 초과	100만 원＋100만 원 초과 대상가액의 30%
상한액	300만 원

② 금액으로 산출이 불가능한 경우(제23조 제2항 제2호)

구분	포상금액
위반의 내용이 일반적이고, 공단사업 운영에 적은 영향을 미치는 사항 또는 대상자 징계처분 결과가 견책 또는 감봉일 경우	100만 원 이내
위반의 내용이 중하고, 공단사업 운영에 큰 영향을 미치는 사항 또는 대상자 징계처분 결과가 정직일 경우	200만 원 이내
위반의 내용이 심대하고, 공단사업의 운영에 중대한 영향을 미치는 사항 또는 대상자 징계처분 결과가 해임 또는 파면일 경우	300만 원 이내

• 임직원이 본인의 의사에 반하여 수수하게 된 금품 등을 반환하거나 거절하고 신고한 경우(제23조 제2항 제3호)

수수금품액의 25%(최저 5만 원, 최고 50만 원)

 ※ 단, 금품반환이나 거절의 사실 및 금액이 객관적으로 입증되는 경우에 한함

• 그 밖에 인사 또는 업무관련 청탁 등 부조리(제23조 제2항 제4호) 50만 원 정액 지급

44 다음 〈보기〉에서 공익신고 포상제도에 대한 설명으로 옳은 것을 모두 고르면?

> **보기**
>
> ㄱ. 신고자 개인이 1회의 신고로 받을 수 있는 포상금 최고금액은 300만 원이다.
> ㄴ. 내부공익신고에 따른 포상금의 경우, 금액으로의 산출가능 여부에 따라 최대 200만 원까지 차이가 난다.
> ㄷ. 위반의 내용이 심대하고, 공단사업 운영에 중대한 영향을 미치는 사항 또는 대상자 징계처분 결과가 해임 또는 파면인 내부공익신고의 경우, 신고자가 수령할 포상금액은 200만 원 이내이다.
> ㄹ. 임직원이 본인의 의사에 반하여 200만 원 상당의 현금다발을 수수한 후 반환하고 신고한 경우, 「위반행위 신고접수처리 및 신고자보호등에 관한 운영 지침」 제23조 제2항 제4호에 따라 지급되는 포상금과 동일한 금액을 지급받는다.

① ㄱ, ㄴ   ② ㄱ, ㄹ
③ ㄴ, ㄷ   ④ ㄴ, ㄹ
⑤ ㄷ, ㄹ

45 다음은 A ~ C직원의 공익신고 내용이다. 가장 큰 금액의 포상금을 수령할 직원과 그 금액을 연결한 내용으로 옳은 것은?

직원	신고내용
A대리	우연히 알게 된 인사과 P주임의 내부 부정에 대해 신고하였으며, 피해액을 금액으로 산출할 수는 없었으며 P주임은 일반적 사항 위반으로 인해 징계처분으로 감봉을 받게 되었다.
B주임	직무수행 도중 외부입찰을 담당하는 K대리와 입찰에 참여한 협력사 간의 부정청탁에 대해 알게 되어 신고하였다. 조사 결과, 해당 부정청탁을 통해 K대리가 수수한 금액은 210만 원으로 파악되었다.
C사원	의사에 반하여 협력업체로부터 금품 500만 원을 받았으나, 즉시 거절 후 신고하였다. 또한 같은 시기에 G사원이 자신의 직무와 관련하여 100만 원을 부정수수한 사건을 신고하였다.

	포상금을 수령할 직원	해당 포상금
①	A대리	100만 원
②	A대리	275만 원
③	B주임	133만 원
④	C사원	150만 원
⑤	C사원	275만 원

※ 평소 환경에 관심이 많은 A씨는 인터넷에서 다음과 같은 글을 보았다. 이를 읽고 이어지는 질문에 답하시오. [46~47]

마스크를 낀 사람들이 더는 낯설지 않다. "알프스나 남극 공기를 포장해 파는 시대가 오는 게 아니냐."는 농담을 가볍게 웃어넘기기 힘든 상황이 됐다. 황사·미세먼지·초미세먼지·오존·자외선 등 한 번 외출할 때마다 꼼꼼히 챙겨야 할 것들이 한둘이 아니다. 중국과 인접한 우리나라의 환경오염 피해는 더욱 심각한 상황이다. 지난 4월 3일 서울의 공기 질은 최악을 기록한 인도 델리에 이어 불명예 2위를 차지했다.

또렷한 환경오염은 급격한 기후변화의 촉매제가 되고 있다. 지난 1912년 이후 지구의 연평균 온도는 꾸준히 상승해 평균 0.75℃가 올랐다. 우리나라는 세계적으로 유래를 찾아보기 어려울 만큼 연평균 온도가 100여 년간 1.8℃나 상승했으며, 이는 지구 평균치의 2배를 웃도는 수치이다. 기온 상승은 다양한 부작용을 낳고 있다. 1991년부터 2010년까지 20여 년간 폭염일수는 8.2일에서 10.5일로 늘어났고, 열대야지수는 5.4일에서 12.5일로 증가했다. 1920년대에 비해 1990년대 겨울은 한 달이 짧아졌다. 이러한 이상 기온은 우리 농어촌에 악영향을 끼칠 수밖에 없다.

기후변화와 더불어, 세계 인구의 폭발적 증가는 식량난 사태로 이어지고 있다. 일부 저개발 국가에서는 굶주림이 일반화되고 있다. 올해 4월을 기준으로 전 세계 인구수는 74억 9,400만 명을 넘어섰다. 인류 역사상 가장 많은 인류가 지구에 사는 셈이다. 이 추세대로라면 오는 2050년에는 97억 2,500만 명을 넘어설 것으로 전망된다. 한정된 식량 자원과 급증하는 지구촌 인구수 앞에 결과는 불을 보듯 뻔하다. 곧 글로벌 식량위기가 가시화될 전망이다.

우리나라는 식량의 75% 이상을 해외에서 조달하고 있다. 이는 국제 식량가격의 급등이 식량안보 위협으로 이어질 수도 있음을 뜻한다. 미 국방성은 '수백만 명이 사망하는 전쟁이나 자연재해보다 기후변화가 가까운 미래에 더 심각한 재앙을 초래할 수 있다.'는 내용의 보고서를 발표하였다.

이뿐 아니라 식량이 부족한 상황에서 식량의 질적 문제도 해결해야 할 과제이다. 삶의 질을 중시하면서 친환경적인 안전 먹거리에 대한 관심과 수요는 증가하고 있지만, 급변하는 기후변화와 부족한 식량자원은 식량의 저질화로 이어질 가능성을 높이고 있다. 일손 부족 등으로 인해 친환경 먹거리 생산의 대량화 역시 쉽지 않은 상황이다.

46 다음 중 윗글의 주제로 가장 적절한 것은?

① 지구온난화에 의한 기후변화의 징조
② 환경오염에 따른 기후변화가 우리 삶에 미치는 영향
③ 기후변화에 대처하는 자세
④ 환경오염을 예방하는 방법
⑤ 환경오염과 인구증가의 원인

47 다음 중 A씨가 윗글을 읽고 이해한 내용으로 가장 적절한 것은?

① 기후변화는 환경오염의 촉매제가 되어 우리 농어촌에 악영향을 끼치고 있다.
② 알프스나 남극에서 공기를 포장해 파는 시대가 도래하였다.
③ 세계인구의 폭발적인 증가는 저개발 국가의 책임이 크다.
④ 우리나라의 식량자급률 특성상 기후변화가 계속된다면 식량난이 심각해질 것이다.
⑤ 친환경 먹거리는 급변하는 기후 속 식량난을 해결하는 방법의 하나다.

48 김팀장은 이대리에게 다음과 같은 업무지시를 내렸고, 이대리는 김팀장의 업무 지시에 따라 자신의 업무 일정을 정리하였다. 다음 중 이대리의 업무에 대한 설명으로 적절하지 않은 것은?

〈김팀장의 업무지시〉

이대리, 오늘 월요일 정기회의 진행에 앞서 이번 주 업무에 대해서 미리 전달할게요. 먼저, 이번 주 금요일에 진행되는 회사 창립 기념일 행사 준비는 잘 되고 있나요? 행사 진행 전에 확인해야 할 사항들에 대해 체크리스트를 작성해서 수요일 오전까지 저에게 제출해 주세요. 그리고 행사가 끝난 후에는 총무팀 회식을 할 예정입니다. 이대리가 적당한 장소를 결정하고, 목요일 퇴근 전까지 예약이 완료될 수 있도록 해 주세요. 아! 그리고 내일 오후 3시에 진행되는 신입사원 면접과 관련해서 오늘 퇴근 전까지 면접 지원자에게 다시 한 번 유선으로 참여 여부를 확인하고, 정확한 시간과 준비 사항 등의 안내를 부탁할게요. 참! 지난주 영업팀이 신청한 비품도 주문해야 합니다. 오늘 오후 2시 이전에 발주해야 영업팀이 요청한 수요일 전에 배송 받을 수 있다는 점 기억하세요. 자, 그럼 바로 회의 진행하도록 합시다. 그리고 오늘 회의 내용은 이대리가 작성해서 회의가 끝난 후 바로 사내 인트라넷 게시판에 공유해 주세요.

〈12월 첫째 주 업무 일정〉

㉠ 회의록 작성 및 사내 게시판 게시
㉡ 신입사원 면접 참여 여부 확인 및 관련사항 안내
㉢ 영업팀 신청 비품 주문
㉣ 회사 창립 기념일 행사 준비 관련 체크리스트 작성
㉤ 총무팀 회식 장소 예약

---

① 이대리가 가장 먼저 처리해야 할 업무는 ㉠이다.
② 이대리는 ㉡보다 ㉢을 우선 처리하는 것이 좋다.
③ ㉠, ㉡, ㉢은 월요일 내에 모두 처리해야 한다.
④ ㉣을 완료한 이후에는 김팀장에게 제출해야 한다.
⑤ ㉤은 회사 창립 기념일 행사가 끝나기 전까지 처리해야 한다.

49 국토교통부는 자동차의 공회전 발생률과 공회전 시 연료소모량이 적은 차량 운전자에게 현금처럼 쓸 수 있는 탄소포인트를 제공하는 정책을 구상하고 있다. 국토교통부는 동일 차량 운전자 A ~ E를 대상으로 이 정책을 시범 시행하였다. 다음 자료를 근거로 할 때, 공회전 발생률과 공회전 시 연료소모량에 따라 A ~ E운전자가 받을 수 있는 탄소포인트의 총합이 큰 순서대로 나열한 것은?(단, 주어진 자료 이외의 다른 조건은 고려하지 않는다)

〈차량 시범 시행 결과〉

구분	A	B	C	D	E
주행시간(분)	200	30	50	25	50
총 공회전시간(분)	20	15	10	5	25

〈공회전 발생률에 대한 탄소포인트〉

구분	19% 이하	20 ~ 39%	40 ~ 59%	60 ~ 79%	80% 이상
탄소포인트(P)	100	80	50	20	10

〈공회전 시 연료소모량에 대한 구간별 탄소포인트〉

구분	99cc 이하	100 ~ 199cc	200 ~ 299cc	300 ~ 399cc	400cc 이상
탄소포인트(P)	100	75	50	25	0

※ [공회전 발생률(%)]$=\dfrac{(총\ 공회전시간)}{(주행시간)}\times100$

※ [공회전 시 연료소모량(cc)]=(총 공회전시간)×20

① D > C > A > B > E
② D > C > A > E > B
③ D > A > C > B > E
④ A > D > B > E > C
⑤ A > B > E > C > D

50 다음 기사를 읽고 이해한 내용으로 적절하지 않은 것은?

환경부가 최근 공개한 '2030 국가 온실가스 감축 기본 로드맵 수정안'에 따르면, 2030년 감축 목표치 3억 1,500만 톤 중 해외 감축량(9,600만 톤)을 1,600만 톤으로 줄이는 대신 국내 감축량을 2억 1,880만 톤에서 2억 9,860만 톤으로 늘릴 계획이다. 환경부 입장은 비용 부담 등 때문에 9,600만 톤에 대한 이행 방안이 불확실하다는 것이다. 현재 온실가스 배출량이 많은 정유·화학 및 철강업계 등에서는 강대국의 슈퍼 보호무역주의와 국제유가 상승으로 인한 대내외 경영 환경이 악화되면서 온실가스 감축량 증가는 큰 부담이 되고 있다.

우리 정부는 물론 기업도 2015년 12월 맺은 파리기후협정에 따른 국제사회와의 약속을 존중하고 이를 실행하기 위해 온실가스 감축을 이행해야 한다. 그러나 이를 이행하는 과정에서 정부로서도 어려움이 있겠지만, 각국 정부의 우려처럼 기업의 글로벌 경쟁력 관점도 충분히 고려해야 한다. 2016년에 국가 온실가스 감축량에 대한 역할 분담 때에도 기업은 버거운 수준의 감축량이 할당됐다고 어려움을 토로했다. 그런데 이번 수정안을 보면 추가 감축량의 절반 이상이 산업부문에 추가 부담돼 설상가상으로 불확실한 경영 환경에서 우리 기업이 향후 글로벌 경쟁력을 잃게 될 수도 있는 것이다.

최근 우리 경제의 고용·소비·투자 부문에서도 적신호가 켜지고 있다. 그나마 반도체를 비롯한 정유·화학 및 철강 산업은 아직 괜찮아 보이지만, 중국 기업들이 무섭게 추격하고 있고 이 같은 산업에 대한 중국 정부의 지원은 엄청나다. 이제부터 우리 정유·화학 및 철강 기업은 신성장을 위한 투자를 해야만 공급 과잉으로 치닫고 있는 글로벌 시장에서 중국 기업과의 경쟁에 살아남을 수 있다. 따라서 그동안 산업 효율성 제고를 위한 지속적인 투자를 해 온 기업에 또다시 온실가스 감축을 위한 추가 부담을 주게 된다면 예상치 못한 성장통을 겪을 수 있다.

이처럼 온실가스 감축에 대한 기업의 추가 부담은 기업의 글로벌 경쟁력 저하는 물론 원가 부담이 가격 인상으로 이어질 수 있다. 특히, 발전 산업의 경우 온실가스 감축 목표를 달성하기 위해 탄소배출권을 추가 구입하게 되고, 이는 전기 요금 상승 요인으로 작용해 기업과 국민이 이를 부담해야 한다. 더구나 탈원전 정책으로 인한 전기 요금의 인상이 예견되는 상황에서 온실가스 감축으로 인한 전기 요금의 추가 인상은 우리 사회에 더 큰 부담이 될 것이다.

결국, 온실가스 감축은 더 나은 사회를 만들기 위해 우리 모두가 안고 가야 할 문제다. 따라서 정부는 정부대로, 기업은 기업 자체적으로 가장 효과적인 온실가스 부담에 대한 최적의 조합을 다시 고민해 봐야 한다. 정부는 국가경쟁력 제고의 큰 틀 속에서 정부가 끌고 나가야 할 최대 역할을, 그리고 기업은 산업경쟁력 창출을 위한 산업별 역할을 고려해 2030년까지 기간별로 구체적인 시나리오를 작성할 필요가 있다.

2030년에 전개될 글로벌 아시아 시대를 대비해 중국 및 인도 기업과 같은 후발 기업으로부터 우리 기업이 글로벌 경쟁력을 발휘할 수 있도록 기업 우선 정책을 우리 정부가 펼치지 못하면 우리 경제는 점점 더 어려워질 수밖에 없다. 따라서 온실가스 감축 문제도 이런 관점에서 우리 정부가 접근해야 할 것이며, 기업 역시 자체 경쟁력 제고를 위한 노력을 병행해야 할 것이다.

① 온실가스 감축은 글로벌 경쟁력을 잃게 되는 원인으로 작용할 수 있다.
② 우리의 정유·화학·철강 산업은 중국 기업과 경쟁 상태이다.
③ 정부는 경제를 위해 기업 우선 정책을 펼쳐야 한다.
④ 탄소배출권의 구매는 전기 요금 상승으로 이어지게 된다.
⑤ 온실가스 감축으로 인한 경쟁력 저하는 제품의 가격 인하로 이어질 수 있다.

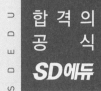

사람이 여행을 하는 것은 도착하기 위해서가 아니라 여행하기 위해서이다.

– 괴테 –

PART 3

채용 가이드

블라인드 채용 소개

1. 블라인드 채용이란?

채용 과정에서 편견이 개입되어 불합리한 차별을 야기할 수 있는 출신지, 가족관계, 학력, 외모 등의 편견요인은 제외하고, 직무능력만을 평가하여 인재를 채용하는 방식입니다.

2. 블라인드 채용의 필요성

- 채용의 공정성에 대한 사회적 요구
  - 누구에게나 직무능력만으로 경쟁할 수 있는 균등한 고용기회를 제공해야 하나, 아직도 채용의 공정성에 대한 불신이 존재
  - 채용상 차별금지에 대한 법적 요건이 권고적 성격에서 처벌을 동반한 의무적 성격으로 강화되는 추세
  - 시민의식과 지원자의 권리의식 성숙으로 차별에 대한 법적 대응 가능성 증가
- 우수인재 채용을 통한 기업의 경쟁력 강화 필요
  - 직무능력과 무관한 학벌, 외모 위주의 선발로 우수인재 선발기회 상실 및 기업경쟁력 약화
  - 채용 과정에서 차별 없이 직무능력중심으로 선발한 우수인재 확보 필요
- 공정한 채용을 통한 사회적 비용 감소 필요
  - 편견에 의한 차별적 채용은 우수인재 선발을 저해하고 외모·학벌 지상주의 등의 심화로 불필요한 사회적 비용 증가
  - 채용에서의 공정성을 높여 사회의 신뢰수준 제고

3. 블라인드 채용의 특징

편견요인을 요구하지 않는 대신 직무능력을 평가합니다.

※ 직무능력중심 채용이란?
기업의 역량기반 채용, NCS기반 능력중심 채용과 같이 직무수행에 필요한 능력과 역량을 평가하여 선발하는 채용방식을 통칭합니다.

4. 블라인드 채용의 평가요소

직무수행에 필요한 지식, 기술, 태도 등을 과학적인 선발기법을 통해 평가합니다.

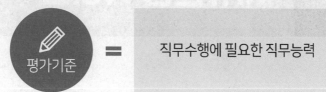

※ 과학적 선발기법이란?
직무분석을 통해 도출된 평가요소를 서류, 필기, 면접 등을 통해 체계적으로 평가하는 방법으로 입사지원서, 자기소개서, 직무수행능력평가, 구조화 면접 등이 해당됩니다.

5. 블라인드 채용 주요 도입 내용

- 입사지원서에 인적사항 요구 금지
  - 인적사항에는 출신지역, 가족관계, 결혼여부, 재산, 취미 및 특기, 종교, 생년월일(연령), 성별, 신장 및 체중, 사진, 전공, 학교명, 학점, 외국어 점수, 추천인 등이 해당
  - 채용 직무를 수행하는 데 있어 반드시 필요하다고 인정될 경우는 제외
    예 특수경비직 채용 시 : 시력, 건강한 신체 요구
    　연구직 채용 시 : 논문, 학위 요구 등
- 블라인드 면접 실시
  - 면접관에게 응시자의 출신지역, 가족관계, 학교명 등 인적사항 정보 제공 금지
  - 면접관은 응시자의 인적사항에 대한 질문 금지

6. 블라인드 채용 도입의 효과성

- 구성원의 다양성과 창의성이 높아져 기업 경쟁력 강화
  - 편견을 없애고 직무능력 중심으로 선발하므로 다양한 직원 구성 가능
  - 다양한 생각과 의견을 통하여 기업의 창의성이 높아져 기업경쟁력 강화
- 직무에 적합한 인재선발을 통한 이직률 감소 및 만족도 제고
  - 사전에 지원자들에게 구체적이고 상세한 직무요건을 제시함으로써 허수 지원이 낮아지고, 직무에 적합한 지원자 모집 가능
  - 직무에 적합한 인재가 선발되어 직무이해도가 높아져 업무효율 증대 및 만족도 제고
- 채용의 공정성과 기업이미지 제고
  - 블라인드 채용은 사회적 편견을 줄인 선발 방법으로 기업에 대한 사회적 인식 제고
  - 채용과정에서 불합리한 차별을 받지 않고 실력에 의해 공정하게 평가를 받을 것이라는 믿음을 제공하고, 지원자들은 평등한 기회와 공정한 선발과정 경험

01 채용공고문

1. 채용공고문의 변화

기존 채용공고문	변화된 채용공고문
• 취업준비생에게 불충분하고 불친절한 측면 존재 • 모집분야에 대한 명확한 직무관련 정보 및 평가기준 부재 • 해당분야에 지원하기 위한 취업준비생의 무분별한 스펙 쌓기 현상 발생	• NCS 직무분석에 기반한 채용공고를 토대로 채용전형 진행 • 지원자가 입사 후 수행하게 될 업무에 대한 자세한 정보 공지 • 직무수행내용, 직무수행 시 필요한 능력, 관련된 자격, 직업기초능력 제시 • 지원자가 해당 직무에 필요한 스펙만을 준비할 수 있도록 안내
• 모집부문 및 응시자격 • 지원서 접수 • 전형절차 • 채용조건 및 처우 • 기타사항	• 채용절차 • 채용유형별 선발분야 및 예정인원 • 전형방법 • 선발분야별 직무기술서 • 우대사항

2. 지원 유의사항 및 지원요건 확인

채용 직무에 따른 세부사항을 공고문에 명시하여 지원자에게 적격한 지원 기회를 부여함과 동시에 채용과정에서의 공정성과 신뢰성을 확보합니다.

구성	내용	확인사항
모집분야 및 규모	고용형태(인턴 계약직 등), 모집분야, 인원, 근무지역 등	채용직무가 여러 개일 경우 본인이 해당되는 직무의 채용규모 확인
응시자격	기본 자격사항, 지원조건	지원을 위한 최소자격요건을 확인하여 불필요한 지원을 예방
우대조건	법정·특별·자격증 가점	본인의 가점 여부를 검토하여 가점 획득을 위한 사항을 사실대로 기재
근무조건 및 보수	고용형태 및 고용기간, 보수, 근무지	본인이 생각하는 기대수준에 부합하는지 확인하여 불필요한 지원을 예방
시험방법	서류·필기·면접전형 등의 활용방안	전형방법 및 세부 평가기법 등을 확인하여 지원전략 준비
전형일정	접수기간, 각 전형 단계별 심사 및 합격자 발표일 등	본인의 지원 스케줄을 검토하여 차질이 없도록 준비
제출서류	입사지원서(경력·경험기술서 등), 각종 증명서 및 자격증 사본 등	지원요건 부합 여부 및 자격 증빙서류 사전에 준비
유의사항	임용취소 등의 규정	임용취소 관련 법적 또는 기관 내부 규정을 검토하여 해당여부 확인

02   직무기술서

직무기술서란 직무수행의 내용과 필요한 능력, 관련 자격, 직업기초능력 등을 상세히 기재한 것으로 입사 후 수행하게 될 업무에 대한 정보가 수록되어 있는 자료입니다.

1. 채용분야

`설명`

NCS 직무분류 체계에 따라 직무에 대한 「대분류 – 중분류 – 소분류 – 세분류」 체계를 확인할 수 있습니다. 채용 직무에 대한 모든 직무기술서를 첨부하게 되며 실제 수행 업무를 기준으로 세부적인 분류정보를 제공합니다.

채용분야	분류체계			
사무행정	대분류	중분류	소분류	세분류
분류코드	02. 경영 · 회계 · 사무	03. 재무 · 회계	01. 재무	01. 예산
				02. 자금
			02. 회계	01. 회계감사
				02. 세무

2. 능력단위

`설명`

직무분류 체계의 세분류 하위능력단위 중 실질적으로 수행할 업무의 능력만 구체적으로 파악할 수 있습니다.

능력단위	(예산)	03. 연간종합예산수립	04. 추정재무제표 작성
		05. 확정예산 운영	06. 예산실적 관리
	(자금)	04. 자금운용	
	(회계감사)	02. 자금관리	04. 결산관리
		05. 회계정보시스템 운용	06. 재무분석
		07. 회계감사	
	(세무)	02. 결산관리	05. 부가가치세 신고
		07. 법인세 신고	

3. 직무수행내용

`설명`

세분류 영역의 기본정의를 통해 직무수행내용을 확인할 수 있습니다. 입사 후 수행할 직무내용을 구체적으로 확인할 수 있으며, 이를 통해 입사서류 작성부터 면접까지 직무에 대한 명확한 이해를 바탕으로 자신의 희망직무 인지 아닌지, 해당 직무가 자신이 알고 있던 직무가 맞는지 확인할 수 있습니다.

직무수행내용	(예산) 일정기간 예상되는 수익과 비용을 편성, 집행하며 통제하는 일
	(자금) 자금의 계획 수립, 조달, 운용을 하고 발생 가능한 위험 관리 및 성과평가
	(회계감사) 기업 및 조직 내 · 외부에 있는 의사결정자들이 효율적인 의사결정을 할 수 있도록 유용한 정보를 제공, 제공된 회계정보의 적정성을 파악하는 일
	(세무) 세무는 기업의 활동을 위하여 주어진 세법범위 내에서 조세부담을 최소화시키는 조세전략을 포함하고 정확한 과세소득과 과세표준 및 세액을 산출하여 과세당국에 신고 · 납부하는 일

4. 직무기술서 예시

태도	(예산) 정확성, 분석적 태도, 논리적 태도, 타 부서와의 협조적 태도, 설득력
	(자금) 분석적 사고력
	(회계 감사) 합리적 태도, 전략적 사고, 정확성, 적극적 협업 태도, 법률준수 태도, 분석적 태도, 신속성, 책임감, 정확한 판단력
	(세무) 규정 준수 의지, 수리적 정확성, 주의 깊은 태도
우대 자격증	공인회계사, 세무사, 컴퓨터활용능력, 변호사, 워드프로세서, 전산회계운용사, 사회조사분석사, 재경관리사, 회계관리 등
직업기초능력	의사소통능력, 문제해결능력, 자원관리능력, 대인관계능력, 정보능력, 조직이해능력

5. 직무기술서 내용별 확인사항

항목	확인사항
모집부문	해당 채용에서 선발하는 부문(분야)명 확인 예 사무행정, 전산, 전기
분류체계	지원하려는 분야의 세부직무군 확인
주요기능 및 역할	지원하려는 기업의 전사적인 기능과 역할, 산업군 확인
능력단위	지원분야의 직무수행에 관련되는 세부업무사항 확인
직무수행내용	지원분야의 직무군에 대한 상세사항 확인
전형방법	지원하려는 기업의 신입사원 선발전형 절차 확인
일반요건	교육사항을 제외한 지원 요건 확인(자격요건, 특수한 경우 연령)
교육요건	교육사항에 대한 지원요건 확인(대졸 / 초대졸 / 고졸 / 전공 요건)
필요지식	지원분야의 업무수행을 위해 요구되는 지식 관련 세부항목 확인
필요기술	지원분야의 업무수행을 위해 요구되는 기술 관련 세부항목 확인
직무수행태도	지원분야의 업무수행을 위해 요구되는 태도 관련 세부항목 확인
직업기초능력	지원분야 또는 지원기업의 조직원으로서 근무하기 위해 필요한 일반적인 능력사항 확인

03 　입사지원서

1. 입사지원서의 변화

기존지원서		능력중심 채용 입사지원서
직무와 관련 없는 학점, 개인신상, 어학점수, 자격, 수상경력 등을 나열하도록 구성	VS	해당 직무수행에 꼭 필요한 정보들을 제시할 수 있도록 구성

기존지원서	능력중심 채용 입사지원서
직무기술서	**인적사항** 성명, 연락처, 지원분야 등 작성 (평가 미반영)
직무수행내용	**교육사항** 직무지식과 관련된 학교교육 및 직업교육 작성
요구지식 / 기술	**자격사항** 직무관련 국가공인 또는 민간자격 작성
관련 자격증	**경력 및 경험사항** 조직에 소속되어 일정한 임금을 받거나(경력) 임금 없이(경험) 직무와 관련된 활동 내용 작성
사전직무경험	

2. 교육사항

- 지원분야 직무와 관련된 학교 교육이나 직업교육 혹은 기타교육 등 직무에 대한 지원자의 학습 여부를 평가하기 위한 항목입니다.
- 지원하고자 하는 직무의 학교 전공교육 이외에 직업교육, 기타교육 등을 기입할 수 있기 때문에 전공 제한 없이 직업교육과 기타교육을 이수하여 지원이 가능하도록 기회를 제공합니다.
  (기타교육 : 학교 이외의 기관에서 개인이 이수한 교육과정 중 지원직무와 관련이 있다고 생각되는 교육내용)

구분	교육과정(과목)명	교육내용	과업(능력단위)

3. 자격사항

- 채용공고 및 직무기술서에 제시되어 있는 자격 현황을 토대로 지원자가 해당 직무를 수행하는 데 필요한 능력을 가지고 있는지를 평가하기 위한 항목입니다.
- 채용공고 및 직무기술서에 기재된 직무관련 필수 또는 우대자격 항목을 확인하여 본인이 보유하고 있는 자격사항을 기재합니다.

자격유형	자격증명	발급기관	취득일자	자격증번호

4. 경력 및 경험사항

- 직무와 관련된 경력이나 경험 여부를 표현하도록 하여 직무와 관련한 능력을 갖추었는지를 평가하기 위한 항목입니다.
- 해당 기업에서 직무를 수행함에 있어 필요한 사항만을 기록하게 되어 있기 때문에 직무와 무관한 스펙을 갖추지 않아도 됩니다.
- 경력 : 금전적 보수를 받고 일정기간 동안 일했던 경우
- 경험 : 금전적 보수를 받지 않고 수행한 활동

※ 기업에 따라 경력 / 경험 관련 증빙자료 요구 가능

구분	조직명	직위 / 역할	활동기간(년 / 월)	주요과업 / 활동내용

> **Tip**
>
> 입사지원서 작성 방법
>
> ○ 경력 및 경험사항 작성
> - 직무기술서에 제시된 지식, 기술, 태도와 지원자의 교육사항, 경력(경험)사항, 자격사항과 연계하여 개인의 직무역량에 대해 스스로 판단 가능
>
> ○ 인적사항 최소화
> - 개인의 인적사항, 학교명, 가족관계 등을 노출하지 않도록 유의
>
> ---
>
> 부적절한 입사지원서 작성 사례
> - 학교 이메일을 기입하여 학교명 노출
> - 거주지 주소에 학교 기숙사 주소를 기입하여 학교명 노출
> - 자기소개서에 부모님이 재직 중인 기업명, 직위, 직업을 기입하여 가족관계 노출
> - 자기소개서에 석·박사 과정에 대한 이야기를 언급하여 학력 노출
> - 동아리 활동에 대한 내용을 학교명과 더불어 언급하여 학교명 노출

1. 자기소개서의 변화

- 기존의 자기소개서는 지원자의 일대기나 관심 분야, 성격의 장·단점 등 개괄적인 사항을 묻는 질문으로 구성되어 지원자가 자신의 직무능력을 제대로 표출하지 못합니다.
- 능력중심 채용의 자기소개서는 직무기술서에 제시된 직업기초능력(또는 직무수행능력)에 대한 지원자의 과거 경험을 기술하게 함으로써 평가 타당도의 확보가 가능합니다.

1. 우리 회사와 해당 지원 직무분야에 지원한 동기에 대해 기술해 주세요.
2. 자신이 경험한 다양한 사회활동에 대해 기술해 주세요.
3. 지원 직무에 대한 전문성을 키우기 위해 받은 교육과 경험 및 경력사항에 대해 기술해 주세요.
4. 인사업무 또는 팀 과제 수행 중 발생한 갈등을 원만하게 해결해 본 경험이 있습니까? 당시 상황에 대한 설명과 갈등의 대상이 되었던 상대방을 설득한 과정 및 방법을 기술해 주세요.
5. 과거에 있었던 일 중 가장 어려웠던(힘들었었던) 상황을 고르고, 어떤 방법으로 그 상황을 해결했는지를 기술해 주세요.

자기소개서 작성 방법

① 자기소개서 문항이 묻고 있는 평가 역량 추측하기

예시

• 팀 활동을 하면서 갈등 상황 시 상대방의 니즈나 의도를 명확히 파악하고 해결하여 목표 달성에 기여했던 경험에 대해서 작성해 주시기 바랍니다.

• 다른 사람이 생각해내지 못했던 문제점을 찾고 이를 해결한 경험에 대해 작성해 주시기 바랍니다.

② 해당 역량을 보여줄 수 있는 소재 찾기(시간×역량 매트릭스)

예시

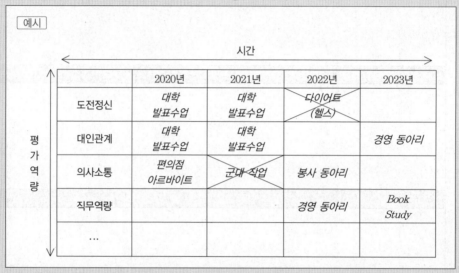

		2020년	2021년	2022년	2023년
평가역량	도전정신	대학 발표수업	대학 발표수업	~~다이어트 (헬스)~~	
	대인관계	대학 발표수업	대학 발표수업		경영 동아리
	의사소통	편의점 아르바이트	~~군대 작업~~	봉사 동아리	
	직무역량			경영 동아리	Book Study
	...				

③ 자기소개서 작성 Skill 익히기

• 두괄식으로 작성하기
• 구체적 사례를 사용하기
• '나'를 중심으로 작성하기
• 직무역량 강조하기
• 경험 사례의 차별성 강조하기

03 인성검사 소개 및 모의테스트

01 인성검사 유형

인성검사는 지원자의 성격특성을 객관적으로 파악하고 그것이 각 기업에서 필요로 하는 인재상과 가치에 부합하는가를 평가하기 위한 검사입니다. 인성검사는 KPDI(한국인재개발진흥원), K-SAD(한국사회적성개발원), KIRBS(한국행동과학연구소), SHR(에스에이치알) 등의 전문기관을 통해 각 기업의 특성에 맞는 검사를 선택하여 실시합니다. 대표적인 인성검사의 유형에는 크게 다음과 같은 세 가지가 있으며, 채용 대행업체에 따라 달라집니다.

1. KPDI 검사

조직적응성과 직무적합성을 알아보기 위한 검사로 인성검사, 인성역량검사, 인적성검사, 직종별 인적성검사 등의 다양한 검사 도구를 구현합니다. KPDI는 성격을 파악하고 정신건강 상태 등을 측정하고, 직무검사는 해당 직무를 수행하기 위해 기본적으로 갖추어야 할 인지적 능력을 측정합니다. 역량검사는 특정 직무 역할을 효과적으로 수행하는 데 직접적으로 관련 있는 개인의 행동, 지식, 스킬, 가치관 등을 측정합니다.

2. KAD(Korea Aptitude Development) 검사

K-SAD(한국사회적성개발원)에서 실시하는 적성검사 프로그램입니다. 개인의 성향, 지적 능력, 기호, 관심, 흥미도를 종합적으로 분석하여 적성에 맞는 업무가 무엇인가 파악하고, 직무수행에 있어서 요구되는 기초능력과 실무능력을 분석합니다.

3. SHR 직무적성검사

직무수행에 필요한 종합적인 사고 능력을 다양한 적성검사(Paper and Pencil Test)로 평가합니다. SHR의 모든 직무능력검사는 표준화 검사입니다. 표준화 검사는 표본집단의 점수를 기초로 규준이 만들어진 검사이므로 개인의 점수를 규준에 맞추어 해석·비교하는 것이 가능합니다. S(Standardized Tests), H(Hundreds of Version), R(Reliable Norm Data)을 특징으로 하며, 직군·직급별 특성과 선발 수준에 맞추어 검사를 적용할 수 있습니다.

인성검사는 특히 면접질문과 관련성이 높습니다. 면접관은 지원자의 인성검사 결과를 토대로 질문을 하기 때문입니다. 일관적이고 이상적인 답변을 하는 것이 가장 좋지만, 실제 시험은 매우 복잡하여 전문가라 해도 일정 성격을 유지하면서 답변을 하는 것이 힘듭니다. 또한, 인성검사에는 라이 스케일(Lie Scale) 설문이 전체 설문 속에 교묘하게 섞여 들어가 있으므로 겉치레적인 답을 하게 되면 회답태도의 허위성이 그대로 드러나게 됩니다. 예를 들어 '거짓말을 한 적이 한 번도 없다.'에 '예'로 답하고, '때로는 거짓말을 하기도 한다.'에 '예'라고 답하여 라이 스케일의 득점이 올라가게 되면 모든 회답의 신빙성이 사라지고 '자신을 돋보이게 하려는 사람'이라는 평가를 받을 수 있으므로 주의해야 합니다. 따라서 모의테스트를 통해 인성검사의 유형과 실제 시험 시 어떻게 문제를 풀어야 하는지 연습해 보고 체크한 부분 중 자신의 단점과 연결되는 부분은 면접에서 질문이 들어왔을 때 어떻게 대처해야 하는지 생각해 보는 것이 좋습니다.

03　　유의사항

1. 기업의 인재상을 파악하라!

인성검사를 통해 개인의 성격 특성을 파악하고 그것이 기업의 인재상과 가치에 부합하는지를 평가하는 시험이기 때문에 해당 기업의 인재상을 먼저 파악하고 시험에 임하는 것이 좋습니다. 모의테스트에서 인재상에 맞는 가상의 인물을 설정하고 문제에 답해 보는 것도 많은 도움이 됩니다.

2. 일관성 있는 대답을 하라!

짧은 시간 안에 다양한 질문에 답을 해야 하는데, 그 안에는 중복되는 질문이 여러 번 나옵니다. 이때 앞서 자신이 체크했던 대답을 잘 기억해뒀다가 일관성 있는 답을 하는 것이 중요합니다.

3. 모든 문항에 대답하라!

많은 문제를 짧은 시간 안에 풀려다 보니 다 못 푸는 경우도 종종 생깁니다. 하지만 대답을 누락하거나 끝까지 다 못했을 경우 좋지 않은 결과를 가져올 수도 있으니 최대한 주어진 시간 안에 모든 문항에 답할 수 있도록 해야 합니다.

※ 모의테스트는 질문 및 답변 유형 연습을 위한 것으로 실제 시험과 다를 수 있습니다.
※ 인성검사는 정답이 따로 없는 유형의 검사이므로 결과지를 제공하지 않습니다.

번호	내용	예	아니요
001	나는 솔직한 편이다.	☐	☐
002	나는 리드하는 것을 좋아한다.	☐	☐
003	법을 어겨서 말썽이 된 적이 한 번도 없다.	☐	☐
004	거짓말을 한 번도 한 적이 없다.	☐	☐
005	나는 눈치가 빠르다.	☐	☐
006	나는 일을 주도하기보다는 뒤에서 지원하는 것을 선호한다.	☐	☐
007	앞일은 알 수 없기 때문에 계획은 필요하지 않다.	☐	☐
008	거짓말도 때로는 방편이라고 생각한다.	☐	☐
009	사람이 많은 술자리를 좋아한다.	☐	☐
010	걱정이 지나치게 많다.	☐	☐
011	일을 시작하기 전 재고하는 경향이 있다.	☐	☐
012	불의를 참지 못한다.	☐	☐
013	처음 만나는 사람과도 이야기를 잘 한다.	☐	☐
014	때로는 변화가 두렵다.	☐	☐
015	나는 모든 사람에게 친절하다.	☐	☐
016	힘든 일이 있을 때 술은 위로가 되지 않는다.	☐	☐
017	결정을 빨리 내리지 못해 손해를 본 경험이 있다.	☐	☐
018	기회를 잡을 준비가 되어 있다.	☐	☐
019	때로는 내가 정말 쓸모없는 사람이라고 느낀다.	☐	☐
020	누군가 나를 챙겨주는 것이 좋다.	☐	☐
021	자주 가슴이 답답하다.	☐	☐
022	나는 내가 자랑스럽다.	☐	☐
023	경험이 중요하다고 생각한다.	☐	☐
024	전자기기를 분해하고 다시 조립하는 것을 좋아한다.	☐	☐

PART 3

025	감시받고 있다는 느낌이 든다.	☐	☐
026	난처한 상황에 놓이면 그 순간을 피하고 싶다.	☐	☐
027	세상엔 믿을 사람이 없다.	☐	☐
028	잘못을 빨리 인정하는 편이다.	☐	☐
029	지도를 보고 길을 잘 찾아간다.	☐	☐
030	귓속말을 하는 사람을 보면 날 비난하고 있는 것 같다.	☐	☐
031	막무가내라는 말을 들을 때가 있다.	☐	☐
032	장래의 일을 생각하면 불안하다.	☐	☐
033	결과보다 과정이 중요하다고 생각한다.	☐	☐
034	운동은 그다지 할 필요가 없다고 생각한다.	☐	☐
035	새로운 일을 시작할 때 좀처럼 한 발을 떼지 못한다.	☐	☐
036	기분 상하는 일이 있더라도 참는 편이다.	☐	☐
037	업무능력은 성과로 평가받아야 한다고 생각한다.	☐	☐
038	머리가 맑지 못하고 무거운 느낌이 든다.	☐	☐
039	가끔 이상한 소리가 들린다.	☐	☐
040	타인이 내게 자주 고민상담을 하는 편이다.	☐	☐

※ 모의테스트는 질문 및 답변 유형 연습을 위한 것으로 실제 시험과 다를 수 있습니다.
※ 인성검사는 정답이 따로 없는 유형의 검사이므로 결과지를 제공하지 않습니다.

※ 이 성격검사의 각 문항에는 서로 다른 행동을 나타내는 네 개의 문장이 제시되어 있습니다. 이 문장들을 비교하여, 자신의 평소 행동과 가장 가까운 문장을 'ㄱ'열에 표기하고, 가장 먼 문장을 'ㅁ'열에 표기하십시오.

01 나는 _____

	ㄱ	ㅁ
A. 실용적인 해결책을 찾는다.	☐	☐
B. 다른 사람을 돕는 것을 좋아한다.	☐	☐
C. 세부 사항을 잘 챙긴다.	☐	☐
D. 상대의 주장에서 허점을 잘 찾는다.	☐	☐

02 나는 _____

	ㄱ	ㅁ
A. 매사에 적극적으로 임한다.	☐	☐
B. 즉흥적인 편이다.	☐	☐
C. 관찰력이 있다.	☐	☐
D. 임기응변에 강하다.	☐	☐

03 나는 _____

	ㄱ	ㅁ
A. 무서운 영화를 잘 본다.	☐	☐
B. 조용한 곳이 좋다.	☐	☐
C. 가끔 울고 싶다.	☐	☐
D. 집중력이 좋다.	☐	☐

04 나는 _____

	ㄱ	ㅁ
A. 기계를 조립하는 것을 좋아한다.	☐	☐
B. 집단에서 리드하는 역할을 맡는다.	☐	☐
C. 호기심이 많다.	☐	☐
D. 음악을 듣는 것을 좋아한다.	☐	☐

PART 3

05 나는 _____

	ㄱ	ㅁ
A. 타인을 늘 배려한다.	☐	☐
B. 감수성이 예민하다.	☐	☐
C. 즐겨하는 운동이 있다.	☐	☐
D. 일을 시작하기 전에 계획을 세운다.	☐	☐

06 나는 _____

	ㄱ	ㅁ
A. 타인에게 설명하는 것을 좋아한다.	☐	☐
B. 여행을 좋아한다.	☐	☐
C. 정적인 것이 좋다.	☐	☐
D. 남을 돕는 것에 보람을 느낀다.	☐	☐

07 나는 _____

	ㄱ	ㅁ
A. 기계를 능숙하게 다룬다.	☐	☐
B. 밤에 잠이 잘 오지 않는다.	☐	☐
C. 한 번 간 길을 잘 기억한다.	☐	☐
D. 불의를 보면 참을 수 없다.	☐	☐

08 나는 _____

	ㄱ	ㅁ
A. 종일 말을 하지 않을 때가 있다.	☐	☐
B. 사람이 많은 곳을 좋아한다.	☐	☐
C. 술을 좋아한다.	☐	☐
D. 휴양지에서 편하게 쉬고 싶다.	☐	☐

09 나는 _____

	ㄱ	ㅁ
A. 뉴스보다는 드라마를 좋아한다.	☐	☐
B. 길을 잘 찾는다.	☐	☐
C. 주말엔 집에서 쉬는 것이 좋다.	☐	☐
D. 아침에 일어나는 것이 힘들다.	☐	☐

10 나는 _____

	ㄱ	ㅁ
A. 이성적이다.	☐	☐
B. 할 일을 종종 미룬다.	☐	☐
C. 어른을 대하는 게 힘들다.	☐	☐
D. 불을 보면 매혹을 느낀다.	☐	☐

11 나는 _____

	ㄱ	ㅁ
A. 상상력이 풍부하다.	☐	☐
B. 예의 바르다는 소리를 자주 듣는다.	☐	☐
C. 사람들 앞에 서면 긴장한다.	☐	☐
D. 친구를 자주 만난다.	☐	☐

12 나는 _____

	ㄱ	ㅁ
A. 나만의 스트레스 해소 방법이 있다.	☐	☐
B. 친구가 많다.	☐	☐
C. 책을 자주 읽는다.	☐	☐
D. 활동적이다.	☐	☐

01 면접유형 파악

1. 면접전형의 변화

기존 면접전형에서는 일상적이고 단편적인 대화나 지원자의 첫인상 및 면접관의 주관적인 판단 등에 의해서 입사 결정 여부를 판단하는 경우가 많았습니다. 이러한 면접전형은 면접 내용의 일관성이 결여되거나 직무 관련 타당성이 부족하였고, 면접에 대한 신뢰도에 영향을 주었습니다.

기존 면접(전통적 면접)		능력중심 채용 면접(구조화 면접)
• 일상적이고 단편적인 대화 • 인상, 외모 등 외부 요소의 영향 • 주관적인 판단에 의존한 총점 부여 ⇩ • 면접 내용의 일관성 결여 • 직무관련 타당성 부족 • 주관적인 채점으로 신뢰도 저하	VS	• 일관성 – 직무관련 역량에 초점을 둔 구체적 질문 목록 – 지원자별 동일 질문 적용 • 구조화 – 면접 진행 및 평가 절차를 일정한 체계에 의해 구성 • 표준화 – 평가 타당도 제고를 위한 평가 Matrix 구성 – 척도에 따라 항목별 채점, 개인 간 비교 • 신뢰성 – 면접진행 매뉴얼에 따라 면접위원 교육 및 실습

2. 능력중심 채용의 면접 유형

① 경험 면접
  • 목적 : 선발하고자 하는 직무 능력이 필요한 과거 경험을 질문합니다.
  • 평가요소 : 직업기초능력과 인성 및 태도적 요소를 평가합니다.

② 상황 면접
  • 목적 : 특정 상황을 제시하고 지원자의 행동을 관찰함으로써 실제 상황의 행동을 예상합니다.
  • 평가요소 : 직업기초능력과 인성 및 태도적 요소를 평가합니다.

③ 발표 면접
  • 목적 : 특정 주제와 관련된 지원자의 발표와 질의응답을 통해 지원자 역량을 평가합니다.
  • 평가요소 : 직무수행능력과 인지적 역량(문제해결능력)을 평가합니다.

④ 토론 면접
  • 목적 : 토의과제에 대한 의견수렴 과정에서 지원자의 역량과 상호작용능력을 평가합니다.
  • 평가요소 : 직무수행능력과 팀워크를 평가합니다.

1. 경험 면접

① 경험 면접의 특징

- 주로 직업기초능력에 관련된 지원자의 과거 경험을 심층 질문하여 검증하는 면접입니다.
- 직무능력과 관련된 과거 경험을 평가하기 위해 심층 질문을 하며, 이 질문은 지원자의 답변에 대하여 '꼬리에 꼬리를 무는 형식'으로 진행됩니다.

- 능력요소, 정의, 심사 기준
  - 평가하고자 하는 능력요소, 정의, 심사기준을 확인하여 면접위원이 해당 능력요소 관련 질문을 제시합니다.
- Opening Question
  - 능력요소에 관련된 과거 경험을 유도하기 위한 시작 질문을 합니다.
- Follow-up Question
  - 지원자의 경험 수준을 구체적으로 검증하기 위한 질문입니다.
  - 경험 수준 검증을 위한 상황(Situation), 임무(Task), 역할 및 노력(Action), 결과(Result) 등으로 질문을 구분합니다.

경험 면접의 형태

[면접관 1] [면접관 2] [면접관 3]

[면접관 1] [면접관 2] [면접관 3]

[지원자]

〈일대다 면접〉

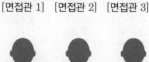

[지원자 1] [지원자 2] [지원자 3]

〈다대다 면접〉

② 경험 면접의 구조

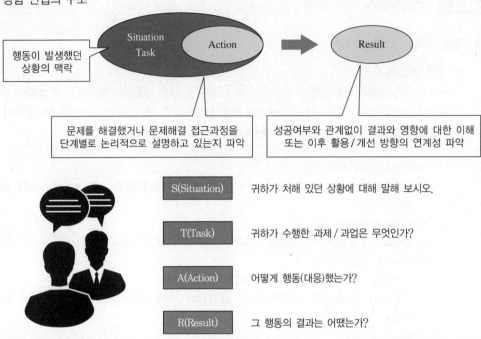

행동이 발생했던 상황의 맥락

문제를 해결했거나 문제해결 접근과정을 단계별로 논리적으로 설명하고 있는지 파악

성공여부와 관계없이 결과와 영향에 대한 이해 또는 이후 활용 / 개선 방향의 연계성 파악

S(Situation)	귀하가 처해 있던 상황에 대해 말해 보시오.
T(Task)	귀하가 수행한 과제 / 과업은 무엇인가?
A(Action)	어떻게 행동(대응)했는가?
R(Result)	그 행동의 결과는 어땠는가?

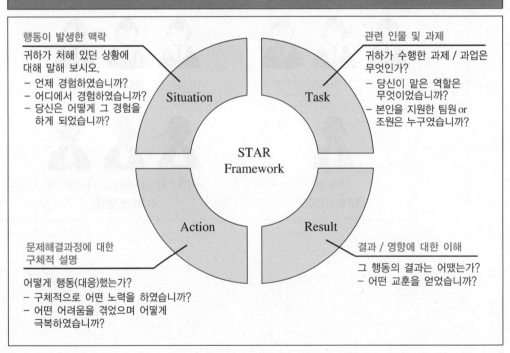

(   )에 관한 과거 경험에 대하여 말해 보시오.

행동이 발생한 맥락
귀하가 처해 있던 상황에 대해 말해 보시오.
– 언제 경험하였습니까?
– 어디에서 경험하였습니까?
– 당신은 어떻게 그 경험을 하게 되었습니까?

Situation

관련 인물 및 과제
귀하가 수행한 과제 / 과업은 무엇인가?
– 당신이 맡은 역할은 무엇이었습니까?
– 본인을 지원한 팀원 or 조원은 누구였습니까?

Task

STAR Framework

Action

문제해결과정에 대한 구체적 설명
어떻게 행동(대응)했는가?
– 구체적으로 어떤 노력을 하였습니까?
– 어떤 어려움을 겪었으며 어떻게 극복하였습니까?

Result

결과 / 영향에 대한 이해
그 행동의 결과는 어땠는가?
– 어떤 교훈을 얻었습니까?

③ 경험 면접 질문 예시(직업윤리)

시작 질문	
1	남들이 신경 쓰지 않는 부분까지 고려하여 절차대로 업무(연구)를 수행하여 성과를 낸 경험을 구체적으로 말해 보시오.
2	조직의 원칙과 절차를 철저히 준수하며 업무(연구)를 수행한 것 중 성과를 향상시킨 경험에 대해 구체적으로 말해 보시오.
3	세부적인 절차와 규칙에 주의를 기울여 실수 없이 업무(연구)를 마무리한 경험을 구체적으로 말해 보시오.
4	조직의 규칙이나 원칙을 고려하여 성실하게 일했던 경험을 구체적으로 말해 보시오.
5	타인의 실수를 바로잡고 원칙과 절차대로 수행하여 성공적으로 업무를 마무리하였던 경험에 대해 말해 보시오.

후속 질문		
상황 (Situation)	상황	구체적으로 언제, 어디에서 경험한 일인가?
		어떤 상황이었는가?
	조직	어떤 조직에 속해 있었는가?
		그 조직의 특성은 무엇이었는가?
		몇 명으로 구성된 조직이었는가?
	기간	해당 조직에서 얼마나 일했는가?
		해당 업무는 몇 개월 동안 지속되었는가?
	조직규칙	조직의 원칙이나 규칙은 무엇이었는가?
임무 (Task)	과제	과제의 목표는 무엇이었는가?
		과제에 적용되는 조직의 원칙은 무엇이었는가?
		그 규칙을 지켜야 하는 이유는 무엇이었는가?
	역할	당신이 조직에서 맡은 역할은 무엇이었는가?
		과제에서 맡은 역할은 무엇이었는가?
	문제의식	규칙을 지키지 않을 경우 생기는 문제점 / 불편함은 무엇인가?
		해당 규칙이 왜 중요하다고 생각하였는가?
역할 및 노력 (Action)	행동	업무 과정의 어떤 장면에서 규칙을 철저히 준수하였는가?
		어떻게 규정을 적용시켜 업무를 수행하였는가?
		규정은 준수하는 데 어려움은 없었는가?
	노력	그 규칙을 지키기 위해 스스로 어떤 노력을 기울였는가?
		본인의 생각이나 태도에 어떤 변화가 있었는가?
		다른 사람들은 어떤 노력을 기울였는가?
	동료관계	동료들은 규칙을 철저히 준수하고 있었는가?
		팀원들은 해당 규칙에 대해 어떻게 반응하였는가?
		규칙에 대한 태도를 개선하기 위해 어떤 노력을 하였는가?
		팀원들의 태도는 당신에게 어떤 자극을 주었는가?
	업무추진	주어진 업무를 추진하는 데 규칙이 방해되진 않았는가?
		업무수행 과정에서 규정을 어떻게 적용하였는가?
		업무 시 규정을 준수해야 한다고 생각한 이유는 무엇인가?

결과 (Result)	평가	규칙을 어느 정도나 준수하였는가?
		그렇게 준수할 수 있었던 이유는 무엇이었는가?
		업무의 성과는 어느 정도였는가?
		성과에 만족하였는가?
		비슷한 상황이 온다면 어떻게 할 것인가?
	피드백	주변 사람들로부터 어떤 평가를 받았는가?
		그러한 평가에 만족하는가?
		다른 사람에게 본인의 행동이 영향을 주었다고 생각하는가?
	교훈	업무수행 과정에서 중요한 점은 무엇이라고 생각하는가?
		이 경험을 통해 느낀 바는 무엇인가?

2. 상황 면접

① 상황 면접의 특징

직무 관련 상황을 가정하여 제시하고 이에 대한 대응능력을 직무관련성 측면에서 평가하는 면접입니다.

- 상황 면접 과제의 구성은 크게 2가지로 구분
  - 상황 제시(Description) / 문제 제시(Question or Problem)
- 현장의 실제 업무 상황을 반영하여 과제를 제시하므로 직무분석이나 직무전문가 워크숍 등을 거쳐 현장성을 높임
- 문제는 상황에 대한 기본적인 이해능력(이론적 지식)과 함께 실질적 대응이나 변수 고려능력(실천적 능력) 등을 고르게 질문해야 함

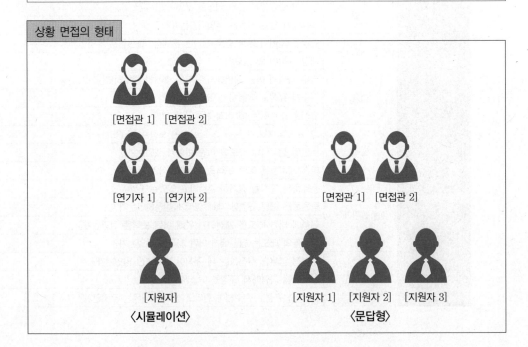

상황 면접의 형태

[면접관 1] [면접관 2]

[연기자 1] [연기자 2]　　　　　[면접관 1] [면접관 2]

[지원자]　　　　　[지원자 1] [지원자 2] [지원자 3]

〈시뮬레이션〉　　　　　〈문답형〉

② 상황 면접 예시

상황 제시	인천공항 여객터미널 내에는 다양한 용도의 시설(사무실, 통신실, 식당, 전산실, 창고 면세점 등)이 설치되어 있습니다.	실제 업무 상황에 기반함
	금년에 소방배관의 누수가 잦아 메인 배관을 교체하는 공사를 추진하고 있으며, 당신은 이번 공사의 담당자입니다.	배경 정보
	주간에는 공항 운영이 이루어져 주로 야간에만 배관 교체 공사를 수행하던 중, 시공하는 기능공의 실수로 배관 연결 부위를 잘못 건드려 고압배관의 소화수가 누출되는 사고가 발생하였으며, 이로 인해 인근 시설물에 누수에 의한 피해가 발생하였습니다.	구체적인 문제 상황
문제 제시	일반적인 소방배관의 배관연결(이음)방식과 배관의 이탈(누수)이 발생하는 원인에 대해 설명해 보시오.	문제 상황 해결을 위한 기본 지식 문항
	담당자로서 본 사고를 현장에서 긴급히 처리하는 프로세스를 제시하고, 보수완료 후 사후적 조치가 필요한 부분 및 재발방지 방안에 대해 설명해 보시오.	문제 상황 해결을 위한 추가 대응 문항

3. 발표 면접

① 발표 면접의 특징

- 직무관련 주제에 대한 지원자의 생각을 정리하여 의견을 제시하고, 발표 및 질의응답을 통해 지원자의 직무능력을 평가하는 면접입니다.
- 발표 주제는 직무와 관련된 자료로 제공되며, 일정 시간 후 지원자가 보유한 지식 및 방안에 대한 발표 및 후속 질문을 통해 직무적합성을 평가합니다.

> - 주요 평가요소 : 설득적 말하기 / 발표능력 / 문제해결능력 / 직무관련 전문성
> - 이미 언론을 통해 공론화된 시사 이슈보다는 해당 직무분야에 관련된 주제가 발표면접의 과제로 선정되는 경우가 최근 들어 늘어나고 있음
> - 짧은 시간 동안 주어진 과제를 빠른 속도로 분석하여 발표문을 작성하고 제한된 시간 안에 면접관에게 효과적인 발표를 진행하는 것이 핵심

발표 면접의 형태

[면접관 1] [면접관 2]

[면접관 1]　[면접관 2]

[지원자]

〈개별 과제 발표〉

[지원자 1]　[지원자 2]　[지원자 3]

〈팀 과제 발표〉

※ 면접관에게 시각적 효과를 사용하여 메시지를 전달하는 쌍방향 커뮤니케이션 방식
※ 심층면접을 보완하기 위한 방안으로 최근 많은 기업에서 적극 도입하는 추세

② 발표 면접 예시

1. 지시문

당신은 현재 A사에서 직원들의 성과평가를 담당하고 있는 팀원이다. 인사팀은 지난주부터 사내 조직문화관련 인터뷰를 하던 도중 성과평가제도에 관련된 개선 니즈가 제일 많다는 것을 알게 되었다. 이에 팀장님은 인터뷰 결과를 종합하려 성과평가제도 개선 아이디어를 A4용지에 정리하여 신속 보고할 것을 지시하셨다. 당신에게 남은 시간은 1시간이다. 자료를 준비하는 대로 당신은 팀원들이 모인 회의실에서 5분 간 발표할 것이며, 이후 질의응답을 진행할 것이다.

2. 배경자료

〈성과평가제도 개선에 대한 인터뷰〉

최근 A사는 회사 사세의 급성장으로 인해 작년보다 매출이 두 배 성장하였고, 직원 수 또한 두 배로 증가하였다. 회사의 성장은 임금, 복지에 대한 상승 등 긍정적인 영향을 주었으나 업무의 불균형 및 성과보상의 불평등 문제가 발생하였다. 또한 수시로 입사하는 신입직원과 경력직원, 퇴사하는 직원들까지 인원들의 잦은 변동으로 인해 평가해야 할 대상이 변경되어 현재의 성과평가제도로는 공정한 평가가 어려운 상황이다.

[생산부서 김상호]
우리 팀은 지난 1년 동안 생산량이 급증했기 때문에 수십 명의 신규인력이 급하게 채용되었습니다. 이 때문에 저희 팀장님은 신규 입사자들의 이름조차 기억 못 할 때가 많이 있습니다. 성과평가를 제대로 하고 있는지 의문이 듭니다.

[마케팅 부서 김흥민]
개인의 성과평가의 취지는 충분히 이해합니다. 그러나 현재 평가는 실적기반이나 정성적인 평가가 많이 포함되어 있어 객관성과 공정성에는 의문이 드는 것이 사실입니다. 이러한 상황에서 평가제도를 재수립하지 않고, 인센티브에 계속 반영한다면, 평가제도에 대한 반감이 커질 것이 분명합니다.

[교육부서 홍경민]
현재 교육부서는 인사팀과 밀접하게 일하고 있습니다. 그럼에도 인사팀에서 실시하는 성과평가제도에 대한 이해가 부족한 것 같습니다.

[기획부서 김경호 차장]
저는 저의 평가자 중 하나가 연구부서의 팀장님인데, 일 년에 몇 번 같이 일하지 않는데 어떻게 저를 평가할 수 있을까요? 특히 연구팀은 저희가 예산을 배정하는데, 저에게는 좋지만….

4. 토론 면접

① 토론 면접의 특징

- 다수의 지원자가 조를 편성해 과제에 대한 토론(토의)을 통해 결론을 도출해가는 면접입니다.
- 의사소통능력, 팀워크, 종합인성 등의 평가에 용이합니다.

> - 주요 평가요소
>   - 설득적 말하기, 경청능력, 팀워크, 종합인성
> - 의견 대립이 명확한 주제 또는 채용분야의 직무 관련 주요 현안을 주제로 과제 구성
> - 제한된 시간 내 토론을 진행해야 하므로 적극적으로 자신 있게 토론에 임하고 본인의 의견을 개진할 수 있어야 함

토론 면접의 형태

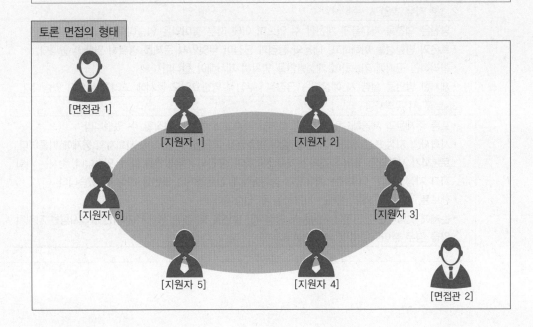

[면접관 1]
[지원자 1]
[지원자 2]
[지원자 6]
[지원자 3]
[지원자 5]
[지원자 4]
[면접관 2]

② 토론 면접 예시

고객 불만 고충처리

1. 들어가며

최근 우리 상품에 대한 고객 불만의 증가로 고객고충처리 TF가 만들어졌고 당신은 여기에 지원해 배치받았다. 당신의 업무는 불만을 가진 고객을 만나서 애로사항을 듣고 처리해 주는 일이다. 주된 업무로는 고객의 니즈를 파악해 방향성을 제시해 주고 그 해결책을 마련하는 일이다. 하지만 경우에 따라서 고객의 주관적인 의견으로 인해 제대로 된 방향으로 의사결정을 하지 못할 때가 있다. 이럴 경우 설득이나 논쟁을 해서라도 의견을 관철시키는 것이 좋을지 아니면 고객의 의견대로 진행하는 것이 좋을지 결정해야 할 때가 있다. 만약 당신이라면 이러한 상황에서 어떤 결정을 내릴 것인지 여부를 자유롭게 토론해 보시오.

2. 1분 자유 발언 시 준비사항

• 당신은 의견을 자유롭게 개진할 수 있으며 이에 따른 불이익은 없습니다.
• 토론의 방향성을 이해하고, 내용의 장점과 단점이 무엇인지 문제를 명확히 말해야 합니다.
• 합리적인 근거에 기초하여 개선방안을 명확히 제시해야 합니다.
• 제시한 방안을 실행 시 예상되는 긍정적 · 부정적 영향요인도 동시에 고려할 필요가 있습니다.

3. 토론 시 유의사항

• 토론 주제문과 제공해드린 메모지, 볼펜만 가지고 토론장에 입장할 수 있습니다.
• 사회자의 지정 또는 발표자가 손을 들어 발언권을 획득할 수 있으며, 사회자의 통제에 따릅니다.
• 토론회가 시작되면, 팀의 의견과 논거를 정리하여 1분간의 자유발언을 할 수 있습니다. 순서는 사회자가 지정합니다. 이후에는 자유롭게 상대방에게 질문하거나 답변을 하실 수 있습니다.
• 핸드폰, 서적 등 외부 매체는 사용하실 수 없습니다.
• 논제에 벗어나는 발언이나 지나치게 공격적인 발언을 할 경우, 위에서 제시한 유의사항을 지키지 않을 경우 불이익을 받을 수 있습니다.

1. 면접 Role Play 편성

- 교육생끼리 조를 편성하여 면접관과 지원자 역할을 교대로 진행합니다.
- 지원자 입장과 면접관 입장을 모두 경험해 보면서 면접에 대한 적응력을 높일 수 있습니다.

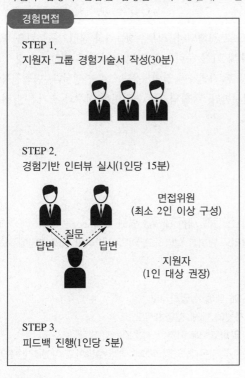

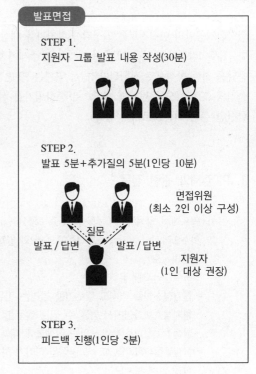

Tip

면접 준비하기

1. 면접 유형 확인 필수
   - 기업마다 면접 유형이 상이하기 때문에 해당 기업의 면접 유형을 확인하는 것이 좋음
   - 일반적으로 실무진 면접, 임원면접 2차례에 거쳐 면접을 실시하는 기업이 많고 실무진 면접과 임원 면접에서 평가요소가 다르기 때문에 유형에 맞는 준비방법이 필요
2. 후속 질문에 대한 사전 점검
   - 블라인드 채용 면접에서는 주요 질문과 함께 후속 질문을 통해 지원자의 직무능력을 판단
     → STAR 기법을 통한 후속 질문에 미리 대비하는 것이 필요

한국환경공단의 면접전형은 인성검사 합격자를 대상으로 진행되며, 직무수행능력과 직업기초능력을 평가한다. 직무역량평가는 면접 30분 전 제시된 PT주제에 대해 PT를 준비하고, 면접장 입실 후 개인발표 및 질의ㆍ응답을 하는 방식으로 진행된다. 인성 평가는 PT면접 후 지원자별 질의ㆍ응답으로 진행된다. 면접전형에서 만점의 60% 이상 득점자를 대상으로 종합평가를 실시한다. 종합평가는 면접전형 점수와 필기전형 점수를 합산한 총점 기준으로 계산한다.

1. PT주제와 관련 질문

1) 펌프에서 발생하는 이상현상의 종류를 설명하고 그에 대한 대책을 말해 보시오.
2) 하수슬러지의 혐기성 소화과정에서 pH와 알칼리도 변화를 설명하고, 이의 일반적인 관리 방안에 대해 설명하시오.
   • 하수슬러지란 무엇인가?
   • 혐기성소화를 거치고 탈수기를 돌리는 이유에 대해 설명하시오.
   • 혐기성소화과정에서 얻을 수 있는 유용한 자원에 대해 설명하시오.
   • 탈질 / 질산화조에서 쓰이는 미생물에 대해 말하고, 왜 이것이 사용되는지 말해 보시오.
   • 탈질 / 질산화라면 A2 / O 공정을 이야기 하는 것 같은데, 공정과정에 대해 설명하고 이에 대한 경제성을 말해 보시오.
   • A2 / O 공정에서 탈질이 이루어지는 곳은 어디인가?
3) ESS의 활용 방안에 대해 설명하시오.
4) 수변전설비에 대한 용어를 설명하시오.
5) 캐비테이션 현상에 대해 설명하시오.
6) 변전소에서 사용되는 기기 종류와 역할에 대해 설명하시오.
7) Y합금강은 무엇이며, 이에 대한 문제점(실현가능성, 경제성 등)을 설명하시오.
8) 토바관계식에 대해 설명하시오.
9) 수격현상에 대해 설명하시오.
10) 펌프 관련 효율 증가 및 이상 현상 방지 방안에 대해 설명하시오.
11) 2050 탄소중립에 맞춰 공단이 나아가야 할 방향에 대해 설명하시오.
    • 폐기물을 이용하지 않고, 건물에서 탄소중립을 할 수 있는 방법이 있는지 말해 보시오.
    • 탄소중립 목표 감량이 되지 않았을 경우 어떤 현상이 발생하는가?
12) 하수 수질 개선을 위해 공단이 할 수 있는 방향에 대해 설명하시오.

2. 직무역량 평가

- 열역학과 비열에 대해 설명해 보시오.
- 중대재해처벌법과 산업안전보건법의 차이를 말해 보시오.
- BCC구조에 대해 설명해 보시오.
- 지원 분야의 지식을 향상하기 위해서 노력한 방법에 대해 말해 보시오.
- 만약 공단에 합격하게 된다면 하고 싶은 업무가 있는가? 있다면 그 이유는 무엇인지 말해 보시오.
- 파리 기후 변화 협약의 핵심과 온도 목표치에 대해 아는 대로 발표하시오.
- 중금속의 종류가 몇 개이고, 비중은 얼마나 되며 수질 폐기 대기 방면에서 중금속 문제를 어떻게 해결해야 하는지 말해 보시오.
- 수질오염총량제에 대한 정의와 장점에 대해 아는 대로 말해 보시오.
- 생활에서 환경을 위해 실천할 수 있는 행위에 대해 아는 대로 말해 보시오.
- 현재의 환경문제 하나를 정하여 그것에 대한 문제점과 개선방안을 발표하시오.
- 대기 TMS에 대하여 설명하고, 문제점과 해결방안을 제시하시오.
- 최근 ESS 설비의 화재 원인과 대책에 대하여 발표하시오.
- 토양 데이터베이스 시스템을 만들기 위하여 필요한 데이터와 그 방법을 발표하시오.
- 우산에 사용되는 일회용 비닐커버 소각·매립 시의 문제점과 비닐커버 감축방안에 대하여 발표하시오.
- 제주도 오버투어리즘(Overtourism)에 대한 외국 관련 예시와 방안에 대하여 발표하시오.
- 친환경 에너지타운에 대하여 발표하시오.
- 수질오염에 대하여 원인을 분석하여 발표하시오.

3. 인성 평가

- 환경을 위해 실천하고 있는 행동이 있는가? 있다면 실천 후 느낀 점을 말해 보시오.
- 친구에게 환경공단에 대해 어떻게 설명할 것인가?
- 1분 동안 자기소개를 해보시오.
- 살면서 누군가와 협력했던 경험이 있는가?
- 공단의 미션에 대해 말해 보시오.
- 공단의 비전에 대해 말해 보시오.
- 인생에 있어서 자신의 멘토는 누구인지 말하고, 이유를 말해 보시오.
- 상사가 지시한 일을 깜빡하고 제 기한에 하지 못했을 때, 어떻게 행동할 것인지 말해 보시오.
- 사회에서 분배정책과 성장이라는 2가지 측면에서 어느 쪽이 더 중요하다고 생각하는지, 이유는 무엇인지 말해 보시오.
- 비리를 저지르는 상사를 마주하게 된다면 어떻게 행동할지 말해 보시오.
- 인턴을 경험하면서 가장 힘들었던 일은 무엇인가? 이를 극복하기 위해 어떻게 행동하였는지 말해 보시오.
- 인턴을 경험하면서 본인의 기대를 충족시켰던 일과, 기대에 못 미쳤던 경험에 대해 말해 보시오.
- 상사가 부당한 지시를 내린다면 어떻게 행동할 것인가?

- 갈등을 해결하기 위해 어떻게 해결하려고 노력하는가?
- 만약 상사가 지원자에게 일을 너무 많이 줄 경우, 어떻게 대처할지 말해 보시오.
- 공단에서 온실가스 감축을 위해 진행하고 있는 사업에 대해 알고 있는가? 있다면 아는 대로 말해 보시오.
- 공단에 지원하게 된 동기는 무엇인가?
- 본인이 지원한 부서와 관련된 경험이 있는가? 있다면 말해 보시오.
- 지원자의 역량을 어떻게 공단에 기여할 수 있는지 말해 보시오.
- 살면서 남에게 신뢰를 주게 된 경험이 있는가?
- 본인이 생각할 때, 갈등 해결 시 가장 중요한 것은 무엇이라 생각하는가?
- 본인의 피해를 감수하고, 공동의 목표를 달성하기 위해 노력한 경험이 있다면 말해 보시오.
- 갑, 을 관계를 목격했을 때 어떻게 행동할 것인가?
- 지원자를 물건으로 표현한다면 무엇으로 표현할 수 있는가?
- 우리 공단의 홈페이지에 접속해 본 적이 있는가?
- 꼼꼼하게 문제를 해결한 경험에 대하여 말해 보시오.
- 소통하는 방법으로 경청 말고 다른 방법을 아는 것이 있는가?
- 지원자가 겪었던 갈등 상황과 이를 해결한 방법, 그리고 깨달은 점을 말해 보시오.
- 공단의 시스템에 대하여 아는 것이 있는가?
- 우리 공단 입사를 준비하면서 힘들었던 점은 무엇인가?
- 유수율이 정확하게 무엇인지 알고 있는가?
- 풀기 어려운 문제를 창의적으로 해결한 경험이 있는가?
- 지원자가 가장 뿌듯했던 순간은 언제인가?
- 다른 사람들과 협력한 경험에 대하여 말해 보시오.
- 문제 상황이 발생했을 때, 협동심을 발휘하여 극복한 경험이 있는가?
- 장점에 대한 내용이 포함되지 않은 지원자의 진짜 단점을 말해 보시오.
- 입사를 하게 된다면, 앞으로의 포부에 대하여 말해 보시오.
- 대학교 전공과목에서 경험한 실습이나 실험에 대하여 말해 보시오.
- 갈등에 대한 지원자만의 해결방법이 있는가?
- 최근 사회적으로 이슈되고 있는 환경주제에 대하여 한 가지 말해 보시오.
- 윤리적인 행동에서 벗어난 경험을 한 적이 있는가?
- 취업을 제외하고 최근에 받은 큰 스트레스는 무엇인가?
- 지원하는 직무를 통해 본인이 얻고 싶은 것은 무엇인가?
- 지원자는 4대강 사업에 대하여 찬성하는가, 반대하는가?
- 우리 공단 홈페이지에 개선이 필요한 사항에 대하여 말해 보시오.
- 본인이 희생했던 경험에 대해 말해 보시오.
- 한국환경공단이란 무엇을 하는 기업이라고 생각하는가?
- 학교에서는 무엇을 배웠는가?
- 지원자 성격의 장단점을 말해 보시오.
- 가리는 음식이 있는가?
- 출장업무가 많을 수도 있는데 잘 적응할 수 있는가?
- 공단에 입사하면 어떤 업무를 담당하고 싶은가?
- 한국환경공단이 하는 사업에 대하여 말해 보시오.
- 장래 계획에 대하여 말해 보시오.

- 1분 자기소개를 해보시오.
- 여름철에 물고기가 많이 폐사하는 이유는 무엇인가?
- 건강관리는 어떻게 하는가?
- 여행을 좋아하는가?
- 공단을 준비하면서 힘들었던 점은 무엇이고, 이를 어떻게 극복했는가?
- 한국환경공단이 위험방지를 위해 해야 할 업무에 대해 아는 것이 있는가?
- 지원자의 별명은 무엇인가?
- 공단의 cleanSY, Allbaro 시스템을 아는가?
- 정보보안의 4대 요소에 대해 말해 보시오.
- 빅데이터의 3V가 무엇인지 말해 보시오.
- 비수도권 인재를 우대하는 것에 대해서 어떻게 생각하는가?
- 양심에 어긋나는 행동이나 법에 어긋나는 행동을 해 본 경험이 있는가?
- 전공인 회계에 관련한 경험이 있는가?
- 다른 기업에 지원한 곳이 있는가?
- 최근 시사문제 중 관심이 있는 것이 무엇인가?
- 환경에 대해서 어떻게 생각하는가?
- 전공 관련 자격증은 왜 아직 취득하지 않았는가?
- 조직 내 갈등 상황을 어떻게 해결하였는가?

많이 보고 많이 겪고 많이 공부하는 것은 배움의 세 기둥이다.

– 벤자민 디즈라엘리 –

현재 나의 실력을 객관적으로 파악해 보자!

모바일 OMR
답안채점 / 성적분석 서비스

도서에 수록된 모의고사에 대한 객관적인 결과(정답률, 순위)를 종합적으로 분석하여 제공합니다.

OMR 입력

성적분석

채점결과

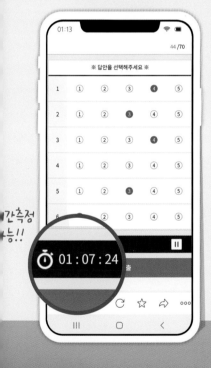

※OMR 답안채점 / 성적분석 서비스는 등록 후 30일간 사용 가능합니다.

참여 방법

도서 내 모의고사 우측 상단에 위치한 QR코드 찍기 →
 로그인 하기 →
 '시작하기' 클릭 →
 '응시하기' 클릭 →
나의 답안을 모바일 OMR 카드에 입력 →
 '성적분석 & 채점결과' 클릭 →
 현재 내 실력 확인하기

2024 최신판 All-New 100% 전면개정

한국환경공단

24년
채용 계획
반영

정답 및 해설

합격의 별을
따자

2023년 공기업 기출복원문제

NCS 출제유형

모의고사 6회

+ 안심도서
황균99.9%

SDC
SDC는 SD에듀 데이터 센터의 약자로
약 30만 개의 NCS·적성 문제 데이터를
바탕으로 최신출제경향을 반영하여
문제를 출제합니다.

SD에듀
(주)시대고시기획

Add+

2023년 주요 공기업 NCS 기출복원문제

끝까지 책임진다! SD에듀!

QR코드를 통해 도서 출간 이후 발견된 오류나 개정법령, 변경된 시험 정보, 최신기출문제, 도서 업데이트 자료 등이 있는지 확인해 보세요! **시대에듀 합격 스마트 앱**을 통해서도 알려 드리고 있으니 구글 플레이나 앱 스토어에서 다운받아 사용하세요. 또한, 파본 도서인 경우에는 구입하신 곳에서 교환해 드립니다.

01	02	03	04	05	06	07	08	09	10	11	12	13	14	15	16	17	18	19	20
④	①	⑤	③	⑤	④	②	②	③	⑤	⑤	④	④	⑤	④	①	②	③	③	④
21	22	23	24	25	26	27	28	29	30	31	32	33	34	35	36	37	38	39	40
①	③	②	④	④	②	②	①	④	①	③	②	③	④	①	④	⑤	②	④	④
41	42	43	44	45	46	47	48	49	50										
①	⑤	④	②	④	⑤	③	①	③	③										

01
정답 ④

제시문에서 치사율과 감염률에 대한 관계는 찾을 수 없다.

오답분석
① 첫 번째 문단에서 외부에서 침입하는 물질을 항원으로 취급한다고 하였으므로 수혈 시 항원 – 항체 반응이 발생할 수 있다.
② 두 번째 문단에서 바이러스가 변이하면 우리 몸은 별개의 항원으로 취급한다고 하였으므로 바이러스에 다시 감염될 수 있다.
③ 네 번째 문단에서 60대 이상의 고연령층은 백신 접종 권고 대상이라고 하였다.
⑤ 첫 번째 문단에 따르면 항체가 항원(바이러스)의 기능을 억제한다고 하였으므로 항체가 적으면 억제 능력이 떨어져 완치 기간이 더 길어진다는 것을 추측할 수 있다.

02
정답 ①

항체가 너무 많아 오히려 정상 세포를 공격할 수 있는 상황에는 '지나친 것은 오히려 없는 것만 못하다.'라는 뜻의 '과유불급'이 적절하다.

오답분석
② 오매불망(寤寐不忘) : 자나 깨나 잊지 아니함. 매우 간절한 기다림을 일컫는 말이다.
③ 와신상담(臥薪嘗膽) : 섶(땔감) 위에 누워서 쓸개를 맛보다. 어떤 목표를 위해 어떠한 고난과 역경도 참고 견뎌냄을 일컫는 말이다.
④ 금의환향(錦衣還鄕) : 비단옷을 입고 고향으로 돌아가다. 출세하여 고향으로 돌아옴을 비유적으로 일컫는 말이다.
⑤ 막역지우(莫逆之友) : 서로 거스름이 없는 친구. 허물없이 지내는 친구를 일컫는 말이다.

03
정답 ⑤

빈칸 뒤는 동물실험의 어두운 면에 대한 내용이다. 이는 빈칸 앞과 상반되므로 상반된 내용을 이어주는 접속부사를 넣어야 한다. 따라서 '하지만'이 가장 적절하다.

04

정답 ③

세 번째 문단에서 쥐와 인간의 유전자는 약 99% 정도가 유사하며 300개 정도의 유전자만 다르다고 하였다.

오답분석

① 첫 번째 문단에 제시되어 있다.
② 두 번째 문단에 제시되어 있다.
④ 여섯 번째 문단에서 2022년 12월 FDA에서 동물실험 의무조항을 폐지했다고 하였으므로 그해 상반기까지는 의무였음을 추측할 수 있다.
⑤ 일곱 번째 문단에서 확인할 수 있다.

05

정답 ⑤

제시문에서 모든 버스를 전기버스로 교체하는 등의 구체적인 실천 방안은 찾아볼 수 없다.

오답분석

① 첫 번째 문단에 제시되어 있다.
② 세 번째 문단에 제시되어 있다.
③ 두 번째 문단에 제시되어 있다.
④ 두 번째 문단에서 뉴욕, 코펜하겐, 멜버른, 요코하마 등 21개의 도시가 탄소중립 도시동맹을 맺었다고 하였으므로 언급된 도시들은 탄소중립을 실천하고 있음을 추측할 수 있다.

06

정답 ④

각 보기의 경우의 수를 구하면 다음과 같다.

ㄱ. 먼저 B~G 6명이 일렬로 선 후 A가 양 끝에 오는 경우의 수를 곱해야 하므로 $6! \times 2 = 720 \times 2 = 1,440$가지이다.

ㄴ. 7개의 글자를 일렬로 나열하고, E가 2개, C가 2개 중복되므로 $\dfrac{7!}{2! \times 2!} = \dfrac{7 \times 6 \times 5 \times 4 \times 3 \times 2 \times 1}{2! \times 2!} = 1,260$가지이다.

ㄷ. 만의 자리에 올 수 있는 수는 4가지, 천의 자리, 백의 자리, 십의 자리에 올 수 있는 수는 각각 5가지, 일의 자리에 올 수 있는 수는 3가지이므로 $4 \times 5 \times 5 \times 5 \times 3 = 1,500$가지이다.

따라서 경우의 수가 큰 순서대로 나열하면 ㄷ - ㄱ - ㄴ이다.

07

정답 ②

(분산)=(각 변량의 제곱의 평균)-(변량의 평균의 제곱)

(표준편차)$= \sqrt{(분산)}$

각 변량의 제곱의 평균을 구하면 다음과 같다.

$\dfrac{3^2 + 7^2 + 6^2 + 8^2 + 3^2 + 9^2 + 1^2 + 6^2 + 4^2 + 3^2}{10} = \dfrac{310}{10} = 31$

변량의 평균의 제곱값을 구하면 다음과 같다.

$\left(\dfrac{3+7+6+8+3+9+1+6+4+3}{10} \right)^2 = \left(\dfrac{50}{10} \right)^2 = 25$

따라서 제시된 변량의 분산은 $31 - 25 = 6$이고, 표준편차는 $\sqrt{6}$이다.

08
정답 ②

정사각형 ABCD의 넓이는 $12 \times 12 = 144cm^2$, 삼각형 APB와 삼각형 AQD의 넓이는 각각 $\frac{1}{2} \times 12 \times 6 = 36cm^2$, 삼각형 PCQ의 넓이는 $\frac{1}{2} \times 6 \times 6 = 18cm^2$이다. 따라서 삼각형 APQ의 넓이는 $144 - (36 + 36 + 18) = 54cm^2$이다.

09
정답 ③

주말 평균 공부시간이 3시간 이상 6시간 미만인 학생은 전체의 20%, 6시간 이상 8시간 미만인 학생은 전체의 10%, 8시간 이상인 학생은 전체의 5%이므로 주말 평균 3시간 이상 공부하는 학생은 전체의 20+10+5=35%로 절반 미만이다.

오답분석

① 주말 평균 공부시간이 8시간 이상인 학생의 비율은 전체의 5%로 가장 작다.
② 주말 평균 공부시간이 1시간 미만인 학생의 비율은 전체의 10%이고, 6시간 이상 8시간 미만인 학생의 비율 또한 전체의 10%이다.
④ 주말 평균 공부시간이 1시간 미만인 학생의 비율은 전체의 10%이고, 1시간 이상 2시간 미만인 학생은 전체의 30%이므로 주말 평균 공부시간이 2시간 미만인 학생의 비율은 10+30=40%로 절반 미만이다.
⑤ 주말 평균 공부시간이 2시간 이상 3시간 미만인 학생의 비율은 전체의 25%로, 8시간 이상인 학생의 비율(5%)의 $\frac{25}{5} = 5$배이다.

10
정답 ⑤

제시문의 세 번째 문단에 따르면 스마트 글라스 내부 센서를 통해 충격과 기울기를 감지할 수 있어, 작업자에게 위험한 상황이 발생할 경우 통보 시스템을 통해 바로 파악할 수 있게 되었음을 알 수 있다.

오답분석

① 첫 번째 문단에 따르면 스마트 글라스를 통한 작업자의 음성인식만으로 철도시설물 점검이 가능해졌음을 알 수 있지만, 다섯 번째 문단에 따르면 아직 철도시설물 보수 작업은 가능하지 않음을 알 수 있다.
② 첫 번째 문단에 따르면 스마트 글라스의 도입 이후에도 사람의 작업이 필요함을 알 수 있다.
③ 세 번째 문단에 따르면 스마트 글라스의 도입으로 추락 사고나 그 밖의 위험한 상황을 미리 예측할 수 있어 이를 방지할 수 있게 되었음을 알 수 있지만, 실제로 안전사고 발생 횟수가 감소하였는지는 알 수 없다.
④ 두 번째 문단에 따르면 여러 단계를 거치던 기존 작업 방식에서 스마트 글라스의 도입으로 작업을 한 번에 처리할 수 있게 된 것을 통해 작업 시간이 단축되었음을 알 수 있지만, 필요한 작업 인력의 감소 여부는 알 수 없다.

11
정답 ⑤

네 번째 문단에 따르면 인공지능 등의 스마트 기술 도입으로 까치집 검출 정확도는 95%까지 상승하였으므로 까치집 제거율 또한 상승할 것임을 예측할 수 있으나, 근본적인 문제인 까치집 생성의 감소를 기대할 수는 없다.

오답분석

① 세 번째 문단과 네 번째 문단에 따르면 정확도가 65%에 불과했던 인공지능의 까치집 식별 능력이 딥러닝 방식의 도입으로 95%까지 상승했음을 알 수 있다.
② 세 번째 문단에서 시속 150km로 빠르게 달리는 열차에서의 까치집 식별 정확도는 65%에 불과하다는 내용으로 보아, 빠른 속도에서는 인공지능의 사물 식별 정확도가 낮음을 알 수 있다.
③ 네 번째 문단에 따르면 작업자의 접근이 어려운 곳에는 드론을 띄워 까치집을 발견 및 제거하는 기술도 시범 운영하고 있다고 하였다.
④ 세 번째 문단에 따르면 실시간 까치집 자동 검출 시스템 개발로 실시간으로 위험 요인의 위치와 이미지를 작업자에게 전달할 수 있게 되었다.

12

제시문의 두 번째 문단에 따르면 CCTV는 열차 종류에 따라 운전실에서 실시간으로 상황을 파악할 수 있는 네트워크 방식과 각 객실에서의 영상을 저장하는 개별 독립 방식으로 설치된다고 하였다. 따라서 개별 독립 방식으로 설치된 일부 열차에서는 각 객실의 상황을 실시간으로 파악하지 못할 수 있다.

[오답분석]

① 첫 번째 문단에 따르면 2023년까지 현재 운행하고 있는 열차의 모든 객실에 CCTV를 설치하겠다는 내용으로 보아, 현재 모든 열차의 모든 객실에 CCTV가 설치되지 않았음을 유추할 수 있다.

② 첫 번째 문단에 따르면 2023년까지 모든 열차 승무원에게 바디 캠을 지급하겠다고 하였다. 이에 따라 승객이 승무원을 폭행하는 등의 범죄 발생 시 해당 상황을 녹화한 바디 캠 영상이 있어 수사의 증거자료로 사용할 수 있게 되었다.

③ 두 번째 문단에 따르면 CCTV는 사각지대 없이 설치되며 일부는 휴대 물품 보관대 주변에도 설치된다고 하였다. 따라서 인적 피해와 물적 피해 모두 예방할 수 있게 되었다.

⑤ 세 번째 문단에 따르면 CCTV 품평회와 시험을 통해 제품의 형태와 색상, 재질, 진동과 충격 등에 대한 적합성을 고려한다고 하였다.

13

작년 K대학교의 재학생 수는 6,800명이고 남학생 수와 여학생 수의 비가 8:9이므로, 남학생 수는 $6,800 \times \frac{8}{8+9} = 3,200$명이고,

여학생 수는 $6,800 \times \frac{9}{8+9} = 3,600$명이다. 올해 줄어든 남학생 수와 여학생 수의 비가 12:13이므로 올해 K대학교에 재학 중인 남학생 수와 여학생 수의 비는 $(3,200-12k):(3,600-13k)=7:8$이다.

$7 \times (3,600-13k) = 8 \times (3,200-12k)$

$25,200-91k = 25,600-96k$

$5k=400 \rightarrow k=80$

따라서 올해 K대학교에 재학 중인 남학생 수는 $3,200-12 \times 80 = 2,240$명이고, 여학생 수는 $3,600-13 \times 80 = 2,560$명이므로 올해 K대학교의 전체 재학생 수는 $2,240+2,560 = 4,800$명이다.

14

K공사를 통한 예약 접수는 온라인 쇼핑몰 홈페이지를 통해서만 가능하며, 오프라인(방문) 접수는 우리·농협은행의 창구를 통해서만 이루어진다.

[오답분석]

① 구매자를 대한민국 국적자로 제한한다는 내용은 없다.

② 단품으로 구매 시 1인당 화종별 최대 3장으로 총 9장, 세트로 구매할 때도 1인당 최대 3세트로 총 9장까지 신청이 가능하며, 세트와 단품은 중복신청이 가능하므로 1인당 구매 가능한 최대 개수는 18장이다.

③ 우리·농협은행의 계좌가 없다면, K공사 온라인 쇼핑몰을 이용하거나 우리·농협은행에 직접 방문하여 구입할 수 있다.

④ 총발행량은 예약 주문 이전부터 화종별 10,000장으로 미리 정해져 있다.

15

우리·농협은행 계좌 미보유자인 외국인 A씨가 예약 신청을 할 수 있는 방법은 두 가지이다. 하나는 신분증인 외국인등록증을 지참하고 우리·농협은행의 지점을 방문하여 신청하는 것이고, 다른 하나는 K공사 온라인 쇼핑몰에서 가상계좌 방식으로 신청하는 것이다.

[오답분석]

① A씨는 외국인이므로 창구 접수 시 지참해야 하는 신분증은 외국인등록증이다.

② K공사 온라인 쇼핑몰에서는 가상계좌 방식을 통해서만 예약 신청이 가능하다.

③ 홈페이지를 통한 신청이 가능한 은행은 우리은행과 농협은행뿐이다.

⑤ 우리·농협은행의 홈페이지를 통해 예약 접수를 하려면 해당 은행에 미리 계좌가 개설되어 있어야 한다.

16

3종 세트는 186,000원, 단품은 각각 63,000원이므로 5명의 구매 금액을 계산하면 다음과 같다.

· A : $(186,000 \times 2) + 63,000 = 435,000$원
· B : $63,000 \times 8 = 504,000$원
· C : $(186,000 \times 2) + (63,000 \times 2) = 498,000$원
· D : $186,000 \times 3 = 558,000$원
· E : $186,000 + (63,000 \times 4) = 438,000$원

따라서 가장 많은 금액을 지불한 사람은 D이며, 구매 금액은 558,000원이다.

17

마일리지 적립 규정에 회원 등급과 관련된 내용은 없으며, 마일리지 적립은 지불한 운임의 액수, 더블적립 열차 탑승 여부, 선불형 교통카드 Rail+ 사용 여부에 따라서만 결정된다.

[오답분석]

① KTX 마일리지는 KTX 열차 이용 시에만 적립된다.
③ 비즈니스 등급은 기업회원 여부와 관계없이 최근 1년간의 활동내역을 기준으로 부여된다.
④ 반기 동안 추석 및 설 명절 특별수송기간 탑승 건을 제외하고 4만 점을 적립하면 VIP 등급을 부여받는다.
⑤ VVIP 등급과 VIP 등급 고객은 한정된 횟수 내에서 무료 업그레이드 쿠폰으로 KTX 특실을 KTX 일반실 가격에 구매할 수 있다.

18

· A의 주민등록상 주소지는 시범지역에 속하지 않는다.
· B의 주민등록상 주소지는 관리형에 속하지만, 고혈압 또는 당뇨병 진단을 받지 않았다.
· C의 주민등록상 주소지는 예방형에 속하고, 체질량지수와 혈압이 건강관리가 필요한 사람이므로 예방형이다.
· D의 주민등록상 주소지는 관리형에 속하고, 고혈압 진단을 받았으므로 관리형이다.
· E의 주민등록상 주소지는 예방형에 속하고, 체질량지수와 공복혈당 건강관리가 필요한 사람이므로 예방형이다.
· F의 주민등록상 주소지는 시범지역에 속하지 않는다.
· G의 주민등록상 주소지는 관리형에 속하고, 당뇨병 진단을 받았으므로 관리형이다.
· H의 주민등록상 주소지는 시범지역에 속하지 않는다.
· I의 주민등록상 주소지는 예방형에 속하지만, 필수조건인 체질량지수가 정상이므로 건강관리가 필요한 사람에 해당하지 않는다.

따라서 예방형 신청이 가능한 사람은 C, E이고, 관리형 신청이 가능한 사람은 D, G이다.

19

출산장려금 지급시기의 가장 우선순위인 임신일이 가장 긴 임산부는 B, D, E임산부이다. 이 중에서 만 19세 미만인 자녀 수가 많은 임산부는 D, E임산부이고, 소득 수준이 더 낮은 임산부는 D임산부이다. 따라서 D임산부가 가장 먼저 출산장려금을 받을 수 있다.

20

이뇨제의 1인 투여량은 60mL/일이고 진통제의 1인 투여량은 60mg/일이므로 이뇨제를 투여한 환자 수와 진통제를 투여한 환자 수의 비는 이뇨제 사용량과 진통제 사용량의 비와 같다.

· 2018년 : $3,000 \times 2 < 6,720$
· 2019년 : $3,480 \times 2 = 6,960$
· 2020년 : $3,360 \times 2 < 6,840$
· 2021년 : $4,200 \times 2 > 7,200$
· 2022년 : $3,720 \times 2 > 7,080$

따라서 2018년, 2020년에 진통제를 투여한 환자 수는 이뇨제를 투여한 환자 수의 2배보다 많다.

① 2022년에 사용량이 감소한 의약품은 이뇨제와 진통제이므로 2022년 이뇨제의 사용량 감소율은 $\frac{3,720-4,200}{4,200}\times100 ≒$ -11.43%p이고, 진통제의 사용량 감소율은 $\frac{7,080-7,200}{7,200}\times100≒-1.67\%$p이다. 따라서 2022년 사용량 감소율이 가장 큰 의약품은 이뇨제이다.

② 5년 동안 지사제 투여량의 평균은 $\frac{30+42+48+40+44}{5}=40.8$정이고, 지사제의 하루 투여량은 2정이다. 따라서 지사제를 투여한 환자 수의 평균은 $\frac{40.8}{2}=20.4$이므로 약 20명이다.

③ 이뇨제 사용량은 매년 '증가 – 감소 – 증가 – 감소'를 반복하였다.

21

정답 ①

• 2019년 직장가입자 건강보험금 및 지역가입자 건강보험금 징수율
  – 직장가입자 : $\frac{6,698,187}{6,706,712}\times100≒99.87\%$
  – 지역가입자 : $\frac{886,396}{923,663}\times100≒95.97\%$

• 2020년 직장가입자 건강보험금 및 지역가입자 건강보험금 징수율
  – 직장가입자 : $\frac{4,898,775}{5,087,163}\times100≒96.3\%$
  – 지역가입자 : $\frac{973,681}{1,003,637}\times100≒97.02\%$

• 2021년 직장가입자 건강보험금 및 지역가입자 건강보험금 징수율
  – 직장가입자 : $\frac{7,536,187}{7,763,135}\times100≒97.08\%$
  – 지역가입자 : $\frac{1,138,763}{1,256,137}\times100≒90.66\%$

• 2022년 직장가입자 건강보험금 및 지역가입자 건강보험금 징수율
  – 직장가입자 : $\frac{8,368,972}{8,376,138}\times100≒99.91\%$
  – 지역가입자 : $\frac{1,058,943}{1,178,572}\times100≒89.85\%$

따라서 직장가입자 건강보험금 징수율이 가장 높은 해는 2022년이고, 지역가입자 건강보험금 징수율이 가장 높은 해는 2020년이다.

22

정답 ③

분기별 사회복지사 인력의 합은 다음과 같다.
• 2022년 3분기 : $391+670+1,887=2,948$명
• 2022년 4분기 : $385+695+1,902=2,982$명
• 2023년 1분기 : $370+700+1,864=2,934$명
• 2023년 2분기 : $375+720+1,862=2,957$명

분기별 전체 보건인력 중 사회복지사 인력의 비율은 다음과 같다.
• 2022년 3분기 : $\frac{2,948}{80,828}\times100≒3.65\%$
• 2022년 4분기 : $\frac{2,982}{82,582}\times100≒3.61\%$
• 2023년 1분기 : $\frac{2,934}{86,236}\times100≒3.40\%$
• 2023년 2분기 : $\frac{2,957}{86,707}\times100≒3.41\%$

따라서 옳지 않은 것은 ③이다.

23

허리디스크는 디스크의 수핵이 탈출하여 생긴 질환이므로 허리를 굽히거나 앉아 있을 때 디스크에 가해지는 압력이 높아져 통증이 더 심해진다. 반면 척추관협착증의 경우 서 있을 때 척추관이 더욱 좁아지게 되어 통증이 더욱 심해진다.

오답분석

① 허리디스크는 디스크의 탄력 손실이나 갑작스런 충격으로 인해 균열이 생겨 발생하고, 척추관협착증은 오랜 기간 동안 황색 인대가 두꺼워져 척추관에 변형이 일어나 발생하므로 허리디스크가 더 급작스럽게 증상이 나타난다.

③ 허리디스크는 자연치유가 가능하지만, 척추관협착증은 불가능하다. 따라서 허리디스크는 주로 통증을 줄이고 안정을 취하는 보존치료를 하지만, 척추관협착증은 변형된 부분을 제거하는 외과적 수술을 한다.

④ 허리디스크와 척추관협착증 모두 척추 중앙의 신경 다발(척수)이 압박받을 수 있으며, 심할 경우 하반신 마비 증세를 보일 수 있으므로 빠른 치료를 받는 것이 중요하다.

24

고령인 사람이 서 있을 때 통증이 나타난다면 퇴행성 척추질환인 척추관협착증(요추관협착증)일 가능성이 높다. 반면 허리디스크(추간판탈출증)는 젊은 나이에도 디스크에 급격한 충격이 가해지면 발생할 수 있고, 앉아 있을 때 통증이 심해진다. 따라서 ㉠에는 척추관협착증, ㉡에는 허리디스크가 들어가야 한다.

25

제시문은 장애인 건강주치의 시범사업을 소개하며 3단계 시범사업에서 기존과 달라지는 것을 위주로 설명하고 있다. 따라서 가장 처음에 와야 할 문단은 3단계 장애인 건강주치의 시범사업을 소개하는 (마) 문단이다. 이어서 장애인 건강주치의 시범사업 세부 서비스를 소개하는 문단이 와야 하는데, 서비스 종류를 소개하는 문장이 있는 (다) 문단이 이어지는 것이 가장 적절하다. 이어서 2번째 서비스인 주장애관리를 소개하는 (가) 문단이 와야 하며, 그 다음으로 3번째 서비스인 통합관리 서비스와 추가적으로 방문 서비스를 소개하는 (라) 문단이 오는 것이 적절하다. 마지막으로 장애인 건강주치의 시범사업에 신청하는 방법을 소개하며 글을 끝내는 것이 적절하므로 (나) 문단이 이어져야 한다. 따라서 글의 순서를 바르게 나열하면 (마) – (다) – (가) – (라) – (나)이다.

26

제시문은 행위별수가제로 인해 환자, 의사, 건강보험 재정 등 많은 곳에서 한계점이 있다고 설명하고 있으며, 건강보험 고갈을 막기 위해 다양한 지불방식을 도입하는 등 구조적인 개편이 필요함을 설명하고 있다. 따라서 '행위별수가제의 한계점'이 가장 적절한 주제이다.

27

• 구상(求償) : 무역 거래에서 수량·품질·포장 따위에 계약 위반 사항이 있는 경우, 매주(賣主)에게 손해 배상을 청구하거나 이의를 제기하는 일

• 구제(救濟) : 자연적인 재해나 사회적인 피해를 당하여 어려운 처지에 있는 사람을 도와줌

28

• (운동에너지)$= \frac{1}{2} \times$(질량)$\times$(속력)$^2 = \frac{1}{2} \times 2 \times 4^2 = 16J$

• (위치에너지)$=$(질량)$\times$(중력가속도)$\times$(높이)$= 2 \times 10 \times 0.5 = 10J$

• (역학적 에너지)$=$(운동에너지)$+$(위치에너지)$= 16 + 10 = 26J$

공의 역학적 에너지는 26J이고, 튀어 오를 때 가장 높은 지점에서 운동에너지가 0이므로 역학적 에너지는 위치에너지와 같다. 따라서 공이 튀어 오를 때 가장 높은 지점에서의 위치에너지는 26J이다.

29

정답 ④

출장지까지 거리는 $200 \times 1.5 = 300$km이므로 시속 60km의 속력으로 달릴 때 걸리는 시간은 5시간이고, 약속시간보다 1시간 늦게 도착하므로 약속시간은 4시간 남았다. 300km를 시속 60km의 속력으로 달리다 도중에 시속 90km의 속력으로 달릴 때 약속시간보다 30분 일찍 도착했으므로, 이때 걸린 시간은 $4 - \frac{1}{2} = \frac{7}{2}$ 시간이다.

시속 90km의 속력으로 달린 거리를 $x$km라 하면

$$\frac{300-x}{60} + \frac{x}{90} = \frac{7}{2}$$

$900 - 3x + 2x = 630 \rightarrow x = 270$

따라서 A부장이 시속 90km의 속력으로 달린 거리는 270km이다.

30

정답 ①

상품의 원가를 x원이라 하면 처음 판매가격은 $1.23x$원이다.

여기서 1,300원을 할인하여 판매했을 때 얻은 이익은 원가의 10%이므로

$(1.23x - 1,300) - x = 0.1x$

$0.13x = 1,300$

$x = 10,000$

따라서 상품의 원가는 10,000원이다.

31

정답 ③

G와 B의 자리를 먼저 고정하고, 양 끝에 앉을 수 없는 A의 위치를 토대로 경우의 수를 계산하면 다음과 같다.

• G가 가운데에 앉고, B가 G의 바로 왼쪽에 앉는 경우의 수

	A	B	G		
		B	G	A	
		B	G		A

$3 \times 4! = 72$가지

• G가 가운데에 앉고, B가 G의 바로 오른쪽에 앉는 경우의 수

	A		G	B	
		A	G	B	
			G	B	A

$3 \times 4! = 72$가지

따라서 조건과 같이 앉을 때 가능한 경우의 수는 $72 + 72 = 144$가지이다.

32

정답 ②

유치원생이 11명일 때 평균 키는 113cm이므로 유치원생 11명의 키의 합은 $113 \times 11 = 1,243$cm이다. 키가 107cm인 유치원생이 나갔으므로 남은 유치원생 10명의 키의 합은 $1,243 - 107 = 1,136$cm이다. 따라서 남은 유치원생 10명의 키의 평균은 $\frac{1,136}{10} = 113.6$cm이다.

33

'우회수송'은 사고 등의 이유로 직통이 아닌 다른 경로로 우회하여 수송한다는 뜻이기 때문에 '우측 선로로의 변경'은 순화로 적절하지 않다.

오답분석

① '열차시격'에서 '시격'이란 '사이에 뜬 시간'이라는 뜻의 한자어로, 열차와 열차 사이의 간격, 즉 배차간격으로 순화할 수 있다.
② '전차선'이란 선로를 의미하고, '단전'은 전기의 공급이 중단됨을 말한다. 따라서 바르게 순화되었다.
④ '핸드레일(Handrail)'은 난간을 뜻하는 영어 단어로, 우리말로는 '안전손잡이'로 순화할 수 있다.
⑤ '키스 앤 라이드(Kiss and Ride)'는 헤어질 때 키스를 하는 영미권 문화에서 비롯된 용어로, 환승정차구역을 지칭한다.

34

세 번째 문단을 통해 정부가 철도 중심 교통체계 구축을 위해 노력하고 있음을 알 수는 있으나, 구체적으로 시행된 조치는 언급되지 않았다.

오답분석

① 첫 번째 문단을 통해 전 세계적으로 탄소중립이 주목받자 이에 대한 방안으로 등장한 것이 철도 수송임을 알 수 있다.
② 첫 번째 문단과 두 번째 문단을 통해 철도 수송의 확대가 온실가스 배출량의 획기적인 감축을 가져올 것임을 알 수 있다.
③ 네 번째 문단을 통해 '중앙선 안동 ~ 영천 간 궤도' 설계 시 탄소 감축 방안으로 저탄소 자재인 유리섬유 보강근이 철근 대신 사용되었음을 알 수 있다.
⑤ 네 번째 문단을 통해 S철도공단은 철도 중심 교통체계 구축을 위해 건설 단계에서부터 친환경·저탄소 자재를 적용하였고, 탄소 감축을 위해 2025년부터는 모든 철도건축물을 일정한 등급 이상으로 설계하기로 결정하였음을 알 수 있다.

35

제시문을 살펴보면 먼저 첫 번째 문단에서는 이산화탄소로 메탄올을 만드는 곳이 있다며 관심을 유도하고, 두 번째 문단에서 메탄올을 어떻게 만들고 어디에서 사용하는지 구체적으로 설명함으로써 탄소 재활용의 긍정적인 측면을 부각하고 있다. 하지만 세 번째 문단에서는 앞선 내용과 달리 이렇게 만들어진 메탄올의 부정적인 측면을 설명하고, 네 번째 문단에서는 이와 같은 이유로 탄소 재활용에 대한 결론이 나지 않았다며 글이 마무리되고 있다. 따라서 글의 주제로 적절한 것은 탄소 재활용의 이면을 모두 포함하는 내용인 ①이다.

오답분석

② 두 번째 문단에 한정된 내용이므로 제시문 전체를 다루는 주제로 보기에는 적절하지 않다.
③ 지열발전소의 부산물을 통해 메탄올이 만들어진 것은 맞지만, 새롭게 탄생된 연료로 보기는 어려우며, 글의 전체를 다루는 주제로 보기에도 적절하지 않다.
④·⑤ 제시문의 첫 번째 문단과 두 번째 문단에서는 버려진 이산화탄소 및 부산물의 재활용을 통해 '메탄올'을 제조함으로써 미래 원료를 해결할 수 있을 것처럼 보이지만, 이어지는 세 번째 문단과 네 번째 문단에서는 이렇게 만들어진 '메탄올'이 과연 미래 원료로 적합한지 의문점이 제시되고 있다. 따라서 글의 주제로 보기에는 적절하지 않다.

36

A ~ C철도사의 차량 1량당 연간 승차인원 수는 다음과 같다.
• 2020년
– A철도사 : $\frac{775,386}{2,751} ≒ 281.86$천 명/년/1량

– B철도사 : $\frac{26,350}{103} ≒ 255.83$천 명/년/1량

– C철도사 : $\frac{35,650}{185} ≒ 192.7$천 명/년/1량

- 2021년

　　- A철도사 : $\dfrac{768,776}{2,731}$ ≒281.5천 명/년/1량

　　- B철도사 : $\dfrac{24,746}{111}$ ≒222.94천 명/년/1량

　　- C철도사 : $\dfrac{33,130}{185}$ ≒179.08천 명/년/1량

- 2022년

　　- A철도사 : $\dfrac{755,376}{2,710}$ ≒278.74천 명/년/1량

　　- B철도사 : $\dfrac{23,686}{113}$ ≒209.61천 명/년/1량

　　- C철도사 : $\dfrac{34,179}{185}$ ≒184.75천 명/년/1량

따라서 3년간 차량 1량당 연간 평균 승차인원 수는 C철도사가 가장 적다.

[오답분석]

① 2020 ~ 2022년의 C철도사의 차량 수는 185량으로 변동이 없다.

② 2020 ~ 2022년의 연간 승차인원 비율은 모두 A철도사가 가장 높다.

③ A ~ C철도사의 2020년의 전체 연간 승차인원 수는 775,386+26,350+35,650=837,386천 명, 2021년의 전체 연간 승차인원 수는 768,776+24,746+33,130=826,652천 명, 2022년의 전체 연간 승차인원 수는 755,376+23,686+34,179=813,241천 명으로 매년 감소하였다.

⑤ 2020 ~ 2022년의 C철도사의 차량 1량당 연간 승차인원 수는 각각 192.7천 명, 179.08천 명, 184.75천 명이므로 모두 200천 명 미만이다.

37

정답 ⑤

2018년 대비 2022년에 석유 생산량이 감소한 국가는 C, F이며, 석유 생산량 감소율은 다음과 같다.

- C : $\dfrac{4,025,936-4,102,396}{4,102,396}\times100$ ≒ -1.9%p

- F : $\dfrac{2,480,221-2,874,632}{2,874,632}\times100$ ≒ -13.7%p

따라서 석유 생산량 감소율이 가장 큰 국가는 F이다.

[오답분석]

① 석유 생산량이 매년 증가한 국가는 A, B, E, H로, 총 4개이다.

② 2018년 대비 2022년에 석유 생산량이 증가한 국가의 석유 생산량 증가량은 다음과 같다.

- A : 10,556,259-10,356,185=200,074bbl/day
- B : 8,567,173-8,251,052=316,121bbl/day
- D : 5,442,103-5,321,753=120,350bbl/day
- E : 335,371-258,963=76,408bbl/day
- G : 1,336,597-1,312,561=24,036bbl/day
- H : 104,902-100,731=4,171bbl/day

따라서 석유 생산량 증가량이 가장 많은 국가는 B이다.

③ 연도별 E의 석유 생산량을 H의 석유 생산량과 비교하면 다음과 같다.

- 2018년 : $\dfrac{258,963}{100,731}$ ≒2.6　　　　　- 2019년 : $\dfrac{273,819}{101,586}$ ≒2.7

- 2020년 : $\dfrac{298,351}{102,856}$ ≒2.9　　　　　- 2021년 : $\dfrac{303,875}{103,756}$ ≒2.9

- 2022년 : $\dfrac{335,371}{104,902}$ ≒3.2

따라서 2022년 E의 석유 생산량은 H의 석유 생산량의 약 3.2배이다.

④ 석유 생산량 상위 2개국은 매년 A, B이며 매년 석유 생산량의 차이는 다음과 같다.
- 2018년 : $10,356,185-8,251,052=2,105,133$bbl/day
- 2019년 : $10,387,665-8,297,702=2,089,963$bbl/day
- 2020년 : $10,430,235-8,310,856=2,119,379$bbl/day
- 2021년 : $10,487,336-8,356,337=2,130,999$bbl/day
- 2022년 : $10,556,259-8,567,173=1,989,086$bbl/day

따라서 A와 B의 석유 생산량의 차이는 '감소 − 증가 − 증가 − 감소'를 보인다.

38
정답 ②

제시된 법에 따라 공무원인 친구가 받을 수 있는 선물의 금액은 1회에 100만 원이다.

$$12x<100 \rightarrow x<\frac{100}{12}=\frac{25}{3}\fallingdotseq 8.33$$

따라서 A씨는 수석을 최대 8개 보낼 수 있다.

39
정답 ④

거래처로 가기 위해 C와 G를 거쳐야 하므로, C를 먼저 거치는 최소 이동거리와 G를 먼저 거치는 최소 이동거리를 비교한다.
- 본사 − C − D − G − 거래처
  $6+3+3+4=16$km
- 본사 − E − G − D − C − F − 거래처
  $4+1+3+3+3+4=18$km

따라서 최소 이동거리는 16km이다.

40
정답 ④

- 볼펜을 30자루 구매하면 개당 200원씩 할인되므로 $800\times30=24,000$원이다.
- 수정테이프를 8개 구매하면 $2,500\times8=20,000$원이지만, 10개를 구매하면 개당 1,000원이 할인되어 $1,500\times10=15,000$원이므로 10개를 구매하는 것이 더 저렴하다.
- 연필을 20자루 구매하면 연필 가격의 25%가 할인되므로 $400\times20\times0.75=6,000$원이다.
- 지우개를 5개 구매하면 $300\times5=1,500$원이며 지우개에 대한 할인은 적용되지 않는다.

총금액은 $24,000+15,000+6,000+1,500=46,500$원이고 3만 원을 초과했으므로 10% 할인이 적용되어 $46,500\times0.9=41,850$원이다. 또한 할인 적용 전 금액이 5만 원 이하이므로 배송료 5,000원이 추가로 부과되어 $41,850+5,000=46,850$원이 된다. 그런데 만약 비품을 3,600원어치 추가로 주문하면 $46,500+3,600=50,100$원이므로 할인 적용 전 금액이 5만 원을 초과하여 배송료가 무료가 되고, 총금액이 3만 원을 초과했으므로 지불할 금액은 10% 할인이 적용된 $50,100\times0.9=45,090$원이다.

따라서 지불 가능한 가장 저렴한 금액은 45,090원이 된다.

41
정답 ①

A ~ E가 받는 성과급은 다음과 같다.

직원	직책	매출 순이익	기여도	성과급 비율	성과급
A	팀장	4,000만 원	25%	매출 순이익의 5%	$1.2\times4,000\times0.05=240$만 원
B	팀장	2,500만 원	12%	매출 순이익의 2%	$1.2\times2,500\times0.02=60$만 원
C	팀원	1억 2,500만 원	3%	매출 순이익의 1%	$12,500\times0.01=125$만 원
D	팀원	7,000만 원	7%	매출 순이익의 3%	$7,000\times0.03=210$만 원
E	팀원	800만 원	6%	−	0원

따라서 가장 많은 성과급을 받는 사람은 A이다.

42

2023년 6월의 학교폭력 신고 건수는 7,530+1,183+557+601=9,871건으로, 10,000건 미만이다.

오답분석

① • 2023년 1월의 학교폭력 상담 건수 : 9,652−9,195=457건
   • 2023년 2월의 학교폭력 상담 건수 : 10,109−9,652=457건
   따라서 2023년 1월과 2023년 2월의 학교폭력 상담 건수는 같다.
② 학교폭력 상담 건수와 신고 건수 모두 2023년 3월에 가장 많다.
③ 전월 대비 학교폭력 상담 건수가 가장 크게 감소한 때는 2023년 5월이지만, 학교폭력 신고 건수가 가장 크게 감소한 때는 2023년 4월이다.
④ 전월 대비 학교폭력 상담 건수가 증가한 월은 2022년 9월과 2023년 3월이고, 이때 학교폭력 신고 건수 또한 전월 대비 증가하였다.

43

연도별 전체 발전량 대비 유류・양수 자원 발전량은 다음과 같다.

• 2018년 : $\frac{6,605}{553,256} \times 100 ≒ 1.2\%$

• 2019년 : $\frac{6,371}{537,300} \times 100 ≒ 1.2\%$

• 2020년 : $\frac{5,872}{550,826} \times 100 ≒ 1.1\%$

• 2021년 : $\frac{5,568}{553,900} \times 100 ≒ 1\%$

• 2022년 : $\frac{5,232}{593,958} \times 100 ≒ 0.9\%$

따라서 2022년의 유류・양수 자원 발전량은 전체 발전량의 1% 미만이다.

오답분석

① 원자력 자원 발전량과 신재생 자원 발전량은 매년 증가하였다.
② 연도별 석탄 자원 발전량의 전년 대비 감소폭은 다음과 같다.
   • 2019년 : 226,571−247,670=−21,099GWh
   • 2020년 : 221,730−226,571=−4,841GWh
   • 2021년 : 200,165−221,730=−21,565GWh
   • 2022년 : 198,367−200,165=−1,798GWh
   따라서 석탄 자원 발전량의 전년 대비 감소폭이 가장 큰 해는 2021년이다.
③ 연도별 신재생 자원 발전량 대비 가스 자원 발전량은 다음과 같다.

• 2018년 : $\frac{135,072}{36,905} \times 100 ≒ 366\%$

• 2019년 : $\frac{126,789}{38,774} \times 100 ≒ 327\%$

• 2020년 : $\frac{138,387}{44,031} \times 100 ≒ 314\%$

• 2021년 : $\frac{144,976}{47,831} \times 100 ≒ 303\%$

• 2022년 : $\frac{160,787}{50,356} \times 100 ≒ 319\%$

   따라서 연도별 신재생 자원 발전량 대비 가스 자원 발전량이 가장 큰 해는 2018년이다.
⑤ 전체 발전량이 증가한 해는 2020 ~ 2022년이며, 그 증가폭은 다음과 같다.
   • 2020년 : 550,826−537,300=13,526GWh
   • 2021년 : 553,900−550,826=3,074GWh
   • 2022년 : 593,958−553,900=40,058GWh
   따라서 전체 발전량의 전년 대비 증가폭이 가장 큰 해는 2022년이다.

44

㉠ 퍼실리테이션(Facilitation)이란 '촉진'을 의미하며, 어떤 그룹이나 집단이 의사결정을 잘하도록 도와주는 일을 가리킨다. 최근 많은 조직에서는 보다 생산적인 결과를 가져올 수 있도록 그룹이 나아갈 방향을 알려 주고, 주제에 대한 공감을 이룰 수 있도록 능숙하게 도와주는 퍼실리테이터를 활용하고 있다. 퍼실리테이션에 의한 문제해결 방법은 깊이 있는 커뮤니케이션을 통해 서로의 문제점을 이해하고 공감함으로써 창조적인 문제해결을 도모한다. 소프트 어프로치나 하드 어프로치 방법은 타협점의 단순 조정에 그치지만, 퍼실리테이션에 의한 방법은 초기에 생각하지 못했던 창조적인 해결 방법을 도출한다. 동시에 구성원의 동기가 강화되고 팀워크도 한층 강화된다는 특징을 보인다. 이 방법을 이용한 문제해결은 구성원이 자율적으로 실행하는 것이며, 제3자가 합의점이나 줄거리를 준비해 놓고 예정대로 결론이 도출되어 가도록 해서는 안 된다.

㉡ 하드 어프로치에 의한 문제해결방법은 상이한 문화적 토양을 가지고 있는 구성원을 가정하여 서로의 생각을 직설적으로 주장하고 논쟁이나 협상을 통해 의견을 조정해 가는 방법이다. 이때 중심적 역할을 하는 것이 논리, 즉 사실과 원칙에 근거한 토론이다. 제3자는 이것을 기반으로 구성원에게 지도와 설득을 하고 전원이 합의하는 일치점을 찾아내려고 한다. 이러한 방법은 합리적이긴 하지만 잘못하면 단순한 이해관계의 조정에 그치고 말아서 그것만으로는 창조적인 아이디어나 높은 만족감을 이끌어내기 어렵다.

㉢ 소프트 어프로치에 의한 문제해결방법은 대부분의 기업에서 볼 수 있는 전형적인 스타일로 조직 구성원들은 같은 문화적 토양을 가지고 이심전심으로 서로를 이해하는 상황을 가정한다. 코디네이터 역할을 하는 제3자는 결론으로 끌고 갈 지점을 미리 머릿속에 그려가면서 권위나 공감에 의지하여 의견을 중재하고, 타협과 조정을 통하여 해결을 도모한다. 결론이 애매하게 끝나는 경우가 적지 않으나, 그것은 그것대로 이심전심을 유도하여 파악하면 된다. 소프트 어프로치에서는 문제해결을 위해서 직접 표현하는 것이 바람직하지 않다고 여기며, 무언가를 시사하거나 암시를 통하여 의사를 전달하고 기분을 서로 통하게 함으로써 문제해결을 도모하려고 한다.

45

네 번째 조건을 제외한 모든 조건과 그 대우를 논리식으로 표현하면 다음과 같다.
- $\sim(D \lor G) \to F$ / $\sim F \to (D \land G)$
- $F \to \sim E$ / $E \to \sim F$
- $\sim(B \lor E) \to \sim A$ / $A \to (B \land E)$

네 번째 조건에 따라 A가 투표를 하였으므로, 세 번째 조건의 대우에 의해 B와 E 모두 투표를 하였다. 또한 E가 투표를 하였으므로, 두 번째 조건의 대우에 따라 F는 투표하지 않았으며, F가 투표하지 않았으므로 첫 번째 조건의 대우에 따라 D와 G는 모두 투표하였다. A, B, D, E, G 5명이 모두 투표하였으므로 네 번째 조건에 따라 C는 투표하지 않았다. 따라서 C와 F는 투표를 하지 않았다.

46

VLOOKUP 함수는 열의 첫 열에서 수직으로 검색하여 원하는 값을 출력하는 함수이다. 함수의 형식은 「=VLOOKUP(찾을 값,범위,열번호,찾기 옵션)」이며 이 중 근사값을 찾기 위해서는 찾기 옵션에 1을 입력하고, 정확히 일치하는 값을 찾기 위해서는 0을 입력해야 한다. 상품코드 S3310897의 값을 일정한 범위에서 찾아야 하는 것이므로 범위는 절대참조로 지정해야 하며, 크기 중은 범위 중 3번째 열에 위치하고, 정확히 일치하는 값을 찾아야 하므로 입력해야 하는 함수식은 「=VLOOKUP("S3310897",$B$2:$E$8,3,0)」이다.

오답분석

①·② HLOOKUP 함수를 사용하려면 찾고자 하는 값은 '중'이고, [B2:E8] 범위에서 찾고자 하는 행 'S3310897'은 6번째 행이므로 「=HLOOKUP("중",$B$2:$E$8,6,0)」을 입력해야 한다.
③·④ '중'은 테이블 범위에서 3번째 행이다.

47

Windows Game Bar로 녹화한 영상의 저장 위치는 파일 탐색기를 사용하여 [내 PC] - [동영상] - [캡처] 폴더를 원하는 위치로 옮겨 변경할 수 있다.

48

정답 ①

RPS 제도 이행을 위해 공급의무자는 일정 비율 이상(의무공급비율)을 신재생에너지로 발전해야 한다. 하지만 의무공급비율은 매년 확대되고 있고, 여기에 맞춰 신재생에너지 발전설비를 계속 추가하는 것은 시간적, 물리적으로 어려우므로 공급의무자는 신재생에너지 공급자로부터 REC를 구매하여 의무공급비율을 달성한다.

오답분석

② 신재생에너지 공급자가 공급의무자에게 REC를 판매하기 위해서는 에너지관리공단 신재생에너지센터, 한국전력거래소 등 공급인증기관으로부터 공급 사실을 증명하는 공급인증서를 신청해 발급받아야 한다.

③ 2021년 8월 이후 에너지관리공단에서 운영하는 REC 거래시장을 통해 일반기업도 REC를 구매하여 온실가스 감축실적으로 인정받을 수 있게 되었다.

④ REC에 명시된 공급량은 발전방식에 따라 가중치를 곱해 표기하므로 실제 공급량과 다를 수 있다.

49

정답 ③

빈칸 ㉠의 앞 문장은 공급의무자가 신재생에너지 발전설비 확대를 통한 RPS 달성에는 한계점이 있음을 설명하고, 뒷 문장은 이에 대한 대안으로서 REC 거래를 설명하고 있다. 따라서 빈칸에 들어갈 접속부사는 '그러므로'가 가장 적절하다.

50

정답 ③

오답분석

① 인증서의 유효기간은 발급일로부터 3년이다. 2020년 10월 6일에 발급받은 REC의 만료일은 2023년 10월 6일이므로 이미 만료되어 거래할 수 없다.

② 천연가스는 화석연료이므로 REC를 발급받을 수 없다.

④ 기업에 판매하는 REC는 에너지관리공단에서 거래시장을 운영한다.

교육이란 사람이 학교에서 배운 것을 잊어버린 후에 남은 것을 말한다.

– 알버트 아인슈타인 –

PART 1

직업기초능력평가

출제유형분석 01 | 실전예제

01 정답 ④

생리활성 물질은 항암 효과를 가지고 있는데, 새싹 채소와 성체 모두 이를 함유하고 있다.

오답분석

① 성체로 자라기 위해 종자 안에는 각종 영양소가 포함되어 있다.

② 새싹은 성숙한 채소에 비하여 영양성분이 약 3 ~ 4배 정도 더 많이 함유되어 있으며, 종류에 따라서는 수십 배 이상의 차이를 보이기도 한다.

③ 씨에서 바로 나왔을 때가 아닌 어린잎이 두세 개 달릴 즈음이 생명유지와 성장에 필요한 생리활성 물질을 가장 많이 만들어 내는 때이다.

⑤ 무 싹은 새싹 채소로 기존부터 많이 쓰여 왔다.

02 정답 ②

플라톤 시기에는 이제 막 알파벳이 보급되고, 문자문화가 전래의 구술적 신화문화를 대체하기 시작한 시기였다.

오답분석

① 타무스 왕은 문자를 죽었다고 표현하며, 생동감 있고 살아있는 기억력을 퇴보시킬 것이라 보았다.

③ 문자와 글쓰기는 콘텍스트를 떠나 비현실적이고 비자연적인 세계 속에서 수동적으로 이뤄진다.

④ 물리적이고 강제적인 억압에 의해 말살될 위기에 처한 진리의 소리는 기념비적인 언술행위의 문자화를 통해서 저장되어야 한다고 보는 입장이 있다.

⑤ 문화적 기억력에 대한 성찰과 가치 판단이 부재하다면 새로운 매체는 단지 댓글 파노라마에 불과할 것이다.

03 정답 ⑤

평균 비용이 한계 비용보다 큰 경우, 공공요금을 평균 비용 수준에서 결정하면 수요량이 줄면서 거래량이 따라 줄고, 결과적으로 생산량도 감소한다. 이는 사회 전체의 관점에서 볼 때 자원이 효율적으로 배분되지 못하는 상황이다.

오답분석

①·②는 첫 번째 문단, ③은 두 번째 문단, ④는 마지막 문단에서 확인할 수 있다.

04 정답 ②

보험 사무대행기관의 지원·교육 업무는 보험재정부에서 병행하고 있는 업무이다.

05

정답 ③

자료에 따르면 신청기간은 2월, 4월, 6월, 8월, 10월의 1~20일까지이다. 따라서 5월에 신청서를 접수했을 것이라는 내용은 적절하지 않다.

06

정답 ④

패널 토의는 3~6인의 전문가가 토의 문제에 대한 정보나 지식, 의견이나 견해를 자유롭게 주고받고 토의가 끝난 후 청중의 질문을 받는 순서로 진행된다. 찬반으로 명백하게 나눠 진행하기보다는 서로 다른 의견을 수렴 및 조정하는 방법이기 때문에 ④는 적절하지 않다.

07

정답 ④

꼭 필요한 부위에만 접착제와 대나무 못을 사용하여 목재가 수축·팽창하더라도 뒤틀림과 휘어짐이 최소화될 수 있도록 하였다. 따라서 접착제와 대나무 못을 사용하면 목재의 수축과 팽창이 발생하지 않게 된다는 말은 옳지 않다.

08

정답 ④

온건한 도덕주의는 일부 예술작품만 도덕적 판단의 대상이 된다고 보고, 극단적 도덕주의는 모든 예술작품이 도덕적 판단의 대상이 된다고 본다. 따라서 온건한 도덕주의에서 도덕적 판단의 대상이 되는 예술작품은 극단적 도덕주의에서도 도덕적 판단의 대상이다.

오답분석

① 두 번째 문단 네 번째 줄에서 톨스토이는 극단적 도덕주의의 입장을 대표한다고 하였다.
② 온건한 도덕주의에서는 예술작품 중 일부에 대해서 긍정적 또는 부정적 도덕적 가치판단이 가능하다고 하였으며, 미적 가치와 도덕적 가치의 독립적인 지위를 인정해야 한다는 언급은 없다.
③ 자율성주의는 모든 예술작품이 도덕적 가치판단의 대상이 될 수 없다고 본다.
⑤ 자율성주의는 예술작품의 미적 가치와 도덕적 가치가 서로 자율성을 유지한다고 보며, 미적 가치가 도덕적 가치보다 우월한 것으로 본다고 할 수는 없다.

09

정답 ③

첫 번째 문단에서 오늘날 우리가 부르는 애국가의 노랫말은 외세의 침략으로 나라가 위기에 처해있던 1907년을 전후하여 조국애와 충성심을 북돋우기 위하여 만들어졌음을 알 수 있다. 따라서 1896년 『독립신문』에 현재의 노랫말이 게재되지 않았다.

오답분석

① 두 번째 문단에서 1935년 해외에서 활동 중이던 안익태가 오늘날 우리가 부르고 있는 국가를 작곡하였고, 이 곡은 해외에서만 퍼져나갔다고 하였으므로, 1940년에 해외에서는 애국가 곡조를 들을 수 있었다.
② 네 번째 문단에서 국기강하식 방송, 극장에서의 애국가 상영 등은 1980년대 후반 중지되었다고 하였으므로, 1990년대 초반까지 애국가 상영이 의무화되었다는 말은 적절하지 않다.
④ 마지막 문단에서 연주만 하는 의전행사나 시상식·공연 등에서는 전주곡을 연주해서는 안 된다고 하였으므로 적절하지 않다.
⑤ 두 번째 문단을 통해 안익태가 애국가를 작곡한 때는 1935년, 대한민국 정부 공식 행사에 사용된 해는 1948년이므로 13년이 걸렸다.

01

제시된 기사에서는 대기업과 중소기업 간의 상생경영의 중요성을 강조하고 있다. 기존에는 대기업이 시혜적 차원에서 중소기업에게 베푸는 느낌이 강했지만, 현재는 협력사의 경쟁력 향상이 곧 기업의 성장으로 이어질 것으로 보고, 상생경영의 중요성을 높이고 있다. 대기업이 지원해 준 업체의 기술력 향상으로 더 큰 이득을 보상받는 등 상생 협력이 대기업과 중소기업 모두에게 효과적임을 알 수 있다. 따라서 '시혜적 차원에서의 대기업 지원의 중요성'은 기사 제목으로 적절하지 않다.

02

두 번째 문단의 '시장경제가 제대로 운영되기 위해서는 국가의 소임이 중요하다.'라고 한 부분과 세 번째 문단의 '시장경제에서 국가가 할 일은 크게 세 가지로 나누어 볼 수 있다.'라고 한 부분에서 '시장경제에서의 국가의 역할'이라는 제목을 유추할 수 있다.

03

제시문에서는 우리 민족과 함께해 온 김치의 역사를 비롯하여 김치의 특징과 다양성 등을 함께 이야기하고 있으며, 복합 산업으로 발전하면서 규모가 성장하고 있는 김치 산업에 관해서도 이야기하고 있다. 따라서 글 전체의 내용을 아우를 수 있는 글의 제목으로 가장 적절한 것은 ⑤이다.

오답분석

①·④ 첫 번째 문단이나 두 번째 문단의 소제목은 될 수 있으나, 글 전체 내용을 나타내는 제목으로는 적절하지 않다.
② 세 번째 문단에서 김치산업에 관한 내용을 언급하고 있지만, 이는 현재 김치산업의 시장 규모에 대한 내용일 뿐이므로 산업의 활성화 방안과는 거리가 멀다.

04

제시문의 중심 내용은 나이 계산법 방식이 3가지가 혼재되어 있어 그로 인한 '나이 불일치'로 행정서비스 및 계약 상의 혼선과 법적 툼이 발생해 이를 해소하고자 나이 방식을 하나로 통합하자는 것이다. 또한 이에 덧붙여 나이 방식이 통합되어도 일상에는 변화가 없으며 일부 법에 대해서는 기존 방식이 유지될 수 있다고 하였다. 따라서 제시문의 주제로 ③이 가장 적절하다.

오답분석

① 여섯 번째 문단의 '연 나이를 채택해 또래 집단과 동일한 기준을 적용하는 것이 오히려 혼선을 막을 수 있고 법 집행의 효율성이 담보'라는 내용에서 일부 법령에 대해서는 연 나이 계산법을 유지한다는 것을 알 수 있으나, 해당 내용이 전체 글을 다루고 있다고 보기는 어렵다.
② 세 번째 문단에 따르면 나이 불일치가 야기한 혼선과 법적 다툼이 우리나라 나이 계산법으로 인한 문제가 아니라 나이 계산법 방식이 3가지가 혼재되어 있어 발생하는 문제라고 하였다.
④ 나이 계산법 혼용에 따른 분쟁 해결 방안을 다루기 보다는 이러한 분쟁이 발생하지 않도록 나이 계산법을 하나로 통일하자는 내용을 다루고 있다.
⑤ 다섯 번째 문단의 '법적·사회적 분쟁이 크게 줄어들 것으로 기대하고 있지만 국민 전체가 일상적으로 체감하는 변화는 크지 않을 것'이라는 내용으로 보아 나이 계산법의 변화로 달라지는 행정 서비스는 크게 없을 것으로 보이며, 이를 글의 전체적인 주제로 보기는 적절하지 않다.

05

글의 내용을 요약하여 필자가 주장하는 핵심을 파악해야 한다. 제시문은 텔레비전의 언어가 개인의 언어 습관에 미치는 악영향을 경계하면서, 올바른 언어 습관을 길들이기 위해 문학 작품 독서를 강조하고 있으므로 ②가 필자의 주장으로 가장 적절하다.

01

정답　③

제시문에 따르면 기원전 1세기경에 고대 로마시대의 이탈리아 지역에서 롱 파스타의 일종인 라자냐를 먹었다는 기록이 전해진다고 하였으므로 적절한 내용이다.

오답분석

① 쇼트 파스타의 예로 속이 빈 원통형인 마카로니를 들고 있으므로 적절하지 않은 내용이다.
② 9 ~ 11세기에 이탈리아 남부의 시칠리아에서 아랍인들로부터 제조 방법을 전수받아 건파스타의 생산이 처음으로 이루어졌다고 하였으므로 적절하지 않은 내용이다.
④ 파스타를 만드는 데 적합한 세몰라 가루는 듀럼 밀을 거칠게 갈아 만든 황색의 가루이므로 적절하지 않은 내용이다.
⑤ 시칠리아에서 재배된 듀럼 밀이 곰팡이나 해충에 취약해 장기 보관이 어려웠기 때문에 저장기간을 늘리고 수송을 쉽게 하기 위해 건파스타를 만들었다고 하였으므로 적절하지 않은 내용이다.

02

정답　⑤

김씨에게 탁구를 가르쳐 준 사람에 대한 정보는 말로 표현할 수 있는 서술 정보에 해당하며, 이는 뇌의 내측두엽에 있는 해마에 저장된다.

오답분석

① 김씨는 내측두엽의 해마가 손상된 것일 뿐 감정이나 공포와 관련된 기억이 저장되는 편도체의 손상 여부는 알 수 없다.
② 대뇌피질에 저장된 수술 전의 기존 휴대폰 번호는 말로 표현할 수 있는 서술 정보에 해당한다.
③ 운동 기술은 대뇌의 선조체나 소뇌에 저장되는데, 김씨는 수술 후 탁구 기술을 배우는 데 문제가 없으므로 대뇌의 선조체는 손상되지 않았음을 알 수 있다.
④ 탁구 기술은 비서술 정보이므로 대뇌의 선도체나 소뇌에 저장되었을 것이다.

03

정답　④

'살쾡이'가 표준어가 된 것은 주로 서울 지역에서 그렇게 발음하기 때문이다. 따라서 가장 광범위하게 사용되기 때문이라는 추론은 적절하지 않다.

오답분석

① 제시문에서는 '삵'이라는 단어에 비해 '살쾡이'가 후대에 생겨난 단어라고 하였다. 이때, '호랑이'라는 단어도 이와 같은 식으로 생겨났다고 하였으므로 '호'라는 단어가 먼저 생겨나고 '호랑이'가 후대에 생겨난 단어임을 알 수 있다.
② '삵'과 '괭이'라는 두 개의 단어가 합쳐서 '살쾡이'를 지시하고 있고, '호'와 '랑'이 합쳐져 '호랑이'라는 하나의 대상을 지시하고 있다는 점에서 알 수 있는 내용이다.
③ 남한에서는 '살쾡이'를 표준어로 삼고 '살괭이'를 방언으로 처리한 반면, 북한에서는 '살괭이'만을 사전에 등재하고 '살쾡이'는 그렇지 않다는 점에서 알 수 있는 내용이다.
⑤ '살쾡이'는 지역에 따라 삵괭이, 삭괭이, 삭꽹이, 살꽹이 등의 방언으로 불리는데 이는 지역의 발음이 다르기 때문이다.

04

정답　①

제시문에서 정보화 사회의 문제점으로 다루고 있는 것은 '정보 격차'로, 글쓴이는 지식과 정보에 접근할 수 없는 사람들이 소득을 얻는 데 불리할 수밖에 없다고 주장한다. 이때 정보가 상품화됨에 따라 정보를 둘러싼 불평등은 더욱 심화될 것이라고 전망하고 있다. 인터넷이나 컴퓨터 유지비 측면에서의 격차 발생은 글쓴이의 주장을 강화시키는 것으로, 이 문제에 대한 반대 입장이 될 수 없다.

01

미생물을 끓는 물에 노출하면 영양세포나 진핵포자는 죽일 수 있으나, 세균의 내생포자는 사멸시키지 못한다. 멸균은 포자, 박테리아, 바이러스 등을 완전히 파괴하거나 제거하는 것이므로 물을 끓여서 하는 열처리 방식으로는 멸균이 불가능함을 알 수 있다. 따라서 빈칸에 들어갈 내용으로는 '소독은 가능하지만, 멸균은 불가능하다.'는 ④가 가장 적절하다.

02

빈칸의 전 문단에서 '보존 입자는 페르미온과 달리 파울리의 배타원리를 따르지 않는다. 따라서 같은 에너지 상태를 지닌 입자라도 서로 겹쳐서 존재할 수 있다. 만져지지 않는 에너지 덩어리인 셈이다.'라고 하였고, 빈칸 다음 문장에서 '빛은 실험을 해보면 입자의 특성을 보이지만, 질량이 없고 물질을 투과하며 만져지지 않는다.'라고 하였다. 또한 마지막 문장에서 '포논은 광자와 마찬가지로 스핀이 0인 보존 입자다.'라고 하였으므로 광자는 스핀이 0인 보존 입자라는 것을 알 수 있다. 따라서 빈칸에 들어갈 내용으로는 ④가 가장 적절하다.

오답분석

① 광자가 파울리의 배타원리를 따른다면, 파울리의 배타원리에 따라 페르미온 입자로 이뤄진 물질은 우리가 손으로 만질 수 있어야 한다. 그러나 광자는 질량이 없고 물질을 투과하며 만져지지 않는다고 하였으므로 적절하지 않은 내용이다.
② '포논은 광자와 마찬가지로 스핀이 0인 보존 입자다.'라는 문장에서 광자는 스핀 상태에 따라 분류할 수 있는 입자임을 알 수 있다.
③ 스핀이 1/2의 홀수배인 입자들은 페르미온이라고 하였고, 광자는 스핀이 0인 보존 입자이므로 적절하지 않은 내용이다.

03

빈칸 뒤의 문장은 최근 선진국에서는 스마트팩토리로 인해 해외로 나간 자국 기업들이 다시 본국으로 돌아오는 현상인 '리쇼어링'이 가속화되고 있다는 내용이다. 즉, 스마트팩토리의 발전이 공장의 위치를 해외에서 본국으로 변화시키고 있으므로 빈칸에는 ③이 가장 적절하다.

04

빈칸 앞 내용은 왼손보다 오른손을 선호하는 이유에 대한 가설을 제시하고, 이러한 가설이 근본적인 설명을 하지 못한다고 말한다. 그러면서 빈칸 뒷부분에서 글쓴이는 왼손이 아닌 '오른손만을 선호'하는 이유에 대한 자신의 생각을 드러내고 있다. 즉, 앞의 가설대로 단순한 기능 분담이라면 먹는 일에 왼손을 사용하는 사회도 존재해야 하는데, 그렇지 않기 때문에 반박하고 있음을 추론해 볼 수 있으므로 빈칸에는 사람들이 오른손만 선호하고 왼손을 선호하지 않는다는 주장이 나타나야 한다. 따라서 빈칸에 들어갈 문장으로는 ①이 가장 적절하다.

05

'갑돌'의 성품이 탁월하다고 볼 수 있는 것은 그의 성품이 곧고 자신감이 충만하며, 다수의 옳지 않은 행동에 대하여 비판의 목소리를 낼 것이고 그렇게 하는 데에 별 어려움을 느끼지 않을 것이기 때문이다. 또한, 세 번째 문단에 따르면 탁월한 성품은 올바른 훈련을 통해 올바른 일을 바르고 즐겁게 그리고 어려워하지 않으며 처리할 수 있는 능력을 뜻한다. 따라서 아리스토텔레스의 입장에서는 '엄청난 의지를 발휘'하고 자신과의 '힘든 싸움'을 해야 했던 '병식'보다는 잘못된 일에 '별 어려움' 없이 '비판의 목소리'를 내는 '갑돌'의 성품을 탁월하다고 여길 것이다.

06

정답 ②

보기는 삼단논법의 추리라고 할 수 있다. 삼단논법은 대체로 대전제, 소전제, 결론의 순서로 배열된다.

- 대전제 : P+M
- 소전제 : S+M
- 결론 : P+S, M

결론은 매개념으로 대전제와 소전제에 각각 나타난다. 글에 적용시켜 보면, 대전제는 '인생의 목적은(P) 문화를 창조하는 데 있다 (M).'이고, 결론은 '인생의 목적을(P) 달성하기 위해서는 지식을 습득해야 한다(S).'이다. 따라서 소전제는 지식 습득(S)과 문화 창조(M)가 들어가는 내용이 되어야 하므로 답은 ②가 된다.

07

정답 ④

(라)의 앞부분에서는 위기 상황을 제시하고, 뒷부분에서는 인류의 각성을 촉구하는 내용을 다루고 있다. 따라서 각성의 당위성을 이끌어내는 내용인 보기가 (라)에 들어가야 앞뒤의 내용을 논리적으로 연결할 수 있다.

출제유형분석 05 실전예제

01

정답 ⑤

재산이 많은 사람은 약간의 세율 변동에도 큰 영향을 받는다. 그러므로 '영향이 크기 때문에'로 수정해야 한다.

02

정답 ②

'-로써'는 어떤 일의 수단이나 도구를 나타내는 격조사이며, '-로서'는 지위나 신분 또는 자격을 나타내는 격조사이다. 서비스 이용자의 증가가 오투오 서비스 운영 업체에 많은 수익을 내도록 한 수단이 되므로 ⓒ에는 '증가함으로써'가 적절하다.

03

정답 ④

한글 맞춤법 규정에 따르면 '초점(焦點)'의 경우 고유어가 들어 있지 않으므로 사이시옷이 들어가지 않는다. 따라서 '초점'이 옳은 표기이다.

04

정답 ③

8번의 '우 도로명주소' 항목에 따르면 우편번호를 먼저 기재한 다음, 행정기관이 위치한 도로명 및 건물번호 등을 기재해야 한다.

오답분석

① 6번 항목에 따르면 직위가 있는 경우에는 직위를 쓰고, 직위가 없는 경우에는 직급을 온전하게 써야 한다.
② 7번 항목에 따르면 시행일과 접수일란에 기재하는 연월일은 각각 마침표(.)를 찍어 숫자로 기재하여야 한다.
④ 11번 항목에 따르면 전자우편주소는 행정기관에서 공무원에게 부여한 것을 기재하여야 한다.
⑤ 10번 항목에 따르면 지역번호는 괄호 안에 기재해야 한다.

05

정답 ④

중요한 내용을 두괄식으로 작성함으로써 보고받은 자가 해당 문서를 신속하게 이해하고 의사결정을 하는 데 도움을 주는 것이 중요하다.

06

정답 ③

대부분의 수입신고는 보세구역 반입 후에 행해지므로 수입신고와 보세반입 절차는 반드시 함께 이루어져야 한다. 따라서 ⓒ에는 이끌려 지도된다는 의미의 '인도(引導)'보다 어떤 일과 더불어 생긴다는 의미의 '수반(隨伴)'이 적절하다.

> 오답분석

① 적하(積荷) : 화물을 배나 차에 실음. 또는 그 화물
② 반출(搬出) : 운반하여 냄
④ 적재(積載) : 물건이나 짐을 선박, 차량 따위의 운송 수단에 실음
⑤ 화주(貨主) : 화물의 임자

07

정답 ②

> 오답분석

① 산을 '넘는다'는 행위의 의미이므로 '넘어야'가 맞다.
③ 어깨너머 : 타인이 하는 것을 옆에서 보거나 들음
④ '나뉘다(나누이다)'는 '나누다'의 피동형이므로 피동을 나타내는 접사 '-어지다'와 결합할 수 없다.
⑤ 새 : '사이'의 준말

08

정답 ⑤

ⓜ의 앞뒤 문장은 생활 속에서 초미세먼지에 적절히 대응하기 위한 방안을 나열하고 있으므로 ⓜ에는 문장을 병렬적으로 연결할 때 사용하는 접속어인 '그리고'가 들어가는 것이 적절하다.

출제유형분석 01　실전예제

01

정답 ②

ㄱ. 중복조합을 구한다. $_6H_{10}=_{6+10-1}C_{10}=_{15}C_5=\dfrac{15\times14\times13\times12\times11}{5\times4\times3\times2\times1}=3{,}003$가지

ㄴ. 같은 것을 포함한 순열을 구한다. $\dfrac{4!}{2!}=6$가지

ㄷ. 중복을 포함한 경우의 수를 구한다. $_5\Pi_4=5^4=625$가지

따라서 경우의 수가 큰 것부터 순서대로 나열하면 ㄱ－ㄷ－ㄴ이다.

02

정답 ②

샌들의 정가는 $20{,}000+20{,}000\times0.4=28{,}000$원이다.

정가를 $x\%$ 할인하였다고 하면

(판매가)=(정가)－(할인 금액)$=(28{,}000)-\left(28{,}000\times\dfrac{1}{100}x\right)$원

이때 (판매가)－(원가)=(이익)이고, 원가의 10%인 이익이 $20{,}000\times0.1=2{,}000$원이므로

$\left\{(28{,}000)-\left(28{,}000\times\dfrac{1}{100}x\right)\right\}-20{,}000=2{,}000$

$28{,}000-280x=22{,}000$

$280x=6{,}000 \rightarrow x \fallingdotseq 21.4$

따라서 판매가에서 약 21.4%를 할인해야 원가의 10% 이익을 얻을 수 있다.

03

정답 ①

2일 후 B씨와 C씨의 자산의 차액은 A씨의 2일 후의 자산과 동일하다.

$2y+2\times3-(y+2\times5)=5+2\times2 \rightarrow y=13$이므로 B씨의 잔고는 13달러, C씨의 잔고는 26달러이다.

또한 x일 후의 B씨의 자산은 $(13+5x)$원, C씨의 자산은 $(26+3x)$원이 되므로 B씨의 자산이 C씨의 자산보다 같거나 많게 되는 날에 관한 부등식을 세우면

$13+5x \geq 26+3x \rightarrow 2x \geq 13 \rightarrow x \geq 6.5$

따라서 7일 후에 B씨의 자산이 C씨의 자산보다 같거나 많게 된다.

04

K야구팀의 작년 경기 횟수를 x회, 작년 승리 횟수를 $0.4x$회라고 하자.

작년과 올해를 합산한 승률이 45%이므로

$$\frac{0.4x+65}{x+120}=0.45 \rightarrow 5x=1,100 \rightarrow x=220$$

작년의 총경기횟수는 220회이고, 승률이 40%이므로 이긴 경기는 $220\times0.4=88$회이다.

따라서 K야구팀이 작년과 올해에 승리한 총횟수는 $88+65=153$회이다.

05

정답 ⑤

10인 단체 티켓 가격은 $10\times16,000\times0.75=120,000$원이다. 놀이공원에 방문하는 부서원 수를 x명이라 할 때 부서원이 10명 이상이라면 10인 단체 티켓 1장과 개인 티켓을 구매하는 방법이 있고, 10인 단체 티켓 2장을 구매하는 방법이 있다.

이때 두 번째 방법, 즉 단체 티켓 2장을 구매하는 것이 더 유리하기 위해서는 $16,000\times(x-10)>120,000$을 만족해야 하므로, $x>17.5$이다. 따라서 부서원이 18명 이상일 때 10인 단체 티켓 2장을 구매하는 것이 더 유리하다.

06

정답 ②

일시불로 구입한 경우 12개월 후 금액을 α원이라 하면

$$\alpha=100\times1-\left(\frac{x}{100}\right)\times1.04^{12}$$

20만 원을 우선 지불한 후 남은 금액을 8만 원씩 할부 12개월로 지불했을 때 금액을 β원이라 하면

$$\beta=20\times1.04^{12}+\frac{8\times(1.04^{12}-1)}{1.04-1}$$

$\alpha<\beta$이기 위한 x의 최솟값은

$$100\times\left(1-\frac{x}{100}\right)\times1.04^{12}<20\times1.04^{12}+\frac{8\times(1.04^{12}-1)}{1.04-1}$$

$$160-1.6x<32+120$$

$$x>5$$

따라서 x보다 큰 정수 중 가장 작은 수는 6이므로 최소 6%를 할인해야 일시불로 구입한 사람이 더 이익이 된다.

07

정답 ④

- B비커의 설탕물 100g을 A비커의 설탕물과 섞은 후 각 비커의 설탕의 양
  - A비커 : $\left(\frac{x}{100}\times300+\frac{y}{100}\times100\right)$g
  - B비커 : $\left(\frac{y}{100}\times500\right)$g
- A비커의 설탕물 100g을 B비커의 설탕물과 섞은 후 각 비커의 설탕의 양
  - A비커 : $\left(\frac{3x+y}{400}\times300\right)$g
  - B비커 : $\left(\frac{y}{100}\times500+\frac{3x+y}{400}\times100\right)$g

설탕물을 모두 옮긴 후 두 비커에 들어 있는 설탕물의 농도는

$$\frac{\frac{3x+y}{400}\times300}{300}\times100=5\cdots\text{㉠}$$

$$\frac{\frac{y}{100}\times500+\frac{3x+y}{400}\times100}{600}\times100=9.5\cdots\text{㉡}$$

㉡에 ㉠을 대입하여 정리하면 $5y+5=57$, $y=\frac{52}{5}$이고 $x=\frac{20-\frac{52}{5}}{3}=\frac{16}{5}$이다.

따라서 $10x+10y=10\times\frac{16}{5}+10\times\frac{52}{5}=32+104=136$이다.

08

식물의 나이를 각각 x, y세라고 하자.

$x+y=8 \cdots \bigcirc$

$x^2+y^2=34 \cdots \bigcirc\bigcirc$

$\bigcirc\bigcirc$을 변형하면 $x^2+y^2=(x+y)^2-2xy$가 되는데, 여기에 $x+y=8$을 대입하면

$34=64-2xy \rightarrow xy=15 \cdots \bigcirc\bigcirc\bigcirc$

$\bigcirc$과 $\bigcirc\bigcirc\bigcirc$을 만족하는 자연수 순서쌍은 $(x, y)=(5, 3)$, $(3, 5)$이다.

따라서 두 식물의 나이 차는 2세이다.

09

감의 개수를 x개라고 하자. 사과는 $(20-x)$개이므로

$400x+700\times(20-x) \leq 10{,}000 \rightarrow 14{,}000-300x \leq 10{,}000$

$x \geq \dfrac{40}{3}=13.333\cdots$

따라서 감은 최소 14개를 사야 한다.

10

윤정이가 구입한 개당 가격을 x원, 할인율을 $y\%$라 하면 원가는 $100x$원이다.

따라서 판매가를 식으로 세우면 $50\times1.25x+50\times1.25\times\left(1-\dfrac{y}{100}\right)x$원이다.

윤정이가 물건을 다 팔았을 때 본전이 되었다고 했으므로 (판매가)$=$(원가)이다.

$100x=50\times1.25x+50\times1.25\times\left(1-\dfrac{y}{100}\right)x \rightarrow 2=1.25+1.25\times\left(1-\dfrac{y}{100}\right)x \rightarrow 3=5-\dfrac{y}{20}$

$\therefore y=40$

따라서 할인율은 40%이다.

11

맨 처음 접시에 있었던 과자 개수를 x개라고 하면, 먹은 과자 개수와 먹고 난 후 남은 과자 개수는 다음과 같다.

구분	먹은 과자 개수	남은 과자 개수
민우	$\dfrac{1}{2}x$	$\dfrac{1}{2}x$
지우	$\dfrac{1}{2}x\times\dfrac{1}{2}=\dfrac{1}{4}x$	$\dfrac{1}{2}x-\dfrac{1}{4}x=\dfrac{1}{4}x$
경태	$\dfrac{1}{4}x\times\dfrac{1}{4}=\dfrac{1}{16}x$	$\dfrac{1}{4}x-\dfrac{1}{16}x=\dfrac{3}{16}x$
진형	$\dfrac{3}{16}x=6 \rightarrow x=32$	0

따라서 처음 접시에 있었던 과자 개수는 32개이다.

12

1학년 학생 수를 x명, 2학년 학생 수를 y명, 3학년 학생 수를 z명이라고 하면

$y+z=350 \cdots$ ㉠

$x+z=250 \cdots$ ㉡

$x+y=260 \cdots$ ㉢

㉠, ㉡을 연립하면 $y-x=100 \cdots$ ㉣

㉢, ㉣을 연립하면 $2y=360 \rightarrow x=80,\ y=180,\ z=170$

따라서 1학년 학생 수는 총 80명이다.

13

위원회를 구성할 수 있는 경우의 수는 학생회장과 A교수가 동시에 뽑히는 경우를 제외한 것과 같다.

전체 인원 12명 중 5명을 뽑는 경우의 수는 $_{12}C_5 = \dfrac{12 \times 11 \times 10 \times 9 \times 8}{5 \times 4 \times 3 \times 2 \times 1} = 792$가지이고, 학생회장과 A교수가 같이 대표로 뽑힐

경우의 수는 12명 중 이 두 명을 제외한 10명에서 3명을 뽑는 경우이므로 $_{10}C_3 = \dfrac{10 \times 9 \times 8}{3 \times 2 \times 1} = 120$가지이다.

따라서 위원회를 구성하는 경우의 수는 $792-120=672$가지이다.

14

7일 중 4일은 수영을 한다고 했으므로 수영을 하는 날을 고르는 경우의 수는 $_7C_4 = \dfrac{7 \times 6 \times 5 \times 4}{4 \times 3 \times 2 \times 1} = 35$가지이다. 다음으로 3일

중 2일은 농구, 야구, 테니스 중 하나씩을 고른다고 했으므로, 이틀을 고르는 경우의 수는 $_3C_2=3$가지이고, 세 가지 종목 중 2가지

를 고르고, 이틀 동안 계획하는 경우의 수는 $_3C_2 \times 2! = 6$가지이다. 마지막 남은 하루에 계획할 수 있는 운동의 종류는 배드민턴,

검도, 줄넘기 중 하나이므로 3가지이다. 따라서 일주일간 세울 수 있는 계획의 수는 $35 \times 3 \times 6 \times 3 = 1,890$가지이다.

15

(적어도 1개는 하얀 공을 꺼낼 확률)$=1-$(모두 빨간 공을 꺼낼 확률)

• 전체 공의 개수 : $4+6=10$개

• 2개의 공 모두 빨간 공을 꺼낼 확률 : $\dfrac{_4C_2}{_{10}C_2} = \dfrac{2}{15}$

∴ (적어도 1개는 하얀 공을 꺼낼 확률)$=1-\dfrac{2}{15}=\dfrac{13}{15}$

01

오답분석

① 1982년의 A국의 석유 수입액은 74달러이고, B국의 석유 수입액은 75달러이므로 B국이 더 많다.

② 2002년의 A국의 석유 수입액과 석탄 수입액의 합은 110.7달러이고, LNG 수입액의 2배는 108.6달러이므로 2배보다 많다.

④ 두 국가의 1982년 대비 2022년의 LNG 수입액 증가율은 다음과 같다.

• A국 : $\dfrac{79.9-29.2}{29.2}\times100 ≒ 173.6\%p$ • B국 : $\dfrac{102-30}{30}\times100=240\%p$

따라서 증가율은 B국이 더 크다.

⑤ 두 국가의 1982년 대비 2022년의 석탄 수입액 감소율은 다음과 같다.

• A국 : $\dfrac{28-82.4}{82.4}\times100 ≒ -66\%p$ • B국 : $\dfrac{7.1-44}{44}\times100 ≒ -83.4\%p$

따라서 감소율은 B국이 더 크다.

02

발굴조사 비용의 비율은 다음과 같으며, 2020년에 가장 높다.

• 2018년 : $\dfrac{2,509}{2,591}\times100 ≒ 96.8\%$

• 2019년 : $\dfrac{2,378}{2,470}\times100 ≒ 96.3\%$

• 2020년 : $\dfrac{2,300}{2,371}\times100 ≒ 97.1\%$

• 2021년 : $\dfrac{2,438}{2,515}\times100 ≒ 96.9\%$

• 2022년 : $\dfrac{2,735}{2,840}\times100 ≒ 96.3\%$

오답분석

① 전체 조사의 평균 건당 비용은 다음과 같으며, 2020년 이후 다시 증가하고 있다.

• 2018년 : $\dfrac{2,591}{3,462}\times100 ≒ 75\%$

• 2019년 : $\dfrac{2,470}{3,500}\times100 ≒ 71\%$

• 2020년 : $\dfrac{2,371}{3,651}\times100 ≒ 65\%$

• 2021년 : $\dfrac{2,515}{3,841}\times100 ≒ 65\%$

• 2022년 : $\dfrac{2,840}{4,294}\times100 ≒ 66\%$

② 2020년과 2021년의 발굴조사 평균 건당 비용은 1억 원 이하이다.

④ 전체 건수에 대한 발굴조사 건수 비율은 2019년이 2021년보다 높다.

• 2019년 : $\dfrac{2,364}{3,500}\times100 ≒ 67.5\%$

• 2021년 : $\dfrac{2,442}{3,841}\times100 ≒ 63.6\%$

⑤ 2018 ~ 2022년 동안 조사에 쓰인 비용은 $2,591+2,470+2,371+2,515+2,840=12,787$억 원으로, 약 1조 2천 8백억 원이다.

03

2019년과 2021년의 30대의 전년 대비 데이트폭력 경험횟수 증가율을 구하면 다음과 같다.

- 2019년 : $\dfrac{11.88-8.8}{8.8}\times100=35\%p$

- 2021년 : $\dfrac{17.75-14.2}{14.2}\times100=25\%p$

따라서 30대의 2021년의 전년 대비 데이트폭력 경험횟수 증가율은 2019년보다 작다.

오답분석

① 2020년 이후 연도별 20대와 30대의 평균 데이트폭력 경험횟수와 전 연령대 평균 데이트폭력 경험횟수를 구하면 다음과 같다.

구분	2020년	2021년	2022년
전체	5.7+15.1+14.2+9.2+3.5 =47.7회	7.9+19.2+17.75+12.8+3.3 =60.95회	10.4+21.2+18.4+18+2.9 =70.9회
전체의 절반	23.85회	30.475회	35.45회
20·30대	15.1+14.2=29.3회	19.2+17.75=36.95회	21.2+18.4=39.6회

따라서 2020년 이후 20대와 30대의 평균 데이트폭력 경험횟수의 합은 전 연령대 평균 데이트폭력 경험횟수의 절반 이상임을 알 수 있다.

② 10대의 평균 데이트폭력 경험횟수는 3.2회, 3.9회, 5.7회, 7.9회, 10.4회로 매년 증가하고 있고, 50대의 평균 데이트폭력 경험횟수는 4.1회, 3.8회, 3.5회, 3.3회, 2.9회로 매년 감소하고 있다.

③ 2022년의 40대의 평균 데이트폭력 경험횟수는 18회로, 2018년의 데이트폭력 경험횟수인 2.5회의 $\dfrac{18}{2.5}=7.2$배에 해당한다.

⑤ 2018년부터 2022년까지 연도별 평균 데이트폭력 경험횟수가 가장 높은 연령대는 20대로 동일하다.

04

2019년의 인구성장률은 0.63%, 2022년의 인구성장률 0.39%이다. 2022년의 인구성장률은 2019년의 인구성장률에서 40%p 감소한 값인 $0.63\times(1-0.4)=0.378\%$보다 값이 크므로 40%p 미만으로 감소하였다.

오답분석

① 표를 보면 2019년 이후 인구성장률이 매년 감소하고 있으므로 옳은 설명이다.

② 2017년부터 2022년까지의 인구성장률이 가장 낮았던 해는 2022년이며, 합계출산율도 2022년에 가장 낮았다.

③ 인구성장률과 합계출산율은 모두 2018년에는 전년 대비 감소하고, 2019년에는 전년 대비 증가하였으므로 옳은 설명이다.

④ 인구성장률이 높은 순서로 나열하면 2019 - 2017년, 2020년 - 2018년 - 2021년 - 2022년이다. 합계출산율이 높은 순서로 나열하면 2017년 - 2020년 - 2019년 - 2018년 - 2021년 - 2022년이다. 따라서 인구성장률과 합계출산율이 두 번째로 높은 해는 2020년이다.

05

화재피해액은 매년 증가하지만, 화재발생건수는 감소와 증가를 반복한다.

오답분석

② 화재피해액은 매년 증가한다.

③ 화재발생건수는 2021년이 4.9만 건으로 가장 높다.

④ 화재피해액은 2020년까지는 2.8천억 원이었지만, 2021년에 4.3천억 원으로 4천억 원을 넘어섰다.

⑤ 화재발생건수는 2021년이 가장 높지만, 화재피해액은 2022년이 가장 높다.

06
정답 ⑤

2023년 9월 말을 기점으로 그래프가 모두 하향곡선을 그리고 있다.

[오답분석]

① · ③ 표를 통해 쉽게 확인할 수 있다.

② 환율이 하락하면 반대로 원화가치가 높아진다.

④ 유가 범위는 125 ~ 85 사이의 변동 폭을 보이고 있다.

07
정답 ③

2016년 대비 2017년에 생산가능인구는 12천 명 증가했다.

[오답분석]

① 전년과 비교했을 때, 2016, 2017, 2020, 2022년에는 비례관계를, 2019, 2021년에는 반비례관계를 보인다.

② 전년과 비교했을 때, 2016년에 경제활동인구가 202천 명으로 가장 많이 감소했다.

④ 분모가 작고 분자가 크면 비율이 높으므로, 고용률이 낮고 실업률이 높은 2019년과 2020년의 비율만 비교하면 된다.

2019년 : $\frac{8.1}{40.5}=0.2\%$, 2020년 : $\frac{8}{40.3}≒0.1985\%$

따라서 2019년의 비율이 더 크므로 옳은 설명이다.

⑤ 2020년과 2021년의 경제활동참가율은 같지만, 전체적으로는 경제활동참가율이 감소하고 있다.

08
정답 ④

각 만족도 문항의 긍정답변에 대하여 각각의 백분율을 계산하면 각각의 긍정답변을 50명을 기준으로 나누어서 계산한다. ㉠=(30÷50)×100%=60%, ㉡=(25÷50)×100%=50%, ㉢=(48÷50)×100%=96%, ㉣=(41÷50)×100%=82%, ㉤=(30÷50)×100%=60%이다.

09
정답 ②

K기업은 내년에도 H교육 컨설팅에게 교육을 맡겨야 하는지에 대한 의사결정을 통계 결과를 활용하여 결정하려고 한다.

> **통계의 기능**
> 첫째, 관찰 가능한 자료를 통해 논리적으로 어떠한 결론을 추출 또는 검증한다.
> 둘째, 의사결정의 보조수단이 된다.
> 셋째, 표본을 통해 연구대상 집단의 특성을 유추한다.
> 넷째, 많은 수량적 자료를 처리 가능하고 쉽게 이해할 수 있는 형태로 축소시킨다.

10
정답 ③

ㄴ. 115,155×2=230,310>193,832이므로 옳은 설명이다.

ㄷ. 2020년 : $\frac{18.2}{53.3}×100≒34.1\%$, 2021년 : $\frac{18.6}{54.0}×100≒34.4\%$, 2022년 : $\frac{19.1}{51.9}×100≒36.8\%$

따라서 2020 ~ 2022년 동안 석유제품 소비량 대비 전력 소비량의 비율은 매년 증가한다.

[오답분석]

ㄱ. 비율은 매년 증가하지만, 전체 최종에너지 소비량 추이를 알 수 없으므로 절대적인 소비량까지 증가하는지는 알 수 없다.

ㄹ. • 산업부문 : $\frac{4,750}{15,317}×100≒31.01\%$

　　• 가정 · 상업부문 : $\frac{901}{4,636}×100≒19.43\%$

따라서 산업부문의 유연탄 소비량 대비 무연탄 소비량의 비율은 25% 이상이다.

11

ㄴ. 건설 부문의 도시가스 소비량은 2021년에 1,808TOE, 2022년에 2,796TOE로, 2022년의 전년 대비 증가율은 $\frac{2,796-1,808}{1,808}$ $\times100 ≒ 54.6\%$p이다. 따라서 옳은 설명이다.

ㄷ. 2022년 온실가스 배출량 중 간접배출이 차지하는 비중은 $\frac{28,443}{35,638}\times100 ≒ 79.8\%$이고, 2021년 온실가스 배출량 중 고정연소가 차지하는 비중은 $\frac{4,052}{30,823}\times100 ≒ 13.1\%$이다. 그 5배는 $13.1\times5=65.5\%$로 2022년 온실가스 배출량 중 간접배출이 차지하는 비중인 79.8%보다 작으므로 옳은 설명이다.

오답분석

ㄱ. 에너지 소비량 중 이동 부문에서 경유가 차지하는 비중은 2021년에 $\frac{196}{424}\times100 ≒ 46.2\%$이고, 2022년에 $\frac{179}{413}\times100 ≒ 43.3\%$로, 전년 대비 2.9%p 감소하였으므로 옳지 않은 설명이다.

12

자료를 분석하면 다음과 같다.

생산량(개)	0	1	2	3	4	5
총 판매수입(만 원)	0	7	14	21	28	35
총 생산비용(만 원)	5	9	12	17	24	33
이윤(만 원)	−5	−2	+2	+4	+4	+2

따라서 옳은 것은 ㄱ, ㄴ이다.

오답분석

ㄷ. 생산량을 4개에서 5개로 늘리면 이윤은 2만 원으로 감소한다.

ㄹ. 1개를 생산하면 −2만 원이지만, 생산하지 않을 때는 −5만 원이다.

13

(가)에 들어갈 비율은 $\frac{78,855}{275,484}\times100 ≒ 28.6\%$이다. 하지만 직접 계산을 하지 않더라도 2019년과 2020년을 비교하면, 2020년이 전체 공무원 수는 적지만 여성공무원 수는 더 많다. 따라서 2020년 여성공무원 비율인 29.3%보다 낮다는 것을 알 수 있다.

오답분석

① 표에서 확인할 수 있다.

③ 2022년 남성공무원의 비율은 100−29.8=70.2%이다.

④ 2022년 여성공무원 비율은 2017년 비율보다 29.8−26.5=3.3%p 증가했다.

⑤ 2021년 남성공무원의 수는 278,303−82,178=196,125명이다.

14

세 지역 모두 핵가족 가구 비중이 더 높으므로, 핵가족 가구 수가 더 많다.

오답분석

① 핵가족 가구의 비중이 가장 높은 곳은 71%인 B지역이다.

② 1인 가구는 기타 가구의 일부이므로, 1인 가구만의 비중은 알 수 없다.

③ 확대가족 가구의 비중이 가장 높은 곳은 C지역이지만 이 수치는 어디까지나 비중이므로 가구 수는 알 수가 없다.

⑤ 부부 가구의 구성비는 B지역이 가장 높다.

15

자료는 비율을 나타내기 때문에 실업자의 수는 알 수 없다.

[오답분석]

② 실업자 비율은 2%p 증가하였다.

③ 경제활동인구 비율은 80%에서 70%로 감소하였다.

④ 취업자 비율은 12%p 감소한 반면, 실업자 비율은 2%p 증가하였기 때문에 취업자 비율의 증감폭이 더 크다.

⑤ 비경제활동인구 비율은 20%에서 30%로 증가하였다.

16

㉠ 근로자가 총 90명이고 전체에게 지급된 임금의 총액이 2억 원이므로 근로자당 평균 월 급여액은 $\frac{2억}{90}$ ≒222만 원이다. 따라서 평균 월 급여액은 230만 원 이하이다.

㉡ 월 210만 원 이상 급여를 받는 근로자 수는 26+12+8+4=50명이다. 따라서 총 90명의 절반인 45명보다 많으므로 옳은 설명이다.

[오답분석]

㉢ 월 180만 원 미만의 급여를 받는 근로자 수는 6+4=10명이다. 따라서 전체에서 $\frac{10}{90}$ ≒11%의 비율을 차지하고 있으므로 옳지 않은 설명이다.

㉣ '월 240만 원 이상 월 270만 원 미만'의 구간에서 월 250만 원 이상 받는 근로자의 수는 주어진 자료만으로는 확인할 수 없다. 따라서 옳지 않은 설명이다.

17

정상가로 A, B, C과자를 2봉지씩 구매할 수 있는 금액은 (1,500+1,200+2,000)×2=4,700×2=9,400원이다. 이 금액으로 A, B, C과자를 할인된 가격으로 2봉지씩 구매하고 남은 금액은 9,400−{(1,500+1,200)×0.8+2,000×0.6}×2=9,400−3,360 ×2=9,400−6,720=2,680원이다. 따라서 남은 금액으로 A과자를 $\frac{2,680}{1,500\times0.8}$ ≒2.23, 즉 2봉지 더 구매할 수 있다.

18

선 그래프는 시간의 경과에 따른 수량의 변화를 선의 기울기로 나타내는 그래프로, 해당 자료를 표현하기에 적절하다.

[오답분석]

① 원 그래프 : 작성 시 정각 12시의 선을 시작선으로 하며, 이를 기점으로 하여 오른쪽으로 그리는 것이 보통이다. 또한 분할선은 구성비율이 큰 순서로 그리되, '기타' 항목은 구성비율의 크기에 관계없이 가장 뒤에 그리는 것이 일반적이다.

② 점 그래프 : 지역분포를 비롯하여 도시, 지방, 기업, 상품 등의 평가나 위치, 성격 등을 표시하는 데 주로 이용된다.

③ 띠 그래프 : 전체에 대한 부분의 비율을 나타내는 데 많이 쓰인다.

⑤ 꺾은선 그래프 : 시간이 흐름에 따라 변해가는 모습을 나타내는 데 많이 쓰인다. 날씨 변화, 에너지 사용 증가율, 물가의 변화 등을 나타내기에는 막대 그래프보다 꺾은선 그래프가 유용하다. 그래서 꺾은선 그래프를 읽을 때는 변화의 추이를 염두에 두고 자료를 분석하는 것이 좋다.

19

정답 ①

원 그래프는 전체 통계량에 대한 부분의 비율을 하나의 원의 내부에 부채꼴로 구분한 그래프로, 전체에 대한 구성 비율을 나타낼 때 적절한 도표이다.

20

정답 ④

A, B, E구의 1인당 소비량을 각각 a, b, $e$kg이라고 하자.

제시된 조건을 식으로 나타내면 다음과 같다.

- 첫 번째 조건 : $a+b=30$ ⋯ ㉠
- 두 번째 조건 : $a+12=2e$ ⋯ ㉡
- 세 번째 조건 : $e=b+6$ ⋯ ㉢

㉢을 ㉡에 대입하여 식을 정리하면, $a+12=2(b+6)$ → $a-2b=0$ ⋯ ㉣

㉠-㉣을 하면 $3b=30$ → $b=10$, $a=20$, $e=16$

A ~ E구의 변동계수를 구하면 다음과 같다.

- A구 : $\dfrac{5}{20} \times 100 = 25\%$
- B구 : $\dfrac{4}{10} \times 100 = 40\%$
- C구 : $\dfrac{6}{30} \times 100 = 20\%$
- D구 : $\dfrac{4}{12} \times 100 ≒ 33.33\%$
- E구 : $\dfrac{8}{16} \times 100 = 50\%$

따라서 변동계수가 3번째로 큰 구는 D구이다.

출제유형분석 01 **실전예제**

01

정답 ④

D팀은 파란색을 선택하였으므로 보라색을 사용하지 않고, B팀과 C팀도 보라색을 사용한 적이 있으므로 A팀은 보라색을 선택한다. B팀은 빨간색을 사용한 적이 있고, 파란색과 보라색은 사용할 수 없으므로 노란색을 선택한다. C팀은 나머지 빨간색을 선택한다.

A팀	B팀	C팀	D팀
보라색	노란색	빨간색	파란색

따라서 항상 참인 것은 ④이다.

오답분석

①·③·⑤ 주어진 조건만으로는 판단하기 힘들다.
② A팀의 상징색은 보라색이다.

02

정답 ③

주어진 조건을 토대로 다음과 같이 정리해 볼 수 있다. 원형테이블은 회전시켜도 좌석 배치는 동일하므로 좌석에 1~7번으로 번호를 붙이고, A가 1번 좌석에 앉았다고 가정하여 배치하면 다음과 같다.

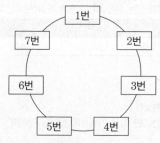

첫 번째 조건에 따라 2번에는 부장이, 7번에는 차장이 앉게 된다.
세 번째 조건에 따라 부장과 이웃한 자리 중 비어 있는 3번 자리에 B가 앉게 된다.
네 번째 조건에 따라 7번에 앉은 사람은 C가 된다.
다섯 번째 조건에 따라 5번에 과장이 앉게 되고, 과장과 차장 사이인 6번에 G가 앉게 된다.
여섯 번째 조건에 따라 A와 이웃한 자리 중 직원명이 정해지지 않은 2번 부장 자리에 D가 앉게 된다.
일곱 번째 조건에 따라 4번 자리에는 대리, 3번 자리에는 사원이 앉는 것을 알 수 있으며, 3번 자리에 앉은 B가 사원 직급임을 알 수 있다.

두 번째 조건에 따라 E는 사원과 이웃하지 않았고 직원명이 정해지지 않은 5번 과장 자리에 해당하는 것을 알 수 있다. 이를 정리하면 다음과 같은 좌석 배치가 되며, F는 이 중 유일하게 빈자리인 4번 대리 자리에 해당한다.

그러므로 사원 직급은 B, 대리 직급은 F가 해당하는 것을 도출할 수 있다.

03

주어진 조건을 정리해 보면 다음과 같다.

구분	A	B	C	D
경우 1	호밀식빵	우유식빵	밤식빵	옥수수식빵
경우 2	호밀식빵	밤식빵	우유식빵	옥수수식빵

따라서 항상 참인 것은 ③이다.

오답분석
①·②·④·⑤ 주어진 조건만으로는 판단하기 힘들다.

04

한 번 배정받은 층은 다시 배정받을 수 없기 때문에 A는 3층, B는 2층에 배정받을 수 있다. C는 1층 또는 4층에 배정받을 수 있지만, D는 1층에만 배정받을 수 있기 때문에 C는 4층, D는 1층에 배정받는다. 이를 표로 정리하면 다음과 같다.

A	B	C	D
3층	2층	4층	1층

따라서 항상 참인 것은 ①이다.

오답분석
②·③·④ 주어진 조건만으로는 판단하기 힘들다.
⑤ 매년 새롭게 층을 배정받기 때문에 B 또한 3년 이상 기숙사에 살았을 것이다.

05

주어진 조건에 따라 엘리베이터 검사 순서를 추론해 보면 다음과 같다.

첫 번째	5호기
두 번째	3호기
세 번째	1호기
네 번째	2호기
다섯 번째	6호기
여섯 번째	4호기

따라서 1호기 다음은 2호기, 그 다음이 6호기이고, 6호기는 5번째로 검사한다.

06

정답 ③

을과 무의 진술이 모순되므로 둘 중 한 명은 참, 다른 한 명은 거짓이다. 여기서 을의 진술이 참일 경우 갑의 진술도 거짓이 되어 두 명이 거짓을 진술한 것이 되므로 문제의 조건에 위배된다. 따라서 을의 진술이 거짓, 무의 진술이 참이다. 그러므로 A강좌는 을이, B와 C강좌는 갑과 정이, D강좌는 무가 담당하고, 병은 강좌를 담당하지 않는다.

07

정답 ②

세 번째 조건에서 D는 A의 바로 왼쪽에 앉으며, 마지막 조건에서 B는 E의 바로 오른쪽에 앉는다. 따라서 'D-A'와 'E-B'를 각각 한 묶음으로 생각하여 나타낼 수 있는 경우는 다음과 같다.

구분	첫 번째	두 번째	세 번째	네 번째	다섯 번째
경우 1	D	A	C	E	B
경우 2	E	B	C	D	A

경우 2는 다섯 번째 조건에 맞지 않으므로 경우 1만 가능하다. 따라서 E는 네 번째 자리에 앉을 수 있다.

[오답분석]
① D는 첫 번째 자리에 앉는다.
③ C는 세 번째 자리에 앉는다.
④ C는 E의 왼쪽 자리에 앉는다.
⑤ C는 A의 오른쪽 자리에 앉는다.

08

정답 ①

주어진 조건에 따라 직원 A~H가 앉을 수 있는 경우는 'A-B-D-E-C-F-H-G'이다. 여기서 D와 E의 자리를 서로 바꿔도 모든 조건이 성립하고, 'A-G-H'와 'D-E-C'의 자리를 바꿔도 모든 조건이 성립한다. 따라서 총 경우의 수는 2×2=4가지이다.

09

정답 ⑤

각 팀은 3명, 4명으로 각각 구성된다. A, B는 D와 함께 소속되어야 하므로 양 팀의 구성이 가능한 경우는 다음과 같다.
1) A, B, D, F / C, E, G
2) A, B, D, G / C, E, F
따라서 이 2가지 구성에 해당하지 않는 것은 ⑤이다.

10

정답 ②

제시된 조건에 따르면, 1층에는 남성인 주임을 배정해야 하므로 C주임이 배정된다. 그러면 3층에 배정 가능한 직원은 남성인 B사원 또는 E대리이다. 먼저 3층에 B사원을 배정하는 경우, 5층에는 A사원이 배정된다. 그리고 D주임은 2층에, E대리는 이보다 위층인 4층에 배정된다. 다음으로 3층에 E대리를 배정하는 경우, 5층에 A사원이 배정되면 4층에 B사원이 배정되고, 5층에 B사원이 배정되면 4층에 A사원이 배정된다. 그리고 D주임은 항상 E대리보다 아래층인 2층에 배정된다. 이를 정리하면 다음과 같다.

층수	경우 1	경우 2	경우 3
5층	A사원	A사원	B사원
4층	E대리	B사원	A사원
3층	B사원	E대리	E대리
2층	D주임	D주임	D주임
1층	C주임	C주임	C주임

따라서 5층에 A사원이 배정되더라도, 4층에는 B사원이 아닌 E대리가 배정될 수도 있다.

출제유형분석 02 실전예제

01

발행형태가 4로 전집이기 때문에 한 권으로만 출판된 것이 아님을 알 수 있다.

오답분석

① 국가번호가 05(미국)로, 미국에서 출판되었다.
② 서명식별번호가 1011로, 1011번째 발행되었다. 441은 발행자 번호로, 이 책을 발행한 출판사의 발행자번호가 441이라는 것을 의미한다.
③ 발행자번호는 441로, 세 자리로 이루어져 있다.
⑤ 도서의 내용이 710(한국어)이지만, 도서가 한국어로 되어 있는지는 알 수 없다.

02

규칙에 따라 사용할 수 있는 숫자는 1, 5, 6을 제외한 나머지 2, 3, 4, 7, 8, 9의 총 6개이다. (한 자리 수)×(두 자리 수)=156이 되는 수를 알기 위해서는 156의 소인수를 구해보면 된다. 156의 소인수는 3, 2^2, 13으로 여기서 156이 되는 수의 곱 중에 조건을 만족하는 것은 2×78과 4×39이다. 따라서 선택지 중에 A팀 또는 B팀에 들어갈 수 있는 암호배열은 39이다.

03

조건에 따라 소괄호 안에 있는 부분을 순서대로 풀이하면
'1 A 5'에서 A는 좌우의 두 수를 더하는 것이지만, 더한 값이 10 미만이면 좌우에 있는 두 수를 곱해야 한다. 1+5=6으로 10 미만이므로 두 수를 곱하여 5가 된다.
'3 C 4'에서 C는 좌우의 두 수를 곱하는 것이지만 곱한 값이 10 미만일 경우 좌우에 있는 두 수를 더한다. 이 경우 3×4=12로 10 이상이므로 12가 된다.
중괄호를 풀어보면 '5 B 12'이다. B는 좌우에 있는 두 수 가운데 큰 수에서 작은 수를 빼는 것이지만, 두 수가 같거나 뺀 값이 10 미만이면 두 수를 곱한다. 12−5=7로 10 미만이므로 두 수를 곱해야 한다. 따라서 60이 된다.
'60 D 6'에서 D는 좌우에 있는 두 수 가운데 큰 수를 작은 수로 나누는 것이지만, 두 수가 같거나 나눈 값이 10 미만이면 두 수를 곱해야 한다. 이 경우 나눈 값이 10이 되므로 답은 10이다.

04

서울 지점의 C씨에게 배송할 제품과 경기남부 지점의 B씨에게 배송할 제품에 대한 기호를 모두 기록해야 한다.
• C씨 : MS11EISS
 − 재료 : 연강(MS)
 − 판매량 : 1box(11)
 − 지역 : 서울(E)
 − 윤활유 사용 : 윤활작용(I)
 − 용도 : 스프링(SS)

- B씨 : AHSS00SSST
  - 재료 : 초고강도강(AHSS)
  - 판매량 : 1set(00)
  - 지역 : 경기남부(S)
  - 윤활유 사용 : 밀폐작용(S)
  - 용도 : 타이어코드(ST)

출제유형분석 03 　실전예제

01

정답 ④

조건에 따라 각 프로그램들의 점수와 선정 여부를 나타내면 다음과 같다.

운영 분야	프로그램명	가중치 반영 인기 점수	가중치 반영 필요성 점수	수요도 점수	비고
운동	강변 자전거 타기	12	5	–	탈락
진로	나만의 책 쓰기	10	7+2	19	–
여가	자수 교실	8	2	–	탈락
운동	필라테스	14	6	20	선정
교양	독서 토론	12	4+2	18	–
여가	볼링 모임	16	3	19	선정

수요도 점수는 '나만의 책 쓰기'와 '볼링 모임'이 19점으로 같지만, 인기 점수가 더 높은 '볼링 모임'이 선정된다. 따라서 상반기 동안 운영될 프로그램은 '필라테스'와 '볼링 모임'이다.

02

정답 ⑤

보기에 주어진 각 운전자의 운동량을 계산해 보면 다음과 같다.
- 갑 : $1.4 \times 2 = 2.8$
- 을 : $1.2 \times 2 \times 0.8 = 1.92$
- 병 : $2 \times 1.5 = 3$
- 정 : $(2 \times 0.8) + (1 \times 1.5) = 3.1$
- 무 : $(0.8 \times 2 \times 0.8) + 1.2 = 2.48$

따라서 5명의 운전자를 운동량이 많은 순서대로 나열하면 정>병>갑>무>을이다.

03

정답 ⑤

K교통카드 본사에서 10만 원 이상의 고액 환불 시 내방 당일 카드 잔액 차감 후 익일 18시 이후 계좌로 입금받을 수 있다.

오답분석
① 부분환불은 환불 요청금액이 1만 원 이상 5만 원 이하일 때 가능하며, K교통카드 본사와 지하철 역사 내 K교통카드 서비스센터에서 가능하다.
② 모바일 환불 시 1인 최대 50만 원까지 환불 가능하며, 수수료는 500원이므로 카드 잔액이 40만 원일 경우 399,500원이 계좌로 입금된다.
③ 카드 잔액이 30만 원인 경우, 20만 원 이하까지만 환불이 가능한 A은행을 제외한 은행 ATM에서 수수료 500원을 제외하고 299,500원 환불 가능하다.
④ K교통카드 본사 방문 시에는 월 누적 50만 원까지 수수료 없이 환불이 가능하므로 13만 원 전액 환불 가능하다.

04

정답 ①

3만 원 초과 10만 원 이하 소액통원의료비를 청구할 경우 진단서 없이 보험금 청구서와 병원영수증, 질병분류기호(질병명)가 기재된 처방전만으로 접수가 가능하다.

05

정답 ②

첫 번째 조건에 따라 A업체는 선정되지 않는다.
세 번째 조건에 따라 A업체가 선정되지 않으면 C업체가 선정된다.
네 번째 조건에 따라 C업체가 선정되면 E업체는 선정되지 않는다.
여섯 번째 조건에 따라 E업체가 선정되지 않으면 B업체가 선정되지 않는다.
두 번째 조건에 따라 B업체가 선정되면 G업체는 선정되지 않는다.
따라서 C업체와 B업체의 선정만이 확실하며, D업체와 F업체의 선정 여부는 알 수 없다.

06

정답 ②

평가위원의 조건에 따라 최종적으로 선정이 확실한 업체는 B, C이다. 최소한 3개의 업체가 선정되어야 하고, 기존 의견에 따라 선정된 업체가 3개 미만인 경우, D업체를 포함시켜야 하는 조건이 추가되면 다섯 번째 조건에 따라 D업체가 선정됨과 동시에 F업체도 선정된다.

07

정답 ④

인적사항이 변경되지 않은 19세 이상의 대한민국 국민은 사전 등록 절차 없이 자동출입국 심사대를 이용할 수 있으므로 ④의 19세 F씨는 사전등록 없이 자동출입국 심사대 이용이 가능하다.

오답분석

① 35세 A씨는 19세 이상이므로 사전 등록 절차 없이 자동출입국 심사대를 이용할 수 있으나, 7세인 A씨의 아들 B군은 사전 등록이 필요하다.
② 인적사항이 변경된 C씨의 경우 사전등록이 필요하다.
③ 17세 미만인 외국인의 경우 사전 등록이 필요하므로 외국인 등록이 되어있더라도 15세인 D씨는 사전 등록이 필요하다.
⑤ 출입국관리 공무원의 대면심사가 필요한 체류만료일이 1개월 이내인 외국인의 경우 자동출입국 심사대 이용이 제한되므로 E씨의 자동출입국 심사대 이용은 제한된다.

08

정답 ②

투자 여부 판단 조건에 대한 관계를 정리하면 다음과 같다.

구분	㉠	㉡	㉢	㉣	㉤
A	○		○	×	×
B	○	○	○	○	
C	○	×	○	×	×
D	×	○	×		
E	×	×	×	×	×

2)의 대우로 ㉡이 나타나지 않으면 ㉣은 나타나지 않는다. 3)의 대우로 ㉡ 또는 ㉢이 나타나지 않으면 ㉤은 나타나지 않는다. 조건 1~5에 따라 이상 징후 발견 표를 작성하면 위와 같으므로, 투자 부적격 기업은 B이다.

09

B안의 가중치는 전문성인데 자원봉사제도는 (−)이므로 적절하지 않은 판단이다.

[오답분석]

① 전문성 면에서는 유급법률구조제도가 (+), 자원봉사제도가 (−)이므로 옳은 설명이다.
② A안에 가중치를 적용할 경우 접근용이성과 전문성에 가중치를 적용하므로 두 정책목표 모두에서 (+)를 보이는 유급법률구조제도가 적절하다.
④ B안에 가중치를 적용할 경우 전문성에 가중치를 적용하므로 (+)를 보이는 유급법률구조제도가 가장 적절하며, A안에 가중치를 적용할 경우 ②에 의해 유급법률구조제도가 가장 적절하다. 따라서 어떤 것을 적용하더라도 결과는 같다.
⑤ 비용저렴성을 달성하려면 (+)를 보이는 자원봉사제도가 가장 유리하다.

10

먼저 층이 정해진 부서를 배치하고, 나머지 부서들의 층수를 결정해야 한다. 변경 사항에서 연구팀은 기존 5층보다 아래층으로 내려가고, 영업팀은 기존 6층보다 아래층으로 내려간다. 또한 생산팀은 연구팀보다 위층에 배치돼야 하지만 인사팀과의 사이에는 하나의 부서만 가능하므로 6층에 총무팀을 기준으로 5층 또는 7층 배치가 가능하므로 다음과 같은 4가지의 경우가 나올 수 있다.

구분	경우 1	경우 2	경우 3	경우 4
7층	인사팀	인사팀	생산팀	생산팀
6층	총무팀	총무팀	총무팀	총무팀
5층	생산팀	생산팀	인사팀	인사팀
4층	탕비실	탕비실	탕비실	탕비실
3층	연구팀	영업팀	연구팀	영업팀
2층	전산팀	전산팀	전산팀	전산팀
1층	영업팀	연구팀	영업팀	연구팀

따라서 어느 경우에도 생산팀은 3층에 배치될 수 없다.

04 조직이해능력

출제유형분석 01 실전예제

01

정답 ⑤

전략목표를 먼저 설정하고 환경을 분석해야 한다.

02

정답 ④

㉠은 집중화 전략, ㉡은 원가우위 전략, ㉢은 차별화 전략에 해당한다.

03

정답 ③

경영활동은 조직의 효과성을 높이기 위해 총수입 극대화, 총비용 극소화를 통해 이윤을 창출하는 것과 관련된 외부경영활동과, 조직내부에서 인적, 물적 자원 및 생산기술을 관리하는 내부경영활동으로 구분할 수 있다. 인도네시아 현지 시장의 규율을 조사하는 것은 시장진출을 준비하는 과정으로, 외부경영활동에 해당된다.

오답분석

① 잠재적 고객인 인도네시아 시장의 고객들의 성향을 파악하는 것은 외부경영활동으로 구분된다.
② 중국 협력업체의 가동률 급락으로 인해 대안이 되는 협력업체로서 국내 업체들과의 협력안을 검토하는 것 역시 내부 생산공정 관리와 같이 생산관리의 일환으로, 내부경영활동에 해당된다.
④ 내부 엔진 조립 공정 개선 시 생산성을 증가시킬 수 있다는 피드백이 있으므로, 이를 위한 기술개발에 투자하는 것은 생산관리로, 내부경영활동에 해당된다.
⑤ 설문조사에 따르면 유연근무제 도입을 원하는 직원이 많은 만큼, 능률적인 인력 관리를 위하여 유연근무제의 일환인 탄력근무제를 도입하는 것은 내부경영활동에 해당한다.

04

정답 ①

K사가 안전과 가격, 디자인 면에서 호평을 받으며 미국시장의 최강자가 될 수 있었던 요인은 OEM 방식을 활용할 수도 있었지만 내실 경영 및 자기 브랜드를 고집한 대표이사의 선택으로 개별 도매상들을 상대로 직접 물건을 판매하고 평판 좋은 도매상들과 유대관계를 강화하는 등 단단한 유통망을 갖추었기 때문이다.

05

정답 ③

K사가 평판이 좋은 중소규모 도매상을 선정해 유대관계를 강화한 곳은 미국시장이었다.

오답분석

K사가 유럽시장에서 성공을 거둔 요인으로는 소비자의 특성에 맞춘 고급스런 디자인의 고가 제품 포지셔닝, 모토그랑프리 후원 등 전략적 마케팅, 실용적인 신제품 개발 등을 들 수 있다.

06

K사는 해외 진출 시 분석을 위해 공급 능력 확보를 위한 방안, 현지 시장의 경쟁상황이나 경쟁업체에 대한 차별화 전략으로 인한 제품 가격 및 품질향상, 시장점유율 등을 활용하였다.

01

정답 ⑤

조직체계 구성요소 중 규칙 및 규정은 조직의 목표나 전략에 따라 수립되며, 조직구성원들의 활동범위를 제약하고 일관성을 부여하는 기능을 한다. 인사규정 · 총무규정 · 회계규정 등이 이에 해당한다.

오답분석
① 조직 목표 : 조직이 달성하려는 장래의 상태로, 대기업, 정부부처, 종교단체를 비롯하여 심지어 작은 가게도 달성하고자 하는 목표를 가지고 있다. 조직의 목표는 미래지향적이지만 현재 조직행동의 방향을 결정해 주는 역할을 한다.
② 경영자 : 조직의 전략, 관리 및 운영활동을 주관하며, 조직구성원들과의 의사결정을 통해 조직이 나아갈 방향을 제시하고 조직의 유지와 발전에 대해 책임을 지는 사람이다.
③ 조직 문화 : 조직이 지속되면서 조직구성원들 간의 생활양식이나 가치를 서로 공유하게 되는 것을 말한다. 이는 조직구성원들의 사고와 행동에 영향을 미치며 일체감과 정체성을 부여하고 조직이 안정적으로 유지되게 한다.
④ 조직 구조 : 조직 내의 부문 사이에 형성된 관계로 조직 목표를 달성하기 위한 조직구성원들의 상호작용을 보여준다.

02

정답 ⑤

조직 문화는 구성원 개개인의 개성을 인정하고 그 다양성을 강화하기보다는 구성원들의 행동을 통제하는 기능을 한다. 즉, 구성원을 획일화 · 사회화시킨다.

03

정답 ④

조직 목표의 기능
• 조직이 존재하는 정당성과 합법성 제공
• 조직이 나아갈 방향 제시
• 조직구성원 의사결정의 기준
• 조직구성원 행동수행의 동기유발
• 수행평가의 기준
• 조직설계의 기준

04

정답 ①

조직변화의 과정
1. 환경변화 인지
2. 조직변화 방향 수립
3. 조직변화 실행
4. 변화결과 평가

05

조직이 생존하기 위해서는 급변하는 환경에 적응하여야 한다. 이를 위해서는 원칙이 확립되어 있고 고지식한 기계적 조직보다는 운영이 유연한 유기적 조직이 더 적합하다.

오답분석

② 대규모 조직은 소규모 조직과는 다른 조직 구조를 갖게 된다. 대규모 조직은 소규모 조직에 비해 업무가 전문화, 분화되어 있고 많은 규칙과 규정이 존재하게 된다.

③ 조직 구조의 결정 요인 중 하나인 기술은 조직이 투입요소를 산출물로 전환시키는 지식, 기계, 절차 등을 의미한다. 소량생산기술을 가진 조직은 유기적 조직 구조를, 대량생산기술을 가진 조직은 기계적 조직 구조를 가진다.

④ 조직 활동의 결과에 따라 조직의 성과와 만족이 결정되며, 그 수준은 조직구성원들의 개인적 성향과 조직 문화의 차이에 따라 달라진다.

⑤ 조직 구조 결정요인으로는 크게 전략, 규모, 기술, 환경이 있다. 전략은 조직의 목적을 달성하기 위하여 수립한 계획으로, 조직이 자원을 배분하고 경쟁적 우위를 달성하기 위한 주요 방침이며, 기술은 조직이 투입요소를 산출물로 전환시키는 지식, 기계, 절차 등을 의미한다. 또한 조직은 환경의 변화에 적절하게 대응하기 위해 환경에 따라 조직의 구조를 다르게 조작한다.

06

오답분석

• B : 사장 직속으로 4개의 본부가 있다는 설명은 옳지만, 인사를 전담하고 있는 본부는 없으므로 적절하지 않다.

• C : 감사실이 분리되어 있다는 설명은 옳지만, 사장 직속이 아니므로 적절하지 않다.

07

ㄴ. 기업은 최소 비용으로 최대 효과를 얻음으로써 이윤극대화를 목적으로 구성된 조직이다.

ㄷ. 조직은 개인들이 업무를 수행하는 물리적 공간이자, 자신의 직업에 대해 만족감을 얻기도 하는 심리적 공간이기도 하다.

오답분석

ㄱ. 조직은 두 사람 이상이 공동의 목표를 달성하기 위해 의식적으로 구성된 상호작용과 조정을 행하는 행동의 집합체이다.

ㄹ. 기업은 이윤창출만을 목표로 하지 않고, 고객에게 양질의 상품과 서비스를 제공하는 것 역시 목표로 하며, 잠재적 고객을 고객층으로 끌어오는 것이 중요하다.

08

K공단의 사내 봉사 동아리이기 때문에 공식이 아닌 비공식 조직에 해당한다. 비공식 조직의 특징에는 적절한 것은 인간관계에 따라 형성된 자발적인 조직, 내면적·비가시적, 비제도적, 감정적, 사적 목적 추구, 부분적 질서를 위한 활동 등이 있다.

오답분석

② 영리조직

③ · ④ 공식조직

⑤ 비영리조직

09

조직 문화는 조직의 안정성을 가져오므로 많은 조직들은 그 조직만의 독특한 조직 문화를 만들기 위해 노력한다.

10

영리조직의 사례로는 이윤 추구를 목적으로 하는 다양한 사기업을 들 수 있으며, 비영리조직으로는 정부조직, 병원, 대학, 시민단체, 종교단체 등을 들 수 있다.

01

비품은 기관의 비품이나 차량 등을 관리하는 총무지원실에 신청해야 하며, 교육 일정은 사내 직원의 교육 업무를 담당하는 인사혁신실에서 확인해야 한다.

오답분석

기획조정실은 전반적인 조직 경영과 조직문화 형성, 예산 업무, 이사회, 국회 협력 업무, 법무 관련 업무를 담당한다.

02

인·적성검사 합격자의 조 구성은 은경씨가 하지만, 합격자에게 몇 조인지 미리 공지하는지는 알 수 없다.

03

예산집행 조정, 통제 및 결산 총괄 등 예산과 관련된 업무는 ⑩ 자산팀이 아닌 ⑦ 예산팀이 담당하는 업무이다. 자산팀은 물품구매와 장비·시설물 관리 등의 업무를 담당한다.

04

전문자격 시험의 출제정보를 관리하는 시스템의 구축·운영 업무는 정보화사업팀이 담당하는 업무로, 개인정보 보안과 관련된 업무를 담당하는 정보보안전담반의 업무로는 적절하지 않다.

05

홈페이지 운영 등은 정보사업팀에서 한다.

오답분석

① 1개의 감사실과 11개의 팀으로 되어 있다.
② 예산기획과 경영평가는 전략기획팀에서 관리한다.
③ 경영평가(전략기획팀), 성과평가(인재개발팀), 품질평가(평가관리팀) 등 다른 팀에서 담당한다.
⑤ 감사실을 두어 감사, 부패방지 및 지도점검을 하게 하였다.

06

품질평가 관련 민원은 평가관리팀이 담당하고 있다.

07

문제 발생의 원인은 회의내용에서 알 수 있는 내용이다.

오답분석

① 회의에 참가한 인원이 6명일 뿐 조직의 인원은 회의록에서 알 수 없다.
② 회의 참석자는 생산팀 2명, 연구팀 2명, 마케팅팀 2명으로 총 6명이다.
③ 마케팅팀에서 제품을 전격 회수하고 연구팀에서 유해성분을 조사하기로 했다.
⑤ 연구팀에서 유해성분을 조사하기로 결정했을 뿐 결과는 알 수 없다.

08

회의 후 가장 먼저 해야 할 일은 '주문량이 급격히 증가한 일주일 동안 생산된 제품 파악'이다. 문제의 제품이 전부 회수돼야 포장 재질 및 인쇄된 잉크 유해성분을 조사한 뒤 적절한 조치가 가능해지기 때문이다.

09

이사원에게 현재 가장 긴급한 업무는 미팅 장소를 변경해야 하는 것이다. 미리 안내했던 장소를 사용할 수 없으므로 11시에 사용 가능한 다른 회의실을 예약해야 한다. 그 후 바로 거래처 직원에게 미팅 장소가 변경된 점을 안내해야 하므로 ⓒ이 ⓒ보다 먼저 이루어져야 한다. 거래처 직원과의 11시 미팅 이후에는 오후 2시에 예정된 김팀장과의 면담이 이루어져야 한다. 김팀장과의 면담 시간은 미룰 수 없으므로 이미 예정되었던 시간에 맞춰 면담을 진행한 후 부서장이 요청한 문서 작업 업무를 처리하는 것이 적절하 다. 따라서 이사원은 ⓒ - ⓒ - ㉠ - ㉣ - ㉤의 순서로 업무를 처리해야 한다.

PART 2

최종점검 모의고사

01	02	03	04	05	06	07	08	09	10	11	12	13	14	15	16	17	18	19	20
③	②	②	③	①	⑤	③	④	③	②	④	④	③	④	⑤	①	③	②	③	④
21	22	23	24	25	26	27	28	29	30	31	32	33	34	35	36	37	38	39	40
②	④	⑤	④	③	④	⑤	②	③	④	①	②	②	③	③	②	③	③	②	①
41	42	43	44	45	46	47	48	49	50										
⑤	②	⑤	②	②	②	③	①	④	③										

01
정답 ③

제시문에는 기존 분자 생물학의 환원주의적 접근에 나타난 문제점, 그리고 시스템 생물학자인 데니스 노블의 실험 과정과 그의 주장 등이 나타나 있지만, 시스템 생물학자들의 다양한 연구 성과에 대해서는 언급하고 있지 않다.

02
정답 ②

세 번째 문단에서 ②와 같은 낙관론은 자칫하면 낙관론 그 자체에만 빠질 오류가 있다는 것을 밝히고 있다.

03
정답 ②

업체	1벌당 공임비(원)	제작 수(장)	공임비(원)
가	13,000+3,000+1,000=17,000	5,000	17,000×5,000=85,000,000
나	15,000+3,000=18,000	4,900	18,000×4,900=88,200,000
다	16,000	5,000	16,000×5,000=80,000,000
라	18,000	4,500	18,000×4,500=81,000,000

따라서 공임비가 저렴한 순서대로 나열하면 다 – 라 – 가 – 나 순이다.

04
정답 ③

업체별 공임비는 다음과 같다.

업체	제품 단위당 공임비
가	85,000,000원÷4,500장≒18,890원
나	88,200,000원÷4,500장=19,600원
다	80,000,000원÷4,500장≒17,780원
라	81,000,000원÷4,500장=18,000원

05

마지막 문단을 통해 유산의 위험이 있다면 안정기까지 최대한 주의를 해야 함을 알 수 있다.

06

첫 번째 이벤트에서 같은 조였던 사람은 두 번째 이벤트에서 같은 조가 될 수 없다고 하였으므로 보기에 주어진 각 조의 조원들은 첫 번째 이벤트에서 모두 다른 조일 수밖에 없다. 그러므로 첫 번째 이벤트의 각 조에서 두 조원씩은 이미 1, 4조에 배정되었고 나머지 두 조원씩 8명을 2, 3조에 배정해야 한다. 두 번째 이벤트의 2, 3조 역시 첫 번째 이벤트에서 같은 조였던 사람은 두 번째 이벤트에서 같은 조가 될 수 없으므로 각 조에서 한 명씩을 뽑아 배정해야 한다. 한 조를 정하고 나면 나머지 한 조는 자동으로 정해지므로 16가지($= _2C_1 \times _2C_1 \times _2C_1 \times _2C_1$)이다.

07

주어진 조건에 의하면 D면접자와 E면접자는 2번, 3번 의자에 앉아 있고, A면접자는 1번과 8번 의자에 앉을 수 없다. B면접자는 6번 또는 7번 의자에 앉을 수 있다는 점과 A면접자와 C면접자 사이에는 2명이 앉는다는 조건까지 모두 고려하면 A면접자와 B면접자가 서로 이웃해 있을 때, 다음과 같은 두 가지 경우를 확인할 수 있다.

• B면접자가 6번 의자에 앉을 경우

구분	1	2	3	4	5	6	7	8
경우 1		D	E		A	B		C
경우 2		D	E	C		B	A	
경우 3		D	E	A		B	C	
조건	A(×) C(×)							A(×)

• B면접자가 7번 의자에 앉을 경우

구분	1	2	3	4	5	6	7	8
경우 1		D	E	C(×)		A	B	
경우 2		D	E			A	B	C(×)
경우 3		D	E		A		B	C
조건	A(×) C(×)							A(×)

→ B면접자가 7번 의자에 앉는 경우 1과 경우 2에서는 A면접자와 C면접자 사이에 2명이 앉는다는 조건이 성립되지 않는다. 따라서 A면접자와 B면접자가 서로 이웃해 앉는다면 C면접자는 4번 또는 8번 의자에 앉을 수 있다.

오답분석
① 주어진 조건을 살펴보면 A면접자는 1번, 8번 의자에 앉지 않는다고 하였고 2번과 3번 의자는 D면접자와 E면접자로 확정되어 있다. 그리고 C면접자와의 조건 때문에 6번 의자에도 앉을 수 없다. 따라서 A면접자는 4번, 5번, 7번 의자에 앉을 수 있다. 따라서 A면접자가 4번 의자에 앉는 것이 항상 옳다고 볼 수 없다.
② 주어진 조건에서 C면접자는 D면접자와 이웃해 앉지 않는다고 하였다. D면접자는 2번 의자로 확정되어 있으므로 C면접자는 1번 의자에 앉을 수 없다.
④ B면접자가 7번 의자에 앉고 A면접자와 B면접자 사이에 2명이 앉도록 하면, A면접자는 4번 의자에 앉아야 한다. 그런데 A면접자와 C면접자 사이에 2명이 앉아 있다는 조건이 성립되려면 C면접자는 1번 의자에 앉아야 하는데, C면접자는 D면접자와 이웃해 있지 않다고 하였으므로 옳지 않다.
⑤ C면접자가 8번 의자에 앉는 것과는 상관없이 B면접자는 6번 또는 7번 의자에 앉을 수 있다. 따라서 B면접자가 6번 의자에 앉는다는 것은 항상 옳다고 볼 수 없다.

08

내년 식사 순서의 규칙을 살펴보면, 첫 번째 규칙은 모든 부서가 올해 식사 순서와는 달리 새로운 순서로 식사를 하기로 했다는 것이다. 예를 들면, A부서는 첫 번째가 아닌 순서에서 식사하고 B부서도 두 번째가 아닌 순서에서 식사해야 한다. 두 번째 규칙은 E부서 식사 후에는 C부서가 바로 이어서 식사하게 된다는 것이다. 이러한 두 규칙을 적용하여 경우의 수를 살펴보면 다음과 같다.

• 식사 순서 경우의 수
  - B부서 → A부서 → D부서 → E부서 → C부서
  - B부서 → A부서 → E부서 → C부서 → D부서
  - B부서 → D부서 → A부서 → E부서 → C부서
  - B부서 → D부서 → E부서 → C부서 → A부서
  - D부서 → A부서 → B부서 → E부서 → C부서
  - D부서 → A부서 → E부서 → C부서 → B부서
  - E부서 → C부서 → A부서 → B부서 → D부서
  - E부서 → C부서 → B부서 → A부서 → D부서
  - E부서 → C부서 → D부서 → A부서 → B부서
  - E부서 → C부서 → D부서 → B부서 → A부서

D부서가 가장 먼저 식사를 한다고 가정하면, 두 번째 순서에 B부서는 자신의 원래 순서이므로 위치하지 못한다. C부서 역시 E부서 뒤에 위치해야 하므로 두 번째 순서에 위치하지 못한다. 또한, E부서가 두 번째 순서에 위치하면 C부서가 세 번째 순서, 즉 자신의 원래 순서에 위치하게 된다. 따라서 D부서가 첫 번째 순서라면 A부서만이 두 번째 순서에 위치할 수 있다.

09

제시문에서는 협업과 소통의 문화가 기업에 성공적으로 정착하려면 기업의 작은 변화부터 필요하다고 주장한다. 따라서 제시문과 관련 있는 한자성어로는 '높은 곳에 오르려면 낮은 곳에서부터 오른다.'는 뜻의 '일을 순서대로 하여야 함'을 의미하는 '등고자비(登高自卑)'가 가장 적절하다.

오답분석
① 장삼이사(張三李四) : 장씨의 셋째 아들과 이씨의 넷째 아들이라는 뜻으로, 이름이나 신분이 특별하지 아니한 평범한 사람들을 이르는 말
② 하석상대(下石上臺) : 아랫돌 빼서 윗돌 괴고 윗돌 빼서 아랫돌 괸다는 뜻으로, 임시변통으로 이리저리 둘러맞춤을 이르는 말
④ 주야장천(晝夜長川) : 밤낮으로 쉬지 아니하고 연달아 흐르는 시냇물이라는 뜻으로, '쉬지 않고 언제나', '늘'이라는 의미이다.
⑤ 내유외강(內柔外剛) : 속은 부드럽고, 겉으로는 굳셈

10

예금 업무를 보려는 사람들의 대기 순번과 공과금 업무를 보려는 사람들의 대기 순번은 별개로 카운트된다. A는 예금 업무이고, A보다 B가 늦게 발권하였으나 대기번호는 A보다 빠른 4번이므로 B는 공과금 업무를 보려고 한다는 사실을 알 수 있다. 그리고 1인당 업무 처리시간은 모두 동일하게 주어지므로 주어진 조건들을 표로 정리하면 다음과 같다.

예금 창구		공과금 창구	
대기번호 2번	업무진행 중	대기번호 3번	업무진행 중
대기번호 3번	–	대기번호 4번	B
대기번호 4번	–	대기번호 5번	C
대기번호 5번	E	대기번호 6번	–
대기번호 6번	A	대기번호 7번	–
대기번호 –번	D	대기번호 8번	–

따라서 B – C – E – A – D 순서로 업무를 보게 된다.

11

정답 ④

ⅰ) 둘 다 호텔 방을 선택하는 경우 : $_3P_2=3\times2=6$가지

ⅱ) 둘 중 한 명만 호텔 방을 선택하는 경우 : 호텔 방을 선택하는 사람은 A, B 둘 중에 한 명이고, 한 명이 호텔 방을 선택할 수 있는 경우의 수는 3가지이므로 $2\times3=6$가지

따라서 두 명이 호텔 방을 선택하는 경우의 수는 두 명 다 선택 안 하는 경우까지 $6+6+1=13$가지이다.

12

정답 ④

10원짜리와 100원짜리는 0개, 1개, 2개의 3가지 방법으로, 50원짜리와 500원짜리는 0개, 1개의 2가지 방법으로 지불할 수 있다. 또 각각의 경우는 금액이 중복되지 않으므로 지불할 수 있는 금액의 경우의 수는 $3\times2\times3\times2=36$가지이다.

이때 0원을 지불하는 것은 제외해야 하므로 총 35가지의 금액을 지불할 수 있다.

13

정답 ③

밑줄 친 ⊙은 '남보다 앞장서서 행동해서 몸소 다른 사람의 본보기가 됨'을 의미하는 '솔선수범(率先垂範)'의 의미와 유사하다.

오답분석

① 결자해지(結者解之) : 맺은 사람이 풀어야 한다는 뜻으로, 자기가 저지른 일은 자기가 해결하여야 함을 이르는 말
② 박람강기(博覽强記) : 여러 가지 책을 널리 읽고 기억을 잘한다는 의미
④ 일취월장(日就月將) : 나날이 자라거나 발전함을 이르는 말
⑤ 자화자찬(自畫自讚) : 자기가 그린 그림을 스스로 칭찬한다는 뜻으로, 자기가 한 일을 스스로 자랑함을 이르는 말

14

정답 ④

제시문에서는 아들이 징역 10년이라는 중형에 처할 수 있는 상황에서 아들의 인생을 바로 잡아주기 위해 아들을 직접 신고한 어머니의 사례를 제시하고 있다. 따라서 제시문과 관련 있는 한자성어로는 '큰 도리를 지키기 위하여 부모나 형제도 돌아보지 않음'을 의미하는 '대의멸친(大義滅親)'이 가장 적절하다.

오답분석

① 반포지효(反哺之孝) : 까마귀 새끼가 자라서 늙은 어미에게 먹이를 물어다 주는 효(孝)라는 뜻으로, 자식이 자란 후에 어버이의 은혜를 갚는 효성을 이르는 말
② 지록위마(指鹿爲馬) : 윗사람을 농락하여 권세를 마음대로 함을 이르는 말
③ 불구대천(不俱戴天) : 하늘을 함께 이지 못한다는 뜻으로, 이 세상에서 같이 살 수 없을 만큼 큰 원한을 가짐을 비유적으로 이르는 말
⑤ 권토중래(捲土重來) : 어떤 일에 실패한 뒤에 힘을 가다듬어 다시 그 일에 착수함을 비유하여 이르는 말

15

정답 ⑤

'Sofa'의 발음은 [soufə]로, [ou]는 '오'로 적는다는 외래어 표기법에 따라 '소파'로 표기해야 한다.

16

정답 ①

'엔딩 크레디트'가 올바른 외래어 표기법이다.

17

첫 번째, 세 번째 조건에 의해 광수는 가운데 집에 산다.
두 번째, 네 번째, 다섯 번째 조건에 의해 광수는 노란 지붕 집에 살고, 원숭이를 키운다.
다섯 번째, 여섯 번째 조건에 의해 원태는 빨간 지붕 집에 살고, 개를 키운다.
따라서 수덕이는 파란 지붕 집에 살고, 고양이를 키운다.
ㄷ. 둘 중에 하나만 참이면 되는데, 수덕이가 파란 지붕 집에 사므로 옳다.
ㄹ. 수덕이는 고양이를 키우므로 옳다.

[오답분석]
ㄱ. 수덕이가 빨간 지붕 집에 살지 않지만, 원태는 개를 키우므로 옳지 않다.
ㄴ. 광수가 노란 지붕 집에 살고, 원숭이를 키우므로 옳지 않다.
ㅁ. 원태는 농부일 수도 있고, 의사일 수도 있다.

18

• 내일 비가 오고 모레 비가 안 올 확률 : $\dfrac{1}{5} \times \dfrac{2}{3} = \dfrac{2}{15}$

• 내일 비가 안 오고 모레 비가 안 올 확률 : $\dfrac{4}{5} \times \dfrac{7}{8} = \dfrac{7}{10}$

$\therefore \dfrac{2}{15} + \dfrac{7}{10} = \dfrac{5}{6}$

19

• 다섯 사람이 일렬로 줄을 서는 경우의 수 : $5! = 5 \times 4 \times 3 \times 2 \times 1 = 120$가지
• 현호, 진수가 양 끝에 서는 경우의 수 : $2 \times$(민우, 용재, 경섭이가 일렬로 줄을 서는 경우)$= 2 \times 3! = 12$가지

양 끝에 현호와 진수가 서는 확률은 $\dfrac{12}{120} = \dfrac{1}{10}$이다.

따라서 $a+b = 11$이다.

20

첫 번째 날 또는 일곱 번째 날에 총무부 소속 팀이 봉사활동을 하게 될 확률은 1에서 마케팅 소속 팀이 첫 번째 날과 일곱 번째 날에 봉사활동을 반드시 하는 확률을 뺀 것과 같다.

마케팅부 소속 5팀과 총무부 소속 2팀을 첫 번째 날부터 일곱 번째 날까지 배치하는 경우의 수는 $\dfrac{7!}{5! \times 2!} = 21$가지이다.

마케팅부 소속 5팀 중 첫 번째 날과 일곱 번째 날에 봉사활동 할 팀을 배치하는 경우의 수는 두 번째 날부터 여섯 번째 날까지 마케팅부 소속 3팀과 총무부 소속 2팀을 배치하는 경우의 수이므로 $\dfrac{5!}{3! \times 2!} = 10$가지이다.

따라서 첫 번째 날 또는 일곱 번째 날에 총무부 소속 팀이 봉사활동을 하게 될 확률은 $1 - \dfrac{10}{21} = \dfrac{11}{21}$이므로, $a-b = 21-11 = 10$이다.

21

정답 ②

미토콘드리아 유전자는 세포질 속에만 존재하는 것으로, 수정 과정에서 난자를 통해 어미로부터만 유전된다고 하였으므로 복제인간과 난자 제공자의 미토콘드리아 DNA는 동일하다.

오답분석

① 일란성 쌍둥이는 난자가 같기 때문에 같은 미토콘드리아의 영향을 받지만, 복제인간은 체세포 제공자와는 다른 사람의 난자 즉, 다른 미토콘드리아의 영향을 받는다. 따라서 미토콘드리아 DNA의 차이 때문에 서로 다르다.

③ 과학자들은 환경이 동일하더라도 복제인간이 체세포 제공자와 똑같지는 않을 것이라고 예상한다고 했고, ①에서 설명한 미토콘드리아 DNA의 차이 때문에 체세포 제공자와 복제인간의 유전자는 일란성 쌍둥이의 유전자보다 더 유사할 수 없다.

④ 복제인간은 체세포 제공자와는 다른 사람의 난자, 즉 다른 미토콘드리아 유전자를 물려받기 때문에 유전정보가 100% 같지는 않다고 했으므로 체세포와 난자를 한 사람으로부터 제공받을 경우에는 같은 DNA를 갖는다.

⑤ 복제인간이 체세포 제공자와 여러 가지 면에서 다른 특성을 보이는 것은 환경의 영향만이 아니며, 결정적으로 다른 특성을 보이며 성장할 가능성이 없다는 언급이 없다.

22

정답 ④

- A만 문제를 풀 확률 : $\frac{1}{4} \times \frac{2}{3} \times \frac{1}{2} = \frac{2}{24}$

- B만 문제를 풀 확률 : $\frac{3}{4} \times \frac{1}{3} \times \frac{1}{2} = \frac{3}{24}$

- C만 문제를 풀 확률 : $\frac{3}{4} \times \frac{2}{3} \times \frac{1}{2} = \frac{6}{24}$

∴ 한 사람만 문제를 풀 확률 : $\frac{2}{24} + \frac{3}{24} + \frac{6}{24} = \frac{11}{24}$

23

정답 ⑤

제시문에서는 서로 반대 관계에 있던 사우디아라비아와 러시아가 미국의 석유 생산에 함께 대응하는 모습을 이야기하고 있다. 따라서 제시문과 관련 있는 한자성어로는 오나라 사람과 월나라 사람이 같은 배를 탔다는 뜻으로, '서로 적의를 품은 사람들이 한자리에 있게 된 경우나 서로 협력하여야 하는 상황을 비유적으로 이르는 말'인 '오월동주(吳越同舟)'가 가장 적절하다.

오답분석

① 면백(免白) : 머리에 아무 관도 쓰지 못하는 신세를 면한다는 뜻으로, 늙어서야 처음으로 변변치 못한 벼슬을 하게 됨을 이르는 말

② 천재일우(千載一遇) : 천 년 동안 단 한 번 만난다는 뜻으로, 좀처럼 만나기 어려운 좋은 기회를 이르는 말

③ 비분강개(悲憤慷慨) : 슬프고 분하여 의분이 북받침

④ 수어지교(水魚之交) : 물이 없으면 살 수 없는 물고기와 물의 관계라는 뜻으로, 아주 친밀하여 떨어질 수 없는 사이를 비유적으로 이르는 말

24

정답 ④

- 잘 익은 귤을 꺼낼 확률 : $1 - \left(\frac{10}{100} + \frac{15}{100} \right) = \frac{75}{100}$

- 썩거나 안 익은 귤을 꺼낼 확률 : $\frac{10}{100} + \frac{15}{100} = \frac{25}{100}$

따라서 한 사람은 잘 익은 귤, 다른 한 사람은 그렇지 않은 귤을 꺼낼 확률은 $2 \times \frac{75}{100} \times \frac{25}{100} = 37.5\%$이다.

세 번째 조건에 따라 A는 청소기를 제외한 프리미엄형 가전을 총 2개 골랐는데, B가 청소기를 가져가지 않으므로 A는 청소기 일반형, C는 청소기 프리미엄형을 가져가야 한다. 또한, 다섯 번째 조건을 만족시키기 위해 A가 가져가는 프리미엄형 가전 종류의 일반형을 B가 가져가야 하며, 여섯 번째 조건을 만족시키기 위해 전자레인지는 C가 가져가야 한다. 이를 표로 정리하면 다음과 같다.

구분	A	B	C
경우 1	냉장고(프), 세탁기(프), 청소기(일)	냉장고(일), 세탁기(일), 에어컨(프 or 일)	에어컨(프 or 일), 청소기(프), 전자레인지
경우 2	세탁기(프), 에어컨(프), 청소기(일)	세탁기(일), 에어컨(일), 냉장고(프 or 일)	냉장고(프 or 일), 청소기(프), 전자레인지
경우 3	냉장고(프), 에어컨(프), 청소기(일)	냉장고(일), 에어컨(일), 세탁기(프 or 일)	세탁기(프 or 일), 청소기(프), 전자레인지

㉠ C는 항상 전자레인지를 가져간다.
㉢ B는 반드시 일반형 가전 2개를 가져가며, 나머지 한 개는 프리미엄형일 수도, 일반형일 수도 있다.

오답분석
㉡ A는 반드시 청소기를 가져간다.
㉣ C는 청소기 프리미엄형을 가져간다.

세 번째 조건에 따라 A팀장이 볶음밥을 시키므로, 짬뽕을 시키는 3명은 각각 직급이 달라야 한다. 즉, 과장, 대리, 사원이 각각 1명씩 시켜야 하는데, 다섯 번째 조건에 따라 D사원은 볶음밥이나 짜장면을 시켜야 한다. 각각의 경우를 살펴보면 다음과 같다.
• D사원이 볶음밥을 시키는 경우
  네 번째 조건에 따라 J대리가 짬뽕을 시키므로 N대리가 짜장면을 시키고, 여섯 번째 조건에 따라 S과장이 짜장면을 시켜야 하므로 K과장이 짬뽕을 시키고, 일곱 번째 조건에 따라 P사원도 짬뽕을 시킨다. 따라서 S과장은 짜장면을 시킨다.

짜장면	짬뽕	볶음밥
N대리 S과장	J대리 K과장 P사원	A팀장 D사원

• D사원이 짜장면을 시키는 경우
  일곱 번째 조건에 따라 K과장은 사원과 같은 메뉴를 시켜야 하는데, 만약 K과장이 짜장면이나 볶음밥을 시키면 S과장이 반드시 짬뽕을 시켜야 하므로 조건에 어긋난다. 따라서 K과장은 짬뽕을 시키고, P사원도 짬뽕을 시킨다. J대리는 짜장면을 싫어하므로 짬뽕이나 볶음밥을 시켜야 하는데, 만약 J대리가 짬뽕을 시키면 볶음밥을 싫어하는 N대리는 짜장면을, S과장은 볶음밥을 시켜야 하고 이는 다섯 번째 조건에 어긋나므로 J대리가 볶음밥을, N대리는 짬뽕을, S과장은 짜장면을 시킨다.

짜장면	짬뽕	볶음밥
D사원 S과장	K과장 P사원 N대리	A팀장 J대리

모든 경우에서 A팀장은 과장과 같은 메뉴를 시킬 수 없으므로, ④는 옳지 않은 설명이다.

27

정답 ⑤

비위 맞추기는 상대방을 위로하기 위해서 혹은 비위를 맞추기 위해서 너무 빨리 동의하는 것으로, 그 의도는 좋지만 지지하고 동의하는 데 너무 치중함으로써 상대방에게 자신의 생각이나 감정을 충분히 표현할 시간을 주지 못하게 된다.

오답분석
① 걸러내기 : 듣고 싶지 않은 것들을 막아버리는 것이다.
② 다른 생각하기 : 상대방이 말을 할 때 자꾸 다른 생각을 하는 것이다.
③ 조언하기 : 다른 사람의 문제를 본인이 해결해 주고자 지나치게 조언하고 끼어드는 것이다.
④ 옳아야만 하기 : 자신이 잘못했다는 말을 받아들이지 않기 위해 거짓말을 하고, 고함을 지르고, 주제를 바꾸고, 변명을 하게 되는 것이다.

28

정답 ②

다음과 같이 경기를 할 때, B팀은 최대 승점 5점을 얻는다.

구분	1경기	2경기	3경기	4경기
A팀	장사 – 3점	왼손 – 0점	오른손 – 1점	오른손 – 1점
B팀	왼손 – 0점	장사 – 3점	오른손 – 1점	오른손 – 1점

오답분석
① 다음과 같이 경기를 할 때, A, B팀 모두 최대 승점 5점을 얻는다.

구분	1경기	2경기	3경기	4경기
A팀	장사 – 1점	왼손 – 3점	오른손 – 0점	오른손 – 1점
B팀	장사 – 1점	오른손 – 0점	왼손 – 3점	오른손 – 1점

③ · ④ 다음과 같이 경기를 할 때, B팀은 최대 승점 7점을 얻는다.

구분	1경기	2경기	3경기	4경기
A팀	장사 – 3점	왼손 – 0점	오른손 – 0점	오른손 – 1점
B팀	오른손 – 0점	장사 – 3점	왼손 – 3점	오른손 – 1점

⑤ 다음과 같이 경기를 할 때, B팀은 최소 승점 4점을 얻는다.

구분	1경기	2경기	3경기	4경기
A팀	장사 – 1점	왼손 – 1점	오른손 – 1점	오른손 – 1점
B팀	장사 – 1점	왼손 – 1점	오른손 – 1점	오른손 – 1점

29

정답 ③

제시문의 내용을 살펴보면, P전자는 성장성이 높은 LCD 사업 대신에 익숙한 PDP 사업에 더욱 몰입하였으나, 점차 LCD의 경쟁력이 높아짐으로써 PDP는 무용지물이 되었다는 것을 알 수 있다. 따라서 P전자는 LCD 시장으로의 사업전략을 수정할 수 있었지만 보다 익숙한 PDP 사업을 선택하고 집중함으로써 시장에서 경쟁력을 잃는 결과를 얻게 되었다.

30

정답 ④

일반적으로 말의 속도와 리듬에 있어서 매우 빠르거나 짧게 얘기하면 공포나 노여움을 나타낸다.

31

- 네 번째 조건을 이용하기 위해 6개 수종의 인장강도와 압축강도의 차를 구하면 다음과 같다.
  - A : $52-48=4\text{N/mm}^2$
  - B : $125-64=61\text{N/mm}^2$
  - C : $69-63=6\text{N/mm}^2$
  - 삼나무 : $45-41=4\text{N/mm}^2$
  - D : $24-21=3\text{N/mm}^2$
  - E : $59-51=8\text{N/mm}^2$

  즉, 인장강도와 압축강도의 차가 두 번째로 큰 수종은 E이므로 E는 전나무이다.
- 첫 번째 조건을 이용하기 위해 6개 수종의 전단강도 대비 압축강도 비를 구하면 다음과 같다.
  - A : $\dfrac{48}{10}=4.8$
  - B : $\dfrac{64}{12}\fallingdotseq5.3$
  - C : $\dfrac{63}{9}=7$
  - 삼나무 : $\dfrac{41}{7}\fallingdotseq5.9$
  - D : $\dfrac{24}{6}=4$
  - E : $\dfrac{51}{7}\fallingdotseq7.3$

  즉, 전단강도 대비 압축강도 비가 큰 상위 2개 수종은 C와 E이다. E가 전나무이므로 C는 낙엽송이다.
- 두 번째 조건을 이용하기 위해 6개 수종의 휨강도와 압축강도의 차를 구하면 다음과 같다.
  - A : $88-48=40\text{N/mm}^2$
  - B : $118-64=54\text{N/mm}^2$
  - C : $82-63=19\text{N/mm}^2$
  - 삼나무 : $72-41=31\text{N/mm}^2$
  - D : $39-24=15\text{N/mm}^2$
  - E : $80-51=29\text{N/mm}^2$

  즉, 휨강도와 압축강도의 차가 큰 상위 2개 수종은 A와 B이므로 소나무와 참나무는 A와 B 중 하나이다. 따라서 D는 오동나무이다.
- 오동나무 기건비중의 2.5배는 $0.31\times2.5=0.775$이다. 세 번째 조건에 의하여 참나무의 기건비중은 오동나무 기건비중의 2.5배 이상이므로, B는 참나무이고 A가 소나무이다.

따라서 A는 소나무, C는 낙엽송이다.

32

희준은 민재의 말을 경청하지 않고 민재의 목소리 톤과 표정과 같은 단서들을 찾아 민재의 상황을 추측하는 '짐작하기'의 자세를 보이고 있다.

① '슬쩍 넘어가기'에 대한 설명이다.
③ '다른 생각하기'에 대한 설명이다.
④ '판단하기'에 대한 설명이다.
⑤ '언쟁하기'에 대한 설명이다.

33

시험을 포기했다는 민재에 말에 잘 생각했다며 동의하는 맞장구의 경청 태도를 보이고 있다.

① 치켜 올리듯 가볍게 하는 맞장구 : "저런!", "그렇습니까?", "아닙니다.", "잘됐습니다.", "그렇게 하십시오."
③ 정리하는 맞장구 : "말하자면 이런 것입니까?", "~와 ~라는 것이지요?"
④ 재촉하는 맞장구 : "그래서 어떻게 되었습니까?"
⑤ 감탄하는 맞장구 : "역시", "대단하세요."

34

ⓒ은 '주의 환기'에 대한 내용이다. '여지 남기기'란 책임을 전가하려는 사람에게는 밀어붙이기보다 빠져나갈 여지를 미리 만들어 주고, 여운을 남기는 말로 상대방의 감정을 누그러뜨려 설득을 유리하게 할 수 있는 방법이다.

35

침묵을 지키는 사람의 참여도를 높이기 위해서는 발언을 시키고 싶은 사람을 직접 지명하지 않고 일부러 그 좌우에 앉아 있는 사람에게 집중적으로 의견을 묻는 방법을 활용한다. 이 방법은 일종의 간접적 설득으로 자기의 옆 사람이 발언하면 무관심하게만 앉아 있을 수 없는 사람의 심리를 활용하는 것이다.

[오답분석]
① 직접 지목하여 묻는 방법은 침묵하는 사람의 참여도를 높이는 방법으로 적절하지 않다.
② 침묵하는 사람의 참여를 유도하기 위해서는 직접 지명하지 않고 암묵적·간접적으로 유도하는 방법을 활용해야 한다.
④ 개인적으로 이야기를 나누는 것은 직접적인 방법이므로 적절하지 않다.
⑤ 미리 이야기하는 것도 직접적인 방법이므로 적절하지 않다.

36

설득력을 향상시키기 위해서는 권위를 이용하는 방법이 있다. 설득하려는 내용과 그 인물의 이미지가 합치한다면 권위 있는 사람의 말이나 작품을 이용하여 설득하는 내용을 정당화시킬 수 있기 때문이다.
자신의 주장을 양보하는 식으로 기선을 제압하여 설득을 이끌어내는 것, 상대방의 불평이 가져올 결과를 강조하여 상황을 이해시키도록 하는 것, 공동의 목표 추구를 통해 동조 심리를 형성하는 것, 노고를 인정한 뒤 새로운 요구를 하는 것은 설득력 있는 의사표현 방법으로 적절하다.

37

퍼실리테이션(Facilitation)이란 '촉진'을 의미하며, 어떤 그룹이나 집단이 의사결정을 잘 하도록 도와주는 일을 의미한다. 깊이 있는 커뮤니케이션을 통해 서로의 문제점을 이해하고 공감함으로써, 초기에는 미처 생각하지 못했던 창조적인 문제해결방법이 도출된다.

[오답분석]
① 소프트 어프로치 : 조직 구성원들은 같은 문화적 토양을 가지고 이심전심으로 서로를 이해하는 상황을 가정한다.
② 하드 어프로치 : 상이한 문화적 토양을 가지고 있는 구성원을 가정하여 서로의 생각을 직설적으로 주장하고 논쟁이나 협상을 통해 의견을 조정해 가는 방법이다. 이때 중심적 역할을 하는 것이 논리, 즉 사실과 원칙에 근거한 토론이다.
⑤ 퍼실리테이션의 효과 : 객관적으로 사물을 보는 관찰력, 논리적 사고 능력, 편견 없이 듣는 청취력, 원만한 인간관계 능력, 문제를 탐색 및 발견하는 능력, 자신의 변혁 추구 능력, 문제해결을 위한 구성원 간의 커뮤니케이션 조정 능력, 합의 도출을 위한 구성원 간의 갈등관리능력 등이 있다.

38

퍼실리테이션이 이루어지는 조직에서 구성원이 문제해결을 할 때는 자율적으로 실행하는 것이며, 제3자가 합의점이나 줄거리를 준비해 놓고 예정대로 결론이 도출되어 가도록 해서는 안된다. 따라서 구성원의 역할이 유동적이라고 볼 수 있으며, 반대로 전통적인 조직에서의 구성원의 역할은 고정적이라고 볼 수 있다.

39

퍼실리테이터형 리더십의 핵심은 리더가 스스로 의사결정을 하거나 의견을 독점하지 않고 구성원이 스스로 결정할 수 있도록 권한을 위임하고 결정과정에 중립을 지키는 것을 말한다. 다만 수동적으로 침묵하는 중립이 아니라 구성원 간에 활발한 논의가 이루어지고 상호의 경험과 지식이 잘 융합하여 현명한 결정에 도달할 수 있도록 적극적으로 돕는 것을 말한다.

오답분석

① 퍼실리테이터는 커뮤니케이션을 통해 서로의 문제점을 이해하고 공감함으로써 문제해결을 도모한다.
③ 결정 과정에 수동적인 자세를 유지하기보다는 그룹이 나아갈 방향을 알려주고, 주제에 대한 공감을 이룰 수 있도록 도와주는 역할을 한다.
④ 깊이 있는 커뮤니케이션을 통해 구성원의 동기가 강화되고 자율적인 역할을 통해 창조적인 문제해결을 도모한다.
⑤ 퍼실리테이션에 의한 방법은 초기에 생각하지 못했던 창조적인 해결 방법을 도출한다.

40

정답 ①

(가) 사실 지향의 문제
(나) 가설 지향의 문제
(다) 성과 지향의 문제

41

정답 ⑤

파견팀장 선발방식에 따라 지원자들의 선발점수를 산출하면 다음과 같다.

지원자	학위 점수	파견근무 점수	관련분야 근무경력 점수	가점	선발점수
A	20	27	28	2	77
B	30	16	30	2	78
C	25	30	24	-	79
D	30	24	24	-	78
E	25	21	30	$(1\times2)+1$	79

선발점수 최고점자는 C와 E로 2인 이상이므로, 관련분야 근무경력이 더 오래된 E를 파견팀장으로 선발한다.

42

정답 ②

변경된 관련분야 근무경력 점수 산정기준에 따라 지원자들의 선발점수를 산출하면 다음과 같다.

지원자	학위 점수	파견근무 점수	관련분야 근무경력 점수	가점	선발점수
A	20	27	28	2	77
B	30	16	30	2	78
C	25	30	22	-	77
D	30	24	24	-	78
E	25	21	28	$(1\times2)+1$	77

선발점수 최고점자는 B와 D로 2인 이상이므로, 관련분야 근무경력이 더 오래된 B를 파견팀장으로 선발한다.

43

정답 ⑤

외래어 표기법에 따라 'Shop'은 '숍'으로 표기해야 한다. 이와 같이 흔히 '헤어샵, 커피샵' 등으로 표기되는 경우도 모두 잘못 표기된 것으로, '헤어숍, 커피숍' 등으로 표기해야 한다.

44

- 김사원 : 전체 경쟁력 점수는 E국이 D국보다 1점 높다. 이때 E국과 D국의 총합을 각각 계산하는 것보다 D국을 기준으로 E국의 편차를 부문별로 계산하여 판단하는 것이 좋다. 부문별 편차는 변속감 −1, 내구성 −2, 소음 −4, 경량화 +10, 연비 −2이므로 총합은 E국이 +1이다.
- 최대리 : C국을 제외하고 국가 간 차이가 가장 큰 부문은 경량화 21점, 가장 작은 부분은 연비 9점이다.
- 오사원 : 내구성이 가장 높은 국가는 B이고, 경량화가 가장 낮은 국가는 D이다.

45

정보에 의하면 인턴 이씨는 품질팀에 배정되었다. 최씨와 안씨는 영업팀과 기획팀에 배정되지 않았다고 했으므로 감사팀이나 인사팀에 배정되었다. 인사팀에 배정된 신입사원은 품질경영기사 자격증을 가지고 있지 않다고 하였고, 정보처리기사를 보유한 신입사원은 영업팀과 기획팀에 배정되었다고 하였으므로 최씨와 안씨는 정보처리기사 자격증을 가지고 있지 않다. 이를 표로 나타내면 다음과 같다.

구분	김씨	이씨	박씨	최씨	안씨
배치 부서	영업팀 or 기획팀	품질팀	기획팀 or 영업팀	감사팀 or 인사팀	인사팀 or 감사팀
보유 자격증	정보처리기사	품질경영기사	정보처리기사	품질경영기사 or 재무설계사	품질경영기사 or 재무설계사

품질경영기사 자격증을 신입사원 2명이 보유하고 있다고 하였기 때문에 박씨나 김씨가 가질 수 없고, 이씨, 최씨 안씨 중 2명이 품질경영기가, 1명이 재무설계사를 가지고 있다. 인사팀에 배정되는 사람은 품질경영기사 자격증이 없으므로 최씨나 안씨 중 1명이 품질경영기사를 가지고 있고, 이씨가 품질경영기사 자격증을 가지고 있다.

46

정보 처리 기사 자격증을 보유한 인턴은 영업팀과 기획팀에 배정되었으므로 영업팀과 기획팀에 배정된 인턴 김씨와 박씨가 정보처리기사 자격증을 보유하고 있다.

47

정답 ③

ⓒ WO전략은 약점을 보완하여 기회를 포착하는 전략이다. ⓒ에서 말하는 원전 운영 기술력은 강점에 해당되므로 적절하지 않다.
ⓒ ST전략은 강점을 살려 위협을 회피하는 전략이다. ⓒ은 위협 회피와 관련하여 정부의 탈원전 정책 기조를 고려하지 않았으므로 적절하지 않다.

[오답분석]

ⓙ SO전략은 강점을 살려 기회를 포착하는 전략으로, 강점인 기술력을 활용해 해외 시장에서 우위를 점하려는 ⓙ은 적절한 SO전략으로 볼 수 있다.
ⓔ WT전략은 약점을 보완하여 위협을 회피하는 전략이다. 안전우려를 고려하여 안전점검을 강화하고, 정부의 탈원전 정책 기조에 협조하는 ⓔ은 적절한 WT전략으로 볼 수 있다.

48

정답 ①

세 번째 문단에 의하면 외부 후드는 열 교환 환기 장치의 구성 요소로, 실내외 공기를 교환하는 역할을 한다.

49

게임 규칙과 결과를 토대로 경우의 수를 따져보면 다음과 같다.

라운드	벌칙 제외	총 퀴즈 개수
3	A	15
4	B	19
5	C	21
	D	
	C	22
	E	
	D	22
	E	

ㄴ. 총 22개의 퀴즈가 출제되었다면, E가 정답을 맞혀 벌칙에서 제외된 것이다.

ㄷ. 게임이 종료될 때까지 총 21개의 퀴즈가 출제되었다면 C, D가 벌칙에서 제외된 경우로 5라운드에서 E에게는 정답을 맞힐 기회가 주어지지 않았다. 따라서 퀴즈를 푸는 순서가 벌칙을 받을 사람 선정에 영향을 미친다.

[오답분석]

ㄱ. 5라운드까지 4명의 참가자가 벌칙에서 제외되었으므로 정답을 맞힌 퀴즈는 8개, 벌칙을 받을 사람은 5라운드까지 정답을 맞힌 퀴즈는 0개나 1개이므로 정답을 맞힌 퀴즈는 총 8개나 9개이다.

50

ㄱ. 심사위원 3인이 같은 의견을 낸 경우엔 다수결에 의해 예선 통과 여부가 결정되므로 누가 심사위원장인지 알 수 없다.

ㄷ. 심사위원장을 A, 나머지 심사위원을 B, C, D라 하면 두 명의 ○ 결정에 따른 통과 여부는 다음과 같다.

○ 결정	A, B	A, C	A, D	B, C	B, D	C, D
통과 여부	○	○	○	×	×	×

• 경우 1
참가자 4명 중 2명 이상이 A가 포함된 2인의 심사위원에게 ○ 결정을 받았고 그 구성이 다르다면 심사위원장을 알아낼 수 있다.

• 경우 2
참가자 4명 중 1명만 A가 포함된 2인의 심사위원에게 ○ 결정을 받아 통과하였다고 하자. 나머지 3명은 A가 포함되지 않은 2인의 심사위원에게 ○ 결정을 받아 통과하지 못하였고 그 구성이 다르다. 통과하지 못한 참가자에게 ○ 결정을 준 심사위원에는 A가 없고 통과한 참가자에게 ○ 결정을 준 심사위원에 A가 있기 때문에 심사위원장이 A라는 것을 알아낼 수 있다.

[오답분석]

ㄴ. 4명의 참가자 모두 같은 2인의 심사위원에게만 ○ 결정을 받아 탈락했으므로 나머지 2인의 심사위원 중에 심사위원장이 있다는 것만 알 수 있고, 누가 심사위원장인지는 알 수 없다.

제2회
최종점검 모의고사

01	02	03	04	05	06	07	08	09	10	11	12	13	14	15	16	17	18	19	20
③	④	④	③	①	④	④	①	①	②	③	①	④	⑤	②	③	④	①	②	②
21	22	23	24	25	26	27	28	29	30	31	32	33	34	35	36	37	38	39	40
⑤	①	④	①	①	④	④	②	③	①	③	③	⑤	④	④	④	④	③	③	④
41	42	43	44	45	46	47	48	49	50										
③	④	③	④	③	④	④	①	⑤	②										

01
정답 ③

제시문에서 설명하고 있는 '상대방의 말을 듣고 받아들이기보다 자신의 생각에 들어맞는 단서를 찾아 자신의 생각을 확인하는 행동'은 '(나) 짐작하기'에 해당하며, '상대방에 대한 부정적인 판단 또는 상대방을 비판하기 위해 상대방의 말을 듣지 않는 행동'은 '(다) 판단하기'에 해당한다.

오답분석
(가) 다른 생각하기 : 상대방에게 관심을 기울이는 것이 점차 더 힘들어지고 상대방이 말을 할 때 자꾸 다른 생각을 하게 된다면, 이는 현실이 불만족스럽지만 이러한 상황을 회피하고 있다는 위험한 신호이다.
(라) 걸러내기 : 상대의 말을 듣기는 하지만 상대방의 메시지를 온전하게 듣는 것이 아닌 경우이다.

02
정답 ④

서희가 말하고 있는 비위 맞추기는 올바른 경청의 자세가 아닌 방해요인이므로 이를 고치지 않아도 된다고 말하는 선미의 의견은 옳지 않다.

03
정답 ④

제시문은 부채위기를 해결하려는 유럽 국가들이 당장 눈앞에 닥친 위기만을 극복하기 위해 임시방편으로 대책을 세운다는 내용을 비판하는 글이다. 이와 가장 관련이 있는 한자성어는 '임기응변으로 어려운 일을 처리함'을 의미하는 '하석상대(下石上臺)'이다.

오답분석
① 피발영관(被髮纓冠) : '머리를 흐트러뜨린 채 관을 쓴다.'는 뜻으로 머리를 손질할 틈이 없을 만큼 바쁨
② 탄주지어(呑舟之魚) : '배를 삼킬만한 큰 고기'라는 뜻으로 큰 인물을 비유함
③ 양상군자(梁上君子) : '들보 위의 군자'라는 뜻으로 도둑을 지칭함
⑤ 배반낭자(杯盤狼藉) : 술을 마시고 한참 신명나게 노는 모습을 가리킴

04

정답 ③

③은 ⓒ이 아닌 '일'이나 '것'의 뜻을 나타내는 의존명사인 '데'가 사용되었다.

05

정답 ①

(거리)=(속력)×(시간)이므로 A, B가 만나는 데 x시간이 걸렸다고 하면 $ax=b\left(x-\dfrac{1}{2}\right) \rightarrow 2ax=2bx-b \rightarrow (2a-2b)x=-b$

$\therefore \ x=-\dfrac{b}{2a-2b}=\dfrac{b}{2(b-a)}$

06

정답 ④

민석이가 돈을 지불할 수 있는 방법은 다음과 같다.
1) $(10,000\times2, \ 1,000\times3)$
2) $(10,000\times1, \ 5,000\times2, \ 1,000\times3)$
3) $(10,000\times1, \ 5,000\times1, \ 1,000\times8)$
4) $(5,000\times4, \ 1,000\times3)$
5) $(5,000\times3, \ 1,000\times8)$
따라서 민석이가 물건값 23,000원을 지불할 수 있는 방법의 수는 총 5가지이다.

07

정답 ④

서비스 품질 5가지 항목의 점수와 서비스 쇼핑 체험 점수를 비교해 보면, 모든 대형마트에서 서비스 쇼핑 체험 점수가 가장 낮다는 것을 확인할 수 있다. 따라서 서비스 쇼핑 체험 부문의 만족도는 서비스 품질 부문들보다 낮다고 이해할 수 있다. 그리고 서비스 쇼핑 체험 점수의 평균은 $(3.48+3.37+3.45+3.33)\div4\fallingdotseq3.41$점이다.

[오답분석]
① 주어진 자료에서 단위를 살펴보면 5점 만점으로 조사되었음을 알 수 있으며, 종합만족도의 평균은 $(3.72+3.53+3.64+3.56)$ $\div4\fallingdotseq3.61$점이다. 업체별로는 A마트 → C마트 → D마트 → B마트 순으로 종합만족도가 낮아짐을 알 수 있다.
② 대형마트 인터넷 / 모바일쇼핑 소비자 만족도 자료에서 마트별 인터넷·모바일쇼핑 만족도의 차를 구해보면 A마트 0.07점, B마트·C마트 0.03점, D마트 0.05점으로 A마트가 가장 크다.
③ 평균적으로 고객접점직원 서비스보다는 고객관리 서비스가 더 낮게 평가되었다.
⑤ 모바일쇼핑 만족도는 평균 3.845점이며, 인터넷쇼핑은 평균 3.80점이다. 따라서 모바일쇼핑이 평균 0.045점 높게 평가되었다고 이해하는 것이 옳다.

08

정답 ①

• A : 세 번째 문장에 따라 농구를 좋아하는 사람은 축구를 좋아하고, 첫 번째 문장에 따라 축구를 좋아하는 사람은 야구를 싫어하므로 옳은 문장이다.
• B : 명제가 참일 경우 대우 명제도 반드시 참이므로, 세 번째 문장의 대우에 의해 축구를 싫어하는 사람은 농구를 싫어하는 것을 알 수 있다. 그렇지만 축구를 싫어하는 사람이 야구를 좋아한다는 것은 주어진 문장을 통해서는 알 수 없다.

09

정답 ①

• A : 디자인을 잘하면 편집을 잘하고, 편집을 잘하면 영업을 잘하며, 영업을 잘하면 기획을 못한다. 따라서 옳은 문장이다.
• B : 편집을 잘하면 영업을 잘하고, 영업을 잘하면 기획을 못한다. 따라서 B는 옳지 않은 문장이다.

10

열차 2와 열차 3이 지나는 지역은 대전을 제외하고 중복되지 않는다고 했으므로, E의 고향은 대전이고, 열차 1은 대전을 경유한다. B가 탈 수 있는 열차는 열차 2뿐인데, 대전, 부산은 각각 E, A의 고향이므로, B의 고향은 춘천이다. 열차 1에는 D를 포함한 세 사람이 타는데, B는 열차 2를 이용하고, C는 D와 같이 탈 수 없다. 따라서 A, D, E가 열차 1을 이용하고, C는 열차 3을 이용한다.

구분	경유지	탑승자
열차 1	대전, 대구 또는 광주, 부산	A, D, E
열차 2	대전, 춘천, 부산	B
열차 3	대전, 대구 또는 광주	C

11

ⅰ) A가 찬성, B가 반대인 경우

다섯 번째 조건과 대우 명제에 의해 F와 G가 찬성한다. 그러면 첫 번째 조건에 의해 E는 반대한다. 또한 문제에서 네 명이 찬성이라고 했기 때문에 C와 D 중 한 명은 찬성, 한 명은 반대를 한다.

∴ 찬성 - A, C(D), F, G / 반대 - B, D(C), E

ⅱ) A가 반대, B가 찬성인 경우

세 번째, 네 번째 조건에 의해 E는 반대, C, D는 찬성한다. F가 찬성을 하면 G도 찬성을 하게 되어 찬성자가 다섯 명이 되므로 F는 반대, G는 찬성을 한다.

∴ 찬성 - B, C, D, G / 반대 - A, E, F

따라서 C와 D는 같은 입장을 취할 수도 있고, 반대 입장을 취할 수도 있다.

12

우선 첫 번째 조건에서 '맛, 메뉴' 평균은 (3.84+3.7+3.61+3.65+3.42)÷5=3.644점이므로 평균보다 높은 카페는 A, B, D카페이다. 또한 두 번째 조건에서 '매장접근성' 평균은 (3.96+3.87+3.87+3.76+3.81)÷5=3.854점이므로 A, B, D카페 중 A카페와 B카페만이 조건에 충족된다. A, B카페의 종합만족도는 다음과 같다.

• A카페 : $(3.97+3.96+3.72+3.84+3.17+3.71)÷6=\dfrac{22.37}{6}≒3.73점$

• B카페 : $(3.85+3.87+3.73+3.7+3.16+3.64)÷6=\dfrac{21.95}{6}≒3.66점$

따라서 G사원은 종합만족도가 3.73점으로 더 높은 A카페에 갈 것이다.

13

제시된 운항시설처의 업무분장표에서 항공기 화재진압훈련과 관련된 업무는 찾아볼 수 없다.

오답분석

① · ② 기반시설팀 : 운항기반시설 제설작업 및 장비관리 업무, 전시목표(활주로 긴급 복구) 및 보안시설 관리 업무
③ 항공등화팀 : 항공등화시설 개량계획 수립 및 시행 업무
⑤ 운항안전팀 : 야생동물 위험관리업무

14

이동지역 내의 안전관리를 담당하는 운항안전팀이 발간하는 안전회보에는 이동지역 내의 안전과 관련된 내용을 싣는 것이 적절하다. 따라서 여객터미널에서 실시하는 대테러 종합훈련은 운항안전팀의 안전회보에 실릴 내용으로 적절하지 않다.

15

정답 ②

쿠키는 140개로 한 명당 2개씩 총 70명, 도시락 100개는 1개씩 총 100명, 커피 160개는 2개씩 총 80명에게 나눠줄 수 있으므로 최소가능 인원인 쿠키에 따라 최대 70명의 직원에게 나눠줄 수 있다.

16

정답 ③

1호차는 8시 30분에 출발하고, 이후 15분 간격으로 2대의 버스가 출발하므로 2호차는 8시 45분, 3호차는 9시에 출발한다. 기획팀은 9시에 출발하는 3호차에 탑승하게 되므로 워크샵 장소까지는 1시간 20분이 소요되어 도착시각은 10시 20분이 된다.

17

정답 ④

남성과 여성은 같은 방을 쓸 수 없고 임원과 일반 직원도 같은 방을 쓸 수 없으며 임원은 최대 2명까지 한 방을 쓰도록 하므로 임원이 필요한 방은 여성임원 1명이 필요한 방 1개, 남성임원 2명이 필요한 방 1개로, 총 2개의 방이 필요하다. 일반 직원 중 여성은 44명으로 필요한 방은 최소 15개, 일반 남성 직원은 28명으로 필요한 방은 최소 10개이다. 그러므로 필요한 방은 1+1+15+10=27개이다.

18

정답 ①

주어진 조건을 정리하면 다음과 같다.

구분	제주도	일본	대만
정주		게스트하우스	
경순			호텔
민경	게스트하우스		

따라서 민경이가 가는 곳은 제주도이고, 게스트하우스에서 숙박한다.

19

정답 ②

경영참가제도의 가장 큰 목적은 경영의 민주성을 제고하는 것이다. 근로자 또는 노동조합이 경영과정에 참여하여 자신의 의사를 반영함으로써 공동으로 문제를 해결하고, 노사 간의 세력 균형을 이룰 수 있다. 또한 근로자나 노동조합이 새로운 아이디어를 제시하거나 현장에 적합한 개선방안을 마련해줌으로써 경영의 효율성을 제고할 수 있다. 이를 통해 궁극적으로는 노사 간 대화의 장이 마련되고 상호 신뢰를 증진시킬 수 있다.

[오답분석]
ㄱ. 근로자 또는 노동조합이 경영자와 함께 사내 문제를 공동으로 해결할 수 있다.
ㄷ. 의견을 공유하는 과정에서 노동조합 또는 근로자가 새로운 아이디어를 제시하거나 현장에 적합한 개선방안을 제시하여 경영의 효율성을 제고할 수 있다.
ㄹ. 경영참가제도의 궁극적 목표는 노사 간 대화의 장 확보와 상호 신뢰 증진이다.

20

정답 ②

공장, 하수처리장 등과 같이 일정한 지점에서 오염물질을 배출하는 것을 점오염원이라고 하므로 (다)가 적절하다. 비점오염원은 점오염원을 제외하고 불특정하게 오염물질을 배출하는 도시, 도로, 농지, 산지 등의 오염물질 발생원을 뜻하므로 (가) 오수, (나) 토사, (라) 농약 등을 말한다.

21

오답분석

① 포장마차나 노점상에서 나오는 하수는 길거리 빗물받이에 버릴 수 없다.
② 아파트에서 세탁기 설치 시, 앞 베란다가 아닌 뒤 베란다나 다용도실에 설치해야 한다.
③ 야외에서 쓰레기는 지정된 장소에만 버려야 하며 땅속에 묻거나 태우는 행위를 해서는 안 된다.
④ 낚시 후에 낚싯줄, 낚싯바늘은 수거해야 한다.

22

보기에서 활용된 분리 원칙은 '전체와 부분의 분리'이다. 이는 모순되는 요구를 전체와 부분으로 분리해 상반되는 특성을 모두 만족시키는 원리이다. 보기에서는 안테나 전체의 무게를 늘리지 않고 가볍게 유지하면서 안테나의 한 부분인 기둥의 표면을 거칠게 만들어 눈이 달라붙도록 하여 지지대를 강화하였다. ①의 경우 자전거 전체의 측면에서는 동력을 전달하기 위해서 유연해야 하고, 부분의 측면에서는 내구성을 갖추기 위해 단단해야 하는 2개의 상반되는 특성을 지닌다. 따라서 보기와 ①은 '전체와 부분에 의한 분리'의 사례이다.

오답분석

②・④ '시간에 의한 분리'에 대한 사례이다.
③・⑤ '공간에 의한 분리'에 대한 사례이다.

23

녹차와 홍차는 같은 식물의 찻잎으로 만들어지며 둘 다 L-테아닌과 폴리페놀 성분을 함유하고 있다는 점에서 공통점이 있으나, 발효 방법과 함유된 폴리페놀 성분의 종류가 다르다는 점에서 차이가 있다. 제시문은 녹차와 홍차를 비교하여 공통점과 차이점을 중심으로 내용을 전개하고 있다.

24

창업자 수 상위 세 업종은 카페(5,740명), 음식점(3,784명), 소매업(2,592명)으로 세 업종의 창업자 수의 합은 5,740＋3,784＋2,592＝12,116명이다. 이는 전체 창업자 수인 17,304명의 $\frac{12,116}{17,304} \times 100 ≒ 70\%$로 절반 이상이다.

오답분석

② 월평균 매출액 증가율이 가장 높은 업종은 '병원 및 의료서비스(6.5)'이지만, 월평균 대출액 증가율이 가장 높은 업종은 '카페(15.4)'이다.
③ 월평균 고용인원이 가장 적은 업종은 농사(1명)이며, 창업자 수가 가장 적은 업종은 여행사(243명), 폐업자 수가 가장 적은 업종은 농사(122명)이다.
④ 월평균 매출액 변화율이 가장 높은 업종은 PC방(8.4)이고 가장 낮은 업종은 소매업(0.5)으로 그 변화율의 차이는 8.4－0.5＝7.9%p이다.
⑤ 자영업 업종 중 '카페'는 월평균 고용인원에서 상위 4위(5명)이다.

25

첫 번째 문단에서 엔테크랩이 개발한 감정인식 기술은 모스크바시 경찰 당국에 공급할 계획이라고 하였으므로 아직 도입되어 활용되고 있는 것은 아니다.

26

정답 ④

빈칸의 앞에서는 감정인식 기술을 수사기관에 도입할 경우 새로운 차원의 수사가 가능하다고 하였고, 빈칸의 뒤에서는 이 기술이 어느 부서에서 어떻게 이용될 것인지 밝히지 않았고 결정된 것이 없다고 하였으므로 앞의 내용과 뒤의 내용이 상반될 때 쓰는 접속어인 '그러나'가 적절하다.

27

정답 ④

교육 홍보물의 교육내용은 '연구개발의 성공을 보장하는 R&D 기획서 작성'과 'R&D 기획서 작성 및 사업화 연계'이므로 김사원이 속한 부서의 업무는 R&D 연구 기획과 사업 연계이다. 따라서 장비 활용 지원은 부서의 수행업무로 가장 적절하지 않다.

28

정답 ②

교육을 바탕으로 기획서를 작성하여 성과를 내는 것은 교육의 효과성으로, 이는 교육을 받은 회사 또는 사람의 역량이 가장 중요하다. 홍보물과 관련이 적은 성과에 대한 답변은 김사원이 답하기에는 어려운 질문이다.

29

정답 ③

조직의 역량 강화 및 조직문화 구축은 위의 교육과 관련이 없는 영역이다. 김사원은 조직의 사업과 관련된 내용을 발언해야 한다.

30

정답 ①

제시문에서는 고객의 요구가 빠르게 변화하는 사회에서 현재의 상품에 안주하다가는 최근 냉동핫도그 고급화 전략을 내세우는 곳들에게 뒤쳐질 수 있다는 문제를 인식하고, 그에 대한 문제 상황을 해결해 보기 위해 신제품 개발에 대해 논의하는 자리이다.

문제해결 절차 5단계

문제인식	'What'을 결정하는 단계로, 해결해야 할 전체 문제를 파악하여 우선순위를 정하고, 선정문제에 대한 목표를 명확히 하는 단계
문제도출	선정된 문제를 분석하여 해결해야 할 것이 무엇인지를 명확히 하는 단계
원인분석	파악된 핵심문제에 대한 분석을 통해 근본 원인을 도출해 내는 단계
해결안 개발	문제로부터 도출된 근본원인을 효과적으로 해결할 수 있는 최적의 해결방안을 수립하는 단계
해결안 실행 및 평가	해결안 개발을 통해 만들어진 실행계획을 실제 상황에 적용하는 활동으로 당초 장애가 되는 문제의 원인들을 해결안을 사용하여 제거해 나가는 단계

31

정답 ③

제시문에 제시된 문제해결을 위해서는 고급화에 맞춰 시장을 공략하기 위해 새로운 관점으로 사고를 전환하는 능력이 필요하다.

문제해결을 위한 기본적 사고

전략적 사고	문제와 해결방안이 상위 시스템 또는 다른 문제와 어떻게 연결되어 있는지를 생각하는 것
분석적 사고	전체를 각각의 요소로 나누어 그 요소의 의미를 도출한 다음 우선순위를 부여하고 구체적인 문제해결 방법을 실행하는 것
발상의 전환	기존의 사물과 세상을 바라보는 인식의 틀을 전환하여 새로운 관점에서 바라보는 사고를 지향
내외부자원의 효과적 활용	문제해결 시 기술, 재료, 방법, 사람 등 필요한 자원 확보 계획을 수립하고 모든 자원을 효과적으로 활용하는 것

32

마케팅팀장은 충분한 커뮤니케이션을 통해 서로의 문제점을 이해하고 공감함으로써 창조적인 문제해결을 도모하는 퍼실리테이션 방법을 이용하고 있다. 이를 통해 팀워크 향상을 이루며, 동기가 강화된다. 퍼실리테이션(Facilitation)란 '촉진'을 의미하며, 어떤 그룹이나 집단이 의사결정을 잘 하도록 도와주는 일을 의미한다. 깊이 있는 커뮤니케이션을 통해 서로의 문제점을 이해하고 공감함으로써, 초기에는 미처 생각하지 못했던 창조적인 문제해결 방법이 도출된다.

오답분석

① · ④ 소프트 어프로치 : 조직 구성원들은 같은 문화적 토양을 가지고 이심전심으로 서로를 이해하는 상황을 가정한다. 코디네이터 역할을 하는 제3자는 결론으로 끌고 갈 지점을 미리 머릿속에 그려가면서 권위나 공감에 의지하여 의견을 중재하고, 타협과 조정을 통하여 해결을 도모한다.

② · ⑤ 하드 어프로치 : 상이한 문화적 토양을 가지고 있는 구성원을 가정하여 서로의 생각을 직설적으로 주장하고 논쟁이나 협상을 통해 의견을 조정해 가는 방법이다. 이때 중심적 역할을 하는 것이 논리, 즉 사실과 원칙에 근거한 토론이다.

33

제시문에서는 기자와 언론사를 통해 재구성되는 뉴스와 스마트폰과 소셜미디어를 통한 뉴스 이용으로 나타나는 가짜 뉴스의 사례를 제시하고 있다. 뉴스가 유용한 지식과 정보를 제공하는 반면, 거짓 정보를 흘려 잘못된 정보와 의도로 현혹하기도 한다는 필자의 주장을 통해 뉴스 이용자의 올바른 이해와 판단이 필요하다는 필자의 의도를 파악할 수 있다.

34

2022년 소포우편 분야의 2018년 대비 매출액 증가율은 $\frac{5,017-3,390}{3,390} \times 100 \fallingdotseq 48.0\%$p이므로 옳지 않은 설명이다.

오답분석

① 매년 매출액이 가장 높은 분야는 일반통상 분야인 것을 확인할 수 있다.

② 일반통상 분야의 매출액은 2019년, 2020년, 2022년, 특수통상 분야의 매출액은 2021년, 2022년에 감소했고, 소포우편 분야는 매년 매출액이 꾸준히 증가한다.

③ 2022년 1분기 특수통상 분야의 매출액이 차지하고 있는 비율은 $\frac{1,406}{5,354} \times 100 \fallingdotseq 26.3\%$이므로 20% 이상이다.

⑤ 2021년에는 일반통상 분야의 매출액이 전체의 $\frac{11,107}{21,722} \times 100 \fallingdotseq 51.1\%$이므로 옳은 설명이다.

35

2019년부터 2021년까지 경기 수가 증가하는 스포츠는 배구와 축구로, 총 2종목이다.

오답분석

① 2019년 농구의 전년 대비 경기 수 감소율은 $\frac{413-403}{413} \times 100 \fallingdotseq 2.4\%$p이며, 2022년 전년 대비 경기 수 증가율은 $\frac{410-403}{403} \times 100 \fallingdotseq 1.7\%$p이다. 따라서 2019년 전년 대비 경기 수 감소율이 더 높다.

② 2018년 농구와 배구의 경기 수 차이는 413−226=187회이고, 야구와 축구의 경기 수 차이는 432−228=204회이다. 따라서 $\frac{187}{204} \times 100 \fallingdotseq 91.7\%$이므로 90% 이상이다.

③ 5년 동안의 종목별 스포츠 경기 수 평균은 다음과 같다.

- 농구 : $\frac{413+403+403+403+410}{5} = 406.4$회
- 야구 : $\frac{432+442+425+433+432}{5} = 432.8$회

- 배구 : $\dfrac{226+226+227+230+230}{5}=227.8$회
- 축구 : $\dfrac{228+230+231+233+233}{5}=231.0$회

따라서 야구 평균 경기 수는 축구 평균 경기 수의 약 1.87배로, 2배 이하이다.
⑤ 2022년 경기 수가 5년 동안의 종목별 평균 경기 수보다 적은 스포츠는 야구 1종목이다.

36 정답 ④

2021년 GDP 대비 국가부채 상위 3개 국가는 일본(115.9%), 영국(110.2%), 미국(108.2%)이고, 2022년 GDP 대비 국가부채 상위 3개 국가도 역시 일본(120.2%), 미국(98.8%), 영국(97.9%)으로 동일하다.

오답분석
① 다른 국가는 모두 동일하나, 미국과 중국의 경우에는 2021년에는 중국(70.5%)이 미국(70.2%)보다 높지만, 2022년에는 중국(73.1%)이 미국(75.8%)보다 낮다.
② 2021년의 GDP 대비 기업부채 비율이 100% 이상인 국가는 홍콩(105.3%), 중국(152.9%), 일본(101.2%)이고, 2022년의 GDP 대비 기업부채 비율이 100% 이상인 국가는 한국(106.8%), 중국(150.2%), 일본(119.8%)으로 동일하지 않다.
③ 2021년 대비 2022년에 GDP 대비 기업부채 비율이 증가한 나라는 한국, 영국, 일본, 필리핀 네 곳이고, 2021년 대비 2022년에 GDP 대비 기업부채 비율이 감소한 나라는 홍콩, 미국, 중국, 브라질, 멕시코, 인도 여섯 곳으로, 같지 않다.
⑤ 2022년 GDP 대비 국가부채가 50% 이하인 국가는 한국(44.1%), 필리핀(42.2%), 멕시코(37.3%), 인도(28.8%)이다. 그러나 한국의 2022년 GDP 대비 기업부채는 50% 이상이므로 옳지 않다.

37 정답 ④

향이 가장 좋은 제품은 4점을 받은 D, E이며, 그중 분위기가 더 좋은 제품은 4점을 받은 D이다.

38 정답 ③

E회사는 가격은 1점, 지속성은 4점으로, C회사와 함께 지속성 점수가 가장 높으나 C회사는 가격에서 E회사보다 높은 4점을 받았으므로 C회사의 제품을 선택하는 것이 E회사 제품을 구매하는 것보다 더 좋은 선택이다.

39 정답 ③

ㄴ. 기계적 조직의 조직 내 의사소통은 비공식적 경로가 아닌 공식적 경로를 통해 주로 이루어진다.
ㄷ. 유기적 조직은 의사결정권한이 조직 하부구성원들에게 많이 위임되어 있으나, 업무내용은 기계적 조직에 비해 가변적이다.

오답분석
ㄱ. 기계적 조직은 위계질서 및 규정, 업무분장이 모두 명확하게 확립되어 있는 조직이다.
ㄹ. 유기적 조직에서는 비공식적인 상호의사소통이 원활히 이루어지며, 규제나 통제의 정도가 낮아 변화에 따라 쉽게 변할 수 있는 특징을 가진다.

40 정답 ④

보기의 문장은 호주에서 카셰어링 서비스가 급격한 성장세를 보이는 이유를 비용 측면에서 바라보고 있다. 문장의 '이처럼'은 호주의 카셰어링 서비스가 급격하게 성장하고 있다는 내용을 가리키므로 호주 카셰어링 시장의 성장을 구체적 수치로 보여 주는 세 번째 문단에 위치하는 것이 적절하다. 이때, 세 번째 문단의 (라) 뒤에서는 차량을 소유할 경우 부담해야 하는 비용에 관하여 이야기하고 있으므로 결국 비용 측면을 언급하는 보기의 문장은 (라)에 들어가는 것이 가장 적절하다.

41

삼각지는 본래 지명 새벌(억새 벌판)의 경기 방언인 새뿔을 각각 석 삼(三)과 뿔 각(角)으로 잘못 해석하여 바꾼 것이므로 뿔 모양의 지형에서 유래되었다는 내용은 옳지 않다.

오답분석
① 우리나라의 지명 중 山(산), 谷(곡), 峴(현), 川(천) 등은 산악 지형이 대부분인 한반도의 산과 골짜기를 넘는 고개, 그 사이를 굽이치는 하천을 반영한 것이다.
② 평지나 큰 들이 있는 곳에는 坪(평), 平(평), 野(야), 原(원) 등의 한자가 많이 쓰였다.
④ 조선 시대에는 촌락의 특수한 기능이 지명에 반영되는 경우가 많았는데 하천 교통이 발달한 곳의 지명에는 ~도(渡), ~진(津), ~포(浦) 등의 한자가 들어간다.
⑤ 김포공항에서 유래된 공항동 지명은 서울의 인구 증가로 인해 새롭게 만들어진 동이므로 공항동 지명의 역사는 일제에 의해 한자어 지명이 바뀐 고잔동 지명의 역사보다 짧다.

42

공문서의 전달과 관리의 내왕, 관물의 수송 등을 주로 담당했던 역과 관리나 일반 여행자에게 숙박 편의를 제공했던 원의 역원취락(驛院聚落)은 주요 역로를 따라 발달했다는 앞의 내용을 통해 역(驛)~, ~원(院) 등의 한자가 들어가는 지명은 과거에 육상 교통이 발달했던 곳임을 알 수 있다.

43

용접 분야 기업의 수는 표면처리 분야 기업의 수의 2배인 298×2=596개보다 적으므로 옳지 않은 설명이다.

오답분석
① 열처리 분야 기업 60개의 50% 이상인 64%가 중국에 수출하므로 중국에 수출하는 열처리 분야 기업은 30개 이상이다.
② 금형 분야 기업의 수는 전체 기업 수의 40%인 약 1,014개보다 적으므로 옳은 설명이다.
④ 표를 보면 소성가공 분야 기업 중 미국에 수출하는 기업의 수가 동남아에 수출하는 기업의 수보다 3.1%p 더 많으므로 옳은 설명이다.
⑤ 주조 분야 기업 중 일본에 대한 수출비중이 64.1%로 가장 높음을 볼 때 옳은 설명이다.

44

• 준엽 : 국내 열처리 분야 기업들이 가장 많이 수출하는 국가는 중국(64%)이며, 열처리 분야 기업들 중 가장 많은 기업이 1순위로 진출하고 싶어 하는 국가도 중국(62.3%)으로 동일하다.
• 진경 : 용접 분야 기업들 중 기타 국가에 수출하는 기업의 수는 594×0.5=297개로, 용접 분야 기업 중 독일을 제외한 유럽에 1순위로 진출하고 싶어 하는 기업의 수인 746×0.16=119.36개보다 많다.

오답분석
• 지현 : 금형 분야 기업들 중 가장 많은 기업이 1순위로 진출하고 싶어 하는 국가는 유럽(독일 제외)(22.4%)이다.
• 찬영 : 표면처리 분야 기업들 중 유럽(독일 제외)에 진출하고 싶어 하는 기업들은 15.0%로, 미국에 진출하고 싶어 하는 기업인 7.8%의 2배인 15.6% 미만이다.

45

ⓛ 약점을 극복하여 기회를 활용하는 WO전략이다. 하지만 ⓛ의 내용은 단순히 약점 극복에 대한 전략만 포함하고 있다.

ⓒ 강점을 활용해 위험을 회피하는 ST전략이 들어가야 한다. 그러나 ⓒ은 해외 공장 보유라는 강점을 활용하는 것은 포함하고 있으나, 위협요인 회피에 대한 내용은 담고 있지 않다.

오답분석

㉠ SO전략으로서 가동이 가능한 해외 공장들이 많다는 강점을 활용해 국내 자동차부품 제조업체 폐업으로 인한 내수공급량 부족쪽을 점유할 전략이므로 적절하다.

㉣ WT전략으로서 국내 공장 가동률이 저조한 점을 보완할 수 있는 방안을 통해 위협요인인 동남아 제조사의 진입을 억제하는 전략으로 적절하다.

46

- 이주임 : 2020년 부채는 4,072백만 원, 2021년 부채는 3,777백만 원으로, 2022년 전년 대비 감소율은 $\frac{4,072-3,777}{4,072} \times 100 ≒$ 7.2%이다. 따라서 옳은 설명이다.

- 박사원 : 자산 대비 자본의 비율은 2020년에 $\frac{39,295}{44,167} \times 100 ≒ 89.0\%$이고, 2021년에 $\frac{40,549}{44,326} \times 100 ≒ 91.5\%$로 증가하였으므로 옳은 설명이다.

오답분석

- 김대리 : 2019년부터 2021년까지 당기순이익의 전년 대비 증감방향은 '증가 – 증가 – 증가'이나, 부채의 경우 '증가 – 증가 – 감소'이므로 옳지 않은 설명이다.

- 최주임 : 2020년의 경우, 부채비율이 전년과 동일하므로 옳지 않은 설명이다.

47

(1) '가'사항을 채택하면 '나'사항을 채택한 경우와 '다'사항을 채택한 경우로 나눌 수 있으므로 '나'사항과 '다'사항은 같이 채택될 수 없다.

(2) '다'사항과 '라'사항을 동시에 채택하면, '나'사항을 채택하지 않아야 하므로 '다'사항과 '라'사항을 동시에 채택할 경우에는 '나' 사항과 '다'사항은 같이 채택될 수 없다.

(3) '가'사항이나 '나'사항을 채택하면, '라'사항도 채택해야 하는데 (2)에 의해 여기에 '다'사항을 채택하면 '나'사항을 채택할 수 없게 되어 '나'사항과 '다'사항은 같이 채택될 수 없다.

따라서 (1), (2), (3) 모두에 의해 '나'사항과 '다'사항은 항상 같이 채택될 수 없다.

오답분석

① · ② (1)에 의해 '나'사항이 채택되지 않고 '다'사항이 채택되면, '가'사항이 채택될 수 있다.

③ '가'사항과 '나'사항, '라'사항이 모두 나와 있는 조건은 (3)인데 (3)에 의해서도 ③이 옳지 않은 경우는 아니다.

⑤ (3)의 대우이므로, 항상 옳다.

48

제시문에서는 조상형 동물의 몸집이 커지면서 호흡의 필요성에 따라 아가미가 생겨났고, 호흡계 일부가 변형된 허파는 식도 아래쪽으로 생성되었다. 이후 폐어 단계에서 척추동물로 진화하면서 호흡계와 소화계가 겹친 부위가 분리되기 시작하여 결국 하나의 교차점을 남기면서 인간의 음식물로 인한 질식 현상과 같은 단점을 남겼다고 설명하고 있다. 또한 마지막 문장에서 이러한 과정이 당시에는 최선의 선택이었다고 하였으므로, 진화가 순간순간에 필요한 대응일 뿐 최상의 결과를 내는 과정이 아님을 알 수 있다.

49

정답 ⑤

2018 ~ 2022년의 국가공무원 중 여성의 비율과 지방자치단체공무원 중 여성의 비율의 차를 구하면 다음과 같다.

• 2018년 : $47 - 30 = 17\%p$
• 2019년 : $48.1 - 30.7 = 17.4\%p$
• 2020년 : $48.1 - 31.3 = 16.8\%p$
• 2021년 : $49 - 32.6 = 16.4\%p$
• 2022년 : $49.4 - 33.7 = 15.7\%p$

즉, 비율의 차는 2019년에 증가했다가 2020년 이후에 계속 감소함을 알 수 있다.

50

정답 ②

국가 주요 정책이나 환경에 대한 관심이 상표 출원에 많은 영향을 미치고 있음을 알 수 있다.

오답분석

① 환경과 건강에 대한 관심이 증가하면서 앞으로도 친환경 관련 상표 출원은 증가할 것으로 유추할 수 있다.
③ 친환경 상표가 가장 많이 출원된 제품이 화장품인 것은 맞지만 그 안전성에 대해서는 언급하고 있지 않기 때문에 유추하기 어렵다.
④ 2007년부터 2017년까지 영문자 ECO가 상표 출원실적이 가장 높았으며 그다음은 그린, 에코 순이다. 본문의 내용만으로는 유추하기 어렵다.
⑤ 출원건수는 상품류를 기준으로 한다. ECO 달세제, ECO 별세제는 모두 친환경 세제라는 상품류에 속하므로 단류 출원 1건으로 계산한다.

PART 2

01	02	03	04	05	06	07	08	09	10	11	12	13	14	15	16	17	18	19	20
①	②	⑤	①	④	③	①	①	④	④	⑤	③	④	②	③	①	③	⑤	④	②
21	22	23	24	25	26	27	28	29	30	31	32	33	34	35	36	37	38	39	40
⑤	④	⑤	②	③	⑤	③	④	③	④	⑤	③	③	③	③	②	⑤	①	③	②
41	42	43	44	45	46	47	48	49	50										
⑤	④	③	②	④	②	④	⑤	①	⑤										

01
정답 ①

제시문에 따르면 우리는 작품을 감상할 때 작품이 지닌 의미보다 작품의 맥락과 내용에 대한 지식에 의존한다. 따라서 빈칸에는 '의미가 중요하다'는 내용이 들어가야 한다.

02
정답 ②

서희와 소정이가 첫 번째로 만나기까지 걸린 시간을 x초라 하면 $7x+5x=600$ → $x=50$
첫 번째로 만난 지점과 출발점 사이의 거리, 즉 소정이가 이동한 거리를 구하면 $5\times50=250$m이고, 서희와 소정이가 세 번째로 만난 지점까지 이동한 거리는 $250\times3=750$m이다. 즉, $750-600=150$m이므로 서희와 소정이가 세 번째로 만난 지점은 출발점으로부터 150m 떨어져 있다.

03
정답 ⑤

모든 조건을 고려해 보면 다음과 같은 경우가 나온다.

경우 \ 우세	B	C
경우 1	D, F	E, F
경우 2	E, F	D, F

ㄴ. F는 어느 경우에도 B와 C에게 열세이다.
ㄷ. 경우 2와 같이 B가 E에게 우세하면 C는 D에게 우세하므로 옳은 설명이다.

오답분석

ㄱ. 경우 1에서 C는 E에게 우세하지만, 경우 2에서는 C는 E에게 열세이다.

04
정답 ①

직장은 일을 하는 물리적 장소임과 동시에 업무 처리의 만족감 또는 좌절감 등을 느끼는 심리적 장소이기도 하다. 그러므로 회사의 목표와 자신의 가치관 사이에서 오는 차이가 크다면, 그 심리적 스트레스를 감당하기가 너무 버거울 것이다. 조직은 조직 생활에 잘 적응하는 사람을 기본적으로 선호하지만 그 다음으로 원하는 것은 '그 과정이 능동적인가.' 하는 점이다. 그러므로 ①과 같이 자신과 다른 회사의 가치관까지 수긍한다고 밝힌 A지원자는 회사에 채용될 사원으로 적절하지 않다고 볼 수 있다.

05

 정답 ④

문제해결은 조직, 고객, 자신의 세 가지 측면에서 도움을 줄 수 있다.

• 조직 측면 : 자신이 속한 조직의 관련 분야에서 세계 일류수준을 지향하며, 경쟁사와 대비하여 탁월하게 우위를 확보하기 위해서 끊임없는 문제해결이 요구된다.

• 고객 측면 : 고객이 불편하게 느끼는 부분을 찾아 개선과 고객감동을 통한 고객 만족을 높이는 측면에서 문제해결이 요구된다.

• 자신의 측면 : 불필요한 업무를 제거하거나 단순화하여 업무를 효율적으로 처리하게 됨으로써 자신을 경쟁력 있는 사람으로 만들어 나가는 데 문제해결이 요구된다.

④의 산업 발전의 도움은 위의 세 가지 측면에 해당한다고 보기 어렵다.

06

 정답 ③

상대가 말하는 것을 잘 알 수 없을 경우에는 구체적인 이미지를 떠올리거나, 숫자를 활용하여 표현하는 등 다양한 방법을 활용하여 생각해야 한다.

[오답분석]

① · ⑤ 논리적 사고의 구성요소 중 생각하는 습관에 해당하는 내용이다.

② 상대 논리의 구조화에 해당한다.

④ 타인에 대한 이해에 해당한다.

07

정답 ①

전략적 사고란 당면하고 있는 문제와 그 해결 방법에만 집착하지 않고, 그 문제와 해결방안이 상위 시스템과 어떻게 연결되어 있는지 생각하는 사고이다. 본사의 규정 변화가 영업점에 미칠 영향을 분석하는 것은 문제나 해결방안이 하위 시스템과 어떻게 연결되어 있는지를 생각하는 전략적 사고이다.

[오답분석]

② 문제와 해결방안이 상위시스템 또는 다른 문제와 어떻게 연결되어 있는지를 생각하는 전략적 사고에 해당하는 내용이다.

③ 경영성과와 같은 객관적 사실로부터 사고와 행동을 시작하는 사실 지향의 문제적 사고는 분석적 사고에 해당한다.

④ 전체를 각각의 요소로 나누어 그 요소의 의미를 도출하는 것은 분석적 사고에 해당한다.

⑤ 기대하는 결과를 명시하고 효과적으로 달성하는 방법을 여러 요소의 측면에서 도출한 분석적 사고에 해당한다.

08

정답 ①

지도의 축척이 $1:50,000$이므로 호텔에서 공원까지 실제 거리는 $10\times50,000=500,000\text{cm}=5\text{km}$이다.

따라서 신영이가 호텔에서 출발하여 공원에 도착하는 데까지 걸리는 시간은 $\dfrac{5}{30}=\dfrac{1}{6}=10$분이다.

09

정답 ④

• 순항 중일 때 비행한 거리 : $860\times\left(3+\dfrac{30-15}{60}\right)=2,795\text{km}$

• 기상 악화일 때 비행한 거리 : $(860-40)\times\dfrac{15}{60}=205\text{km}$

∴ $2,795+205=3,000\text{km}$

10

정답 ④

K회사 5월 지출명세서는 다음과 같다.

직접비용	원료, 기자재, 인건비, 잡비
간접비용	보험료, 건물관리비, 사무용품, 공과금, 통신비

따라서 사무용품은 간접비용에 해당한다.

11

정답 ⑤

K회사 5월 지출명세서 중 직접비용은 원료, 기자재, 인건비, 잡비이다.
따라서 총비용은 $3,000,000+1,200,000+3,800,000+50,000=8,050,000$원이다.

12

정답 ③

ⓛ • 15세 이상 외국인 중 실업자의 비율 : $\frac{15.6+18.8}{695.7+529.6}\times100≒2.80\%$

• 15세 이상 귀화허가자 중 실업자의 비율 : $\frac{1.8}{52.7}\times100≒3.41\%$

따라서 15세 이상 외국인 중 실업자의 비율이 더 낮다.
ⓒ 외국인 취업자 수는 $560.5+273.7=834.2$천 명이다. 따라서 귀화허가자 취업자 수의 $834.2÷33.8≒24.68$배이므로 20배 이상이다.

[오답분석]

ⓛ $\frac{695.7+529.6+52.7}{43,735}\times100≒2.92\%$이므로 국내 인구 중 이민자의 비율은 4% 이하이다.

ⓔ 국내인 여성의 경제활동 참가율이 제시되어 있지 않으므로 알 수 없다.

13

정답 ④

의사소통에서 듣는 사람을 고려하여 명확하고 이해 가능한 어휘를 주의 깊게 선택해 사용하여야 한다. 또한, 메시지 전달이 효과적으로 이루어지고 있는지, 다른 새로운 표현은 없을지 검토하는 노력이 필요하다.

14

정답 ②

두 번째의 '적절한 커뮤니케이션 수단' 항목에서 언어적인, 비언어적인 방법을 적절히 활용해야 한다고 나와 있다.

[오답분석]
① '부드럽고 명확한 전달'의 내용에 해당한다.
③ '명확한 목표설정'의 항목에 해당한다.
④ '공감과 신뢰감 형성'의 내용에 대한 설명이다.
⑤ '적절한 커뮤니케이션 수단' 항목에서 설명된 내용이다.

15

정답 ③

• A : 스페인어를 잘하면 영어를 잘하고, 영어를 잘하면 중국어를 못한다고 했으므로 옳은 판단이다.
• B : 일본어를 잘하면 스페인어를 잘하고, 스페인어를 잘하면 영어를 잘하며, 영어를 잘하면 중국어를 못한다고 했으므로 옳은 판단이다.

16

- (가), (바) : 곤충 사체 발견, 방사능 검출은 현재 직면한 문제이므로 발생형 문제로 적절하다.
- (다), (마) : 더 많은 전압을 회복시킬 수 있는 충전지 연구와 근로시간 단축은 현재 상황보다 효율을 더 높이기 위한 문제이므로 탐색형 문제로 적절하다.
- (나), (라) : 초고령사회와 드론시대를 대비하여 미래지향적인 과제를 설정하는 것은 설정형 문제로 적절하다.

17

전기의 가격은 10 ~ 30원/km인 반면, 수소의 가격은 72.8원/km로 전기보다 수소의 가격이 더 비싸다. 하지만 원료의 가격은 자사의 내부환경의 약점(Weakness) 요인이 아니라 거시적 환경에서 비롯된 위협(Treat) 요인으로 보아야 한다.

오답분석

- (가) : 보조금 지원을 통해 첨단 기술이 집약된 친환경 차를 중형 SUV 가격에 구매할 수 있다고 하였으므로, 자사의 내부환경(자사 경영자원)의 강점(Strength) 요인으로 볼 수 있다.
- (나) : 충전소가 전국 12개소에 불과하며, 올해 안에 10개소를 더 설치한다고 계획 중이지만 완공 여부는 알 수 없으므로 자사의 내부환경(자사 경영자원)의 약점(Weakness) 요인으로 볼 수 있다.
- (라) : 친환경차에 대한 인기가 뜨겁다고 하였으므로, 고객이라는 외부환경에서 비롯된 기회(Opportunity) 요인으로 볼 수 있다.
- (마) : 생산량에 비해 정부 보조금이 부족한 것은 외부환경(거시적)에서 비롯된 위협(Treat) 요인으로 볼 수 있다.

18

서약서 집행 담당자는 보안담당관이고, 보안담당관은 총무국장이므로 서약서는 이사장이 아닌 총무국장에게 제출해야 한다.

19

지자체 부서명이 '미세먼지대책과'인 곳은 경기와 충남지역이므로 두 지역의 보급대수 합은 6,000+2,820=8,820대이다.

오답분석

① 서울지역의 지자체 부서명은 '기후대기과'이며, 이와 같은 지역은 부산, 광주, 충북, 경남으로 총 네 개 지역이다.

② 지방보조금이 700만 원 이상인 곳은 대전, 충북, 충남, 전북, 전남, 경북, 경남 총 7곳이며, 전체 지역인 17곳의 $\frac{7}{17} \times 100 ≒$ 41.2%를 차지한다.

③ 전기차 보급대수가 두 번째로 많은 지역은 서울(11,254대)이고, 다섯 번째로 적은 지역은 광주(1,200대)이다. 두 지역의 보급대수 차이는 11,254-1,200=10,054대이다.

⑤ 지자체 부서명이 '환경정책과'인 지역은 세종과 경북이며, 총 보급대수는 530+2,481=3,011대이다. 따라서 전 지역 보급대수에서 두 지역이 차지하는 비율은 $\frac{3,011}{65,000} \times 100 ≒ 4.6\%$로 5% 미만이다.

20

ㄱ. 2022년까지 산업재산권 총계는 100건으로 SW권 총계의 140%인 71×1.4=99.4건보다 많으므로 옳은 설명이다.

ㄷ. 2022년까지 등록된 저작권 수는 214건으로, SW권의 3배인 71×3=213건보다 많으므로 옳은 설명이다.

오답분석

ㄴ. 2022년까지 출원된 특허권 수는 16건으로, 산업재산권의 80%인 21×0.8=16.8건보다 적으므로 옳지 않은 설명이다.

ㄹ. 2022년까지 출원된 특허권 수는 등록 및 출원된 특허권의 $\frac{16}{66} \times 100 ≒ 24.2\%$로 50%에 못 미친다. 또한 등록 및 출원된 특허권은 등록된 특허권과 출원된 특허권을 더하여 산출하는데, 출원된 특허권 수보다 등록된 특허권 수가 더 많으므로 옳지 않은 설명이다.

21

등록된 지식재산권 중 2020년부터 2022년까지 건수에 변동이 없는 것은 상표권, 저작권, 실용신안권 3가지이다.

오답분석
① 등록된 특허권 수는 2020년에 33건, 2021년에 43건, 2022년에 50건으로 매년 증가하였다.
② 디자인권 수는 2022년에 24건으로, 2020년 디자인권 수보다 $\frac{24-28}{28} \times 100 = -14.3\%$로 5% 이상 감소한 것이므로 옳은 설명이다.
③ 자료를 보면 2020년부터 2022년까지 모든 산업재산권에서 등록된 건수가 출원된 건수 이상인 것을 알 수 있다.
④ 등록된 SW권 수는 2020년에 57건, 2022년에 71건으로, $\frac{71-57}{57} \times 100 = 24.6\%$ 증가하였으므로 옳은 설명이다.

22
정답 ④

빈칸 앞의 문장에서는 과학자의 믿음과 종교인의 믿음이 서로 다르다고 이야기하고 있으나, 빈칸 뒤의 문장에서는 믿음이라는 말 외에 다른 단어로 대체하기 어렵다고 이야기하고 있으므로 빈칸에는 앞의 내용과 뒤의 내용이 상반될 때 쓰는 ④의 '그러나'가 적절하다.

23
정답 ⑤

마지막 문단에서 글쓴이는 과학과 종교 두 영역이 서로 상생하기 위해서는 겸허함과 인내를 통해 편견에서 벗어나야 한다고 주장하며, 이를 위해서는 서로의 영역을 인정해 주려는 노력이 우선시되어야 한다고 이야기하고 있다.

24
정답 ②

ㄱ. 조직 내부 문제에 대한 진단은 설문조사, 지표 분석 등 공식적으로 이루어지기도 하지만, 임의적 내부 의견수렴 등을 통해 비공식적으로 이루어지기도 한다.
ㄹ. 조직 문제 대안들 중 선택된 방안은 선택 후 실시 전에 조직 의사결정자의 승인을 거친다.

오답분석
ㄴ. 조직 문제에 대한 대안은 새로운 대안 개발 외에도 기존 대안 중 선택하는 방법도 있다. 따라서 반드시 새로운 대안 설계가 가장 바람직한 것은 아니다.
ㄷ. 조직의 의사결정은 급진적이고 혁신적인 변화보다는 기존 결정에서 점진적으로 수정해 나가는 방식으로 이루어지는 경향이 있다.

25
정답 ③

조직의 변화에 있어서 실현가능성과 구체성은 중요한 요소이다.

오답분석
① 조직에 영향이 있는 변화들로 한정하지 않으면 지나치게 방대한 요소를 고려하게 되어 비효율이 발생한다.
② 변화를 실행하려는 조직은 기존 규정을 개정해서라도 환경에 적응하여야 한다. 따라서 틀린 설명이다.
④ 조직구성원들이 현실에 안주하고 변화를 기피하는 경향이 있을수록 환경 변화를 인지하지 못한다.
⑤ 조직의 변화는 '환경변화 인지 – 조직변화 방향 수립 – 조직변화 실행 – 변화결과 평가' 순으로 이루어진다.

26
정답 ⑤

⑤는 '계발' 대신 '새로운 물건을 만들거나 새로운 생각을 내어놓음'의 용법으로 쓰이는 '개발'로 써야 한다.

27

㉠은 기업들이 더 많은 이익을 내기 위해 '디자인의 향상'에 몰두하는 것이 바람직하다는 판단이다. 즉, '상품의 사회적 마모를 짧게 해서 소비를 계속 증가시키기 위한' 방안인데, 이것에 대한 반론이 되기 위해서는 ㉠의 주장이 지니고 있는 문제점을 비판하여야 한다. ㉠이 지니고 있는 가장 큰 문제점은 '과연 성능 향상 없는 디자인 변화가 소비를 촉진시킬 수 있는 것인가.'가 되어야 한다. 디자인 변화는 분명히 상품의 소비를 촉진시킬 수 있는 효과적 방법 중의 하나이지만 '성능이나 기능, 내구성'의 향상이 전제되지 않았을 때는 효과를 내기 힘들기 때문이다.

28

㉡은 '자본주의 상품의 모순'을 설명하고 있는 부분인데, '상품의 기능이나 성능, 내구성이 향상되었는데도 상품의 생명이 짧아지는 것'을 의미한다. 이에 대한 사례로는 ④와 같이 상품을 아직 충분히 쓸 수 있는데도 불구하고 새로운 상품을 구매하는 행위 등이 있다.

29

문제는 흔히 문제점과 구분하지 않고 사용하는데, 문제란 원활한 업무 수행을 위해 해결해야 하는 질문이나 의논 대상을 의미한다. 즉, 해결하기를 원하지만 실제로 해결해야 하는 방법을 모르고 있는 상태나 얻고자 하는 해답이 있지만, 그 해답을 얻는 데 필요한 일련의 행동을 알지 못한 상태이다.

문제점이란 문제의 근본 원인이 되는 사항으로, 문제해결에 필요한 열쇠의 핵심 사항을 말한다. 문제점은 개선해야 할 사항이나 손을 써야 할 사항, 그에 의해서 문제가 해결될 수 있고 문제의 발생을 미리 방지할 수 있는 사항을 말한다.

제시문에서 문제는 사업계획서 제출에 실패한 것이고, 문제점은 K기업의 전산망 마비로 전산시스템 접속이 불가능해진 것이라고 볼 수 있다.

30

연역법의 오류는 'A=B, B=C, so A=C'와 같은 삼단 논법에서 발생하는 오류를 칭하는 말이다.

'이현수 대리(A)는 기획팀(B)을 대표하는 인재인데(A=B), 이현수 대리가 이런 실수(C)를 하다니(A=C) 기획팀이 하는 업무는 모두 실수투성이 일 것이 분명할 것(B=C)'이라는 말은, 'A=B, A=C, so B=C'와 같은 삼단 논법에서 발생하는 오류인 연역법의 오류에 해당한다.

오답분석

① 권위나 인신공격에 의존한 논증 : 위대한 성인이나 유명한 사람의 말을 활용해 자신의 주장을 합리화하거나 상대방의 주장이 아니라 상대방의 인격을 공격하는 것이다.
② 무지의 오류 : 증명되지 않았다고 해서 그 반대의 주장이 참이라는 것이다.
③ 애매성의 오류 : 언어적 애매함으로 인해 이후 주장이 논리적 오류에 빠지는 경우이다.
⑤ 허수아비 공격의 오류(Strawman's fallacy) : 상대방의 주장과는 전혀 상관없는 별개의 논리를 만들어 공격하는 경우이다.

31

(세 사람 중 두 사람이 합격할 확률)=(홍은이만 떨어질 확률)+(영훈이만 떨어질 확률)+(성준이만 떨어질 확률)

$$=\left(\frac{1}{7}\times\frac{3}{5}\times\frac{1}{2}\right)+\left(\frac{6}{7}\times\frac{2}{5}\times\frac{1}{2}\right)+\left(\frac{6}{7}\times\frac{3}{5}\times\frac{1}{2}\right)=\frac{33}{70}$$

따라서 33+70=103의 값이 나온다.

32

ⓛ (교원 1인당 원아 수)=$\dfrac{(\text{원아 수})}{(\text{교원 수})}$이다. 따라서 교원 1인당 원아 수가 적어지는 것은 원아 수 대비 교원 수가 늘어나기 때문이다.

ⓔ 제시된 자료만으로는 알 수 없다.

33

성인 평균 탄수화물 섭취량이 가장 작은 나라는 영국(284g)이다. 영국의 단백질 섭취량(64g)에서 동물성 단백질이 차지하는 양은 42g, 지방 섭취량(55g)에서 동물성 지방이 차지하는 양은 32g이므로 단백질과 지방 섭취량 중 동물성이 차지하는 비율은 식물성이 차지하는 비율보다 크다.

오답분석

ⓐ 탄수화물의 '성인 기준 하루 권장 섭취량'은 300 ~ 400g이다. 이를 초과한 국가는 총 3곳으로 브라질(410g), 인도(450g), 멕시코(425g)이고, 미만인 국가는 총 2곳으로 미국(295g), 영국(284g)이다.
ⓛ 단백질이 '성인 기준 하루 권장 섭취량'을 초과하는 국가는 인도(74g), 프랑스(71g), 멕시코(79g), 중국(76g)이다. 이 네 국가 중 인도와 프랑스는 식물성 단백질 섭취량이 더 많다.
ⓒ 국가별 '성인 기준 하루 권장 섭취량'의 지방 섭취량(51g)과의 차이가 가장 작은 국가는 2g 차이인 인도이다. 인도의 지방 섭취량 (49g)중 동물성 섭취량(21g)이 차지하는 비율은 약 $\dfrac{21}{49} \times 100 = 42.9\%$로 40%를 초과한다.

34

상대가 화를 내는 등 공격적인 상황에서 같이 화를 내는 것을 옳지 않다. 맞대응하기보다는 상대의 자극적인 말을 무시하는 등 상대를 제풀에 지치게 만드는 것이 효과적이다.

35

ⓐ 구별(區別) : 성질이나 종류에 따라 차이가 남. 또는 성질이나 종류에 따라 갈라놓음
ⓛ 변별(辨別) : 사물의 옳고 그름이나 좋고 나쁨을 가림
ⓒ 감별(鑑別) : 보고 식별함

오답분석

• 차별(差別) : 둘 이상의 대상을 각각 등급이나 수준 따위의 차이를 두어서 구별함
• 식별(識別) : 분별하여 알아봄
• 분별(分別) : 서로 다른 일이나 사물을 구별하여 가름

36

채집음식이란 재배한 식물이 아닌 야생에서 자란 음식재료를 활용하여 만든 음식을 의미한다.

오답분석

① 로가닉의 희소성은 루왁 커피를 사례로 봄으로써 까다로운 채집과정과 인공의 힘으로 불가능한 생산과정을 거치면서 나타남을 알 수 있다.
③ 로가닉은 '천연상태의 날 것'을 유지한다는 점에서 기존의 오가닉과 차이를 가짐을 알 수 있다.
④ 소비자들이 로가닉 제품의 스토리텔링에 만족한다면 높은 가격은 더 이상 매출 상승의 장애 요인이 되지 않을 것으로 보고 있다.
⑤ '로가닉 조리법'을 활용한 외식 프랜차이즈 브랜드가 꾸준히 인기를 끌고 있음을 확인할 수 있다.

37

정답 ⑤

주어진 조건을 정리하면 다음과 같다.

구분	노래	기타 연주	마술	춤	마임
인사팀	○(4명)				
영업팀		○(1명)			
홍보팀			○(2명)		
디자인팀				○(6명)	
기획팀					○(7명)

따라서 K공단 홍보팀에서는 총 2명이 장기자랑에 참가하며, 참가 종목은 마술이다.

38

정답 ①

부산이 민호의 네 번째 여행지였을 때 가능한 경우는 다음과 같다.

여행지	전주	강릉	춘천	부산	안동	대구

따라서 전주는 첫 번째 여행지이다.

39

정답 ③

대표의 옆방에는 부장이 묵어야 하므로 대표는 오직 111호에만 묵을 수 있으며, 110호에는 총무팀 박부장이 배정받는다. 따라서 111호에는 생산팀 장과장은 묵을 수 없다.

오답분석

① 두 번째 조건에서 같은 부서는 마주 보는 방을 배정받을 수 없으므로 인사팀 유과장은 105호에 배정받을 수 없다.

②・⑤ 만약 105호에 생산팀 장과장이 배정받으면, 인사팀 유과장은 102・104・107호에 배정받을 수 있으므로 102호 또는 107호에 배정받으면 104호는 빈방으로 남을 수 있다.

④ 111호에 대표가 묵는다고 했으므로 총무팀 박부장은 110호로 배정받는다.

40

정답 ②

조직의 일차적 과업인 운영목표에 포함되어야 하는 것으로서, 투입된 자원 대비 산출량을 개선하기 위한 목표는 ⊙ 생산성이다. 또한 조직구성원에 대한 교육훈련, 승진, 성장 등과 관련된 목표는 ⓒ 인력개발이다.

41

정답 ⑤

• 평균 : $\dfrac{(전체\ 관찰값의\ 합)}{(총\ 관찰값의\ 수)}$

• 분산 : 각 관찰값과 평균값과의 차이의 제곱의 평균

• 표준편차 : 분산의 양의 제곱근

평균 : $\dfrac{66+79+66+89+85}{5}=77$

분산 : $\dfrac{(66-77)^2+(79-77)^2+(66-77)^2+(89-77)^2+(85-77)^2}{5}=90.8$

표준편차 : $\sqrt{90.8}$

42

정답 ④

최종 업무수행능력 점수를 계산해 보면 다음과 같다.

A=24+10+24+8=66점

B=32+18+21+8=79점

C=24+14+21+7=66점

D=38+18+24+9=89점

E=36+16+27+6=85점이다.

따라서 D가 최고점자가 된다.

43

정답 ③

최저점자가 A와 C, 2명이므로 사내 인사시행규칙 제9조3항에 근거하여 재평가하면 다음과 같다.

1. A, C 모두 업무성과 점수가 60점으로 동일

2. A가 해외 프로젝트에 참여함으로써 상위득점자로 산출

따라서 마케팅 부서 내 최저점자는 C가 된다.

44

정답 ②

ㄱ. 신고자 개인이 1회의 신고로 받을 수 있는 포상금 최고금액은 피해액 혹은 수수금액이 300만 원을 초과하는 직무관련자의 임직원 부조리 및 임직원에 의한 내부공익신고로서, 이때의 포상금은 300만 원이다.

ㄹ. 임직원이 본인의 의사에 반하여 200만 원 상당의 현금다발을 수수한 후 반환하고 신고한 경우, 이의 25%인 50만 원을 지급받게 된다. 이는 「위반행위 신고접수처리 및 신고자보호등에 관한 운영 지침」 제23조 제2항 제4호에 따라 지급되는 포상금인 50만 원과 동일한 금액이다.

[오답분석]

ㄴ. 내부공익신고에 따른 포상금은 금액으로 산출이 가능한 경우 피해액이 10만 원이면 10만 원을 수령하게 되며, 금액으로 산출이 불가능한 경우 290만 원의 포상금을 받을 수도 있다. 따라서 200만 원을 초과하는 차이가 나는 경우도 가능하다.

ㄷ. 공단사업의 운영에 중대한 영향을 미치는 사항 또는 대상자 징계처분 결과가 해임 또는 파면인 내부공익신고의 경우, 신고자가 수령할 포상금액은 300만 원 이내이다.

45

정답 ④

직원	포상금 수령근거	포상금 수령액
A대리	인사과 소속 P주임의 내부 부정에 관한 것이므로 직무관련자에 대한 내부공익신고이며, 일반적 사항을 위반하였고 감봉을 받게 되었으므로 제23조 제2항 제2호에 따라 포상금을 수령하게 된다.	100만 원 이내
B주임	외부입찰을 담당하는 K대리와 그의 직무와 관련된 협력사 간의 부정청탁이므로 내부공익신고로서 제23조 제2항에 해당되며, 수수금액이 210만 원이므로 제1호에 따라 포상금을 수령하게 된다.	100만+(210만-100만)×0.3 =133만 원
C사원	① 의사에 반하여 수수한 금액을 거절 후 신고하였으므로 제23조 제2항 제3호에 따라 포상금을 수령한다. ② 직무관련자인 G사원에 대한 내부공익신고이므로 제23조 제2항 제1호에 따라 포상금을 수령한다.	① 500만×0.25=125만 원 50만 원을 초과하므로 50만 원을 수령한다. ② 100만 원 ①+②=150만 원

따라서 가장 많은 포상금을 수령하는 직원은 C사원이며 수령액은 150만 원이다.

46

정답 ②

제시문에서는 환경오염은 급격한 기후변화의 촉매제 역할을 하고 있으며, 이는 농어촌과 식량 자원에 악영향을 미치고 있다고 이야기하고 있다. 따라서 ②가 글의 주제로 적절하다.

47

정답 ④

우리나라는 식량의 75% 이상을 해외에서 조달해 오고 있다. 이러한 특성상 기후변화가 계속된다면 식량공급이 어려워져 식량난이 심각해질 수 있다.

오답분석

① 기후변화가 환경오염의 촉매제가 된 것이 아니라, 환경오염이 기후변화의 촉매제가 되었다.
② 알프스나 남극 공기를 포장해 파는 시대가 올지도 모른다는 말은 그만큼 공기 질 저하가 심각하다는 것을 나타낸 것이다.
③ 한정된 식량 자원에 의한 굶주림이 일부 저개발 국가에서 일반화되었지만, 저개발 국가에서 인구의 폭발적인 증가가 일어났다고는 볼 수 없다.
⑤ 친환경적인 안전 먹거리에 대한 수요가 증가하고 있지만 일손 부족 등으로 친환경 먹거리 생산량의 대량화는 어렵기 때문에 해결방법이 될 수 없다.

48

정답 ⑤

김팀장의 업무 지시에 따르면 이번 주 금요일 회사 창립 기념일 행사가 끝난 후 진행될 총무팀 회식의 장소 예약은 목요일 퇴근 전까지 처리되어야 한다. 따라서 이대리는 ⓒ을 목요일 퇴근 전까지 처리해야 한다.

49

정답 ①

차량 A ~ E의 탄소포인트 총합을 나타내면 다음과 같다.

구분	공회전 발생률(%)	공회전 시 연료소모량(cc)	탄소포인트의 총합(P)
A	$\frac{20}{200} \times 100 = 10$	$20 \times 20 = 400$	$100 + 0 = 100$
B	$\frac{15}{30} \times 100 = 50$	$15 \times 20 = 300$	$50 + 25 = 75$
C	$\frac{10}{50} \times 100 = 20$	$10 \times 20 = 200$	$80 + 50 = 130$
D	$\frac{5}{25} \times 100 = 20$	$5 \times 20 = 100$	$80 + 75 = 155$
E	$\frac{25}{50} \times 100 = 20$	$25 \times 20 = 500$	$50 + 0 = 50$

∴ D > C > A > B > E

50

정답 ⑤

온실가스 감축에 대한 기업의 추가 부담은 기업의 글로벌 경쟁력 저하는 물론, 원가 부담이 가격 인상으로 이어질 수 있다.

노력하여 어려움을 이기면 어려움은 곧 기쁨이 된다.
미래는 오직 우리가 준비하는 것에 달려 있다.

– 이순신 –

NCS 한국환경공단 답안카드

성 명	

지원 분야	

문제지 형별기재란	
( )형	Ⓐ Ⓑ

수 험 번 호

⓪	⓪	⓪	⓪	⓪	⓪	⓪
①	①	①	①	①	①	①
②	②	②	②	②	②	②
③	③	③	③	③	③	③
④	④	④	④	④	④	④
⑤	⑤	⑤	⑤	⑤	⑤	⑤
⑥	⑥	⑥	⑥	⑥	⑥	⑥
⑦	⑦	⑦	⑦	⑦	⑦	⑦
⑧	⑧	⑧	⑧	⑧	⑧	⑧
⑨	⑨	⑨	⑨	⑨	⑨	⑨

감독위원 확인

㊞

1	① ② ③ ④ ⑤	21	① ② ③ ④ ⑤	41	① ② ③ ④ ⑤
2	① ② ③ ④ ⑤	22	① ② ③ ④ ⑤	42	① ② ③ ④ ⑤
3	① ② ③ ④ ⑤	23	① ② ③ ④ ⑤	43	① ② ③ ④ ⑤
4	① ② ③ ④ ⑤	24	① ② ③ ④ ⑤	44	① ② ③ ④ ⑤
5	① ② ③ ④ ⑤	25	① ② ③ ④ ⑤	45	① ② ③ ④ ⑤
6	① ② ③ ④ ⑤	26	① ② ③ ④ ⑤	46	① ② ③ ④ ⑤
7	① ② ③ ④ ⑤	27	① ② ③ ④ ⑤	47	① ② ③ ④ ⑤
8	① ② ③ ④ ⑤	28	① ② ③ ④ ⑤	48	① ② ③ ④ ⑤
9	① ② ③ ④ ⑤	29	① ② ③ ④ ⑤	49	① ② ③ ④ ⑤
10	① ② ③ ④ ⑤	30	① ② ③ ④ ⑤	50	① ② ③ ④ ⑤
11	① ② ③ ④ ⑤	31	① ② ③ ④ ⑤		
12	① ② ③ ④ ⑤	32	① ② ③ ④ ⑤		
13	① ② ③ ④ ⑤	33	① ② ③ ④ ⑤		
14	① ② ③ ④ ⑤	34	① ② ③ ④ ⑤		
15	① ② ③ ④ ⑤	35	① ② ③ ④ ⑤		
16	① ② ③ ④ ⑤	36	① ② ③ ④ ⑤		
17	① ② ③ ④ ⑤	37	① ② ③ ④ ⑤		
18	① ② ③ ④ ⑤	38	① ② ③ ④ ⑤		
19	① ② ③ ④ ⑤	39	① ② ③ ④ ⑤		
20	① ② ③ ④ ⑤	40	① ② ③ ④ ⑤		

NCS 한국환경공단 답안카드

1	① ② ③ ④ ⑤		21	① ② ③ ④ ⑤		41	① ② ③ ④ ⑤
2	① ② ③ ④ ⑤		22	① ② ③ ④ ⑤		42	① ② ③ ④ ⑤
3	① ② ③ ④ ⑤		23	① ② ③ ④ ⑤		43	① ② ③ ④ ⑤
4	① ② ③ ④ ⑤		24	① ② ③ ④ ⑤		44	① ② ③ ④ ⑤
5	① ② ③ ④ ⑤		25	① ② ③ ④ ⑤		45	① ② ③ ④ ⑤
6	① ② ③ ④ ⑤		26	① ② ③ ④ ⑤		46	① ② ③ ④ ⑤
7	① ② ③ ④ ⑤		27	① ② ③ ④ ⑤		47	① ② ③ ④ ⑤
8	① ② ③ ④ ⑤		28	① ② ③ ④ ⑤		48	① ② ③ ④ ⑤
9	① ② ③ ④ ⑤		29	① ② ③ ④ ⑤		49	① ② ③ ④ ⑤
10	① ② ③ ④ ⑤		30	① ② ③ ④ ⑤		50	① ② ③ ④ ⑤
11	① ② ③ ④ ⑤		31	① ② ③ ④ ⑤			
12	① ② ③ ④ ⑤		32	① ② ③ ④ ⑤			
13	① ② ③ ④ ⑤		33	① ② ③ ④ ⑤			
14	① ② ③ ④ ⑤		34	① ② ③ ④ ⑤			
15	① ② ③ ④ ⑤		35	① ② ③ ④ ⑤			
16	① ② ③ ④ ⑤		36	① ② ③ ④ ⑤			
17	① ② ③ ④ ⑤		37	① ② ③ ④ ⑤			
18	① ② ③ ④ ⑤		38	① ② ③ ④ ⑤			
19	① ② ③ ④ ⑤		39	① ② ③ ④ ⑤			
20	① ② ③ ④ ⑤		40	① ② ③ ④ ⑤			

성 명

지원 분야

문제지 형별기재란

형 (Ⓐ Ⓑ)

수 험 번 호

| ⓪ ① ② ③ ④ ⑤ ⑥ ⑦ ⑧ ⑨ |
| ⓪ ① ② ③ ④ ⑤ ⑥ ⑦ ⑧ ⑨ |
| ⓪ ① ② ③ ④ ⑤ ⑥ ⑦ ⑧ ⑨ |
| ⓪ ① ② ③ ④ ⑤ ⑥ ⑦ ⑧ ⑨ |
| ⓪ ① ② ③ ④ ⑤ ⑥ ⑦ ⑧ ⑨ |
| ⓪ ① ② ③ ④ ⑤ ⑥ ⑦ ⑧ ⑨ |
| ⓪ ① ② ③ ④ ⑤ ⑥ ⑦ ⑧ ⑨ |

감독위원 확인

(인)

NCS 한국환경공단 답안카드

성 명	

지원 분야	

문제지 형별기재란	( )형 Ⓐ Ⓑ

수험번호

⓪	①	②	③	④	⑤	⑥	⑦	⑧	⑨
⓪	①	②	③	④	⑤	⑥	⑦	⑧	⑨
⓪	①	②	③	④	⑤	⑥	⑦	⑧	⑨
⓪	①	②	③	④	⑤	⑥	⑦	⑧	⑨
⓪	①	②	③	④	⑤	⑥	⑦	⑧	⑨
⓪	①	②	③	④	⑤	⑥	⑦	⑧	⑨
⓪	①	②	③	④	⑤	⑥	⑦	⑧	⑨

감독위원 확인	⑨

1	① ② ③ ④ ⑤	21	① ② ③ ④ ⑤	41	① ② ③ ④ ⑤
2	① ② ③ ④ ⑤	22	① ② ③ ④ ⑤	42	① ② ③ ④ ⑤
3	① ② ③ ④ ⑤	23	① ② ③ ④ ⑤	43	① ② ③ ④ ⑤
4	① ② ③ ④ ⑤	24	① ② ③ ④ ⑤	44	① ② ③ ④ ⑤
5	① ② ③ ④ ⑤	25	① ② ③ ④ ⑤	45	① ② ③ ④ ⑤
6	① ② ③ ④ ⑤	26	① ② ③ ④ ⑤	46	① ② ③ ④ ⑤
7	① ② ③ ④ ⑤	27	① ② ③ ④ ⑤	47	① ② ③ ④ ⑤
8	① ② ③ ④ ⑤	28	① ② ③ ④ ⑤	48	① ② ③ ④ ⑤
9	① ② ③ ④ ⑤	29	① ② ③ ④ ⑤	49	① ② ③ ④ ⑤
10	① ② ③ ④ ⑤	30	① ② ③ ④ ⑤	50	① ② ③ ④ ⑤
11	① ② ③ ④ ⑤	31	① ② ③ ④ ⑤		
12	① ② ③ ④ ⑤	32	① ② ③ ④ ⑤		
13	① ② ③ ④ ⑤	33	① ② ③ ④ ⑤		
14	① ② ③ ④ ⑤	34	① ② ③ ④ ⑤		
15	① ② ③ ④ ⑤	35	① ② ③ ④ ⑤		
16	① ② ③ ④ ⑤	36	① ② ③ ④ ⑤		
17	① ② ③ ④ ⑤	37	① ② ③ ④ ⑤		
18	① ② ③ ④ ⑤	38	① ② ③ ④ ⑤		
19	① ② ③ ④ ⑤	39	① ② ③ ④ ⑤		
20	① ② ③ ④ ⑤	40	① ② ③ ④ ⑤		

NCS 한국환경공단 답안카드

성 명			

지원 분야			

문제지 형별기재란	
형 ( )	Ⓐ
	Ⓑ

수 험 번 호						
⓪①②③④⑤⑥⑦⑧⑨	⓪①②③④⑤⑥⑦⑧⑨	⓪①②③④⑤⑥⑦⑧⑨	⓪①②③④⑤⑥⑦⑧⑨	⓪①②③④⑤⑥⑦⑧⑨	⓪①②③④⑤⑥⑦⑧⑨	⓪①②③④⑤⑥⑦⑧⑨

감독위원 확인
㉑

1	①②③④⑤	21	①②③④⑤	41	①②③④⑤
2	①②③④⑤	22	①②③④⑤	42	①②③④⑤
3	①②③④⑤	23	①②③④⑤	43	①②③④⑤
4	①②③④⑤	24	①②③④⑤	44	①②③④⑤
5	①②③④⑤	25	①②③④⑤	45	①②③④⑤
6	①②③④⑤	26	①②③④⑤	46	①②③④⑤
7	①②③④⑤	27	①②③④⑤	47	①②③④⑤
8	①②③④⑤	28	①②③④⑤	48	①②③④⑤
9	①②③④⑤	29	①②③④⑤	49	①②③④⑤
10	①②③④⑤	30	①②③④⑤	50	①②③④⑤
11	①②③④⑤	31	①②③④⑤		
12	①②③④⑤	32	①②③④⑤		
13	①②③④⑤	33	①②③④⑤		
14	①②③④⑤	34	①②③④⑤		
15	①②③④⑤	35	①②③④⑤		
16	①②③④⑤	36	①②③④⑤		
17	①②③④⑤	37	①②③④⑤		
18	①②③④⑤	38	①②③④⑤		
19	①②③④⑤	39	①②③④⑤		
20	①②③④⑤	40	①②③④⑤		

2024 최신판 SD에듀 All-New 한국환경공단 NCS + 최종점검 모의고사 6회 + 무료NCS특강

개정12판1쇄 발행	2024년 03월 20일 (인쇄 2023년 12월 08일)
초 판 발 행	2016년 05월 20일 (인쇄 2016년 05월 09일)
발 행 인	박영일
책 임 편 집	이해욱
편 저	SDC(Sidae Data Center)
편 집 진 행	김재희 · 정진서
표지디자인	조혜령
편집디자인	이은미 · 장성복
발 행 처	(주)시대고시기획
출 판 등 록	제10-1521호
주 소	서울시 마포구 큰우물로 75 [도화동 538 성지 B/D] 9F
전 화	1600-3600
팩 스	02-701-8823
홈 페 이 지	www.sdedu.co.kr

I S B N	979-11-383-6399-0 (13320)
정 가	24,000원